잠근 동산

잠근 동산

제시카 윤

THE CONCEALED GARDEN

내 누이,
내 신부는
잠근 동산이요

규장

* 일러두기
　본문의 성구는 개역개정, 개역한글, 새번역을 인용함
　책에 등장하는 사람들의 이름은 가명을 사용함

주님의 피 값으로 새 생명을 주신
하나님의 은혜에 감사하며…
내 사랑하는 예수님,
어머니 윤귀순 권사,
남편 토니 목사,
그리고 딸 미셸에게 이 책을 바칩니다.

Dedicated to my beloved Lord Jesus Christ,

Loving mother and elder, Kwi Soon Yoon,

Supportive husband Tony,

& Beloved daughter Michelle.

신실하게 주님을 사랑한
어느 목회자의 영적 다이어리

그동안 은사를 받고 하나님의 음성을 듣는다고 하는 수많은 사람을 만났습니다. 그들은 성경보다 자신이 겪은 체험이 우위였고 철칙이었으며, 인격적이지 못했습니다. 그들의 삶에서 진실함과 성화의 흔적이라곤 찾아보기 힘들었습니다. 그래서 제 안에는 은사주의자들에 대한 일종의 거부감이 있었습니다.

그런 제가 얼마 전 지인을 통해 한 목사님을 알게 되었습니다. 이분에 관한 이야기를 들었을 때, 그동안 겪은 은사주의자들과는 다른 무언가가 있음을 느꼈습니다. 그리고 얼마 되지 않아 만남을 제안하는 지인의 요구를 승낙하여 처음 뵙게 되었습니다. 그 분이 바로 제시카 윤 목사님입니다.

목사님을 처음 뵈었을 때 겸손한 모습에 깊은 인상을 받았고, 겸손을 넘어 마치 어린아이와 같은 순수함을 느꼈습니다. 목사님의 얼굴은 마치 '나는 하나님밖에는 몰라요' 하는 표정이었습니다. 만남 가운데 윤 목사님은 제게 정리된 노트를 1권 건네셨습니다.

주님과 나누었던 교제를 진솔한 일기와 같이 기록해 둔 것이었지요. 목사님은 글을 보여주시며 주님과 함께했던 삶을 생동감 있게 나누어 주셨습니다. 그간 목사님의 이야기를 통해 주변 많은 사람이 감명받았고, 지금 그 노트가 책이 되어 이 세상에 나오게 되었습니다.

그런데 책을 한 장, 한 장 넘기며 이 책이 어쩌면 사람들의 구설에 오를 수도 있겠다는 생각이 들었습니다. 안타깝게도 잘못된 은사주의자들로 인해 '영적인 것', '성령의 역사', '영적 체험'과 같은 표현이 도매금으로 터부시되는 시대가 되어버렸기 때문입니다.

그들의 비성경적인 사역으로 한국 교회에 적지 않은 피해가 있었습니다. 그런 사건 사고도 안타까운 일이지만, 더욱 안타까운 것은 한국 교회의 목회자들과 성도들, 그리고 반기독교인들이 한국 교회 안에서 일어나는 어떤 자그마한 신비적인 요소도 허용하지 않는 분위기로 점차 굳어져 가고 있다는 사실입니다. 그 여파로 많은 교회가 말씀 중심의 비전을 강조해 보지만, 신앙생활은 여전히 외양적이라는 비판을 피할 수 없고, 기도의 열정은 식고, 영적인 능력도 상실하고 말았습니다.

이런 현실 가운데 적시에 출간된 《잠근 동산》은 화석화된 신앙의 잿더미에 신음하는 사람들에게는 해방의 신호탄이 될 것입니다. 그러나 값비싼 진주를 왕비에게 가져다주며 "제게 그것의 가치는 곡식 한 알보다 못합니다"라고 말했던 《이솝우화》의 수탉처럼, 이 안에 담긴 영적 진주의 가치를 알지 못하는 사람들에게 이 책은 무용지물일 것입니다.

이 책은 사람들이 놓치고 있는 신앙의 내적이고 실제적인 면을 보여줌으로써 말씀과 체험의 균형적인 모델을 제시합니다. 한 개인에게 허락하신 영적 체험과 교제가 이토록 실제적이고 성경적인 것에 놀라지 않을 수 없습니다. 단순히 영적 세계가 아닌 신앙생활에 없어서는 안 될 '죄와 회개'라는 주제를 다루고 있어 영적 체험에 대한 신뢰도를 높여줍니다.

또한 이 책은 현재 교회가 안고 있는 시대적 문제를 고발하며 우리의 안일하고 껍데기만 남은 신앙생활에 경종을 울리고 있어 신실한 독자들의 동의를 자아낼 것입니다. 무엇보다 이 책이 우리가 놓치고 있었던 하나님과의 실제적인 관계의 친밀함을 회복시키고, 이 땅의 잃어버린 주님의 신부들을 향한 주님의 마음을 엿볼 수 있는 안내서가 되기를 기대합니다.

주님의 애절한 마음에 심령의 중심부까지 흔들린 독자들은 휴지한 상자를 준비해야 할 수도 있습니다.

사나 죽으나

다시 찾은 첫사랑

저는 불교 집안에서 태어나 성장했습니다. 우상을 믿는 집안에서 살다가 오로지 하나님의 강권적 은혜로 26세에 새로운 피조물로 태어나는 성령 체험을 했지요. 이후 많은 은사와 기적을 체험했습니다.

그러나 신앙의 뿌리가 없는 상태의 대부분 기독교인처럼 세상의 유혹이나 안목의 정욕으로 인해 몇 년 되지 않아서 하나님을 떠나버렸습니다. 그러고는 처음보다 더욱 악하게 되어서 하나님을 믿는 믿음에서 완전히 떨어져 나가버렸지요. 물론 신앙의 멘토가 없었고 저를 위해 기도해 주는 가족이나 친지도 전혀 없는 상태였으니, 어쩌면 그 불행은 정해져 있는 일이었는지 모르겠습니다.

그러나 하나님은 포기하지 않으시고 제 마음 깊은 곳에서 끊임없이 저를 부르셨습니다. 아골 골짜기의 음침한 그늘 안에서도 저를 포기하지 않으셨지요. 결국 다시 찾아오신 주님은 제가 몇 년 후에 세상의 모든 것을 버리고 신학교에 가도록 만드셨습니다.

저는 신학교에 가서 목사 안수만 받으면 내면의 모든 혼돈이 정화되고, 하나님의 사람답게 살 수 있을 거로 생각했습니다. 신학교 졸업 후 처음 몇 년은 일반 목회지에서 사역했습니다. 그러다가 제가 선택한 것은 술과 마약 중독에 빠진 소외 계층을 찾아가는 특수 목회였습니다. 제 짧은 소견으로 '하나님께서 우리 안에 있는 양보다는 잃어버린 양을 찾아 나서기를 더 원하시지 않을까' 생각했습니다.

저는 날개가 꺾여 날지 못하는 그 영혼들이 다시 날 수 있도록 새 날개를 달아주는 일에 20년의 청춘을 아낌없는 정성과 마음으로 바쳤습니다. 특수 목회 사역 안에서 정말 열심히 앞만 보고 뛰면서 쟁기를 잡았고, 단 한 순간도 뒤를 돌아보지 않았습니다.

'주님께서는 내 마음을 아실 것이다.'

이런 생각으로 죽도록 일만 하느라 앞뒤 좌우를 돌아볼 여유나 시간이 없었습니다. 특수 목회는 대접받는 목회가 아니라 많은 사람을 섬겨야 하는 목회입니다. 그래서 저는 반드시 천국에 갈 거라고 믿었고, 천국에 가면 상이 클 거라고 착각하며 살았습니다. 어느새 목회와 사역이 제 우상이 되어 있었지요. 고된 사역을 하며 저는 첫사랑을 다 잃어버렸습니다.

어느 순간, 하나님께서 제가 저를 정직한 눈으로 바라보길 원하신다는 것을 알았고, 그때부터 제 신앙을 점검하기 시작했습니다. 남의 꺾인 날개를 달아주고 정작 제 날개는 아예 썩어서 날지 못하는 상태임을 모르고 있었습니다. 그 진실을 깨달은 순간, 저는 회개하기 시작했습니다. 제가 떨구어버린, 주님을 향한 첫사랑을 도로 찾아야 한다는 걸 알았지요.

많은 날의 회개 후에 주님께서 저를 찾아오셔서 잃어버린 첫사랑의 불씨를 담아주셨습니다. 썩어버린 제 영혼에 다시 그분의 생기를 불어넣어 주셨지요. 그리고 그 신실하신 분께서 제 영의 눈에 비늘을 벗겨주시고 영의 귀에 할례를 주셨습니다. 그러자 하나님의 영적 세계가 제 눈에 보이기 시작했어요. 예수님의 음성이 가슴속에서 샘물처럼 퐁퐁 솟았습니다. 저는 그분의 뜨거운 사랑을 느꼈습니다. 예수님이 이 부족한 종을 생명을 바쳐서 사랑하셨고, 그분이 저와 끊임없이 사랑을 나누기를 원하신다는 것을 깨달았지요.

예수님을 진실로 사랑하는 이는 그분의 신부가 됩니다. 저는 기꺼이 당신의 생명을 주고 저를 피 값으로 사신 예수님의 신부가 되어드리는 것이 인생 최고의 영광이라고 믿습니다.

이 책에 그런 제 신앙 여정을 담았습니다. 예수님은 저를 그분이 계시는 아름다운 잠근 동산 안의 지성소로 불러주셨습니다. 그리고 예수님과 저, 우리의 대화를 기록하라고 하셨습니다. 그 기록을 '양 떼의 발자취'(간증)로 남기라고 명하셨습니다. 저는 주님의 명령에 순종했습니다. 주님은 이 책이 모두에게 이해되거나 읽힐 책이 아니라고 하셨습니다. 그러나 이 땅에 사는 예수님의 모든 신부를 영적 세계로 인도하는 지도가 될 거라고 하셨습니다. 이 책은 저뿐만 아니라 주님의 임재하심을 사모하는 그분의 모든 신부를 위한 영서입니다. 천지가 없어지더라도 저는 예수님의 진리의 말씀만을 굳게 믿을 것입니다. 아멘, 주 예수여. 오시옵소서. 마라나타!

제시카 윤(미국 샌프란시스코 재활원교회 담임목사)

새털같이 많은 지난날을 돌아보다

장차 무엇이 닥칠 줄도 모르고 철없이 마냥 기쁘게 땅 위에 살짝 떠다니던 주님과의 첫사랑의 시절이 떠오릅니다. 진실로 하나님을 만난 자는 처한 모든 환경 안에서 온전히 새로운 가치관으로 변화되는 그 첫 만남의 느낌을 알 것입니다. 주님과의 사랑을 위해서라면 내 생명을 주어도 전혀 아깝지 않은 그 느낌 말입니다. 삼라만상이 달라 보이기 시작하면서 창조주와 피조물의 첫 동행이 시작된 그 순간을 어떻게 잊을 수가 있겠습니까!

그 후 아무도 원하지 않는 일이지만, 세월이 흐르면서 하나님을 아는 우리의 느낌과 삶은 조금씩 녹이 슬고 무디어집니다. 그리고 신앙은 자기 의로 잘 길들기 시작하며 마침내 우리의 영은 졸거나 깊은 잠에 빠져버리지요. 대부분 우리는 자신의 영이 그런 상태인 사실조차 각성하지 못한 채 무심히 살아갑니다.

저도 그랬습니다. '나는 잘 믿는 신앙인이며, 좋은 일 많이 하는 훌륭한 목사'라는 착각 속에서 실상 제 영은 졸고 있었습니다. 그 불행 안에 거할 때, 사과나무 아래에서 죽음보다 깊은 잠에 빠진 저를 주님께서 만나주셨습니다. 그분의 거룩한 입맞춤으로 제 영은 수십 년간 이어온 나이롱 목사, 습관적인 종교인의 삶에서 깨어났지요.

그 잠에서 깨어나는 이야기가 바로 이 《잠근 동산》의 기록입니다. 주님께서는 제게 이 대화를 기록해서 양떼의 발자취(간증)로 남기라고 명하셨습니다. 그리고 자기는 다르다고 믿는, 오늘날 교회 안에 존재하는 저와 같은 종교인들에게 전하라고 하셨습니다.

이 기록은 어둡고 캄캄한 여호와의 날이 이르기 전에 시온에서 부는 나팔 소리이며, 하나님의 성산에서 부는 호각 소리입니다. 세상이 삼킬 수 없는 기록이고, 원수 마귀가 용납 못 하는 책입니다. 21세기 첨단 과학 시대에 받아들여지지 않을 예수님과의 은밀한 대화입니다.

《잠근 동산》을 기록할 때, 기독교계에 존재하는 수많은 '은사말살주의자'나 '기적종료주의자'들이 코웃음을 치며 책에 돌을 던질 것을 저는 직시했습니다. 그래서 책을 출간할 때, 이미 제 목회 인생을 포기했습니다. 신학교 동창인 남편 토니 목사와 동역한 수십 년 목회 말미에 명예로운 정년퇴직과 연금을 눈앞에 두고 말입니다.

물론 다른 사람들에게는 그런 것이 중요하지 않을 수 있습니다. 그러나 황혼기의 제게는 그것이 예수님 외에 제가 가진 전부였습니다. 주님께서는 그 전부를 내려놓으라고 명하셨지요. 여러 날의 눈물과 고민과 번뇌 끝에 저는 예수님을 선택했습니다.

장차 닥칠 박해를 각오하며 《잠근 동산》, 《덮은 우물》, 《봉한 샘》이라는 영서 3권을 출간했습니다. 그 대가로, 한국에 있는 우리 교단 한 지도자의 거센 항의로 저와 남편은 정년퇴직 직전에 미국 교단에서 내침을 당했습니다. 오늘날의 과학 문명 시대에 어떻게 하나님과 대화가 가능하냐는 비웃음의 조롱을 받았지요. 그의 주장대로라면 하나님께서는 농인이 되셔야 합니다. 그러나 주님께서는 아시리라 믿습니다! 설령 이 길을 다시 가더라도 저는 그분이 명하신 영서 출간에 순종하고 전진할 것입니다.

　신앙의 성장에는 왕도가 없습니다. 시간과 경험을 요구하지요. 제가 《잠근 동산》의 개정판을 내는 이유는, 처음 이 책을 출간했던 때와 수년이 흐른 지금의 제가 다르기 때문입니다. 제 영이 성장하는 과정에서 이전에 기록한 내용에 이해를 돕고 개선할 필요가 있다고 생각했습니다. 그동안 안팎으로 핍박받으며 영서들과 함께 얼마나 많은 돌팔매와 비웃음을 당했는지 모릅니다. 그렇습니다! 저는 조금씩 그러나 확실하게 변화했습니다. 이제는 핍박이 없으면, 제가 주님의 뜻대로 잘 가고 있는지 점검해 봅니다.

　한국 교계에서는 그동안 영적 은사나 경험이 지나치게 터부시되어 왔습니다. 그 결과로 현재 영적 분별이나 말씀에 근거한 영적 가르침이 녹아 있는 책들이 별로 없습니다. 그런 현실에서 이 책은 고귀한 성경의 참고서라고 믿습니다. 또한 성령님의 놀라운 영적 전이가 일어나는 책이 될 것입니다.

제시카 윤(Jessica Yoon Ministries 대표)

존귀하신 예수님,

제 인생의 가장 큰 축복은

당신을 알아가는 것입니다.

주님과 이 지구에서 함께한 시간은 짧지만,

우리 대화의 여운은 영원히 남을 것입니다.

제가 숨 쉬는 이유가 되어주신 나의 주인님!

《잠근 동산》, 《덮은 우물》, 《봉한 샘》, 《동산의 샘》

그리고 《생수의 우물》, 《레바논의 시내》(근간)는

이 세대에 끝날 책이 아니라 장차 올 세대에도

읽힐 기록이라고 약속하신 주인님.

비천한 여종이 이 땅을 떠날 때,

제가 받은 모든 박해로 인해 미소 지으며

떠날 수 있게 해주셔서 고맙습니다.

마라나타. 아멘.

주 예수여, 어서 오시옵소서!

2 잠근 동산의 닫힌 문이 열리다

3 사과나무 아래서 내가 너를 깨웠노라

4 잃어버린 잠근 동산의 대화를 되찾다

5 나의 사랑 나의 어여쁜 자야, 일어나서 함께 가자

6 성령과 신부가 말씀하시기를 오라 하시는도다

THE CONCEALED GARDEN

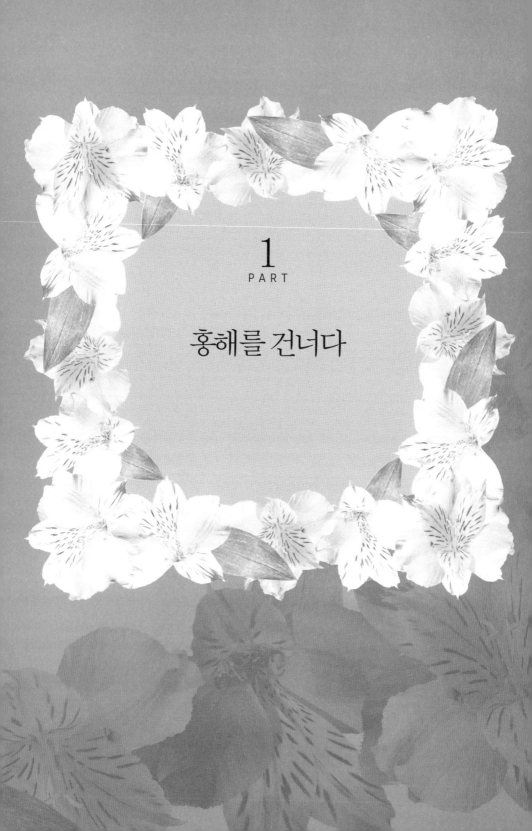

1
PART

홍해를 건너다

THE CONCEALED GARDEN

001 환한 빛과 벼락같은 쇼크로 만난 하나님

🌿 양떼의 발자취 - 간증

나는 혼탁한 공기 속을 떠다니면서도 그것이 먼지와 연기인 줄 전혀 알지 못했다. 그러다 26세가 되던 해 어느 날부터 무언지 모를 알 수 없는 힘에 이끌려 1개월 동안 성경을 읽었다.

무슨 뜻인 줄도 모르고 그냥 읽어 내려갔다. 왜 내가 성경을 읽기 시작했는지도 몰랐다. 미국 생활을 시작한 지 약 3년째, 평범한 삶이었으며 별로 가난하지도 않았다. 지금 생각해도 무엇이 나를 움직여서 그간 단 1장도 읽어본 적 없는 성경을 갑자기 읽어야 한다고 생각해서 뜻도 모르는 채 그저 읽어 내려갔는지 모르겠다.

그 알 수 없는 힘은 참으로 컸다. 26세 생일이 막 지난 3일 후, 친구가 내게 전화했고, 나는 그날 저녁 별다른 이유 없이 한 번도 가지 않던 한인 교회로 지도를 찾아가며 운전을 해서 갔다. 그리고 그날, 1984년 8월 3일 밤 9시에 나는 새 생명을 얻고 다시 태어났다.

다음 글은 그날 이후 4일간 일어난 내 인생의 영원히 잊지 못할 사건의 기록이다.

◆ 성령 세례를 받은 첫째 날 밤의 변화

나는 목사님의 설교를 들으며 깜짝 놀랐다. 한마디, 한마디가 나를 두고 하는 말씀이었다. '하나님'이라는 분이 내 닫혔던 귀를 뚫어

주셨다. 예배 후 통성 기도 시간에 왼쪽에 앉은 여자분이 내가 알아들을 수 없는 말로 기도하고 있었다. 순간, 심장이 뛰면서 두려웠다.

성경에만 나오는 하나님, 책 속에만 계신 하나님이 아니었다.

'하나님은 살아계시고 존재하는 분일지도 몰라!'

갑자기 내 어리석었던 그간의 삶이 하나님께 죄송했다. 회개하려했지만, 목구멍에서 뜨거운 것이 치밀어올라서 말이 잘 나오지 않았다. 더듬거리며 고백하는 혼잣말 같은 기도에 눈물이 흘렀다. 생전 그렇게 뜨거운 눈물을 흘린 건 처음이었다. 전혀 기도답지 않은 기도를 마음으로 고백했다.

'하나님, 당신은 정말로 살아계신 분입니까? 만약 당신이 지금 정말 살아서 제 기도를 듣고 계신다면 제가 알게 해주세요. 저는 유한한 존재인 사람이니까 당신을 볼 수 있는 눈이 없고, 당신은 무한한 존재니까 저를 볼 수 있는 눈이 있을 것 아닙니까? 만약 당신이 진짜로 살아계신다면, 여태껏 당신을 믿지 않고 살았던 제 지난날을 용서해 주세요. 당신이 살아계시는 분이라 치고, 저는 원래 말주변이 없어 말조차 잘하지 못하니 제 이 마음을 알아주세요.'

그러다가 나는 주위에 서서 손을 들고 기도하던 다른 사람들을 보고 '나도 저렇게 해야 하나님을 만날 수 있나 보다'라는 희망을 품고 두 손을 높이 번쩍 들었다. 그런데 바로 그 순간, 손에서 화끈거리는 자극이 일며 온몸의 감각이 마비되기 시작했다. 벼락을 맞는다면 이런 느낌일 거라는 생각이 들었다. 왼손 끝으로 전기 같은 찌르르한 느낌이 들어와 온몸에 퍼지면서 내 입에서 이상한 말이 떠듬떠

듬 나오기 시작했다. 무서워서 입을 다물려고 했지만, 허가 돌아가면서 다무는 내 입술을 내 이가 물었다. 도저히 멈추어지지 않았다. 게다가 그 말은 너무너무 빨랐다. 깊은 잠을 오래 자다가 깬 사람처럼 무슨 뜻인지도 모르는 수많은 말이 입에서 쏟아져 나왔다.

'이게 방언이라는 거구나. 성경이 살아 있는 말씀이었구나.'

그때 앞에 있던 목사님이 말했다.

"지금 이 자리에 성령님의 뜨거운 불이 임하고 있는 사람이 있습니다. 왼쪽 허리와 척추뼈가 아프신 분이 나았습니다."

그 순간, 늘 아프던 허리와 등뼈를 펴보았다. 통증이 없어졌다.

'살아계신 하나님, 나를 택해주신 분이여! 감사합니다.'

눈에서 뜨거운 눈물이 끝없이 흘렀고, 입에서는 알 수 없는 방언이 쉴 새 없이 쏟아졌다.

앞에 있던 목사님이 밑으로 내려와서 한 사람씩 머리 위에 손을 얹고 기도해 주었다. 나는 부끄러움을 마음속에서 밀어버렸다. 이 무섭고 놀라운 순간에 도저히 혼자 서 있을 수 없었다. 걸어가던 목사님이 갑자기 내 앞에 우뚝 서더니 내 머리 위에 손을 얹고 말했다.

"주여! 이 딸을 지극히 사랑하사 세상 길에서 불러 세워주시고 큰 은혜를 내려주셔서 감사합니다. 뜨거운 성령의 불을 받으세요."

순간, 눈을 감고 있던 내게 눈이 멀어버릴 것 같은 밝은 빛과 열이 확 덮쳤다. 온몸에 마비가 오면서 전기 같은 느낌의 자극 속에 주저앉아 버렸다. 온몸과 다리에 힘이 빠지면서 도저히 서 있을 수가 없었다. 바닥에 앉은 나는 울며 회개하기 시작했다.

"주여! 이 죄인을 용서하소서! 저와 부모님, 그리고 온 가족이 당신을 모릅니다. 우리가 세상과 짝하고 번 돈으로 밥을 먹고 컸습니다. 그 돈으로 먹고, 옷을 사 입고, 대학을 나와서 주제넘게 배우지 못한 사람을 가볍게 보았습니다. 이 교만을 용서하소서! 저같이 천한 인간을 택하시고 큰 은혜를 주셔서 감사합니다. 주여! 저를 당신의 도구로 사용하여 주시옵소서!"

처음 하나님을 만난 그날에 나는 회개와 함께 주님의 도구가 되길 간구했다. 왜 나를 주님의 도구로 사용해 달라고 간구했는지는 알 수 없다. 마치 어떤 힘이 그 순간에 그런 간구를 시킨 것만 같았다. 울고, 울고 또 울었다. 집에 돌아온 나는 마음이 너무나 평안했다. 근심이 하나도 일지 않았다. 그날 밤, 깊은 단잠을 잤다.

◆ 둘째 날의 변화

다음 날, 아침에 일어나자마자 어제 일을 생각했다. 우선 그 알 수 없던 말을 해보려고 시도했다. 하지만 나오지 않았다. 그래서 저녁에 다시 그 교회 부흥회에 가보기로 마음먹었다.

그날 저녁, 목사님 설교를 듣는데 또 한 구절, 한 구절이 내게 하는 말이었다. 어제처럼 통성으로 기도하는 시간에 나는 바닥에 꿇어앉아 버렸다. 어제 만난 그 큰 힘 앞에서 의자에 앉아 있는 것이 죄송했다.

평소의 나는 부끄럼을 타는데 그날은 다른 사람들의 눈이 별로 신경 쓰이지 않았다. 체면이고 뭐고 없었다. 내 무릎이 차가운 땅바닥에 닿았다고 느끼는 순간, 다시 커다랗고 눈부신 빛이 나를 덮치면서 어제 했던 이상한 말이 입에서 터져 나왔다.

목사님이 내 머리에 손을 얹고 다시 기도해 주었다. 순간, 온몸에 힘이 풀리면서 앉아 있기가 힘들었다. 알 수 없는 큰 힘이 내 몸에 스며드는데, 맥이 탁 풀리면서 몸을 가누기 힘들었다.

나는 방언을 하며 하나님께 간구했다.

"하나님, 제가 하는 이 이상한 말의 뜻이 무엇인지 알려주시면 안 될까요? 혹시 다른 사람들도 저처럼 자기가 하는 방언을 못 알아들을 때, 제가 무슨 뜻인지 전해줄 수 있으면 좋겠어요. 저는 앞으로 당신의 도구로 살기를 원합니다."

이유도 없이 뜨거운 눈물이 났고, 나는 간구 같은 기도를 간절히 드렸다. 아니, 내가 간구했다기보다는 어떤 큰 힘이 나를 그렇게 만든 것 같았다.

집으로 돌아오는 차 안에서 나는 뒷좌석에 앉아 방언을 쉬지 않고 했다. 멈출 수가 없었다. 옆자리에 앉아 있던 이웃 박 씨 아주머니가 내게 말했다.

"우리 남편이 술고래에다 담배를 주체할 수 없이 너무 많이 피워대서 큰일이에요."

바로 그 순간, 내 온몸에 전기 같은 자극이 오면서 그녀에게 말하기 시작했다. 방언 섞인 한국어가 나왔고, 얼마나 오래 했는지는 기억이 잘 나지 않는다.

'이게 도대체 뭘까?'

내 의지와 전혀 상관없이 혼자서 술에 취한 사람처럼 한참을 방언과 한국어를 하다니…. 문득 천천히 꿈에서 깨어나는 듯한 느낌이 들었다. 그런데 정신을 차리고 보니 옆에서 박 씨 아주머니가 흐느끼고 있었다. 그녀는 나더러 내일 자기 집에 꼭 좀 들러달라고 했다. 내가 무슨 말을 했는지 확실히 기억나지 않았지만, 하나님이 내게 어떤 은사를 선물로 주신 것 같았다.

'방언의 통변인가? 예언인가?'

어찌 되었든 나는 이런 일들에 익숙하지 않았다. 집에 돌아와서도 방언이 끝나질 않았다. 갑자기 방언으로 노래가 나오기 시작했다. 한 번도 들어보지 못한 멜로디와 이상한 언어로 찬양이 터져 나왔다. 새벽 2시가 넘도록 그 이상하고 신비로운 노래는 내 입에서 그치질 않았다. 그날도 나는 깊은 단잠을 잤다.

◆ 셋째 날의 변화

이날도 아침에 일어나자마자 방언을 시도했다. 하지만 나오지 않았다. 마음이 불안했다. 신비했던 그 느낌을 잃고 싶지 않았다. 마침 일요일 아침이라서 집 근처에 있는 미국 교회에 가보았지만, 영어 설교가 도저히 귀에 들어오질 않았다. 예배를 마치고 집에 돌아와 침실로 들어가서 문을 닫았다. 그리고 무릎을 꿇고 기도했다.

"하나님! 제가 평생 지었던 모든 죄를 용서해 주세요. 그리고 이제는 살아계신 하나님을 체험했으니, 저를 떠나지 말아주세요."

나는 울면서 기도했다. 그러자 갑자기 방언이 터져 나왔다.

'아, 방언이라는 것은 울어야 나오나 보다.'

문득 한인 교회에 가야겠다는 마음이 들었다. 집 가까운 곳에 차로 5분 정도 가면 한인 교회가 있었다. 교회에 도착하니 예배가 끝난 뒤 사람들이 모여 회의 같은 것을 하고 있었다.

예배당 의자에 혼자 가만히 앉아 있는데 갑자기 내 입에서 그 교회를 향한 축복의 말이 나왔다. 기도는 아닌데 평소 내 어투도 아니었다. 하지만 나는 두려워서 큰 소리로 말하진 못했다. 내 생각에 나는 나이도 어리고 그 교회에 다녀본 적도 없기에 그런 축복의 말을 하면 사람들이 이상하게 생각할 것 같았다.

'내가 잘못 생각하는 것인가? 축복의 말은 나누어야 하나? 하나님께 나를 그분의 도구로 사용해 달라고 분명히 부탁을 드렸는데… 내가 겁쟁이인가?'

회의가 끝났는지 한국인 목사님이 사무실에서 나왔다. 나는 그분에게 지난 사흘 동안 내게 일어난 일을 이야기했다. 목사님은 작은 방으로 나를 데려가더니 내 머리에 손을 얹고 축복 기도를 해주었다. 그때 다시 입에서 방언이 터져 나왔다.

나는 집으로 돌아와 다시 방언을 시도해 보았다. 그때부터는 내가 하고 싶으면 방언이 나오고, 안 하고 싶으면 안 나왔다. 왠지 하나님이라는 분이 내 곁을 떠나지 않으실 거라는 확신이 들었다.

저녁을 먹고 부흥회를 한 그 교회에 다시 찾아갔다. 그곳에서 찬송가를 부르는데 눈물이 나왔다. 내 평생에 노래를 부르면서 울어본 것도 처음이었다.

'하나님, 너무나 감사합니다. 살아계신 하나님, 너무너무 감사합니다!'

◆ 넷째 날의 변화

아침에 눈을 뜨니 세상이 달라 보였다. 내가 완전히 다른 사람이 되어 있는 것 같았다. 모든 것이 다르게 보였다. 무엇보다도 신기한 건, 하나님이라는 분이 살아계신 것이 확실하게 믿어졌다. 어떻게 이런 마음이 갑자기 드는지 도무지 이해가 안 되었다.

집안일도 신나게 빨리 끝냈다. 하나도 힘들지 않았다. 항상 짜증 속에 하던 일을 순식간에 끝냈다. 부엌 싱크대 창문 뒤, 바람에 흔들리는 야자나무에서 불어오는 바람이 아름답게 느껴졌다. 우편함을 확인하러 나갔는데 정원의 풀 잎사귀가 정교하며 눈부시게 보였다. 바람에 흔들리는 나무도 은혜롭게 보였다. 평생 처음이었다. 나는 완전히 새로 태어났다.

◆ 열째 날의 변화

한밤중에 갑자기 눈이 떠졌다. 마음속에서 하나님이 속삭이셨다. '성경을 읽어라.'

나는 너무 졸려서 일어나기가 싫었다. 눈을 반쯤 감고 누운 채 마음속으로 기도했다.

'하나님! 이게 진짜 하나님의 뜻이라면 당신의 숨 쉬는 호흡을 보여주세요. 이 무더운 여름밤에 큰바람이라도 보여주세요. 그러면 일

어날게요.'

순간, 갑자기 침실로 강한 바람이 '솨아' 불어오며 커튼이 펄럭펄럭 나부꼈다. 나는 문득 무서운 마음이 들어서 벌떡 일어나 거실로 나갔다. 기도하고 의자에 앉은 내게 하나님의 말씀이 들려왔다.

'요한계시록 16장 13절을 읽어라.'

도대체 어디서 어떻게 음성이 들리는지 몰랐다. 그저 내 가슴속에서 속삭이는 음성이 계속 들렸다.

또 내가 보매 개구리 같은 세 더러운 영이 용의 입과 짐승의 입과 거짓 선지자의 입에서 나오니 저희는 귀신의 영이라 계 16:13,14

이 구절을 읽는 순간, 내 가슴을 '쾅' 치는 게 있었다. 나는 부모님이 선물로 준 은 30냥으로 만든 큰 용의 형상을 화장대 앞에 장식물로 놓았다. 너무 값비싼 거라서 침실에 놓아두고 혼자만 보았다.

'이 용을 하나님께서 좋아하지 않으시나 보다. 정말 비싼 건데… 버리기도, 남 주기도 아까운 물건인데… 그래도 할 수 없다. 하나님께서 안 좋아하시는 건 나도 안 좋아해야지.'

나는 용을 쓰레기 봉지에 둘둘 말아서 쓰레기통에 처박아 버렸다.

'하나님, 무엇이든지 깨우쳐 주셔서 감사합니다.'

🌿 양떼의 발자취 - 간증

교회에 다녀온 나는 세 친구와 산으로 기도하러 가기로 했다. 우리는 라구나 산에 올라가서 텐트를 쳤다. 놀랍게도 3일 전 시편 84편을 읽을 때 주님은 내가 산에 갈 것임을 마음의 감동으로 알려주셨었다. 한밤중에 깨우셔서 시편 84편을 읽으라고 하셔서 '왜 내게 이 말씀을 주실까' 하고 의아했었는데, 산에 오르는 길에 깨달았다.

'만군의 여호와여, 주의 장막이 어찌 그리 사랑스러운지요!'

차 안에서 저녁 붉은 노을이 지는 구름이 깔린 하늘을 보았다. 하나님의 원대한 힘과 거대한 왕국이 내 가슴에 사무쳤다. 나는 두려웠다. 아마도 오랫동안 이 느낌과 장면을 잊지 못하리라.

'하나님… 제 눈의 비늘을 벗겨주셔서 감사합니다. 전에는 자연이 이렇게 아름다운지 깨닫지 못하고 살았습니다.'

◆ 라구나 산속의 달빛 아래에서

문득 하나님은 내 인생의 부족한 것을 채워주기 위한 도구가 아니시라는 생각이 들었다. 내게는 수많은 소망과 필요성의 잔이 인생이라는 긴 세월의 식탁 위에 줄지어 있었다. 많이 필요한 것은 큰 잔인 채로, 적게 필요한 것은 작은 잔인 채로 텅 비어 있었다. 하나님이 채우시기 전에는 그 시간, 그 자리에 그대로 있었다. 나는 어리석게도 내가 원하는 가장 큰 잔 하나만을 두 손에 높이 받쳐 들고 "하나님, 채우소서"를 외쳐댔다.

그것을 무엇으로 채우시든 하나님의 마음이고, 나는 그분의 사랑이 담긴 단비를 그 식탁 위의 잔에 그분의 뜻에 따라 부어달라고 간구해야 했다. 그러면 그분이 원하시는 대로 각 잔에 필요한 분량만큼 응답이 채워지는 것이다. 내가 구해야 하는 것은 그의 나라와 의이지, 내 요구에 의한 응답이 아니다.

"그의 나라"는 내 행위를 말한다. 마음을 다해, 뜻을 다해, 성품을 다해 그분을 사랑하고 섬길 때 그의 나라에 합당한, 성경이 표현하는 아름다운 창조물이 되어간다. "그의 의"는 내 전부에서 우러나오는 그분을 향한 깊은 신뢰감, 즉 믿음을 구하는 것이다.

"그리하면", 즉 그의 나라와 그의 의를 먼저 구하면, "이 모든 것을 너희에게 더하시리라"라고 하셨다. 이 말은 다른 말로 바꾸면 "그렇지 아니하면 이 모든 것이 내 인생의 소망의 잔에 부어지지 아니한다"라는 것이다.

왜 나는 이것을 진실한 마음으로 깨닫지 못했을까? 하나님은 분명히 "남종과 여종에게 부어주신다"라고 약속하셨다. 내가 하나님께 기도할 때마다 입구가 넓고 속이 깊은 병에서 맑디맑은 물이 밑을 향해 찰찰 흐르는 환상을 본 지 1개월이 다 되어간다.

내게 가장 있어야 할 소망의 큰 잔을 먼저 높이 들기 전에 지혜가 있다면 그분이 부어주시길 기다려야 한다. 하나님은 반드시 각양각색의 잔 위에 은혜의 단비를 부어주시기 때문이다.

그러나 잠깐! 그 비야말로 보좌 우편에 앉아 우리를 위해 간구하시는 예수님의 눈물이 아닐까? 그렇다면 무엇보다 먼저 "그리하면"이 내 안에서 완성되어 가는가를 살펴야 할 것이다. 만약 "그렇지 아니하면"이라면 주님께 구해야 한다. 반드시 주신다고 언약의 피로써 우리에게 서명하신 그분이 발행한 보증서가 있기 때문이다. 바로 '성경'이다.

♦ 라구나 산속에서의 아침에

아침 일찍 하나님의 품에서 아름다운 햇살을 맞으며 기도했다. 너무나 은혜로운 산 기도였다. 마음속에 주님을 향한 믿음과 신뢰가 가득 차올랐다.

'하나님께서 믿음의 은사를 주셨나? 아버지… 모든 것이 감사합니다. 정말 감사합니다.'

♦ 새 방언을 받다

주님께 기도하는 중에 내가 한 번도 들어본 적 없는 새 방언을 받았다. 하나님께 아무것도 바친 것이 없는 이 가난한 영을 위해 그분은 늘 은혜를 베풀어 주신다. 앞으로 더 열심히 성경을 읽고, 말씀 안에서 생활하도록 노력할 것이다.

'주님… 감사합니다.'

양떼의 발자취 - 간증

박 씨 아주머니의 친구가 사업장을 연다며 와서 같이 기도해 달라고 했다. 어떤 사업이냐고 물었더니 술집이라고 했다.

'술집에 가서 하나님의 축복을 빌어도 되나?'

별로 가고 싶지 않았지만, 체면상 싫다고는 못 하겠고 마음이 불편했다. 그래서 주님께 기도하니 이런 감동을 주셨다.

'때가 아직 차지 않았으니 그 여자에게 가지 마라. 가라지를 뽑으려다가 너희 알곡까지 다칠까 염려되노라.'

어차피 술집에 가고 싶지 않았으니 잘되었다고 생각했다. 그런데 한밤중에 박 씨 아주머니의 친구에게서 전화가 왔다. 잘 모르는 사람에게 딱히 하고 싶은 말도 없던 터라, 전화 받기 10분 전쯤 주님께서 묵상하라고 주신 요한복음 15장 16절을 그녀에게 읽어주었다.

"너희가 나를 택한 것이 아니요 내가 너희를 택하여 세웠나니 이는 너희로 가서 열매를 맺게 하고 또 너희 열매가 항상 있게 하여 내 이름으로 아버지께 무엇을 구하든지 다 받게 하려 함이라."

그녀가 말씀을 듣더니 갑자기 온몸에 전율이 일어나며 소름이 끼친다고 했다. 그러면서 자기는 하나님을 모르고 교회에 다니는 사람이 아니라고 했다. 그때 주님께서 감동으로 내게 말씀하셨다.

'그것은 이 여인의 잠자던 영혼이 하나님의 진리의 말씀에 접속하

여 깨어나느라 그런 것이다.'

그리고 통화를 마쳤는데 1시간 후에 다시 전화가 왔다. 그녀가 아까 그 말씀을 다시 보려고 성경을 펼쳤는데, 안경을 쓰지 않았는데도 성경의 깨알 같은 글자가 갑자기 돋보기를 쓰고 보는 것처럼 크게 확대되어 보였다고 말했다. 그러다가 자정에 새 사업장에 가려는데 부엌에서 커다란 검은 그림자가 어른거리는 걸 봤다고 했다.

나는 바로 그녀에게 하나님의 말씀을 전하고 전도해야겠다는 생각이 들었다.

'혹시 오늘 밤 하나님께서 이 사람에게 회개의 영으로 찾아오실지 알 수 없지 않은가!'

하지만 그녀는 오늘 밤은 술집 인수인계를 받는 날이라서 꼭 가야만 한다고 했다. 그러면서 내게 술집 문을 닫고 집으로 돌아오는 새벽 2시 반쯤 자기 집으로 꼭 와달라고 애원하다시피 부탁했다. 한 영혼이 구원받으려면 사단은 그만큼 더 크게 역사하며 방해한다.

나는 그 영혼이 가여워서 그렇게 하겠다고 승낙했다. 때로는 내 마음이 약한 건지, 지혜가 없는 건지 모르겠다. 그러나 늦더라도 가면 주님께서 기뻐하실 것 같았다.

나는 그녀가 어디 사는지 몰랐기에 박 씨 아주머니가 데려다준다며 우리 집으로 왔다. 그런데 그녀의 남편이 술에 취해 인사불성이어서 아이들을 깨워 그 친구 집에 같이 데려가야 한다면서 자기 집으로 가자고 했다.

박 씨 아주머니 집에 들어서자, 그 남편이 술에 취해 아파트 문 쪽에서 자고 있었다. 그를 본 순간, 말할 수 없는 탄식과 함께 애처로움이 내 마음에 느껴졌다.

'주님, 이 영혼을 구원하소서.'

부엌 안쪽에서 그를 위해 기도하는 중에 마음속에서 주님의 말씀이 들렸다.

'너는 그자와 가까운 곳에서 기도해라.'

술에 취한 사람 옆에 가는 게 별로 내키지 않았지만, 주님께서 감동을 주셨으니 순종했다. 문 쪽으로 가서 역한 술 냄새가 풍기는 그의 옆 탁자에 앉아 기도했다. 눈을 감고 방언으로 기도하는 중에 갑자기 그의 상반신이 일어나는 것이 보였다. 그런데 상반신이 2개로 보였다. 한 상반신은 누워 있고, 한 상반신은 일어났다. 그러고는 사납고 무섭게 생긴, 일어난 상반신이 "너는 여기 왜 왔냐?"라고 말하는 듯 나를 무섭게 노려보았다. 나는 너무 무서워서 눈을 떴다. 하지만 아무것도 보이지 않았다. 그때까지 나는 사람 속에 있는 악한 영을 한 번도 본 적이 없었다. 나는 다시 눈을 감았다. 그러자 그 무서운 상반신이 또 보였다. 주님께서 내 마음속에 말씀하셨다.

'저것은 술에 취하고 방탕한 귀신의 영이니라.'

나는 방언 기도를 하다가 너무 무서워서 부엌 밝은 쪽으로 건너가 버렸다. 그리고 식탁에 앉아서 성경을 폈다. 마귀를 대적하는 말씀을 찾았다. 에베소서 6장 10-20절을 정독하고 나니 주눅이 들었던 마음이 조금 평정을 되찾았다. 다시 용기를 내어서 그가 있는 쪽으로 갔으나 무섭고 떨려서 도저히 더 가까이 가진 못하고 그냥 서서 방언으로 기도하며 처음으로 귀신을 내어쫓는 기도를 했다.

"우리 주 예수 그리스도의 십자가 보혈로 명하노니 더럽고 악한 귀신은 이자의 몸에서 썩 나와라!"

눈을 감고 세 번 큰 소리로 외치자, 그 사납게 생긴 상반신 귀신이 그의 몸에서 쑥 빠져나오더니 내가 있는 쪽으로 쏜살같이 달려왔다. 나는 너무나 무서워서 눈을 질끈 감고 외쳤다.

"아버지! 지켜주세요!"

그리고 얼른 눈을 떴다. 가장 먼저 보인 것은 그가 손을 까닥하더니 거짓말처럼 순식간에 벌떡 일어나는 모습이었다. 그리고 말짱한 얼굴로 내게 말을 걸었다.

"아내는 어디 갔나요?"

'하나님, 감사합니다.'

나는 그에게 목사님의 기도가 필요하다고 느꼈다. 하나님을 마음으로 영접하지 않은 자에게 귀신이 다시 들어갈 수 있을 것 같았다.

더러운 귀신이 사람에게서 나갔을 때에 물 없는 곳으로 다니며 쉬기를 구하되 쉴 곳을 얻지 못하고 이에 이르되 내가 나온 집으로 돌아가리라 하고 와보니 그 집이 비고 청소되고 수리되었거늘 이에 가서 저보다 더 악한 귀신 일곱을 데리고 들어가서 거하니 그 사람의 나중 형편이 전보다 더욱 심하게 되느니라 이 악한 세대가 또한 이렇게 되리라 마 12:43-45

나는 박 씨 아주머니와 그 자녀까지 데리고 그 친구 집으로 갔다. 그런데 새벽 6시 반이 되어 먼동이 터도 그녀는 돌아오질 않았다. 어젯밤에 몸이 떨리고 성경 글자가 크게 보이는 신비한 체험까지 했으니 충분히 주님을 영접할 법한데, 회개의 시간을 놓쳐버린 것 같았다.

'영생을 얻는 시간과 세상의 재물을 얻는 시간 중에 왜 그녀는 후자를 택했을까?'

그녀의 선택의 때가 지난 것 같은 예감이 들었다.

가만히 생각하니, 내가 온밤을 하나님의 인도하심 안에 있었다는 생각이 들었다. 조금도 자지 않고 밤을 꼬박 새운 것은 내 인생에서 처음 있는 일이었다. 새벽 2시 반에 자기 집으로 와달라고 내게 애원했던 그녀는 아침이 다 되어서야 피곤이 역력한 얼굴로 집에 들어왔다. 나는 처음 약속했던 대로 예배를 같이 드렸으나 헛일이었다. 그녀는 예배 중에 계속 졸았다.

만물에는 때가 있고, 결정적 순간에 그녀는 헛된 것을 선택했다. 이제 주님께서 언제 그녀를 다시 깨우실지는 나도 모른다.

'이것이 마지막 기회였을 수도 있지 않을까?'

나는 아침이 되어 그 집을 나서며 먼저 박 씨 아주머니와 아이들을 집에 내려주었다. 너무 피곤하고 졸려서 눈이 잘 떠지질 않았다. 그때, 주님께서 내 마음속에 말씀하셨다.

'네가 즐거운 마음으로 내 일을 하였으므로 너는 내 안에서 평생 즐거운 일을 많이 누리리라.'

그리고 그분께서 나직한 음성으로 내게 물으셨다.

'내가 너를 위해서 무엇을 해주랴?'

이 질문은 졸린 나를 깨우기에 충분했다. 나는 서슴지 않고 말씀드렸다.

"하나님, 제가 사랑하는 부모, 형제와 자매, 그리고 주변의 사랑하는 모든 이의 영혼을 다 당신의 택하신 백성으로 삼아주세요. 그들의 영혼을 구원하신다고 약속해 주세요."

하나님께서는 내 마음에 꼭 그렇게 이루어질 거라는 확신을 주셨다.

'할렐루야… 하나님!'

우리가 그분을 위해 아주 작은 겨자씨만 한 일을 하면, 그분은 하늘과 같이 큰 축복을 내려주신다.

'하나님, 감사… 또 감사합니다.'

004 불륜녀의 회심

 양떼의 발자취 - 간증

교회에서 안면이 있는 양 씨 언니가 나를 찾아왔다. 그녀는 이혼하고 로스앤젤레스 한인 타운에서 혼자 살고 있었다. 그리고 한 유부남과 동거하는데, 그는 한인 타운에서 꽤 큰 식당을 경영하며 물질이 풍족한지 두 집 살림을 하고 있었다. 본부인은 암에 걸려 시한

부 인생을 살고 있다고 들었다.

양 씨 언니는 최근 이상한 꿈을 꾸었다며 꿈을 해석해 달라고 했다.

'난 그런 건 전혀 못 하는데….'

언니는 꿈 이야기를 하면서 그 의미를 물었다.

"물고기 세 마리가 도마 위에 있는데, 두 마리는 죽어 있고 한 마리는 살아 있었어."

우리는 함께 무릎 꿇고 기도하며 만약 주님이 주신 꿈이라면 그 뜻을 알려달라고 간구했다. 한참을 기도하는 중에 갑자기 내 눈앞에 언니가 꿈에서 보았다던 도마 위 물고기 세 마리가 보였다. 그리고는 하나님께서 꿈의 의미를 하나씩 풀어주셨다.

고기는 기독교인을 뜻하는데, 이 고기들은 양 씨 언니에게 속한 영의 성품을 의미한다는 감동이 왔다. 첫 번째 죽은 물고기는 '죽은 믿음'을 소유하고 있다는 뜻이며 하나님의 계명대로 살지 않는 것을 의미했다. 두 번째 죽은 물고기는 '죽은 사랑'을 소유하고 있다는 뜻이며 하나님을 사랑하며 살지 않는 것을 의미했다. 세 번째 살아 있는 물고기는 '소망'을 뜻했다. 이는 겨우 목숨만 부지한 소망을 소유하고 있다는 뜻이며 천국에 가고 싶은 마음만 가진 채로 간신히 신앙을 이어가고 있음을 의미했다.

감은 내 눈에 보이는 '죽은 믿음'과 '죽은 사랑'의 두 물고기는 죽은 지 오래되어서 창자가 썩은 채로 튀어나와 있었다. 살아 있는 '소망'의 물고기도 싱싱하지 않았다. 도마 위에서 꼬리만 탁탁 칠 뿐 움직이지도 못하고 거의 죽어가고 있었다. 내가 물고기들의 상태를 자세히 설명하자 언니는 자기가 꾼 꿈과 똑같다고 했다. 그러면서 주님을 두려워했고 남의 남편을 빼앗아 사는 삶에 대해 회개하기 시작했다.

한참을 울며 회개 기도를 하던 언니는 이혼한 남편에게 두고 온 외동아들을 못 잊어서 매일 운다고 했다. 그래서 하나님께 원망의 마음이 든다고 했다. 그 아들은 언니에게 전화나 연락도 끊고 산다며 내게 중보 기도를 요청했다. 한참을 둘이서 방언으로 기도하는데, 내 마음에 주님께서 말씀하셨다.

'네가 내 자녀이건만 내 품에 안 돌아오고 있는데, 너는 어찌 네 자식이 네 품에 안 돌아온다고 나를 원망하느냐? 네 애타는 마음이 나의 애타는 마음이로다. 너희가 악인이라도 자식 돌아오기를 그리 원하는데, 내 마음은 어떻겠느냐? 네가 어둠의 생활을 청산하고 돌아오면, 나도 네 아들을 네게 돌려주리라.'

좋으신 하나님은 언니의 삶이 회개를 통해 바뀌길 원하셨다. 물고기는 물을 떠나서는 살 수가 없다. 택하신 백성이 세상에 나가서 타락한 삶을 살면 어찌 그 몸과 영혼이 물고기 지느러미처럼 말라비틀어지지 않겠는가! 그날 양 씨 언니는 주님 앞에 통회 자복하면서 진정한 회개를 했다. 그리고 집으로 돌아가는 즉시 유부남과의 생활을 청산하고 내일 아침 밝는 대로 이사하겠다며 단단히 결심하고 떠났다.

'하나님께 영광을 올립니다!'

이후에 언니는 동거남과 헤어지고 화류계 인생을 정리했다. 얼마 뒤에는 신학교에 갔고 지금은 목회자가 되었다. 주님을 모르던 우리의 과거는 추악하다. 그러나 정말 중요한 것은 '주님을 만난 이후에 어떤 삶을 선택하고 살아가는가'이다. 삶이 변화될 회개의 기회를 주시는 것이 하나님 아버지의 오래 참으시는 자비하신 은혜다.

005 알코올 중독자와 영적 세계의 전쟁

🌿 양떼의 발자취 - 간증

하루는 박 씨 아주머니가 알코올 중독자인 미국인 남편을 위해 심방을 와서 함께 예배를 드려달라고 부탁했다. 그 집에 도착한 나는 예배 전에 하나님께 기도하며 여쭈었다.

'주님, 저 대학교 다닐 때 낙제해서 다음 해에 한 학기를 다시 들은 과목이 딱 1개 있었어요. 그게 영어 회화였던 걸 아시지요? 제가 미국에 온 지 3년이 되니 영어로 일상 대화는 겨우 하지만 다른 사람을 가르치거나 설교하는 건 아직 무리인데요, 어떻게 이 형제에게 복음을 전할 수 있겠습니까?'

주님이 내게 말씀하셨다.

'설교 안 해도 된다. 그냥 영어 성경을 읽어라. 네가 읽는 말씀을 통해 내가 이자에게 영과 골수를 쪼개며 들어갈 것이다. 너는 그저 네 혀의 소리만 빌려주면 된다.'

성경 읽기는 할 수 있을 것 같았다. 나는 식탁을 사이에 두고 박 씨 아주머니의 남편에게 영어 성경을 읽어주기 시작했다. 나지막한 음성으로 천천히 또박또박 읽었다. 그런데 느닷없이 박 씨 아주머니의 7세 아들이 부엌으로 들어오더니 짐승 같은 소리로 고함을 꽥꽥 질러대기 시작했다. 그리고 내 옆에 와서는 손가락으로 내 얼굴을 여기저기 아프게 찔러댔다.

부모가 야단을 치자 아이는 좁은 아파트 공간을 쿵쾅대며 왔다 갔다를 반복하더니 나중에는 식탁 밑으로 들어가서 내 발을 잡아당기고 때리면서 난동을 부렸다. 부모가 아무리 말려도 아랑곳하지 않고 계속했다. 나는 처음에는 '아이니까 그럴 수 있지' 하고 생각하면서 모른 척하고 성경을 읽어나갔다. 그러나 그럴수록 아이가 더욱 난폭해지고 이상한 짓을 계속했다.

한참을 그러니까 내 안에 아이를 미워하는 마음이 조금씩 들기 시작했다. 일어나서 아이의 볼기를 때렸으면 좋겠다는 마음이 문득 들었다. 그런데 신기하게도 내가 그 남편에게 성경을 읽어주면 말씀이 살아서 그자의 영혼으로 들어가는 것이 느껴졌다.

문제는 그다음 순간, 아이가 고함을 지르며 나를 때리거나 아프게 하면 낭독하는 성경 말씀이 그 남편에게 들어가지 않고 튕겨 나오는 것도 느껴졌다. 문득, 이런 생각이 들었다.

'내가 이 집에서 가장 작은 소자를 사랑하지 않으면서 어떻게 가장 큰 가장을 주님의 사랑으로 가르친다고 할 수 있을까! 어떻게 이런 마음으로 주님의 임재하심을 바라고, 성령으로 말미암아 혀의 소리가 되어드릴 수 있을까! 이 가정을 사랑하는 마음이 없는데, 어떻게 성령님의 도움 없이 나 혼자 무언가를 이룰 수 있단 말인가!'

마음에 감동이 왔다. 나는 잠시 쉬었다 하자고 제안하고는 얼른 화장실에 들어가 울면서 눈을 감고 주님께 기도했다.

'하나님, 이런 환경의 시험에 제 속사람이 좌우되지 않고 평정을 지킬 수 있도록 도와주세요. 저와 이 가정을 불쌍히 여겨주세요.'

그런데 갑자기 내 발가락 끝이 뜨끔하면서 마치 독사가 내 발을 무는 듯한 소름끼치는 통증을 느꼈다. 깜짝 놀라서 눈을 떠보니 어느새 그 아이가 화장실에 숨어 들어와서 내 발가락을 손가락으로 꼬집고 잡아당기면서 기도하지 못하게 방해하고 있었다.

이내 아이의 엄마가 들어와 아이를 화장실에서 내쫓아 주었다. 이상하게도 아이는 부모가 말려도 꼭 내 곁에 와서 짐승 같은 고함을 지르며, 웃고, 발광했다.

그런데 신기한 일이 벌어졌다. 살아서 역사하시는 우리 하나님께서 내 기도에 금방 응답해 주셨다. 주님께 기도하고 화장실에서 나온 내게 아이는 계속 그 짓을 했지만, 나는 전혀 아이가 방해로 여겨지지도 않고 마음의 평정을 잃지도 않았다. 오히려 나를 찌르고 때리고 아프게 하는 아이의 행동이 재롱으로 보이고 사랑스러워지기 시작했다. 사단은 하나님의 힘을 이길 수가 없다.

예배를 마친 후에 집으로 돌아가려고 현관으로 나왔는데 내 신발이 없었다. 부부가 천장 아래 높은 곳에서 내 신발을 꺼내며 말했다.

"아들이 자꾸 이 신발만 밟으면서 쿵쾅거리더라고요. 하지 말라고 말려도 계속해서 할 수 없이 신발을 숨겨두었습니다."

마귀는 어디서나 가장 연약한 영혼에게 들어가는 것 같다. 그 간교한 마귀가 몹시 미웠다.

'주님, 이 싸움에서 완전히 이기지 못한 저를 용서해 주세요. 그리고 도와주셔서 감사합니다. 제가 쓰러져도 항상 힘을 북돋아 주시는 우리 아버지. 혈과 육이 아닌 영으로 저를 낳으신 우리 아버지. 진심으로 고맙습니다. 당신의 영광이 영원한 것을 믿습니다.'

006 촛대를 드신 분

영의 세계

밝게 켜진 7개의 촛대를 드신 분이 그 촛대들이 이어진 밑동으로 내 가슴을 툭 치셨다. 놀라서 눈을 떴다. 그분의 말씀이 들렸다.

"일어나라. 성경을 읽어라."

나는 일어나 영적 전투를 준비하라는 말씀을 읽었다.

우리는 주님의 복음을 위해 사단과 싸워야 한다. 하나님께서 반드시 우리와 함께하시리라.

'아멘, 감사합니다.'

🌹 시

나의 임은 아름다운 날개를 가지셨나?

그분의 임재가 있을 때는 날갯소리 같은 바람이 있다.

그분은 그윽한 음성을 가지셨다.

나를 거룩한 사랑의 금 사슬에 묶어두고

내 눈과 입을 모두 앗아가서서 당신의 뜻대로 사용하신다.

내 눈을 영원한 시온성을 바라보게 하시고

내 입에는 님의 이야기만 흐르게 만드신다.

그분은 대체 어떤 분이기에 내 마음을 송두리째 앗아가셨을까!

그렇게 좋던 내 벗들의 말도 헛되게 만들고

전에 아름답다고 찾아 헤매던 무지개도 값없게 만드셨다.

오직 그분의 음성밖에는 내 마음 둘 곳 없어라.

거룩하게 묶인 사랑의 금 사슬도 전혀 무겁지 않게 하셨고

온전히 빼앗긴 내 마음도 전혀 아깝지 않게 하신 분.

그분이 내 임이시다. 이 몸과 혼과 영을 송두리째 앗아가신 분.

나를 놓지 마소서, 영화롭고 존귀한 나의 임이여.

설령 그것이 내 뜻이라고 할지라도

나를 그 거룩한 사랑의 금 사슬에서 결코 풀지 마소서.

내가 당신 앞에 서는 그날까지, 영원토록.

 양떼의 발자취 - 간증

오늘도 종일 매 순간 초조했다. 나는 믿음을 지키고자 늘 생각하지만 정말 내게는 겨자씨만 한 믿음도 없는 것일까!

'하나님 아버지, 이 마지막 순간에 제게 담대한 믿음을 허락하소서. 때때로 찾아오는 이 통증이 없게 하소서. 아버지여, 최후의 순간까지 사모하는 제 영혼을 만족하게 하옵시며 주린 영혼을 좋은 것으로 채워주옵소서. 아멘.'

방언 통변

넓은 우주 속에서 나는 먼지보다도 작다.

오직 하나님에 의해서만 내게 존재 가치가 부여된다.

그분이 내 심령 속에 계시지 않을 때 나는 아무것도 아니다.

무(無)… 그 자체일 뿐이다.

미워하고 사랑하며 사는 이 모든 감성조차도

그분이 관여하시지 않으면 부질없는 몸부림이다.

아바 아버지여!

우리의 그릇에 당신만이 담기기를 원하나이다.

그것은 제가 보이는 모든 것을 잃을 때이고

보이지 않는 모든 것을 완전하게 가질 때입니다.

주여! 제게 이 선(善)의 도를 깨달아 알게 하소서.

010 캄캄한 암흑의 구렁텅이로 들어가다

 양떼의 발자취 - 간증

나는 정말 슬펐다. 눈만 감으면 섭섭한 마음이 가득히 차오르며 주르륵 눈물이 흘렀다. 마치 어린아이가 과자를 달라고 엄마에게 철없이 달려갔다가 뒤통수를 한 대 맞고 돌아서는 기분이었다.

교회에 가기 두려웠다. 하나님 앞에 서기 싫고, 사람들 보기가 창피했다. 수술이 실패로 돌아간 그다음 날, 병원 침대에서 뜨거운 눈물을 얼마나 많이 흘렀는지 모른다. 나는 위를 향해 외쳤다.

"아버지, 제게 주시는 이 고난이 너무 무겁습니다."

사람들의 눈을 똑바로 보지 못했다. 성경을 읽기가 두려웠다. 능력의 말씀이 아니고 죽은 말씀으로 다가오는 걸 어쩌란 말인가!

무엇보다도 죽을힘을 다해 싸워야 하는 대상은 나 자신이었다. 행여 입술로 하나님을 원망하며 죄를 범할까 봐 입을 열 때마다 사력을 다해 싸워야 했다.

"그따위 믿음으로 예수 믿으려고 했어? 이제야 속을 알겠네."

내 얼굴에 손가락질하며 말하는 사람들 앞에서 고개 숙이는 일보다, 원망의 말이 나올까 봐 나 자신을 죽이는 일이 더 괴로웠다.

011 재수술 후에 퇴원하고 집에 오다

기도

아버지, 제 마음속에 분쟁이 없게 해주소서.

등은 끊어질 것같이 아프고 배는 한 뼘이나 찢어진 채

상처가 아물어가는지 가려워서 미칠 것만 같아요.

무엇보다 괴로운 것은 제가 필요할 때 아무도 없다는 것입니다.

아버지, 제가 소유하고 있는 것도 있습니다만,

당신은 제게 평범한 여인이 지닌 것을

허락하시지 않습니다.

질그릇 조각 같은 제가 어찌 당신께 따질 수 있겠습니까?

저를 용서하시고 불쌍히 여기어 주소서.

그저 평범한 아낙이 되어 살게 해주소서.

제 베갯잇이 눈물에 젖지 않게 허락하소서.

염치없는 이 여인이 평범하게 살기 위해

당신께 아픈 마음으로 호소합니다.

이 벌이 너무나 과중하여 견딜 수 없나이다.

아버지여, 저를 불쌍히 여기시고

이제는 그만 허락해 주소서.

예수 그리스도의 이름으로 기도합니다, 아멘.

012 천국의 사닥다리

영의 세계

소망이 없어져 기도가 떨어진 지 2개월. 같은 시간 동안 성경을 단한 줄도 읽기 두려워서 말씀을 먹지 않았다. 어느 새벽에 나는 죽어가는 영을 안고 영의 세계로 들어갔다.

참으로 가느다란, 두 뼘이 안 되는 너비의 사닥다리가 하늘 위로 곧게 서 있었다. 나는 죽을힘을 다해 한 계단씩 올라가고 있었다. 그런 나 자신을 보고 있는 또 하나의 내가 있었다. 한 계단, 한 계단 올라가는 게 어찌 그리 힘든지 온몸이 오그라들었다. 내 육신은 내 마음의 원함을 들어주지 않는데도 사력을 다해 눈물과 땀으로 범벅이 되어 올라가고 있었다.

얼마쯤 올라갔을까, 도저히 힘들어서 더 이상 오르길 포기했다. 도로 내려가려고 밑을 보았다. 얼마나 까마득한지 수천만 리 벼랑

끝에 서 있는 듯 어지러웠다. 한 발이라도 내려서다가 그대로 실족하여 떨어지면 콩가루가 된다는 것을 알았다. 내려가기를 포기하고 다시 올라가려니 사닥다리가 하늘 한복판에서 끝나 있었다.

'왜 내 사닥다리가 하늘 끝까지 튼튼하게 올라가 있지 않을까? 그러면 내가 쉴 곳이 있을 텐데….'

더 이상 올라가지도 못하고, 무서워서 내려가지도 못하고 불안 속에 사닥다리 위에 엉거주춤 서 있는 내가 싫었다.

'이 무정한 사닥다리야, 왜 도중에 끝이 짧아서 올라가질 않느냐?'

허우적거리다 고개를 저으며 영의 세계에서 깨어났다.

013 《잠근 동산》 책 탄생의 예언

 영의 세계

나는 영의 세계에서 펜대를 오른손에 들고 서 있었다. 펜대에는 잉크 대신 검고 진한 기름이 잔뜩 발라져 있었다. 그리고 수많은 사람이 남녀노소로 떼를 지어서 자신들의 귓불에 구멍을 뚫으려고 내게 다가오고 있었다. 나는 하나님을 섬기는 종이 되길 원하는 사람에게는 펜의 끝부분으로 귀를 뚫어주었다. 끝없는 행렬에 나는 피곤해지기 시작했다. 그러다가 영의 세계에서 깨어났다.

◆ 결론

윗글을 기록한 이후 수십 년이 흘렀다. 전능하신 하나님께서는 부족한 종을 영서를 기록하는 크리스천 작가의 길로 인도하셨다. 나는 이제야 깨달았다. 윗글이 장차 일어날 일을 33년 전에(2017년 기준) 기록한 선견의 예언이라는 것을.

그 내용은 자기에게 주어진 자유를 스스로 거절하고 자원하여 종이 되기로 선택한 사람의 '귀에 구멍을 뚫는 종'의 이야기다. 즉 육신에 예수님의 흔적을 남기길 자청하여 종이 된 자들의 행렬을 뜻한다. 사람의 잉크가 아닌 검고 진한 기름부음으로 적힌 이 영서를 통해 택함을 입은 영혼이 주님께 돌아와서 참된 헌신자가 되는 사건을 예견하는 기록이다. 하나님은 전능하시고 시간에 종속되지 않으신다. 그분은 자기의 비밀을 그 종 선지자들에게 보이지 않으시고는 결코 행하심이 없으시다. 이 얼마나 두려운 사실인가!

종이 만일 너와 네 집을 사랑하므로 너와 동거하기를 좋게 여겨 네게 향하여 내가 주인을 떠나지 아니하겠노라 하거든 송곳을 가져다가 그의 귀를 문에 대고 뚫으라 그리하면 그가 영구히 네 종이 되리라 네 여종에게도 그같이 할지니라 신 15:16,17

주 여호와께서는 자기의 비밀을 그 종 선지자들에게 보이지 아니하시고는 결코 행하심이 없으시리라 암 3:7

영의 세계

　새벽 기도를 시작한 지 3일째 되는 날이다. 웬 흑인 형상을 한 아이들이 우리 집에 와서 온통 엎지르며 난장을 치고 있었다. 한 아이를 데리고 밖으로 나갔다.

　"예수의 이름으로!"

　내가 외치자 아이가 곧 사라졌다. 다른 아이를 데리고 부엌으로 갔다.

　"예수의 이름으로!"

　그 아이도 없어졌다. 이내 흑인 형상을 한 남자가 나타났다.

　"예수의 이름으로!"

　내가 외침과 동시에 그도 없어졌다. 또 웬 백인 형상을 한 여자가 음탕한 몸짓으로 누워 있었다.

　"예수의 이름으로!"

　그녀도 사라졌다. 나는 피곤해서 숨이 찼다. 숨을 깊이 쉬자 영의 세계에서 깨어났다.

🌿 방언 통변

세계가 그의 것이며 온 땅이 그에게 속하였도다.

찬양하라. 찬양하라. 나의 영혼이여!

그는 미쁘사 그의 백성을 잊지 아니하시며

그의 소유로 삼은 선택한 이들을

지키시고, 키우시며, 때로 질책하시는도다.

그의 질책은 경하며 그의 사랑은 뜨겁고 진하도다.

우리가 그의 사랑을 참마음으로

단 한 순간이라도 깨달음의 잔을 마셔본 사람이라면

사모하는 마음으로 인해 이 땅에 마음 붙일 곳이 없음을 알리라.

고통당했던 자가 어찌 그 고통을 알지 못하겠으며

눈물 흘렸던 자가 어찌 그 아픔을 이해하지 못하겠는가?

그도 한때는 육신이었던지라 우리의 모든

고통과 질고와 유혹과 눈물의 가시를 경험했던 자라.

너희가 땅에서 흘리는 눈물이 진할수록

너희 영생의 이름이 생명록에 진하게 새겨지리라.

바람을 잡는 것과 같은 헛된 이 땅의 복락으로 인해

너희 마음을 바람에 날리는 겨와 같이 두지 말고,

오직 그의 교훈과 생명의 피로 쓴

너희의 이름을 위하여 기뻐하도록 하라.

내가 영원히 너희들을 고아와 같이

땅에 버려두지 아니하며 이 환란의 세상에서

그 아름다운 성문 안으로 인도하여 들이리라.

그날에 내가 너희를 보배와 같이 여기고 진귀하게 사랑하여

내 찬송과 영광을 위하여 택한

내 백성이라 칭하며 기뻐하리라.

016 영의 기도 3

 방언 예언

눈물로 뿌리는 너희의 씨를

기쁨의 단으로 거두게 하는 자가 가라사대

내가 너희를 나의 소유로 삼고

독수리가 새끼를 품고 길들이는 것처럼 하리라.

땅에 떨어지더라도 흙이 너희를 삼키지 못할 것이며

바다에 떨어지더라도 화가 너희를 삼키지 못할 것은

너희는 내 백성, 나의 소유이기 때문이라.

이로 말미암아 보배를 너희 질그릇 속에 담아주었느니라.

영계에 이르기까지 땅과 하늘과 불에 속한

이 모든 것은 나의 소유라.

구하라. 이루리라. 찾는 자가 반드시 찾으리라.

두드리는 심령에 내가 반드시 열어주고

가장 아름다운 것으로 너희에게 채워주리라.

이것은 내 백성이 내게서 받은 약속이며

피로 값 주고 산 나의 언약이니라.

내가 정녕 너희를 인도하여 영화롭게 하리라.

017 사망의 골짜기에서

 양떼의 발자취 - 간증

감사함과 사랑이 메말라 버린(아무리 기도해도 응답이 없는), 믿음이 의심되고 신앙이 흔들리는 와중에 무엇을 할 수 있을까? 내가 하는 것이 아니라는 마음으로 나는 다시 하려 한다. 너무 무겁다.

'아버지가 내 원통함을 모르시는 걸까? 나를 영영 기억하지 않으시려는 걸까? 나를 가만히 오게 해놓고 철썩 때리시는 것인가?'

나는 운전하며 울었다. 그분의 이름을 부르며, 터지는 고함으로 응답 없는 기도에 눈물을 뿌리며, 길이 안 보여 운전조차 제대로 못 하면서 그저 아버지를 불렀다.

깊은 밤, 나는 또 그분을 생각한다. 그분께 내가 어떤 존재이며,

그분이 내게 어떤 의미가 있으며, 어째서 내 기도에 묵묵부답이신지를 생각한다. 가슴이 터질 것만 같다.

 방언 통변

당신은 천지에 분연하신데

내 감은 눈은 당신을 볼 수가 없습니다.

당신은 삼라만상에 존재 의미를 주시는데

닫힌 내 마음은 당신을 깨달을 수가 없습니다.

당신의 침묵이 바로 당신을 나타내는데도

막혀 있는 내 귀는 당신을 들을 수가 없습니다.

아버지여! 나를 불쌍히 여기지 아니하시나이까?

풀잎 같은 인생이 의지할 곳이 없기에 당신을 향해서만 울부짖나이다.

우리의 글과 말에 한계가 있듯이

당신을 기리는 우리의 마음에도 한계가 있습니다.

때가 차면 당신이 일으켜 주실 수밖에 없습니다.

내 힘으로는 머리털 하나도 검거나 희게 할 수 없기 때문입니다.

나를 현명하게 하소서. 내 힘으로 할 수 없는 일에 염려치 않게 하소서.

지혜로운 마음과 정돈된 참 신앙의 정도(正道)를 허락하소서.

당신의 허락 없이는 참새 한 마리도 땅에 떨어지지 아니하듯

당신은 모든 것을 가지신 분입니다.

당신의 부유와 풍족함으로 인생에 있어야만 하는 곳에 있지 못한

보이지 않는 영적 가난과 빈곤을 채워주소서. 아멘.

충만케 하소서. 아멘. 불타게 하소서. 아멘.

019 미국 하나님의성회에서 전도사 인준을 받다

🌿 양떼의 발자취 - 간증

하나님을 처음 만난 이후로 9년 만에 그분의 종으로 첫걸음을 시
작했다.

020 목사의 불륜과 추한 비리를 보다

🌿 기도

하나님 아버지여!

제 마음은 저 환한 햇살 속에서 나아가지 못한 채

컴컴하고 퀴퀴한 어둠을 비집고 서 있습니다.

인간들의 혀와 마음을 보지 않게 하소서.

저들의 혀는 찌르는 살과 같고, 저들의 마음은

가시 돋친 몽둥이와 같이 나를 마구 두들겨 팹니다.

나의 하나님 아버지!

나는 넘어진 채로 멍청히 나아갈 곳을 잊은 채

잠시 쟁기를 잡고 앉아만 있습니다.

저들이 과연 양입니까,

아니면 양의 탈을 쓴 이리가 본연의 모습입니까?

저들을 위해, 나를 위해

어떻게 무죄하신 주님이 못에 박히실 수 있습니까?

나의 하나님 아버지!

저는 벌거벗은 채 땅을 딛고 서 있습니다.

뜨거운 열풍이 불면 시들어 버리는 무화과나무 이파리로

나의 수치를 가리는 게 얼마나 어리석게 보이는지를

아버지께서 가르쳐주셨잖아요.

찬란한 그 두루마기를 입기 전까지 나는 돌아서나, 바로 서나

동그마니 외로운 하나의 벌거벗은

작은 짐승에 지나지 않습니다.

때로는 어리석은 것에 정신없이 열중하면서

같은 길을 왔다 갔다 하는 표범이 되며,

어떤 때는 굴에서 포효하는 사자가 되기도 합니다.

그 크신 능력으로 주의 종을 세워주셨사오니

그에 맞는 하나님의 사람이 되도록 붙잡아 주소서.

나는 웁니다. 내 가슴에는 매일 고여 떨어지는

마르지 않는 눈물의 샘이 있는 걸 아시지 않습니까!

◆ 결론

제목에 언급한 목사는 결국 샌프란시스코에서 몇 달 뒤 이혼하고,
목회를 접고 한국에 돌아왔다.

021 영의 기도 5

🌹 방언 통변

나의 하나님이여! 어디 계시나이까?

이 글을 적을 때 나를 보고 있는 딸의 영롱하고 까만

보석 같은 눈동자에서 아버지를 찾아냈습니다.

세차게 내리는 저 빗소리에서도 나는 당신의 숨결을 찾고자 연연합니다.

비가 저렇게 내리는데 어째서 나뭇잎은

하나도 흔들리거나 떨어지지 않고 더 진한 초록을 뿜어냅니까!

나도 저 나무 이파리처럼 될 수 없나요?

떨어지는 세파의 물줄기 속에서도 오히려 완연해지고 흔들리지 않고서

주님의 사랑만을 더욱 진하게 뿜어낼 수 없을까요?

벌써 이 금식도 7일로 접어들어 마지막 날입니다.

시침이 한 바퀴를 다 돌지 않아도

우리가 사랑을 나눈 이 금식 시간은 끝이 납니다.

그리고 다시 신앙과 평온의 날이 시작될 것입니다.

금식을 지켜주며 동행해 주신 성신이여, 감사합니다!

022 구속은 순간의 속량이고, 구원은 삶의 과정이다

 묵상

인간의 죄와 허물은 썩어지는 무화과 이파리로 가리지 못한다. 설령 가린다 할지라도 시간이 가면서 마르고 시들어 버린다.

그렇다면 무엇으로 우리의 죄와 허물을 가릴 수 있는가? 이것이 해결되어야만 인간에게 동물과 다른 창조의 목적이 성립되는 자격이 주어진다. 왜냐하면 창조주는 인간을 흠 없고 티 없는 산 제물의 상태에서 하나님을 영화롭게 하고자 만드셨기 때문이다.

인류의 철학과 사상, 그리고 수천 년의 역사 속에서 끊임없이 질문해 온 '우리 인간의 수치를 가릴 방법'은 무엇이었던가? 오직 단 하나의 방법밖에 없다. 예수 그리스도의 보혈이 뿌려진 성령의 두루마기로 우리 자신을 머리부터 발끝까지 완전히 싸서 가리는 것이다.

그것은 바깥으로부터 안을 싸는 세상의 방법이 아니라 심령의 깊은 안쪽에 주의 보혈이 겨자씨같이 조그맣게 점처럼 떨어져서 물에 떨어진 진한 핏방울처럼 확 퍼져나가는 것이다. 이 과정은 순간적으로 이루어지며 시공간의 제약을 받지 않는다. 환경의 조건으로써 이루어지지 않기 때문이다.

그리하여 인간은 하나님의 구원과 속량 안에서 아가페의 사랑, 즉 무조건적 사랑 덕분에 하나님을 만난다. 하나님은 태초부터 우리를 만나오셨다. 그러나 인간의 죄와 허물 때문에 우리가 그분을 보지 못할 뿐이다. 너무나 감사하게도, 그분이 선택한 씨종자 인간들에게는 짧은 무대 같은 인생 안에서 그분을 만나는 눈과 느낌을 주신다. 그분에게서 나온 영이 그분에게 다시 돌아가는 것이 인생이다.

바람은 남으로 불다가 북으로 돌이키며 이리 돌며 저리 돌아 불던 곳으로 돌아가고 전 1:6

이 바람은 주의 성령 된 '프뉴마', 즉 그분의 숨으로 불어 넣은 생령이 지구상에서 잠시 머무르다가 인생이 끝나면 다시 하나님나라로 불려 가는 것이다.

하나님나라의 보좌는 북극성 위에 정좌하고 있다고 했기에, 인간을 영화롭게 하는 것은 북으로부터 나온다. 어째서 우리 인간은 이 지구에 영적 세계와 물적 세계가 공존한다는 진실을 자꾸 외면하려 하는지. 사단의 거짓 술수에 속는 것이 딱하기 그지없다.

그러므로 해 아래 행하는 모든 일, 즉 지구촌에서 일어나는 모든 일을 본즉 다 헛되어 바람을 잡으려는 것과 같다고 한다. 영롱한 비 눗방울 안에 바람만 가득 들어 있는 것을 모르고 이제는 되었다고 하며 손으로 잡는 순간에 톡 터져버리는 것처럼. 이것을 가르쳐주신 나의 귀한 선생님 되신 성령님께 무한히 감사드린다. 할렐루야.

'오! 아멘. 주 예수여. 어서 오시옵소서.'

023 아기가 이유 없이 갑자기 죽은 엄마에게

 양떼의 발자취 - 간증

하와이주 호놀룰루에 가면 레드힐(Red Hill)이라는 언덕 위에 그 섬에서 병원으로서는 제일 큰 규모의 밝은 핑크빛 육군 병원이 있다. 부활절 예배를 앞둔 어느 토요일에 그 병원에서 급한 전화가 왔다. 내용인즉 며칠 전에 한 엄마가 부엌에 서서 일하고 있었는데, 방 안에서 텔레비전을 보며 놀던 2세 외동아들이 너무 조용해서 가보았더니 바닥에 쓰러져 있었다고 한다. 그 엄마는 아이가 자는 줄로 알고 깨웠는데 일어나질 않았고, 병원으로 데려가 숨 쉬게 하는 장치를 달았지만 몇 시간 후에 아이는 그대로 숨을 거두고 말았다.

내게 전화한 시점은 그로부터 3일 뒤였다. 아이의 심장은 산소 기계에 의해 뛰고 있을 뿐 아이는 이미 죽은 상태인데, 부모가 기계 떼기를 완강히 거부하고 있었다. 그러니 내가 와서 부모와 임종 예배를 드리고 기계를 떼도록 그들을 설득해 달라는 거였다.

병원 측은 크리스천인 한국인 엄마를 위해 한국인 목사를 찾으려고 여러 교회에 연락했지만, 목사들이 부활 주일 행사 준비로 바쁘다며 모두 오길 거절했다고 했다. 사실 나도 부활절 설교 준비로 바빴지만 거절하려니 하나님이 두려웠다. 그래서 병원에 갔고, 임종 예배를 마친 후에 아이에게서 기계를 떼고 아이를 영안실에 안치했다.

나는 며칠 동안 식음을 전폐하고 아들이 죽는 모습을 지켜본 그 부부가 다른 섬에서 왔다는 것을 알게 되었다. 그들이 너무 가엾어서 우리 집으로 데려와 샤워하게 하고 밥을 차려주었다. 그리고 예수님의 죽음과 부활의 말씀을 그들에게 증거한 후에 하나님을 향한 회개 기도를 권유했다.

하나님 앞과 산 자와 죽은 자를 심판하실 그리스도 예수 앞에서 그의 나타나실 것과 그의 나라를 두고 엄히 명하노니 너는 말씀을 전파하라 때를 얻든지 못 얻든지 항상 힘쓰라 범사에 오래 참음과 가르침으로 경책하며 경계하며 권하라 딤후 4:1,2

하나님께서 주신 감동으로 부부에게 안수 기도를 하는데, 둘 다 방언이 터지면서 회개 기도를 했다. 둘은 아들을 떠나보낸 그날 밤, 하나님 안에서 다시 태어나는 중생을 체험했다. 하나님의 섭리와 계획을 인간은 모른다.

아랫글은 며칠 후에 적은 일기다.

어젯밤 새벽 2시경에 주님이 나를 깨우시더니 마음속에 속삭임같이 '디모데 엄마에게 편지를 쓰거라'라는 잔잔한 감동을 주셨다.

내 몸은 교회 일로 물먹은 솜처럼 피곤했다. 그러나 나는 주님이 내 순종을 지켜보고 계신 것을 느끼고 벌떡 일어나서 식탁에 앉아 편지를 적어 내려갔다.

얼마나 지났을까, 외동아들을 막 천국에 보낸 엄마의 심정이 내게 전달되며 그 편지에 하나님의 위로가 예언으로 계시되었다. 이후 침실에 돌아와서 잠들었는데 주님께서 영의 세계를 보여주셨다. 예수님 무릎에 평안하게 앉은 어린 디모데가 미소를 지으며 땅에 있는 엄마를 내려다 보고 있었다. 나는 눈을 감고 있는 디모데의 모습밖에는 보지 못했는데 말이다.

'오! 디모데 엄마, 당신은 이것을 느낍니까? 부활… 죽음 이후의 삶이 있다는 것을 압니까? 죽은 자식을 그리워하는 엄마의 영혼이 혹시라도 아픔의 돌에 걸려 넘어질까 봐 한 발 한 발 인도해 가시는 하나님의 섭리를 당신은 느낍니까?'

바로 이 위로를 주님께서 디모데 엄마에게 전하라고 하셨다.

024 미국에서 남편과 함께 목사 안수를 받다

🌸 양떼의 발자취 - 간증

나는 남편과 같은 날 목사 안수를 받았다. '특수 목회'라고 칭하는 술, 마약, 노름 중독자 그리고 노숙자 등에게 복음을 전하며 예배하는 재활원교회 사역이 시작되었다.

025 누가 먼저 돌을 던질 수 있을까!

🌸 양떼의 발자취 - 간증

아랫글은 하와이 호놀룰루에서 재활원교회 사역을 할 때, 한 크리스천 신문에 실린 나의 간증이다.

나는 해마다 연말연시에는 셀 수 없을 정도로 많은 선물 포장으로 숨막히는 시간을 보낸다. 올해도 역시 '미리 좀 해놓을걸' 하는 생각으로 가득 차 있었다.

우리 재활원교회 성도, 그 자녀와 가족, 직원, 그리고 자원봉사자까지 고루고루 챙기다 보니 마음과 손이 분주하기 그지없었다. 창고와 사무실을 수십 번 오가며 선물을 고르고 명단을 검토하며 복도를 지날 때마다 경비실 모니터에 비친 땀에 흠뻑 젖은 내 모습이 제법 자랑스러웠다.

그렇게 2주일이 지난 어느 날이었다. 기쁜 마음에, 연신 노래까지 흥얼거리며 선물을 포장하느라 분주한 가운데 심상치 않은 목소리가 내 손을 멈추게 했다.

"목사님, 잠시 시간을 내주실 수 있습니까?"

고개를 돌려서 보니 마이클이 깍지 낀 두 손을 가슴에 대고는 눈물이 그렁그렁한 채로 서 있었다. 보기에도 그랬지만, 순간 '심상치 않은 일이 이 청년에게 일어났구나' 하는 생각이 들었다.

마이클은 내가 사역하는 재활원교회에 들어온 지 3주 정도 된 앳된 백인 청년이었다. 물론 내 일이 재활원 식구들로 새 삶을 찾게 하는 거지만, 한참이나 밀린 선물 포장에 머릿속으로 계산기가 돌아가고 있었다.

'지금 이 청년을 진정시켜서 상담하려면 족히 30분 이상 걸릴 텐데, 그 정도면 상당수의 선물을 포장할 수 있는 시간이고, 행사는 다가오니까… 다음에 얘기하자고 해야지.'

오! 하나님, 내 머릿속 계산기는 성능이 아주 좋은 계산기입니다.

"물론이죠, 마이클. 어서 와요, 문을 닫으시고요."

하지만 내 입에서는 전혀 다른 대답이 나왔다. 내 계산기는 엉터리거나 고장 난 것이 분명했다. 사무실에 들어온 마이클은 연신 눈물을 훔치며 감정이 격앙되어 말을 더듬었다.

"목사님, 휴식 시간에 피터와 1층 옷더미 사이에서 몰래 담배를 피우다가 상사에게 발각되어 경고받았는데, 재활원 규율대로 금연 지역에서의 흡연으로 퇴출 명령을 받았어요. 피터도 지금 가방을 다 챙겨 문밖에

쭈그려 앉아 울고 있어요. 우리는 쫓겨났어요."

나는 이 규율이 얼마나 중요한지 알기에 잠시 흥분했다.

"오! 마이클, 제정신이 아니군요. 얼마 전에 옷더미에서 다른 사람이 담배 피우다 불이 나서 창고를 다 태워버렸잖아요! 그로 인해 생긴 엄한 규율인데 왜 그렇게 어리석은 일을 했나요?"

"목사님, 저와 피터가 동성연애자라고 재활원생들이 우리를 꺼리는 것 같이 행동해, 화가 나서 그곳에서 몰래 담배를 피웠어요. 규율은 알지만 정말 쫓아낼 줄은 몰랐어요. 목사님, 이제 어떻게 하죠?"

나는 어안이 벙벙해져 나가면 갈 데는 있느냐고 물었다.

"아니요. 우리는 둘 다 집행유예 중이기 때문에, 이 재활프로그램에서 쫓겨나면 담당 형사가 우리를 곧장 감옥으로 압송해요. 벌써 연락이 됐을 거예요."

'이 성탄 시즌에 이들을 어떻게 감옥으로 보낼 수 있단 말인가!'

어둡고 차가운 감옥의 냉기가 전해져 오는 것만 같아 기분이 영 편치 않았다. 어떻게 이 일을 풀어야 할지 실마리도 잡히지 않았다. 그러나 만약 마이클과 피터의 문제를 묵과한다면 너나없이 금지 구역에서 흡연할 것이고, 화재의 위험이 야기될 것 같았다.

또한 다른 원생들은 재활원 원장인 내가 이 둘을 편애한다고 생각할 것이고, 이들은 더 왕따를 당할 게 뻔했다. 그렇다고 이들을 내쫓으면 이들은 감옥 안에서 예수님을 원망하고, 재활 의지도 없어져 교회로부터 더욱 멀어질 것 같았다.

나는 마이클의 다급한 하소연과 눈물에 연신 고개를 끄덕이며 마음속으로 기도하기 시작했다.

'하나님, 저는 이럴 수도, 저럴 수도 없네요. 지혜를 주세요.'

우리 좋으신 하나님의 휴대전화로 마구 번호를 누르기 시작했다.

9191919191(구원 구원…)

마침내 결정을 내려야 할 것 같았다.

'좋아, 어차피 규율대로 감옥에 가야 한다면 이 사건을 부서장 회의에 부쳐 재고해 달라고 부탁하고 결과는 하나님께 맡겨드리자.'

나는 마음을 가라앉힌 후, 마이클에게 이야기했다.

"마이클, 기독교인이 다 동성연애자를 미워하고 싫어하고 피하는 건 아닙니다. 우리는 예수님의 사랑이 들어가기 전에는 다 영적 누더기를 걸친 죄인입니다. 당신과 나는 그저 색깔만 다른 누더기를 걸치고 있는 것 외에는 다른 것이 없습니다. 나는 나대로 하나님의 성스러움 앞에 서면 부끄럽기 그지없는 수치스러운 존재일 뿐입니다."

마이클은 갑자기 엉엉 소리 내어 울기 시작했다. 그리고 눈물 섞인 말로 이야기를 시작했다.

"목사님, 아무도 제게 이렇게 말해주지 않았어요. 내 가족도 친지도 나를 병자 취급하며 쉬쉬하고, 피하고 꺼리기만 합니다. 저도 이런 제가 싫고, 저를 있는 그대로 받아주지 못하는 남도 싫고, 화만 납니다. 하나님도 원망스럽고…."

내 마음은 이미 결정되어 있었으나, 마이클에게 말했다.

"마이클, 회의를 소집해야 하니 피터와 같이 안내실 의자에서 기다려요. 하나님께 지혜를 구합시다."

앳된 얼굴에 퉁퉁 부은 눈을 지저분한 옷으로 훔치며 걸어 나가는 그의 처진 어깨가 내 마음을 무척 힘들게 했다. 약 30분 후, 비상 간부 회의가 소집되었고 논쟁은 과격했다. 어떤 부장이 말했다.

"지키지 않을 규율은 왜 있는 겁니까? 예외를 둘 수는 없습니다."

마이클의 담당 상담사조차도 말했다.

"이들을 여기 있게 한다 해도 다른 원생들에게 미움과 따돌림을 받을 것이 분명합니다."

분위기는 어려운 상황으로 치달았다. 내 차례가 되어 내게 시선이 모였다. 나는 빌라도가 될 수도, 예수님이 될 수도 없었다.

"여러분, 마이클과 피터에게 복음이 들어가면 어떤 변화가 일어날지 모릅니다. 그리고 만일 당신들의 친형제라면 이 성탄 시즌이 아니라 아무 때라도 그들이 차가운 감옥에서 원망 속에 희망도 없이 살기를 원합니까, 아니면 재활원에서 지내며 복음의 씨앗이 심기길 원합니까? 우리가 저들을 정죄해야 한다면, 나는 제일 먼저 돌을 던지는 자가 되고 싶지 않습니다."

모두 한참이나 아무 말도 없었다. 돌 이야기는 다 아는 이야기인지라 분위기가 썰렁하다 못해 숙연해졌다. 우리는 하나님 앞에 모두 죄인이니까. 결국 프로그램 부장이 먼저 입을 열었다.

"우선 퇴출을 유보하고, 2주 동안 행동 제한(외출 금지, 전화 금지, 방문 금지)을 하고 반성하게 한 후에 평가해서 결정합시다."

7명의 부장은 모두 커다란 돌덩이를 내려놓았다.

"그래요. 2주 후에 이들의 생활을 보고 다시 결정합시다."

회의가 끝났다. 기숙사 사감은 마이클과 피터에게 통보하러 갔고, 텅 빈 회의실에서 나는 맥이 풀린 채 앉아 있을 수밖에 없었다. 선물을 포장하느라 흘린 더운 땀방울보다 두 청년과 하나님 사이 연결 고리 역할을 하느라 흘린 식은땀과 긴장감이 나를 더욱 지치게 했다. 유니폼은 땀에 흥건히 젖어 있었고 깊은 안도의 한숨이 나오며 그제야 가슴이 다시 콩닥거리는 것 같았다.

마이클은 그주 주일에 예배 후에도 기도하며 앉아 있었다. 1개월 정도 지났을까? 누군가 나를 부르는 소리가 들렸다. 급하고 눈물 섞인 소리가 아닌, 즐거운 목소리였다.

"목사님, 잠깐만 시간을 내주실 수 있습니까?"

뒤를 돌아보니 마이클이 부끄럽고 멋쩍어하며 서 있었다.

"물론이죠. 사무실로 가서 이야기할까요?"

내가 되물었다. 그러자 그는 성큼 다가와 두 손으로 내 오른손을 아플 정도로 꼭 쥐고는 환한 미소로 말했다.

"목사님, 감사합니다."

짧은 감사와 함께 그의 눈에서 용서받은 사람만이 자아내는 평온함이 전해졌다.

"천만에요."

나는 천천히 그리고 짧게 응수해 주었다. 흐뭇한 마음으로 사무실로 가서 직무를 보려는데, 거울 속에 어느샌가 늘어난 흰머리가 점점 영토를 확장하고 있는 것이 눈에 들어왔다.

'주님, 이 흰머리가 왜 생기는지 아십니까?'

그 후 마이클은 이달의 모범 원생으로 선출되었고, 졸업한 후로도 4년 동안 재활원교회의 찬양 지휘자로서 봉사했다. 2천 년 전, 사람들에게 돌을 내려놓게 만드신 예수님은 지금도 동일하게 우리의 마음속 돌을 내려놓게 만드신다. 할렐루야!

026 나는 주님께 무엇이 감사한가?

🌿 양떼의 발자취 - 간증

하와이 호놀룰루의 재활원교회, 엄마와 남편, 우리 딸, 나와 사랑하는 이들의 건강, 주님을 깨닫는 지각, 나의 형제와 자매, 돌아갈 고향, 떠나온 아비의 집, 녹차 한 잔과 보리빵, 주님의 종으로서의 직분.

027 재활원 특수 목회와 사역 속에서

🌿 양떼의 발자취 - 간증

아버지가 내 손을 잡고 가시는데 어디로 가는지 궁금해할 이유가 있을까? 걸음마를 배우는 아기가 아빠 손만 꼭 잡으면 걱정이 없는 것처럼, 나도 잡동사니 같은 염려를 다 버려야 한다.

아버지는 내 손을 절대 놓지 않으실 분이다. 왜냐하면 나는 아직 서툴게 걸음을 떼는 법밖에 모른다는 걸 아버지가 잘 아시기 때문이다.

그런데 왜 때로 바보같이 그걸 잊을까? 염려를 못 버리고 주워 담으면서 신뢰는 못 담고 버려 없애는 나. 부끄럽다. 아무리 오르려 해도 바람을 잡는 것이고, 무한히 내려간다고 해도 아버지 손바닥 안에 머무른다.

어리석은 나. 깨달음이 없는 나. 그래서 아버지께서 나를 더 불쌍하고 측은하게 생각하시는지도 모르겠다. 다시 일기를 기록하기까지 2년이나 걸렸구나!

028 깃발을 꽂는 자

 예언

가슴속에 울려 퍼지는 하나님의 계시.

"너는 원수의 땅에 나 여호와의 깃발을 꽂는 자가 되리라."

성경에는 많은 이야기가 있다. 예수님도 비유를 통해 하나님께서 우리에게 주시길 원하는 메시지를 전달하셨다.

당신은 예수님이 말씀하신 모든 메시지에 100퍼센트 동감하는가? 그 메시지를 읽는 순간, 영혼 깊은 곳에서 즐거움이 샘물처럼 솟아나는가? 만약 그렇다면 내가 전하는 이 묵상(devotion)은 당신에게 해당 사항이 없으므로 지금부터 휴식하길 바란다. 왜냐하면 나는 그렇지 못하기 때문이다.

나에게 성경 말씀은 어떤 때는 조용한 아침 햇살처럼 내 영혼에 번지기도 하지만, 어떤 때는 폭풍처럼 내 영혼을 뒤흔들어 놓기도 한다. 또 어떤 때는 마치 망치로 뒤통수를 한 대 맞은 것 같은 충격을 주기도 한다.

마태복음 20장 1-16절은, 내가 아기 같은 크리스천이었을 때 처음 읽은 순간부터 아무리 묵상하면서 영혼 속에 삼키려고 해도 다시 목구멍으로 올라오는 생선 가시 같은 말씀이었다. 어째서 아침 6시에 일하기 시작한 노동자와 오후 5시에 일하기 시작한 노동자가 같은 임금을 받는가? 성경은 왜 11시간이나 더 일한 노동자가 1시간 일한 노동자와 같은 액수를 받는 게 정당하다고 말하는가?

유대인의 하루 노동 시간은 아침 6시에서 저녁 6시까지로 12시간이다. 그들은 우리가 말하는 아침 6시, 즉 일과가 시작하는 때를 제1시로 부른다. 그러니까 본문에서 말하는 품꾼들이 고용된 시각은 오전 6시, 9시, 12시, 오후 3시, 5시다. 마지막으로 고용된 품꾼은 오후 5시부터 1시간만 일한 것이다.

유대인들이 주로 종사하는 두 가지 업종이 있다. 목축업과 포도 농사다. 그래서 예수님은 목자와 양의 이야기나 포도원에 관한 이야기를 비유로 종종 말씀하셨다. '교회'를 어떤 때는 목양으로, 어떤 때는 포도원으로 비유하셨다.

유대 나라에서는 9월이면 포도가 익고, 10월에는 장마가 시작된다. 그러므로 장마 전에 포도 수확을 위해 많은 일꾼이 필요하다고 한다. 그래서 본문에서 보듯 마지막 1시간을 남겨놓고도 품꾼을 데려다 일하게 한 것이다.

그런데 문제는 품삯이었다. 오전 6시부터 온 사람들에게는 1데나리온씩 주기로 약속했다. 그러나 오후 5시에 온 사람들에게는 아무 약속이 없었다. 품삯을 받을 때 보니, 오후 5시에 온 품꾼도, 이른 아침부터 온 품꾼도 1데나리온씩 똑같이 받았다. 아침에 온 사람들의 마음이 불편했다. 어떻게 1시간 노동한 자와 12시간 노동한 자가 같을 수 있냐고, 자기들은 더 받아야 하지 않겠느냐고 말이다.

하나님의 계산법은 우리와 어떻게 다른가? 이것을 이해하기 전에는 아무리 읽어도 이 메시지가 불공평하다. 큰 교회에서 월급 많이 받으며 성도에게 잘 대접받는 살찌고 윤택한 목회자 부류를 제외하면, 대부분 목회자는 그 반대의 삶을 살지 않는가!

주님의 일을 위해 평생을 바친 가난한 목회자 부류, 세상의 내 사업, 내 집, 많은 월급, 교육의 명성을 다 버리고 쥐꼬리 같은 월급으로 사는 우리 같은 목회자들이 있다. 그들이 평생 자기 하고 싶은 일 다 하고 살다가 죽기 1주일 전에 회개하고 예수님에게 돌아온, 부끄러운 구원을 받은 사람과 아무 차이 없이 똑같은 상을 받는다고 하면, 누가 어려운 목회의 길을 가겠는가! 그래서 나는 이 본문이 별의별 생각이 들게 하는 말도 안 되는 메시지라고 생각했었다.

그런데 주인이 말했다.

"나는 불공평하지 않다. 아침에 온 자들과는 이미 1데나리온으로 약속했고, 그대로 했으니 아무 잘못이 없다. 오후 5시에 온 사람들에게 1데나리온씩 준 것도 아무 약속이 없었으니 얼마를 주든 주인인 내 마음에 달렸다. 아침에 온 자에게는 약속대로 품삯을 준 것이고, 저녁에 온 자에게는 나의 자비로 은총을 베푼 것뿐이다."

그러므로 그것을 '선한 일'이라고 칭했다. 그러면서 결론으로 "나중 된 자가 먼저 되고 먼저 된 자가 나중 되리라"라는 폭탄선언을 했다. 이것은 인간의 셈법으로는 이해하기 힘든 하나님의 계산법이다. 예수님이 이 비유를 말씀하신 본의는 무엇일까?

흰머리가 희끗희끗하게 나기 시작하는 이제야 이것이 내게 주는 경고라는 걸 알았다. 즉 예수님을 나의 주님으로 시인한 후 신앙생활과 목회를 하면서 자신을 주님의 제자로 여기는 우리 모두에게 주는 경고라고 생각하니 이 본문이 조금씩 삼켜지기 시작했다.

성경의 모든 말씀은 흐름이 있다. 앞 장인 마태복음 19장 27절을 보면, 베드로가 아침에 온 품꾼처럼 예수께 묻는다.

"보소서, 우리가 모든 것을 버리고 주를 좇았사오니 그런즉 우리가 무엇을 얻으리이까?"

그는 자기가 희생한 만큼의 대가를 요구한다. 구원받은 은총에 감사하여 주님을 사랑하는 마음보다는 자신의 노력과 시간, 물질을 바치고 희생한 만큼, 아니, 그 이상의 보수와 상을 요구한다.

지금 내 안에 베드로가 살아나 2천 년 전에 그가 주님께 물었던 질문을 하는 나 자신을 바라보곤 한다. 이 품꾼의 비유를 들은 바로 그다음 순간에도 요한과 야고보가 예수님의 이모인 자기 어머니를 앞세워서 주님이 왕이 되면 자기들에게 그 좌우편에 앉을 수 있는 지위를 달라고 구체적으로 요구한다(마 20:20,21). 다른 제자들은 이것을 듣고 두 형제에게 시기와 분노를 느낀다.

이 말은 무엇일까? 이들에게도 베드로, 요한, 야고보와 같은 마음이 있었다는 증거다. 바로 '공로 의식'이다. 나도 매년 교단에서 발령이 날 때마다 내 안에 요한과 야고보가 살아나 2천 년 전에 그들이 요구했던 것과 같은 요구를 하는 나를 보곤 한다.

나는 재활원교회의 목회와 여러 관심사로 식사할 겨를도 없이 살았다. 그러면서 재활원 사역이 오히려 내가 하나님께 집중하는 것을 교묘하게 막고 있는 걸 발견할 때가 있었다. 안타깝게도 많은 사람이 하나님께 집중하기보다 종교적인 일에 더 관심이 많은 걸 본다.

나 역시 진정한 예배보다 행사에 마음을 빼앗길 때가 많다. 사람들의 눈에 띄는 여러 일에 신경을 쓰며, 재활원생들의 생일잔치를 준비하고, 졸업식 파티를 장식하고, 여러 모임과 집회에 참석한다. 하나님께서 정말로 나를 모든 사람의 눈에 가장 잘 보이는 그 자리에 두신 것이 맞을까? 그런 자리에서는 하나님께 영광을 돌리면서, 평범한 일상으로 돌아오면 왜 하나님께 영광을 돌리지 못할까?

사실 두렵다. 오래 믿었다고 신앙 연수만 자랑하면서 차지도 뜨겁지도 않은 상태가 될까 봐, 신앙이 반들반들 닳아서 피리를 불어도 춤추지 않고, 슬픈 소리를 해도 가슴을 치지 않고, 마음 깊은 곳에서 나오는 죄의식에도 회개하지 않는 무감각한 자가 될까 봐, 신앙생활이 그저 하나의 삶의 습관이 될까 봐 두렵다. 이런 모습이 아침에 일하러 온 사람의 특징이 될 수 있다.

그러나 하나님께서는 이방인이든 유대인이든 포도원에 들어온 사람에게는 똑같이 1데나리온을 주셨다. 즉 똑같은 구원과 새 생명을 주신다는 뜻이다. 하나님나라의 보수는 이 세상의 상업주의적 배금 윤리로 통하는 게 아니다. 봉사의 양이 아니라 봉사의 정신과 사랑이 중요하다. 본문 속 포도원 주인은 일한 양보다도 품꾼의 정신과 사랑의 마음을 더 중요하게 여겼다.

물론 오후 5시에 온 품꾼은 아침 6시부터 온 품꾼만큼 일을 못 했을 것이고, 양으로 따지면 1데나리온의 몇 분의 일도 안 될 것이다. 그러나 주인이 품삯을 똑같이 준 것은 하늘나라에서는 이 세상에서와 같이 상업주의적 배금 윤리가 통용되지 않는다고 말씀하시는 것이다. 모든 것이 하나님의 은혜요, 선물이기 때문이다.

또한 이것은 처음 온 사람을 무시해서가 아니라 나중에 온 사람을 불쌍히 여겨서였다. 하나님이 주시는 것은 노동 임금이 아닌 선물이며, 보수가 아닌 은총이다. 아마도 오후 5시에 온 품꾼은 종일 일자리가 없어서 내일 굶게 될 거라는 염려와 초조함으로 저녁 5시가 되어도 집에 들어가지 않고 노동시장에 서 있었을 것이다. 그런데 고맙게도 선한 포도원 주인이 불러다 일을 시켜주니 감사한 마음으로 더욱 열심히 일하지 않았을까.

아침 6시에 온 품꾼과 저녁 5시에 온 품꾼의 정신을 분석해 보자. 아침에 온 품꾼은 주인과 1데나리온 계약으로 들어왔다. 그들은 "이만한 대가를 주어야만 일하겠다"라고 주장하는 사람들로, 그들이 불평한 것을 보면 노동에는 별 관심이 없고, 보수에만 관심이 있었다.

그러나 오후에 온 품꾼에게는 계약도, 약속도 없었다. 그는 그저 종일 허무하게 지내다 늦게라도 일할 수 있음에 감사하며 일했다. 임금은 주인의 의사에 기꺼이 내맡기고 말이다. 이 사람이 남은 1시간 동안 일하면서 눈치나 보며 적당히 일했겠는가? 최선을 다했을 것이다.

재활원교회에는 편의상 여러 직분이 있다. 목사, 부장, 직원, 자원봉사자, 재활원생 등. 그러나 하나님은 직분에 따라 더 칭찬하거나 덜 칭찬하지 않으신다. 하나님의 관점은 자신이 맡은 부름의 상, 곧 사명에 누가 얼마나 충성하는지를 보신다. 재활원생이 충성을 다했으면 충성 못 한 목사보다 더 칭찬받을 것이다.

진정으로 그리스도 안에 뿌리를 내리고 믿음이 깊어질 때, 하나님의 계산법을 이해할 수 있다. 그분의 눈이 머무는 곳에 내 눈이 머물 때, 가장 위대한 일을 하게 될 것이다. 세상을 변화시킨 사람들은 위대한 사람들이 아니라, 위대하신 하나님 손에 붙들려 쓰임 받은 보통 사람들이었다. 우리가 해야 하는 가장 위대한 일은 위대하신 하나님을 믿는 바로 그 믿음이다.

스스로 필요한 사람이 되려고 애쓰지 않으며 내 모습 이대로 주님께 드리고 싶다.

끝으로 주님께서 내 마음에 속삭여 주신 질문을 나눈다.

'포도원 업무가 끝난 후 임금을 기다리는 줄에서 오후 5시에 온 품꾼 중에 네 딸 미셸이 서 있는 것을 본다면 네 심정이 어떻겠니?'

THE CONCEALED GARDEN

PART
2

잠근 동산의
닫힌 문이 열리다

나는 너비가 2미터 정도인 잔잔하게 흐르는 맑은 강물 앞에 서 있었다. 그런데 입고 있는 옷이 좀 이상했다. 머리와 두 팔만 끼우면 쏙 들어가는 원피스인데 어깨에서 발목 위까지 내려오는 긴 통옷처럼 생긴 모시옷을 입고 있었다. 게다가 옷이 깨끗하지 않고 여기저기에 엷은 회색과 누런색의 얼룩이 묻어 있었다.

나는 행색도 남루하고 신발도 신지 않은 데다가 얼굴은 아픈 기색이 역력하고 몸도 힘없이 축 늘어져서 강가에 그저 앉아 있었다. 그때 갑자기 어디서 나타났는지는 모르겠지만, 내 좌우에 빛나는 흰 옷을 입은 남자 형상을 한 천사 2명이 나를 아주 조심스럽게 부축하여 일으켰다. 아무 말이 없었지만, 나는 그들이 천사라는 것이 알아졌다. 그들은 한 발 한 발 나를 그 강 안으로 데리고 들어갔다.

강물 안에 들어갈 때는 못 보았는데 내 발이 강물에 닿음과 동시에 흐르는 물 안에 밑으로 내려가는 계단이 나타났다. 천사들은 내 두 팔을 잡은 채 천천히 조심스럽게 한 계단씩 물 안으로 데리고 들어갔다. 물은 따뜻하지도 차갑지도 않으면서 아주 깨끗하고 상쾌한 느낌이 났다. 마치 뭔가가 깨끗하게 씻기는 느낌이 들었다.

처음에는 강물이 발목까지 잠기더니 한 계단씩 내려갈 때마다 몸이 점점 더 깊이 잠기기 시작했다. 가슴까지 잠겼을 때, 생각했다.

'큰일 났다. 수영할 줄 모르는데….'

결국 머리까지 물에 잠겼다. 나는 물에 빠져 죽을 거라고 생각하면서 눈을 꼭 감고 숨을 멈추었다. 그런데 5초쯤 지나자 놀라운 현상을 발견했다. 내가 그 강물 안에서 마치 공기 중에 있는 것처럼 평상시와 같이 호흡하는 것이 아닌가! 신기하게도, 우리 셋은 강물 안을 흐르는 물살을 따라서 마치 산책하듯 조용히 걷고 있었다. 그 순간에 나는 이 신비로운 강물 안의 산책을 아주 오래전에 경험한 기억이 났다. 그리고 눈을 떴다.

031 천국의 집을 보다

영의 세계

"여보, 우리가 집을 샀어. 이제 더 이상 남의 집에서 살지 않아도 되고, 계속 이사 다니지 않아도 돼. 우리 소유의 공간이 생긴 거라고…."

현관문을 들어오는 토니가 입이 귀에 걸린 채 함박웃음 지으며 손바닥을 열어 보이는데 조그만 스테인리스 열쇠가 하나 보였다. 그것을 본 순간, 말로 표현할 수 없는 안도와 기쁨, 그리고 인생에서 마침내 뭔가를 이루었다는 성취감에 가슴이 벅차올랐다.

내가 외쳤다.

"와우! 언제 이사할 수 있는데요?"

"오늘이라도 당장 이사할 수 있어. 우린 짐이 별로 없잖아?"

"맞아요. 우리 것 아닌 이 집 물건들 다 놓아두고 당장 갑시다. 두고 가는 것들은 다 교회 목사관 거니까 아까운 건 단 하나도 없어요. 드디어 우리에게도 이런 날이 왔군요!"

잠시 후, 우리는 어떤 집 앞에 서 있었다. 나는 남편에게 물었다.

"그런데… 이게 진짜 우리 집 맞아요?"

나는 눈이 동그래져서 토니에게 얼굴을 돌렸다. 나지막한 3개의 계단 앞 문에서 잔뜩 실망한 얼굴로 물었다. 집은 밖에서 보기에 단칸방 1개 정도 크기였고, 단층으로 된 양철 지붕이 아주 낮고, 낡아 있었다. 창문도 없었고 대문은 한 사람 들어가기도 힘들 정도로 작았다. 나는 실망하면서도 본능적으로 스스로를 위로했다.

'괜찮아, 여기서부터 시작하는 거야. 이제껏 한 것처럼 열심히 일해서 돈을 모으면 이 집을 팔고 더 큰 집을 살 수 있어. 그래도 이건 우리 소유의 집이잖아. 할렐루야!'

나는 성큼 대문을 열고 토니와 함께 안으로 들어갔다. 벽이 낡아서 페인트가 군데군데 벗겨져 있었다. 본래는 흰 색이었던 것 같았으나 누렇게 바래서 지저분해 보였다. 바닥은 옛날 한국에서 깔던 진한 노란색 종이 장판 같은데 그나마도 얼룩이 여기저기 묻어서 청소가 필요했다. 가구도 없어서 집이 춥고 을씨년스럽게 느껴졌다.

"여보, 안에 들어와서 보니 뒤뜰에 큰 사랑채 방이 2개 더 있네요. 그래도 방이 3개나 있어요. 밖에서 본 것보다 안이 넓은 집이에요."

나는 조금은 마음이 편해져서 안도의 숨을 쉬며 토니에게 말했다. 사랑채 방 2개 사이에는 컴컴한 복도가 있었다. 토니와 나는 호기심으로 가득 차서 복도 오른쪽에 있는 방문을 열어보았다.

그런데 이게 웬일이야! 엄청나게 큰 방 안에서 재활원교회의 기숙사 사감 더글러스와 재활원생 형제 3명이 대화하고 있다가 획 하고 우리를 돌아보는 게 아닌가!

방 안에는 침대 4개와 책상 1개가 놓여 있었다. 그들은 건강한 얼굴로 토니와 나를 보고 반가운 표정을 지으며 방 바깥으로 걸어 나왔다. 더글러스가 평소처럼 미소를 띠고 흥분한 억양으로 말했다.

"이 형제들은 이제 술과 마약에서 다 회복되어서 주님을 영접하고 사회로 돌아갈 계획을 하고 있어요. 오늘도 열심히 직장을 찾다가 막 집으로 돌아온 거예요."

나는 깜짝 놀라서 생각했다.

'아니, 여기가 집이라고? 여기는 우리 집인데…. 그러면 우리가 데리고 있어야 할 형제들인가?'

토니와 나는 다시 복도로 돌아가서 왼쪽 방문을 열었다. 그런데 큰 방 안에 재활원교회 형제 3명이 마약에서 회복되어 가는 얼굴로 1명은 침대에 누워 있고 2명은 책상 앞에서 대화하다가 우리를 돌아보았다. 예상하지 않았던 손님들이 방에 있는 것을 보고 나는 깜짝 놀랐다. 하지만 교회에서 항상 그랬던 것처럼 놀라움을 감추고 미소를 띠며 그들에게 물었다. 잘 훈련된 나의 가짜 미소였다.

"안녕, 잘 있었어요? 뭐 하고 있어요?"

한 형제가 귀찮아하는 기색으로 우리를 돌아보며 대답했다.

"술과 마약 기운에서 깨어나길 기다리고 있어요. 우리는 여기서 치료와 상담을 받기 위해 기다리는 중이에요."

나는 실망하여 생각했다.

'아이고, 재활원교회 일을 다 마치고 새 집에 이사 왔다고 생각했는데… 잘못 생각했구나! 우리 집에 장정 7명이 더불어 살고 있으니, 토니와 나는 다시 뼈 빠지게 일해서 살림을 해야겠구나!'

금방까지 옆에 있던 토니는 어디로 갔는지 보이질 않고, 낡고 작은 집 안에서 나는 망연자실하여 하늘을 바라보며 혼자 서 있었다.

'이게 정말 우리 집 맞아?'

눈물이 핑 돌았다. 그리고 영의 세계에서 깨어났다.

나는 방금 본 그 집이 천국에 있는 내 집이라는 것을 확실히 알았다. 왜냐하면 내가 여태 주님께 인색한 삶을 살았기 때문이다. 의무적으로 꼭 해야 하는 헌금만 하면서 그걸 빠뜨리지 않고 있다는 자긍심에 자신을 속이며 살았다. 목사의 월급이 박봉이다 보니 나는 알게 모르게 주위 사람들에게도 인색하게 굴었다. 그러나 중요한 건, 그 사실을 핑계 삼아 스스로에게까지 인색했다는 점이다.

나는 미장원에 가본 게 언제인지, 강대상 앞에서 입을 제대로 된 정장 한 벌 산 적이 언제인지 기억이 나지 않는다. 그러면서 그동안 목사라면 이렇게 검소하게 살아야 한다고 늘 주위 사람들을 환기하는 바리새인의 역할을 참 그럴싸하게 하면서 살았다. 그러나 현실은 미장원에 가거나 정장을 산다고 해서 굶어 죽는 것도 아니었다. 단지 정년퇴직을 위한 내 은행 계좌에 돈이 좀 적게 모이는 것 외에는 별 영향이 없었다.

내가 영의 세계에서 우리 집을 보고 온 후, 하나님 앞에 뒤늦은 회개를 시작했을 때, 예수님은 천국에 대하여 "사람이 무엇을 심든지 그대로 거둔다"라고 반복하여 알려주셨다. 그러니 이 땅에서 심은 것이 별로 없는 나 같은 사람이 천국에 있을 자기 거처가 고대광실 같은 궁전일 거라고 믿고 산다면, 그런 착각에서 빨리 깨어나야 한다고 하셨다.

또 예수님은 절대 거짓말하지 않는다고 하셨다. 나는 사람의 말은 믿지 않지만, 예수님의 말씀은 진짜라고 믿는다. 사람이 변하기는 정말 어렵다. 그러나 우리는 매일 예수님의 뜻대로 변화되려고 몸부림치며 살아야 한다. 그것이 그분께 잘 보이는 비결이다.

내가 참 경이로운 세계에 살고 있나 보다.

032 나의 수호천사를 보다

 영의 세계

벽에 붙은 침대 위에서 토니와 나는 꿀잠을 맛있게 자고 있었다. 그런데 갑자기 누군가가 우리를 마구 흔들어 깨웠다. 토니가 벌떡

일어나는 것을 느끼면서 나도 눈을 떴다.

'누가 이렇게 귀찮게 하는 거야?'

짜증이 잔뜩 난 나는 몸을 침대에서 일으키면서 주위를 둘러보았다. 그런데 침대 발치에 70대로 보이는, 키가 아주 크고 약간 말라 보이는 짧은 연갈색 머리의 건장한 할머니가 서서 나를 내려다보고 있었다. 할머니는 톤이 높은 음성으로 나무라듯 말했다.

"해가 뜬 지가 언제인데 아직도 둘이 누워서 잠만 자는 거야?"

나는 깜짝 놀라 공처럼 뛰듯이 팔짝 일어나 바닥으로 내려와서는 할머니를 빤히 보았다. 마치 '실례지만 누구세요?'라고 눈으로 물어보듯이. 하지만 침대 발치에 선 할머니는 아랑곳하지 않고 토니와 내가 덮고 잤던 이불과 침대보를 침대에서 확 벗기더니 자기 쪽으로 낚아채듯 잡아끌면서 공처럼 둘둘 말아버렸다. 나는 생각했다.

'할머니, 그거 아직 세탁할 때가 안 되었어요!'

그런데 내 생각이 끝나기도 전에 마치 내 생각을 읽은 것처럼 할머니는 둘둘 말았던 침대보를 크게 펼치며 대꾸했다.

"여기를 좀 봐. 이렇게 시커멓고 커다란 더러운 얼룩이 있는데, 어떻게 이 위에서 잠을 잘 수가 있어?"

내가 졸린 눈을 비비면서 다시 보니 그 얼룩은 여자의 생리혈 같은데 오래되어 어두운 갈색으로 말라 있었다. 할머니가 말했다.

"이건 부정한 피야. 내가 얼른 깨끗하게 세탁한 후에 다시 새 침대를 만들어 줄 테니까 저녁에 잘 때 사용해!"

나는 부끄럽고 민망해서 뭐라고 대답할지 몰랐다. 그리고 '도대체

저 할머니는 누구지?'라고 생각하는 순간, 할머니가 이어서 말했다.

"나는 네 이웃에 사는 천사야. 당분간 토니와 너를 도와주고, 가르쳐주고, 훈련하라는 주님의 명령을 받고 너희랑 같이 살려고 여기 온 거야. 너희는 천국에 이사 온 지 얼마 안 되었으니 먼저 부엌 청소와 짐 정리부터 도와줄게. 같이 시작하자."

'이 할머니는 어떻게 내가 말을 하기도 전에 내 생각을 다 읽지?'

나는 오른쪽에 있는 이삿짐 상자 3개를 열어보았다. 상자 안에는 구질구질한 잡동사니 살림이 빼곡하게 있었다. 짝이 없는 접시, 부엌기구, 오래된 머그잔이 눈에 띄었다.

'내가 왜 저런 걸 버리지 않고 새 집에 다 가지고 왔지? 당분간은 아쉬우니까 새 걸 살 때까지만 사용하면 되겠다.'

상자를 들고 왼쪽에 있는 부엌으로 갔다. 그런데 자세히 보니 집이 깨끗하긴 한데 작은 스튜디오 아파트처럼 방은 없고 왼쪽에 부엌, 오른쪽에 침대가 있었다. 부엌은 아주 작았고, 왼쪽 위에 그릇 수납장이 있었다. 토니가 벌써 그 안에 주방용품을 정리하고 있었다. 그때 아래층에서 사람들의 시끌벅적한 소리가 나기 시작했다.

"여보, 손님들이 온 것 같아요. 나가봅시다."

문을 열고 나갔더니 마치 호텔처럼 긴 복도가 있고, 우리 집은 3층에 있었다. 계단을 내려가니 2층에는 아파트가 8개 정도 있었다. 가구당 여러 인종이 가족별로 살고 있었는데, 다들 방금 이사 온 사람들이라는 게 알아졌다.

1층에 내려가니 작지만 탁 트인 정원에 20-30명의 사람이 대화하며 웃고 즐기고 있었다. 그중 반은 이 아파트 거주자이고, 나머지는 손님이었다. 정원은 아름답다고는 할 수 없지만 잔디도 깔려 있고 군데군데 예쁜 꽃도 심겨 있었다. 왼쪽 중앙에는 커다란 황금알이 돌로 만든 스탠드 위 쟁반에서 눈부시게 반짝거리고 있었다. 황금알은 가로 30센티미터에 세로 20센티미터 정도로 아주 컸다.

'분수대도 아니고 저게 뭘까?'

누군가가 오른쪽에 있는 대문으로 들어오면서 내 이름을 불렀다. 돌아보니 더글러스가 친숙한 재활원교회 직원 7명과 아파트 정원 안으로 들어오면서 나를 향해 반가운 얼굴로 다가오고 있었다.

"안녕, 더글러스. 여기는 어떻게 알고 찾아왔어요?"

"우리가 머물 곳을 찾아서 이 동네를 헤매고 있었어요."

더글러스가 대답했다. 반가운 마음에 이 아파트에서 지내는 게 어떻겠냐고 물어보려는데, 아파트에 거주하려면 아까 만난 천사 할머니의 승낙 없이는 안 되고, 또한 아파트에 빈방이 없다는 게 알아졌다. 아무도 내게 규율을 가르치거나 말한 이가 없는데, 신기하게도 나는 그것을 알고 있었다.

안타까운 마음으로 더글러스를 안아주며 말했다.

"거처를 마련하는 대로 우리한테 꼭 연락 줘요."

그 순간, 더글러스가 피를 나눈 친동생처럼 느껴지며 정말로 그와 직원들을 걱정하고 사랑하는 마음이 들었다.

더글러스를 배웅하려고 대문 밖으로 나오니 우리 교단 유니폼을 입은 여자 목사 15명 정도가 대문 앞 골목에 이어져 있는 낮은 담장 위에서 2,3명씩 짝을 지어 웃고 떠들고 있는 게 보였다. 찬찬히 훑어 보는데 북가주 지방회장인 여자 목사님이 나를 알아보고는 빠르게 걸어서 다가왔다.

그녀의 이름은 리디아로 금발 머리를 가졌고, 마네킹처럼 예쁘고 명랑하며 피아노를 멋지게 잘 친다. 낯선 곳에서 아는 얼굴을 만나자 너무 반가워서 나는 "안녕, 반가워요. 여기서 뭐 해요?"라고 말하며 그녀를 힘껏 안았다. 그런데 그 순간, 리디아도 더글러스처럼 거처를 찾지 못하고 유리하고 있는 것이 알아졌다. 그런 리디아에게 나는 마치 친자매처럼 염려하고 사랑하는 마음이 들었다. 이상하게 내 마음이 평상시와 달랐다. 내가 그녀에게 물었다.

"리디아, 왜 이제껏 거처를 마련하지 못하고 돌아다니고 있어요?"

"매일 너무 많은 행사로 거처를 마련할 시간이 없어서 아직도 헤매고 다니는 거예요."

리디아의 얼굴에 피로가 역력했다. 나는 정말로 마음이 아팠다.

"리디아, 당신을 위해 하나님께 꼭 기도할게요."

나는 그녀에게 약속했다.

"제시카, 당신은 어디서 사나요?"

리디아가 물었다. 나는 오른손을 들어서 앞에 있는 작지만 깨끗한 아파트를 가리키며 말했다.

"이 아파트 3층 꼭대기에서 제일 왼쪽 창문 보이죠? 거기 살아요."

내가 설명하는 순간, 그 아파트의 벽과 유리창이 커다란 하나의 유리 벽이 되어서 아파트 안이 투명하게 다 들여다보였다. 밑에서 보니 아파트 안의 모든 벽이 황금빛 거울로 되어서, 마주하고 있는 거울들이 서로 비추어 마치 실내가 미로처럼 길고 화려하게 보였다. 그 안에서 토니와 천사 할머니가 부엌에서 열심히 이삿짐을 정리하고 있는 게 내가 있는 골목길에서 훤히 보였다.

'저 안에 있을 때는 분명히 초라했는데, 어떻게 된 일이지?'

나는 눈이 휘둥그레져서 위쪽을 바라보았다. 정말 신기했다.

'저게 우리 집 맞아?'

그전의 초라하고 작은 양철 지붕 집에서 이 아파트로 이렇게 빨리 이사한 것도 그렇고, 나는 참 경이로운 세계에 살고 있나 보다. 그러고는 영의 세계에서 깨어났다.

나는 사실 지난 며칠 동안 통회 자복하며 회개 속에 금식하면서 주님께 울부짖었다. 성령님은 많은 회개 중에서 특히 하나님 앞에 인색했던 돈 문제를 유독 생각나게 하셨고 후회하게 하셨다. 나는 밀린 헌금, 빠지고 안 한 헌금 등 생각나는 한도 내에서 철저히 주님께 토해냈다. 정년퇴직을 위해 모아두었던 계좌를 깨면서 말이다.

내 삶이 이런 죄의 구렁텅이 속에 있는데, 하나님께서 나를 정년퇴직할 때까지 살게 내버려두지도 않으실 거라는 두려움이 엄습했다. 그래서 정말 철저하게 회개하기 시작했다.

무릎을 꿇고 기도할 때, 감히 두려워서 하늘을 우러러보질 못했다. 쥐구멍이 있으면 숨고 싶었다. 거룩하신 그분 앞에 내 모든 어둠이 훤히 다 드러나는 것을 감지했다. 내게 속한 모든 것이 너무나 수치스러웠다. 나는 금식 중에 조금씩 신속하게 내 잘못의 쓴 뿌리를 점검하며 고쳐나갔다. 그러자 하나님께서는 드디어 내 삶에 핵폭탄을 터뜨리셨다.

033 난생처음 하는 처참한 눈물의 회개

🌹 기도

참으로 귀하신 나의 예수님!
못난 여종을 당신의 딸로 삼아주시고
신분을 변화시켜 주셔서 감사합니다.
죽어 마땅한 이 죄인에게
천국을 허락해 주셔서 감사합니다.
잠자는 영혼을 불쌍히 여기사
깨워주셔서 감사합니다.
예수님, 제 몸과 영과 성품을 다하여 사랑합니다.
제 모든 것이 거룩하신 당신 앞에 있기에
너무나 두렵습니다.

"휴… 이 늦은 밤에 버스 놓치는 줄 알았네!"

나는 버스 정류장에서 떠나는 버스를 가까스로 붙잡아 겨우 탈 수 있었다. 내 옆에는 같이 버스에 오른 일행인 여자 3명이 있었다. 2층 버스여서 우리는 다 같이 2층으로 올라가 마치 기차처럼 마주 보는 2인용 좌석에 4명이 앉아서 대화하며 갔다.

내 오른쪽에는 큰 올케가 앉았고, 맞은편에는 작은 올케와 여동생이 앉아서 큰 소리로 신나게 떠들었다. 그런데 3명이 다 까만 옷을 입고 있었다. 버스 안 불빛도 어둑한데 까만 옷을 입고 있으니, 얼굴만 하얗게 보였다.

나는 대화 중에 누군가를 가리키느라 왼팔을 들어 올렸다. 그 순간 얼핏 비친 내 옷은 아주 얇은 서너 겹으로 된 흰 모시옷이었다. 그런데 세탁을 안 해서 얼마나 더러운지 짙은 회색에 가까웠다. 나는 소스라치게 놀랐다.

'아니, 어떻게 이런 더러운 옷을 입고 내가 외출할 수가 있지? 아이고, 창피하게!'

부끄러워서 입을 닫고 손으로 얼굴을 가렸다. 그리고 눈을 뜨자 영의 세계에서 깨어났다. 내가 더러운 옷을 걸치고 있다는 게 마음에 걸렸다. 알고 보니, 이것은 앞으로 일어날 일에 대한 예언이었다.

다음 날은 엄마의 팔순 잔치여서 온 가족이 막내 남동생 집에 모였다. 엄마는 6명의 자녀에게 1인당 일정한 금액의 달러를 생일 선물로 달라고 했다. 다들 엄마가 원하는 대로 선물을 드리고 집으로 돌아간 후에 나와 두 올케 그리고 여동생만 늦게까지 남았다.

우리는 누가 먼저라고 할 것도 없이 엄마가 요구한 그 금액을 마련하기가 너무 부담스러웠다고 불평을 털어놓기 시작했다. 다들 한마디씩 하고는 밤이 늦어서야 각자 집으로 돌아갔다.

나는 집에 돌아와 부엌에서 그릇을 씻으며 불현듯 전날에 본 영의 세계가 아련하게 떠올랐다. 그리고 같이 있던 까만 옷을 입은 여자 3명이 바로 이날 늦게까지 엄마의 선물에 대한 불평을 늘어놓았던 여자들이었다는 사실을 깨달았다. 시공을 초월하시는 주님께서 이 날 일어날 일을 미리 보여주신 거였다.

035 천사들의 식당을 보다

영의 세계

종일 하나님께 울며 회개 기도를 했다. 그리고 저녁에 교회 기도회에 참석했다. 요즘은 하나님의 이름만 불러도 두렵고, 눈물이 수도꼭지를 틀어놓은 듯 줄줄 흐른다. 또 성경을 볼 때면, 닭똥 같은 눈물이 성경책 위로 툭툭 떨어진다.

하루는 예배당 안에서 주님께 울며 기도하는 중에 난생처음으로 평상시 상태에서 환상이 보였다. 아랫글은 그것을 기억나는 대로 기록한 것이다.

나는 눈부시게 하얗고 작은 방 안에 있는 하얀 직사각형 식탁에 앉아서 짧은 머리를 한 남자 3명과 웃으며 대화를 나누고 있었다. 그들은 하얗고 긴 자루 같은 옷을 입고 있었다. 그들에게는 햇빛보다 더욱 밝은 광채가 나와서 실루엣만 보일 뿐 얼굴은 전혀 볼 수가 없었다.

나는 그들이 천사임을 알았다. 1명은 내 왼쪽에, 2명은 맞은편에 앉아 있었다. 맞은편에 앉은 천사가 동그랗고 피망같이 매끄럽게 생긴 과일 몇 개를 식탁에 조용히 내려놓았다. 그 색이 아름답고 선명한 초록과 빨강 과일이었다. 나는 '무슨 과일이 저렇게 색이 예쁠까?' 하고 생각했다.

그때 갑자기 옆에 있는 천사의 눈부신 뒤통수와 어깨가 보였다. 그리고 환상에서 깼다. 나는 내 영이 천사들의 식당에 다녀온 것을 알았다.

036 황금으로 만든 성경책을 보다

🌹 양떼의 발자취 - 간증

나의 가장 큰 약점은 금식을 잘하지 못하는 거다. 체형도 왜소한 데다 몸에 저장된 영양이나 지방이 없는 체질이어서 하루만 금식해도 식은땀이 나고 덜덜 떨리며 머리까지 아픈 체험을 몇 번 했다. 그 후에 금식은 절대 나의 은사가 아니라고 단정했다.

그런데 내 마음에 하나님의 긍휼하심에 대한 갈급함이 있어서인지 금식을 엊저녁부터 오늘 저녁까지 만 하루를 신통하게 끝내고 일찍 잠자리에 들었다(그렇게 좋아하던 드라마, 페이스북이나 재미있는 컴퓨터 게임이 예수님을 기쁘시게 하지 않는다는 생각에 모두 끊은 지 1개월 쯤 됐다. 그러니 저녁이 되면 할 게 없어 요즘은 일찍 잠자리에 든다).

나는 깊은 잠을 자고 있었다. 그러다가 이상한 소리가 나서 눈을 번쩍 떴다. '스읍' 하는 강한 바람 소리와 함께 내 혼이 몸에 들어오는 게 느껴졌다. 동시에 오른쪽 위 천장과 나 사이에 누군가의 팔이 허공에서 내 쪽으로 뻗어 있는 것을 선명하게 보았다. 천장이 깜깜하여 사람은 보이지 않았다. 오직 오른쪽 팔꿈치에서부터 손가락까지만 보이는 팔이 내가 누워 있는 침대 쪽으로 기울어져 있었다.

피부는 약간 까무잡잡했으나 흑인은 아니었다. 마치 팔레스타인 근방의 사람 같은 피부색을 가진 그 손이 눈 깜짝할 사이에 내 팔을 '탁' 쳤다. 순간, 나는 침대에서 벌떡 일어났다. 정신이 확 들었다.

'방금 본 것이 꿈인가, 환상인가?'

나는 분명히 깨어 있었다. 깜깜한 어둠 속에서 침대에 누워 어리둥절해하는 내 눈앞에 돌연 완전히 펼쳐진 어떤 큰 책이 조금 전 큰 팔이 있던 그 자리에 나타났다. 까만 표지에 보통 책의 4배 정도 크기인 그 책이 성경이라는 것이 알아졌다.

무서워서 이불로 얼굴을 확 덮으며 눈을 감았다. 그런데 눈을 감아도 그 책이 보였다. 이불을 확 제쳤더니 이번에는 내 얼굴 앞에 펼쳐져 있었다. 그런데 책 한 장 한 장이 종이가 아니고 황금으로 되어 있었다. 거기에 한글도 영어도 아닌, 내가 전혀 모르는 글자들이 빼곡히 적혀 있었다. 나는 누운 상태에서 기도했다.

"하나님, 만약 이 환상이 당신에게서 온 거라면 제가 무엇을 어떻게 해야 하는지 알려주세요."

그때 아주 부드럽고 단호한 음성이 위로부터 들려왔다.

'예레미야서 23장을 읽어라.'

나는 두려움에 떨며 침대에서 벌떡 일어나 머리맡에 있는 아이패드를 켜고 예레미야서를 찾아 읽기 시작했다. 한 번을 쭉 읽었다. 목자들을 향한 하나님의 책망의 말씀인데, 무슨 뜻인지 이해되지 않았다. 나한테 하시는 말씀 같기도 한데 아무것도 깨달을 수가 없었다.

두 번째로 다시 읽었다. 거짓 선지자와 예언자를 책망하는 말씀이긴 한데 잘 깨달아지지 않았다.

'아이고… 모르겠다.'

나는 기도했다.

"주님, 제 눈에 비늘이 벗겨지게 하옵소서."

시계를 보니 새벽 2시 반이었다. 나는 다시 눈을 붙였다.

🌹 양떼의 발자취 - 간증

얼마 전 영의 세계에서 본 리디아가 자꾸 마음에 걸렸다. 천국에 자기 집이 없다고 하면서 거처를 찾아다니던 그녀가 눈에 밟혔다. 리디아는 교단에서 까마득한 선배 목사다. 예쁘고 활발한 찬양 인도자로서 여러 사람에게 사랑과 존경을 받고 있다. 그런데 내가 기도하려고 앉으면, 주님께서 리디아가 천국에 거처 없이 유리하던 사실을 본인에게 알리라고 재촉하셨다. 나는 혼자 넋두리했다.

"아이고, 예수님… 리디아는 부모님도 목사이고, 저보다 훨씬 믿음의 선배고, 또 제가 이 교단을 모를 때 제게 처음으로 목사 후보생 신청서까지 보내주었던 선배입니다. 제가 어떻게 그런 메시지를 전합니까? 아마도 제게 '너나 잘해'라고 말할 겁니다. 아니면, 제가 상사에게 아부하러 왔다고 생각할지도 몰라요. 주님, 저는 못 해요!"

그러나 주님은 벌써 2주째 잊을 만하면 리디아의 얼굴을 떠올려 주셨다. 그때까지 나는 한 번도 리디아에게 연락을 받아본 적이 없었다. 그녀도 아마 내 전화번호를 갖고 있지 않을 게 분명했다.

"예수님, 만약에 리디아가 제게 전화하거나 그녀와 일대일로 대면할 기회가 생기면, 당신이 주신 신호라고 생각하고 용감하게 당신의 메시지를 그녀에게 전하겠어요."

지난 20년간 목사 생활을 하며 단 한 번도 그런 일이 없었기에 그럴 기회는 절대 오지 않을 거로 믿고 나는 마음이 평안해졌다.

'주님께서 이제 재촉을 안 하시겠지. 휴… 살았다.'

크리스마스 시즌이어서 시끄럽고 북적거리는 코스트코에서 저녁
거리를 고르다가 울리는 전화벨 소리를 겨우 들었다. 아마도 토니
가 퇴근 시간이 지났는데도 집에 도착하지 않은 나를 찾는 전화일
거라고 생각했다.

"여보세요?"

"안녕, 제시카?"

낯선 음성이었다.

"네, 누구신지요?"

"나… 리디아예요. 부탁이 있어서 전화했어요."

나는 물건을 실은 카트를 밀다가 너무 놀라서 멈추어 섰다. 전화
기를 잡은 손이 떨렸다. 순간, 생각했다.

'아이고머니… 주님, 당신이시지요?'

리디아가 내게 물었다.

"연초에 새 총회장의 취임식이 있는 것 알지요? 그때 대표 기도를
좀 해줄 수 있는지 물어보려고 연락했어요."

나는 생각했다.

'영어로 기도를 유창하게 잘하는 목사들이 얼마나 많은데 왜 내게
요청하는 거지?'

마치 내 마음속 질문을 아는 듯 리디아가 말했다.

"한국어로 기도하면 돼요. 대표 기도는 3명이 할 건데 영어, 멕시코어 그리고 한국어 순서로 진행할 거예요."

나는 심장이 뛰는 걸 느끼며 대답했다.

"저로서는 영광이지요. 그런데 그전에 제가 당신을 만나서 뭔가를 좀 알려드리고 싶은데요. 전화상으로는 좀 곤란하고요."

리디아가 대답했다.

"내일은 일정이 꽉 차서 안 되고 모레나 글피면 시간이 나요."

"알았습니다. 그때쯤 찾아뵐게요."

이후 여러 연말 행사로 몹시 바빠서 전화 통화를 한 지 5일이 지났다. 퇴근하던 차 안에서 나는 주님께 죄송한 마음이 들었다.

'매도 먼저 맞는 편이 낫다는데, 오늘 리디아에게 말하고 이 일은 잊어야지.'

나는 곧장 리디아의 사무실로 갔다. 리디아의 비서가 약속도 없이 들이닥친 나를 의아하게 쳐다보는 것을 의식하면서 나는 리디아의 방으로 돌진했다. 다행히 그녀는 아직 퇴근하지 않고 유니폼을 입은 채로 컴퓨터 앞에서 자판을 치고 있었다.

"안녕, 리디아… 저 제시카예요. 죄송하지만 문을 좀 닫고 개인적인 대화를 하고 싶은데요."

사무실로 들어서자마자, 나는 뒤로 돌아서서 문을 닫고는 리디아를 향해 몸을 돌렸다.

'아이고… 주님!'

나는 커다란 버섯 모양 핵폭탄을 리디아의 얼굴 앞에서 터뜨려야 했다. 마른침을 꿀꺽 삼켰다. 아무것도 모르는 리디아는 미소를 지으며 나를 반겼다.

"반가워요, 제시카… 그런데 무슨 일이지요?"

"리디아, 지금부터 제가 하는 말은 같은 동료 목사로서 하는 말이 아니고 그리스도 안에서 한 친구가 다른 친구에게 하는 조언이에요. 그러니 부담 갖지 말고, 놀라지도 말고 들어요. 저는 아무에게도 이 말을 하지 않았어요. 리디아, 우리는 언젠가 한 번은 죽음을 맞이합니다. 이후 당신은 천국과 지옥 중 한 곳에서 살게 될 거예요. 당신은 예수님을 구세주로 믿으니까 천국에 가겠지요. 그러나 당신의 거처는 지금 그곳에 없어요. 당신이 지금 여기서 그 사실을 아는 것이 죽은 후 그곳에 도착해서 아는 것보다 훨씬 나을 거예요."

나는 영의 세계에서 만난 리디아와의 대화를 보태지도 빼지도 않으려고 최대한 노력하며 설명했다. 리디아는 이 핵폭탄 같은 선언에 놀란 표정을 짓지 않으려고 애쓰는 모습이 역력했다.

내 이야기를 들은 후 리디아가 말했다.

"실은 제가 매일 과도한 업무와 행사 등 무리한 일정에 쫓겨서 영적으로 너무나 고갈되어 있었어요. 그래서 어젯밤에 나의 멘토에게 전화해서 상담하고 같이 기도했어요. 그런데 오늘 당신이 나를 찾아와서 천국에 있어야 할 내 거처의 상태를 알려주네요. 당신은 하나님께서 오늘 제게 보내주신 예언자입니다."

'맙소사… 저는 예언자까지는 아니고요.'

나는 리디아가 어젯밤 멘토와 상담했다는 말에 깜짝 놀라서 말이 잘 나오지 않았다. 하나님께서는 우리를 위해 모든 것을 예비하시고 가장 아름다운 시간에, 가장 적절하게 우리를 사용하신다.

나는 리디아와 손을 붙잡고 기도한 뒤, 마치 몇 주 전 영의 세계에서 그랬던 것처럼 그녀를 힘차게 안으면서 작별을 고했다.

리디아가 말했다.

"제시카, 가끔 전화나 문자로 내가 잘하고 있는지 상기시켜 줘야 해요."

"네, 잘 알았어요."

내가 대답했다. 사무실을 나오면서 마치 무거운 짐을 확 벗어버린 느낌이 들었다.

'그래, 주님 말씀에 진작 순종할걸… 왜 뭉그적거렸지?'

오랜만에 발을 쭉 뻗고 잘 것 같았다.

038 침노해야 한다고요?

🌸 양떼의 발자취 - 간증

아침 묵상 중에 성령께서 내 마음에 말씀하셨다.

'천국은 침노하는 자의 것이라는 말씀의 참 의미를 알아라.'

사전을 찾아보니, '침노'로 번역된 헬라어 원어는 '비아제타이'로 이는 '힘을 쓰다'라는 뜻이다. 즉 천국은 힘쓰는 자가 얻는다는 뜻이다. 벤자민 프랭클린이 말한 미국 속담 중에 "세금과 죽음을 피해 가는 장사는 없다"(In this world nothing can be said to be certain, except death and taxes)라는 말이 있다. 그렇다. 사람은 누구나 죽고, 그 후에는 심판이 있다.

성경은 여호와 하나님이 흙으로 사람을 지으시고 생기를 그 코에 불어 넣으시니 "사람이 생령이 되니라"라고 말씀한다. 흙으로 만들어진 육신은 다시 흙으로 돌아가지만, 하나님의 생기는 하나님께로 돌아간다. 육신은 죽지만 생령은 하나님의 속성을 가지고 있기에 죽을 수도 썩을 수도 없다. 그러니 우리가 갈 곳은 천국 아니면 지옥이다. 천국에 간 사람은 영생을 살고, 지옥에 간 사람은 불 못에서 영벌을 받는다. 그런데 예수님을 믿든 안 믿든 펄펄 끓는 불의 지옥에서 영원히 살고 싶은 사람은 아마 아무도 없을 것이다.

나도 이왕이면 천국행 금마차를 타고 싶다. 그래서 이 땅의 직장, 이생의 자랑 같은 것을 다 버려두고 주님의 종이 되려고 결심했었다. 예수님에게 인생을 '올인'했다고 믿으며 살았다. 어부인 베드로도 자기 밥벌이 밑천인 그물을 버려두고 예수님을 따라나섰고, 야고보는 부친도, 상속받을 배도 다 버리고 예수님을 따라나섰다.

그런데… 그렇게 다 버린다고 천국행 티켓을 가질 수 있는 게 아니라 침노를 해야 한다니? 아이고, 힘들다. 총칼을 휘두를 줄 아는 것도 아니고, 부엌에서 하는 칼질도 서투른 내가 어떤 무기를 어떻게 써서 천국을 침노해야 하는 건지… 정말 모르겠다.

'예수님, 좀 알려주시면 안 될까요?'

율법과 선지자는 요한의 때까지요 그 후부터는 하나님나라의 복음이
전파되어 사람마다 그리로 침입하느니라 눅 16:16

039 보배의 장막

 예언

기도하는 중에 이 말씀이 내 마음속에 나팔 소리처럼 울려 퍼졌다.
'네가 보배의 장막인 이유는 그 안에 성령님이 거하기 때문이다.'

040 문 앞에 경쟁자가 두 배나 더 있다고요?

양떼의 발자취 - 간증

마태복음 25장 1-13절을 보면 너무나도 유명한 '열 처녀의 비유'
가 나온다. 나는 그중 미련한 다섯 처녀는 예수님을 모르고 살아가
는 자연인을 뜻하고, 나머지 슬기로운 다섯 처녀는 예수님을 영접한
크리스천을 뜻한다고 생각했다. 그래서 밤중에 갑자기 신랑 되신 예
수님이 오실 때 크리스천인 나는 당연히 하나님께서 계신 천국 성안
에 들어갈 거로 믿어왔다.

그러나 3개월쯤 전에 우연히 이 말씀을 다시 보니, 신랑을 기다리는 열 처녀가 모두 등을 들고 있었다. 빛을 밝히는 등은 '성령'이나 '하나님의 말씀'을 뜻한다(시 119:105). 그러므로 손에 등을 든 이 열 처녀는 다 하나님을 믿는 크리스천이었다.

'아니… 열 처녀의 반이 예수님을 모르는 세상 사람들이 아니라는 말인가? 열 처녀 모두 크리스천이면 천국으로 들어가는 좁은 문 앞에서 내가 모르던 경쟁자가 두 배나 더 존재한다는 게 아닌가! 가만, 내가 이 미련한 처녀면 어쩌지? 아이고머니, 안 돼요…!'

이것을 깨닫는 순간, 내 머릿속에 전구 불이 하나 반짝 켜진 게 아니고, 전쟁이 시작되는 핵폭탄이 '번쩍! 쾅' 하고 터졌다.

'도대체 무엇을 어떻게 시작해야 하나? 이 기름은 무엇인가? 어디에서 이 기름을 찾아서 준비할 수 있단 말인가?'

물론 목사인 내가 생각했던 기름이 있다. 유명한 목사나 신학자가 말하던 기름도 있다. 그러나 그건 더 이상 중요하지 않았다. 왜냐하면 나도, 그들도 천국의 열쇠를 가지고 있는 게 아니라는 사실을 잘 알기 때문이었다. 짐작 같은 건 필요 없다. 짐작으로는 천국에 가지 못한다. 나는 '진리'가 필요했다.

예수님에게 매달리는 수밖에 없었다. 나는 그분의 음성을 안다. 그러나 내가 아는 그분은 결코 아무 때나 내 시간에 맞추어서 말씀하지 않으신다. 그날부터 내 신앙에 대한 질문과 심각한 고민이 시작되었다. 많은 세월이 지난 후, 이 기름이 무엇인지에 대한 주님의 간단명료한 대답은 목회자인 내 삶을 송두리째 바꾸어버렸다.

🌿 양떼의 발자취 - 간증

사람의 말 때문에 가슴이 아픈 시험은 우리가 반드시 치러야만 하는, 예수님의 신부로서 단장하기 위한 필수 과목 중 하나다. 그 시험을 조금씩 아프면서 길게 치르는 사람도 있고, 엄청나게 아프면서 짧게 치르는 사람도 있다. 그리고 자격 미달로 이 땅에서 못 치르고 가는 사람은 천국 성 밖에서라도 치러야 하는 시험이 아닌가 싶다.

나는 몇 년 전에 그 시험을 치르면서 스트레스로 대상포진이 생겨 몸에 흉터까지 남았다. 그러나 그때는 그것이 예수님의 신부 단장을 위해, 우리의 성품을 바꾸기 위해 반드시 치러야 하는 필수 과목임을 아무도 내게 가르쳐주지 않았다.

신부로 단장하기 위해 이 땅에서 치러야 하는 613개의 시험이 있다고 한다. 이 땅은 천국이라는 멋진 세계로 들어가기 위한 기초 훈련 장소다. 그러니 "천지가 없어지기 전에는 율법의 일점일획도 결코 없어지지 아니하고 다 이루리라"(마 5:18)라는 말씀대로 이 시험을 잘 이겨내야 한다.

율법서로 불리는 유대인의 토라에는 613개의 계명이 포함되어 있다. 토라는 '지혜의 책'이라고 생각한다. 그 가운데서 "~을 해라"라는 긍정적인 명령적 계명(Mandatory Commandments)은 248개인데, 이는 인

간 몸의 마디 수와 같다. "~을 하지 마라"라는 부정적인 금지적 계명
(Prohibition Commandments)은 365개인데, 이것은 1년의 날수와 같다.
신부가 해야 하는 248개의 일이 있고, 하지 말아야 할 365개의 일이
있는 것이다. 그러나 우리는 성령님과 함께 이 시험을 치르기에 한 번
의 사건으로 몇 개의 시험을 한꺼번에 건너뛰기도 한다.

천국에 다녀온 많은 사람이 진짜 크리스천으로서 인생에서 치러야
하는 시험, 곧 '신부 단장의 예복을 입기 위한 목욕하기'를 자주 설명
한다(명품 신붓감 되기가 참 힘들다). 이들이 걸어간 길이 우리의 지도
가 되어준다.

그래서 예수님이 내 보잘것없는 인생 여정을 담은 '양떼의 발자취'
를 남기라고 명령하신 것이다. 나는 그분의 음성에 순종했다. 이 책
은 예수님의 신부의 지도다.

여인 중에 어여쁜 자야 네가 알지 못하겠거든 양떼의 발자취를 따라
목자들의 장막 곁에서 너의 염소 새끼를 먹일지니라 아 1:8

이 "염소 새끼"를 주님께서 주신 영의 감동에 아랑곳하지 않고 제
멋대로 오가는 당신의 마음이라고 생각해 본 적이 있는가? 그렇다면
당신은 깨어 있는 명품 신붓감이다. 마라나타!

042 회개에 합당한 열매는 즉시 맺어야 한다

며칠 전, 영의 세계에서 내가 짙은 회색 옷을 입고 있던 게 자꾸 마음에 걸렸다. 내 영이 깨끗하지 못한 상태인 것을 성령께서 보여주신 것임을 잘 알고 있었다. 마치 땀과 때로 얼룩진 상태로 샤워도 하지 않고 다니는 것처럼 지난 며칠이 너무나 찜찜했다.

겉모습은 멀쩡해 보이지만, 생활 속에서 많은 죄 된 말과 생각으로 살고 있는 것을 나 스스로가 누구보다 잘 알고 있었다. 주님께 엉엉 울면서 잘못을 구하고 싶은데, 아무리 노력하고 생각해도 마음이 강퍅해져서 눈물은커녕 한숨도 나오지 않았다.

그러다가 결국 오늘 아침, 큰맘 먹고 결근을 했다. 기필코 금식을 해서라도 회개의 영을 주님께 받아서 그분께 용서를 빌고 싶었다. 배에서 '꼬르륵' 소리가 나고 몸이 추워서 떨리는 것을 느끼면서 뜨거운 꿀물을 한잔 만들어 조금씩 마셨다. 그리고 생각했다.

'하루 굶기가 이렇게 힘들다니…. 다음 휴거 때 공중으로 들림 받지 못하는 신부가 되어서 이 땅에 남게 된다면 어떻게 굶고 살 수 있을까? 그때는 바코드에 666 생체 인식 칩을 넣지 않으면 생필품은 고사하고 음식도 살 수 없다고 하던데…. 무슨 수를 써서라도 들림을 받아서 주님께로 올라가야만 해. 그때는 나처럼 몸도, 마음도, 믿음까지도 연약한 사람은 이 땅에 생존할 수 없을 거야.

기도 조금 하고 하늘 한 번 보고, 성경 한 장 읽고 한숨 한 번 쉬고, 찬송 한 곡 부르고 꿀물 한 모금 마시고…. 왜 이렇게 시간이 느리게 가는지…. 아무래도 금식할 때는 시계가 고장 난 것 같다. 유튜브에 세계 각국 사람들이 천국과 지옥에 다녀왔다는 간증이 가득한데, 왜 나는 이만큼밖에 안 되는지…. 잘 아는 목사님은 환상 속에서 예수님과 함께 신부 예복을 입고 노래하며 춤도 같이 춘다고 하던데… 너는 왜 이러니? 이 한심한 여자야.'

나는 예레미야서를 읽으며 하나님의 백 보좌 심판에 관한 어느 목사님의 간증을 듣다가 기도하려고 무릎을 꿇었다. 바로 그 순간, 온 마음에 무시무시한 두려움이 밀려들면서 눈물이 왈칵 쏟아졌다. 할렐루야! 그렇게 기다리던 눈물이 터졌다.

얼마 전 엄마의 팔순 잔치 때 '돈 선물'을 불평했던 사건과 다른 여러 죄를 회개하며 뜨거운 눈물로 주님께 용서를 구했다. 나는 거룩하신 하나님의 임재를 느꼈다. 두려움에 너무나 떨려서 죄 된 생각으로 가득 찬 머리를 양손으로 가리며 울었다. 한참을 울며 회개 기도를 하자 마음에 평화가 찾아왔다. 멍하니 앉아 있는데, 문득 성경 말씀이 생각났다.

그러므로 회개에 합당한 열매를 맺고 마 3:8

내일까지 기다리면 마음이 변할 것 같았다. 두 번 생각할 겨를도 없이 나는 곧장 핸드백을 집어 들고 눈물 때문에 흐릿한 시야로 운전하여 쏜살같이 은행에 갔다. 그리고 은행원에게 1,000달러를 인출해 달라고 해서 엄마의 계좌에 입금하고 나왔다.

은행 주차장에서 나오는 길, 집에 가려면 차를 왼쪽으로 돌려야 하는데, 직진 방향 맞은편 주차장에 키가 아주 크고 마른 남자가 검은 후드와 바지를 입고 차들 사이에 서 있는 뒷모습이 시야에 들어왔다. 노숙자 같았다.

우리 동네는 바닷가 근방의 깨끗한 주택지여서 거지나 불량배는 거의 찾아보기가 힘들다. 그런데 한 음성이 저 남자에게 가보라고 자꾸만 재촉했다. 나는 몇 초간 망설이다가 결국 집에 가기를 포기하고 직진해서 그의 곁에 차를 주차한 뒤 그를 쳐다보았다. 헝클어진 갈색 머리카락을 후드로 가리고 더러운 옷을 걸치고 있는 그는 한눈에도 노숙자같이 보였다.

나는 근처 맥도날드에서 20달러짜리 선물권 2개를 사서 그에게 다가갔다. 조금 무서웠지만, 용기를 내어 말했다.

"실례합니다. 예수님이 당신을 사랑하십니다."

그는 선물권을 건네는 나와 눈도 마주치지 않으려는 듯이 선물권을 낚아채고는 총총걸음으로 사라졌다. 어찌 됐든 예수님이 미소 지으실 일을 했으니 기분이 좋았다. 무익한 종이 마땅히 해야 할 일을 한 것뿐이지만…. 할렐루야!

영의 세계

많은 사람이 피난하는 것처럼 완만한 내리막길을 급하게 내려가고 있었다. 다들 손에 보따리나 여행 가방을 들고 어딘가를 향해 분주한 발걸음을 옮기고 있었다.

나는 뒤를 보려고 왼쪽으로 고개를 휙 돌렸다. 그러자 오른손에 바퀴 달린 큰 여행 가방을 힘겹게 밀고 가는 리디아가 보였다. 가방이 얼마나 큰지 이민 가방 수준이었다. 그녀는 얼굴에 피로한 기색이 역력했다. 그녀에게 다가가서 물었다.

"리디아, 아직도 거처를 마련하지 못했어요?"

"네, 아직 찾지 못했어요. 그런데 이 가방이 너무 무거워서 자유롭게 다니기가 힘들어요. 거추장스러워서 더 지체돼요. 남편 제임스는 이렇게 힘들어하는 나를 혼자 두고 대체 어딜 갔는지 모르겠어요."

리디아는 짜증 섞인 목소리로 두리번거리며 제임스를 찾았다. 앞을 보니 제임스는 우리보다 훨씬 더 아래쪽에서 리디아가 든 것과 비슷한 크기의 바퀴 달린 큰 가방을 오른손으로 밀며 가고 있었다.

나는 말 없이 리디아에게 제임스를 턱으로 가리켰다. 그러자 리디아가 그를 큰 소리로 부르면서 앞으로 빨리 걸어 나갔다. 제임스가 그 소리를 듣고는 돌아서더니 리디아가 오기를 기다렸다. 가까스로 그를 따라잡은 리디아가 말했다.

"제임스, 내 가방을 좀 들고 가요. 나는 너무 지쳤어요."

제임스가 싱긋 웃더니 특유의 호주 억양으로 말했다.

"그럼! 내가 들어줄게. 이리 줘."

그리고 리디아의 여행 가방과 자기의 여행 가방까지 양손에 들더니 내리막길을 천천히 뛰어 내려갔다. 그 뒤를 리디아가 터벅터벅 걸어서 따라갔다.

그 순간, 내게는 짐이나 가방이 없는 것을 알았다. 그리고 앞에 조그만 모페드(모터 달린 자전거)가 있는 것을 보고는 냉큼 올라탔다. 그것이 내 것이라는 게 알아졌다. 나는 발동을 걸어 속력을 냈다. 좌우로 요리조리 신나게 운전하면서 내리막길을 달리기 시작했다.

평생 한 번도 모페드를 타본 적이 없는데 바람을 가르고 스피드를 즐기면서 내달렸다. 주위 사람들은 다들 터벅터벅 걷고 있는데 말이다. 너무 경쾌하고 신이 났다. 와우우우! 그리고 영의 세계에서 깼다.

왜 자꾸 영의 세계에서 리디아를 보는지 알 수 없었다. 그런데 2개월쯤 뒤에 그녀가 나를 찾아와 유방암 판정을 받은 사실을 알려주었다. 하나님께서는 그녀를 준비시키시려고 내게 자꾸 보여주신 거였다. 그분은 정확하시고 완전하시며 한 치의 실수도 없으시다.

044 온전한 십일조의 시작

오랫동안 나는 십일조를 할 때 온전한 금액을 하나님께 올려드리지 못했다. 그러나 회개했으니 앞으로는 온전한 십일조를 드리겠다고 단단히 결심했다. 새해부터는 온전한 십일조를 해서 주님을 기쁘시게 해드리고 싶었다.

그래서 신년 예배 때 큰맘 먹고 엄청나게 큰 금액의 수표를 헌금 시간에 멋지게 내고는 상쾌한 기분으로 집에 돌아왔다. 랄랄라!

045 불꽃 같은 눈으로 우리의 반응을 보시는 하나님

딸 미셸은 여느 미국 젊은이처럼 부모로부터 독립하여 멀리 떨어진 샌디에이고 시청에서 도시설계 건축사로 일하며 아파트에 혼자살고 있다. 부모 집에서 즐거운 새해 휴가를 보내고 돌아가는 날, 미셸이 내게 물었다.

"엄마, 오늘 아침은 외식하면 안 돼요?"

가뜩이나 요리 솜씨 없는 나는 딸의 제안이 반가웠다.

"그래, 엄마가 오늘 네가 좋아하는 짬뽕 사줄게. 나가자!"

오랜만에 딸과의 데이트에 즐거운 마음으로 집을 나섰다. 그런데 자동차 왼쪽 유리창에 노란 딱지가 하나 붙어 있었다.

"이게 뭐지?"

가까이서 보니 벌금이 책정된 주차 딱지였다. 매달 둘째 화요일 아침에는 동네 거리 청소차가 오는데, 미처 차고에 넣지 못해 거리에 주차한 차들은 딱지를 떼인다. 나는 생각했다.

'아니, 그저께 평소에 잘 안 지키던 온전한 십일조까지 했는데 어떻게 이런 일이 생긴 거지? 축복은 고사하고 저주를 받다니!'

그 순간, 하나님께서 내 반응을 지켜보고 계시는 게 느껴졌다. 그래서 나는 딱지를 곱게 접으면서 미셸에게 말했다.

"미셸, 우리가 자동차 사고 나서 다치지 않고, 이렇게 자동차에 딱지만 떼인 게 얼마나 감사하니? 이런 걸 축복이라고 한단다."

나는 이 말을 하면서 차에 탔다. 그리고 생각했다.

'아이고, 예수님 믿기 정말 힘들다.'

046 살피는 자와 요새가 돼라

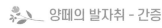 양떼의 발자취 - 간증

토니가 코 고는 소리가 시끄럽다며 자는 나를 깨웠다. 단잠을 곤

히 자는 내게 한밤중에 하나님의 음성이 조그맣게 들렸다. 아무리 작게 속삭이는 음성이라도 주님은 깊은 뜻을 가지고 말씀하신다.

'예레미야서 6장을 읽어라.'

나는 너무 졸려서 도저히 눈꺼풀이 떨어지지 않았다. 강력 접착제로 눈꺼풀 위아래를 딱 붙여놓은 느낌이었다.

'아버지, 아침에 깨자마자 읽을게요. 꼭 생각나게 해주세요.'

한밤중에 주님께서 깨우시는 경우가 종종 있기에 나는 머리맡에 공책과 펜을 놓아두고 잔다. 아침에 일어나면 주님이 하신 말씀이 잘 기억나지 않아서 가능하면 한밤중에라도 적어두곤 한다.

그날도 아침에 일어나자마자 성경책을 펼쳤다.

주께서 가라사대 내가 이미 너로 내 백성 중에 살피는 자와 요새를 삼아 그들의 길을 알고 살피게 하였노라 그들은 다 심히 패역한 자며 다니며 비방하는 자며 그들은 놋과 철이며 다 사악한 자라 풀무를 맹렬히 불면 그 불에 납이 살라져서 단련하는 자의 일이 헛되게 되느니라 이와 같이 악한 자가 제하여지지 아니하나니 사람들이 그들을 내어버린 은이라 칭하게 될 것은 나 여호와가 그들을 버렸음이니라 렘 6:27-30

나와 토니는 미국 총회 사회사업부 총무로 발령을 받아서 감사원의 직책으로 교회와 목회자의 행정 감사를 한 지가 벌써 6개월이나 되었다. 이 말씀은 왠지 수많은 목회자에게 주시는 책망의 말씀 같았다. 우울했다. 나도 그들 중 하나였으므로.

영의 세계

깜깜한 암흑 속에서 나는 아무것도 볼 수가 없었다. 앞이 보이지 않아서 한 발짝도 떼기 두려웠다. 왼손으로는 방금 깜깜한 어둠 속에서 찾은 5세 정도인 미셸의 손을 잡고 있었다.

'집으로 돌아가야 하는데 사방을 분간할 수가 없구나!'

그때 오른손에 10센티미터쯤 되는 긴 마름모 모양의 투명하고 납작한 크리스털이 쥐어졌다. 그것에서 마치 손전등처럼 희미한 불빛이 나와 한 걸음 보폭 정도만 겨우 내디딜 수 있을 만큼을 비춰주었다.

"미셸, 엄마 손을 절대 놓지 말고 꼭 붙어서 같이 걸어야 해. 그래야 집에 돌아가서 아빠를 볼 수 있어. 알았지?"

나는 아이의 손을 있는 힘을 다해 꼭 잡고 한 발 한 발 집으로 걸어갔다. 그리고 집 현관문을 열고 들어가는 순간, 눈을 떴다. 영의 세계에서 깨어났다. 휴… 진땀이 났다.

나는 이제부터 자식을 위한 진실하고 부르짖는 기도를 하나님께 올려드려야 한다고 직감했다. 그리고 엄마로서 기도를 게을리했던 게 너무나 후회스러웠다.

지금껏 주님께 기도를 올리는 즐거움과 그분과의 친밀한 교제에 익숙하지 않았던 것을 고백한다. 기도는 주님과의 대화다. 일방통행이 아니다. 나는 이때까지 예수님의 '잠근 동산' 안에 어떻게 들어갈

수 있는지를 아예 모르는 무지한 상태로 씩씩하게 목양하며 살아왔
다. 실로 수치스러운 일이다.

'지성소'는 제사장도 함부로 들어가지 못하는 곳이다. 오직 만왕
의 왕, 만주의 주이신 그분의 택함이 있는 특별한 때만 들어갈 수 있
다. 우리에게는 '신부 단장'이 필요하다. 우리의 왕께서 언제 어떻게
부르실지 알 수 없기 때문이다. 마라나타!

048 십일조를 함에도 불구하고

 양떼의 발자취 - 간증

토니와 나는 주일 아침에 교회에 예배드리러 갔다. 올해부터는 온
전한 십일조 생활을 하기로 주님과 약속했기에 헌금 시간에 정성과
사랑을 바치는 마음으로 어젯밤에 준비한 수표를 봉헌했다. 참 기
뻤다. 그리고 집으로 돌아오는 길에 토니에게 말했다.

"집 앞 전화기 가게에 들러야 해요. 전화 요금을 내야 하거든."

"응, 알았어요."

돈을 내고 주차한 곳에서 차를 후진하는데 갑자기 '쿵' 하고 둔탁
한 소리가 나더니 우리 몸이 차 앞쪽으로 쏠렸다. 정신을 차려보니
맞은편에서 후진하던 차와 접촉 사고가 난 것이었다.

토니가 차에서 내려 상대 운전사인 밝은 갈색 머리의 중년 부인과

서로 운전 면허증과 보험 등의 정보를 교환하고는 돌아왔다. 상대 차에는 아무 표시가 나지 않았으나 우리가 탄 미니밴은 뒤가 우그러져 있었다. 집으로 돌아오는 차 안에서 우리는 둘 다 마음이 우울하여 입을 다물고 아무 말도 하지 않았다.

집에 도착한 나는 옷을 갈아입으면서 토니에게 말했다.

"여보, 수리비가 얼마나 나올까요? 제법 많이 찌그러졌던데….."

토니가 말했다.

"걱정하지 말아요. 아까 그 여자가 차 수리 전문점 주인이래요. 무료로 고쳐줄 테니 우리가 편할 때 예약하고 찾아오래요."

"할렐루야! 주님, 고맙습니다!"

나는 기뻐서 고함을 지르며 마치 미사 고백을 하듯 참았던 말을 빠르게 쏟아냈다.

"여보, 우리가 온전한 십일조를 한 첫 주일에 자동차에 딱지를 떼었어요. 그리고 온전한 십일조와 감사 헌금을 한 두 번째 주일에는 자동차 사고가 났어요. 왜 이런 일이 일어났는지 이해되진 않지만… 어쨌든 아무도 다치지 않고 무사한 것을 하나님께 감사드려요. 그리고 차도 무료로 수리받을 수 있게 되어서 더욱 감사해요!"

나는 숨도 쉬지 않고 속사포처럼 말했다. 그러고는 방금 벗었던 스타킹을 빙빙 돌리면서 춤을 추며 안방을 통통 뛰어다녔다. 마치 하나님께서 보고 계신 것처럼 신나게 춤추면서, 내 마음대로 지어낸 노래를 소리 높여 불렀다.

"아버지, 고맙습니다. 예수님, 감사합니다. 랄랄라~"

양떼의 발자취 - 간증

나의 죄 세 가지가 있다.

주님의 사랑을 의심했던 죄.

내 인생의 소유, 가족, 시간을 내 것으로 알던 죄.

주님의 사랑을 깨닫지 못하고 경배와 영광을 올리지 못한 죄.

하나님의 명령 세 가지가 있다.

허무한 데 굴복하지 마라.

향방 없이 달려가지 마라.

세월을 허송하지 마라.

양떼의 발자취 - 간증

마음 깊은 곳에서 금식하라는 주님의 음성이 자꾸 들린 지 1주가
지났다. 하지만 바쁜 일과로 금식은 내게 정말 힘든 숙제였다. 나는
시간이 나서 조금 한가할 때 금식하려고 남편과 총회 상사의 눈치를

살피느라 마음이 평온하지 않았다. 게다가 이틀 후면 토니의 생일이 지 않은가! 생일 음식을 요리하면서 금식하는 건 고문이나 마찬가지라고 생각했다. 그러나 결국 주님께서 모든 것을 그 자리에서 내려놓는 용기를 원하시며, 그 순간을 바라보고 계신다는 것을 감지했다. 또한 하나님께서 나를 만나길 원하신다는 것을 알았다.

그래서 어떤 일이 있더라도 다음 날부터는 꼭 금식해야겠다고 단단히 결심했다. 그리고 이왕 하는 거, 2시간쯤 운전해서 리버사이드에 있는 금식 기도원에 가서 정식으로 해야겠다고 생각했다.

다음 날 아침에 일어나니 창 밖에 비가 억수같이 내리고 있었다. 내가 토니에게 물었다.

"여보, 나 오늘 금식 기도원에 가서 하룻밤 자고 내일 저녁에 와서 당신 생일상 차려줄게. 괜찮지?"

출근 준비를 하던 토니가 폭우가 쏟아지는 바깥을 힐끗 보면서 대답했다.

"그런데 당신, 자동차보다 보트가 더 필요하겠어. 그래도 가려면 잘 갔다 와요."

기도원행을 단단히 결심했기에 그런 말이 들리지 않았다. 나는 토니가 출근한 후에 대충 짐을 챙겨서 기도원으로 출발했다.

캘리포니아주는 잘 개발된 사막 지대라서 1년 내내 거의 해가 쨍쨍하다. 비가 오는 날은 연간 2주도 채 되지 않는다. 눈은 당연히 내리지 않는다. 그래서 이곳 거주민들은 빗속 운전이 서툴다. 나 역시 빗물 때문에 고속도로 차선이 잘 보이지 않아서 몹시 겁이 났다.

2시간이면 도착하는 거리를 3시간 넘게 '화이트 너클'(White Knuckle, 잔뜩 긴장하거나 겁에 질린 상태를 뜻하는 미국식 은어) 상태로 운전했다. 길이 미끄러워서 덜덜 떨며 운전한 끝에 겨우 금식 기도원에 도착했다. 춥고 비 내리는 날이라서 그런지 바위산 속에 있는 기도원은 한적했다.

나는 숙소에 가지 않고 예배당 안에 가져간 짐을 풀었다. 이상하게 예배당 안에 들어서자, 마치 오랜 여행을 마치고 친정에 돌아온 것처럼 쉬고 싶은 푸근한 느낌이 들었다.

어둑어둑한 예배당 안에서 혼자 침낭을 펴두고 몇 시간을 앉아서 성경을 읽다가, 무릎 꿇고 기도하다가, 일어서서 손을 들고 찬양을 부르다가, 신나게 춤추기를 반복했다. 주위에 보는 눈도 없으니!

나는 댄서처럼 춤을 잘 추지 못한다. 하지만 때로 주님께 드릴 것이 없는 이런 산속 같은 곳에서는 찬송하면서 춤도 춘다. 깜깜한 밤에 아무것도 없는데 내가 그분께 무엇을 드릴 수 있단 말인가!

배고픈 것도 잊어버리고 한참 찬양과 춤을 주님께 올려드리다가 문득 시계를 보니 벌써 자정이 넘어 있었다. 깜깜한 어둠 속에서 차가운 바닥이지만 잠을 청하기 위해 누워서 좋아하는 이 목사님의 찬양을 들었다. 그리고 나지막하게 따라 불렀다.

"보고 싶은 나의 주님! 꿈에서라도 잡고 싶은 나의 주님! 그 옷자락이라도 주님을 만질 수 있고, 주님을 느낄 수 있게 내 영혼의 감동과 감화로 거듭나게 하여주소서. 내 눈의 비늘 벗기시고 닫힌 귀를 열어주시옵소서. 성령의 소리 듣게 하사 영혼의 눈과 귀 주소서."

옆으로 누운 내 눈에서 뜨거운 눈물이 주르륵 베개 위로 떨어졌다. 문득 내가 26세, 그 싱그러운 나이에 예수님을 처음 만났던 순간이 떠올랐다. 그때 꿈에서 평생 처음이자 마지막으로 예수님을 보았었다. 그 꿈의 장면은 너무나 강렬하여 몇십 년이 지나도 눈만 감으면 선명하고 생생하게 떠오른다.

아랫글은 내가 예수님과 첫사랑에 빠진 날 밤에 본 광경을 기록한 것이다.

나는 엄청나게 큰 성벽 위 길에 서 있었다. 누가 가르쳐주지 않았는데도 그 성벽이 구약에서 언급한 도피성의 성벽 위라는 사실이 알아졌다. 고개를 오른쪽으로 돌리자 7미터 정도 떨어진 곳에 흰옷을 입은 남자 3명이 성벽 위에 있었다. 가운데 남자는 성벽 위 담길 바닥에 힘없이 앉아 있었다. 그의 양옆에 있는 남자들은 무릎을 세우고 반쯤 앉은 자세로 가운데 있는 남자를 부축하는 것처럼 보였다. 그 둘은 오직 가운데 있는 남자만을 바라보고 있었다.

그런데 가운데 앉아 있는 남자가 나를 바라보았다. 그와 눈이 마주친 순간, 나는 그분이 무덤에서 막 나오신 부활하신 예수님이심을 알았다. 아무도 말해주지 않았지만 알아졌다. 머리로 아는 것이 아니고 너무나 실체적으로, 온몸으로 생생하게 알아졌다. 이렇게밖에는 그 느낌을 설명할 길이 없다.

예수님은 하얗고 긴 통옷을 입으셨고, 어두운 밤색 머리카락은 어깨 위 길이로 단정하게 빗겨져 있었으며, 턱수염도 깨끗하게 정리된 모습이셨다. 키가 크고 약간 마른 얼굴이었지만 정말 잘생기셨고, 약간 마른 체형이셨다. 피곤함에 지친 듯하면서도 마치 깊은 잠에서 깨신 것처럼 보였다. 예수님은 깊은 눈매로 나를 말없이 바라보셨다. 미소를 띠지도, 웃지도 않으셨다. 그 눈으로 세상의 모든 사물을 꿰뚫어 보는 것이 느껴졌다. 그 눈은 나무람과 책망의 눈빛이었다. 눈동자 안에 찬란한 불꽃이 타고 있는 듯 강렬했다.

그분의 눈빛을 본 순간에 간담이 녹아내리는 것처럼 내 삶의 죄가 느껴지면서 너무나 두렵고 떨려서 두 발로 서 있을 수가 없었다. 그러고는 영의 세계에서 깨어났다.

몇십 년 전 새벽에 본 그 환상은 항상 내 기억 깊은 곳에서 생생하게 떠오른다. 마치 누군가가 내 기억에 조각해서 새겨 넣은 것처럼 그 장면은 희미해지지도 않고 선명하게 새겨져 있다.

051 내가 너의 금식을 받았다!

🌿 양떼의 발자취 - 간증

나는 군것질을 좋아해서 금식은 전혀 좋아하는 과목이 아니다. 금식 이틀째가 끝나가는 새벽 무렵, 컴컴한 예배당 안에서 강대상 아래 오른편에 침낭을 깔고 누워 있었다. 어둠 속에서 몇십 년 전 처음 주님을 만났을 때의 첫사랑의 시절을 그리면서 잠이 들었나 보다.

늘 그랬듯, 굶으니까 땀이 나기 시작했다. 몸은 차가운데 상반신은 덜덜 떨리면서 식은땀이 흘렀다. 정말 힘들었다. 그때 갑자기 어둠 속 왼편 하늘에서 또렷하고 간결한 목소리가 한국어로 들렸다.

'내가 너의 금식을 받았다.'

그런데 돌연 내 눈에 또 하나의 내 몸이 누워 있는 것이 보였다. 내 몸은 한참을 땀 흘리며 괴로워했다. 그러다가 갑자기 바닥에 누워 있는 몸의 양옆으로 짙은 회색 연기가 마치 물 끓이는 주전자에서 수증기가 나오는 것처럼 '쒜엑' 소리를 내면서 몇 분간 나왔다. 연기는 공중으로 올라가지 않고 마룻바닥에 흡수되는 것처럼 '쏴악' 소리를 내며 바닥으로 가라앉으면서 사라져 버렸다.

눈을 뜬 상태로 선명하게 본, 실로 무섭고도 신비로운 환상이었다. 이를 목도하자마자 다시 내가 누워 있는 것이 느껴졌다. 그 후 온몸이 깃털처럼 가벼워졌다. 할렐루야!

052 첫사랑의 회복

 기도

이번 3일 금식 때 하나님께서
"내가 너의 금식을 받았다"라고 말씀하신 후

저를 만나주실 것을 확실히 압니다.

이제는 이 못나고 미련한 신부를 피 값 주고 사신 예수님이

휴거 날에 저를 데리러 오실 거라는 약속이

태산처럼 믿어집니다. 의심되지 않습니다.

보고 싶은 주님이 꼭 저를 데리러 오신다는 그 약속이

약속의 인처럼 확실하게 믿어집니다.

이전처럼 막연한 생각이 아니고 진심으로 믿어집니다.

평생 이렇게 확실하고 진실에 찬 약속을

누구에게 받아본 적도, 믿어본 적도 없습니다.

그러나 이제는 당신의 신실하신 사랑과 약속으로 말미암아

저를 데리러 오실 거라는 것이 확연히 믿어집니다.

제 믿음 생활 33년 만에 처음 느껴보는 믿음이어서

자꾸만 눈물이 나고 두렵고 덜덜 떨립니다.

하나님 아버지! 그동안 옆에서 저를 도와주시고

지켜봐 주셔서 진심으로 고맙습니다.

053 헵시바와 뿔라

 양떼의 발자취 - 간증

어느 날, 성경을 읽는 중에 이 말씀이 강한 감동으로 찾아왔다.

다시는 너를 버림받은 자라 부르지 아니하며 다시는 네 땅을 황무지라 부르지 아니하고 오직 너를 헵시바라 하며 네 땅을 뿔라라 하리니 이는 여호와께서 너를 기뻐하실 것이며 네 땅이 결혼한 것처럼 될 것임이라 사 62:4

이 말씀을 며칠에 걸쳐 계속 기도하며 묵상했다. 나는 진심으로 주님의 사랑을 받는 양이요 신부가 되고 싶었다. 그리고 얼마 후에 방언으로 기도하며 기도의 깊은 차원으로 들어갔을 때, 커다란 감동 속에 마음 깊은 곳에서 울려 퍼지는 예언의 말씀을 들었다.

'제시카야! 내가 너를 사랑한다. 너는 나의 뿔라(하나님의 신부 된 자)요, 헵시바(하나님의 기쁨이 그녀에게 있다)로다!'

이 성경 말씀과 예언은 내 마음에 엄청난 변화를 불러오기에 충분했다. 나는 주님의 침묵 속에 어떤 신앙의 결단을 내려야 한다고 생각했다. 그분이 바라시는 곳, 그 시선 안에 내가 있어야 한다는 강한 열정이 일어나기 시작했다. 이 열정이 내게서 나왔다고 생각하지 않는다.

하나님께서 내가 그분을 만나길 원하신다는 예감이 나를 확실하게 사로잡았다. 그리고 결혼한 지 27년 만에 처음으로 온전한 3일 금식 기도를 토니와 함께 끝냈다. 이 금식 기도가 내 믿음과 신앙을 완전히 바꾸어버렸다.

THE CONCEALED GARDEN

PART

3

사과나무 아래서
내가 너를 깨웠노라

🌹 예언

나의 사랑하는 자야, 나와 함께 가자.

너의 기도가 나드 향이구나.

네가 참으로 내 원수의 땅에 내 이름의 깃발을 꽂으리라.

너를 범하는 자는 내 눈동자를 범하는 것이라.

반드시 그에 대한 대가를 치르리라.

나의 사랑, 나의 신부야! 일어나 함께 가자.

너는 나의 백합화요 가시나무 속에 핀 합환채로다.

예수께서 있는 곳이 천국이고

예수께서 없는 곳이 지옥이다.

너는 여호와를 전심으로 찾아라. 그리하면 만나리라.

나의 지성소에서 피의 언약으로 인해 너를 만나리라.

네 눈물 한 방울 한 방울이 보석이 되어

네 목의 구슬꿰미가 되리라.

나의 사랑하는 자, 나의 신부야!

작은 여우를 놓치지 말고 꼭 잡아라.

그는 우리의 포도원을 허는 자이니 너는 조금도 용납하지 마라.

조금이라도 용납하면 그 여우가

갈대의 찌르는 지팡이가 되어서 네 심장을 찌르리라.

네 찬송이 내게 아름다움이라.

네가 찬양할 때마다 천국의 천군 천사가 같이 화답하느니라.

내가 사랑하는 나의 택한 자여!

너는 두려워 말아라, 내가 너의 신랑이 됨이라.

내가 너를 내 심장에 새겼고 나의 팔에 인장처럼 둘렀느니라.

내가 너의 남편을 너의 머리 위에 둔 이유는 너를 겸손케 함이니라.

겸손으로 허리를 동이고 때가 이르면 같이 영광을 나누느니라.

천국과 지옥은 나의 때가 이르면 너에게 보이리라.

멀지 않았으니 준비하여라.

너의 등불에 기름을 넉넉히 준비하면 되느니라.

이는 회개와 감동과 찬양과 희생의 눈물이라.

성령님이 네게 마땅히 행해야 할 모든 것을 가르치시리라.

너는 성령께 즉시 순복하여라.

너는 그 안에서 구속의 날에 이미 인치심을 받았느니라.

피 값 주고 산 나의 신부야,

사람들의 말에 미혹 당하지 말고 너의 절개를 지켜라.

허망한 것에 무릎 꿇지 말아라.

이것은 너를 위한 나의 사랑의 편지, 내 피로 적은 언약의 글이니라.

나의 신부야, 내가 너를 사랑하노라.

이제 지성소에 들어오너라.

지성소는 예수 그리스도인 나의 마음이니라.

이제는 나의 마음 안에 들어오너라.

예언

내가 너의 금식을 기뻐 받았노라.

내가 반드시 내 신부를 꼭 데리러 오리라.

너는 준비해라. 나의 임재가 항상 너와 함께 머물러 있으리라.

나의 피 값 주고 산 나의 어여쁜 신부야,

너는 나의 피 값을 항상 기억하고 네 심장을 다오.

네 심장에 오늘 내 이름을 새겨 넣으리라.

새긴 자가 아니면 아무도 지울 수 없는 그 이름으로

나의 신부의 심장에 피의 언약의 이름을 새기리라.

너의 신발을 벗고 지성소 안으로 들어오너라.

나의 임재가 너를 기다리고 있고

나의 의의 겉옷으로 너를 덮고 가슴에 품으리라.

나의 신부여, 나의 합환채여!

네가 나를 부를 때 내가 속히 응답하겠고

네가 심장의 불씨를 태울 때 내가 흠향하리라.

이는 여호와의 백성이 받은 약속의 기업이라.

이 불씨를 꺼뜨리지 말고 잘 지켜라.

아, 사랑하는 내 딸아!

내가 너를 얼마나 사랑하는지 네가 알 수 있다면….

네가 깨달을 수 있다면….

이제 잠시 잠깐이면 내가 내 신부를 데리러 가고

그때 너는 이 찬란한 사랑의 비밀을 깨달으리라.

영광의 그 좁은 길 진주 문 앞에서

그날 보석의 눈물을 흘리며 내 품에 안기리라.

내가 이제 너를 향한 사랑의 편지를 매일 쓰마.

네 영을 매일 맑게 정화해다오.

내가 반드시 너를 위하여 금 사슬을 은에 박아 만들리라.

내 신부의 속사람의 성품 위에 나의 신의 성품으로 수놓으리라.

이 세상에 단 하나밖에 없는 내 신부의 성품 위에

이 세상에 단 하나밖에 없는 아름다운 걸작을 만들리라.

성령은 하나님의 깊은 속이라도 통달하니

나의 신부가 절개를 지킬 수 있도록

그가 너를 생명수 강가로 인도하시리라.

너는 그 음성에 즉시 순복하고

어린아이와 같은 겸손한 믿음을 지켜라.

나의 의인은 믿음으로 말미암아 살리라.

내가 너를 잔잔히 사랑하고 기쁨으로 미소 짓노라.

두려워 말아라. 나는 너를 영원토록 떠나지 않는다.

오… 나의 기쁨이 된 너여! 오… 내 눈에 아름다운 나비여!

네가 반드시 그 생명 강가를 옛날처럼 다시 날리라.

그 옛날 들려준 그 찬양의 노래 속에

평안 속에 날았던 것처럼 다시 평안 속에 날리라.

너의 잃어버린 모든 것이 다시 찾은 바 되고

광야와 거친 들을 지나온 너는

장성한 신앙이 되어서 돌아온 나의 나비, 나의 신부!

너와 함께한 모든 순간이 정말 멋진 여정이었구나.

참 많이 자랐구나.

나를 미소 짓게 하는 내 딸, 나의 어여쁜 자여!

너는 내 눈에 가시나무 속 백합화로구나.

056 천국 놀이동산에서 죽은 딸을 만나다

 영의 세계

침대에 누워 자고 있는데 토니가 출근 준비를 하고 침실을 나가는 소리가 들렸다. 그 기척에 눈을 떠보니 침대 맞은편 벽에 커다란 남자 잠옷 바지와 여자 잠옷이 걸려 있었다.

"저게 누구 거지?"

혼자 중얼거리는데 토니가 침실로 들어왔다. 내가 물었다.

"여보, 저 걸린 옷들은 누구 거예요?"

토니가 대답했다.

"저건 존과 제니퍼의 옷이야. 우리가 여기 이사 오기 전에 여기서 살다가 이사 가면서 두고 갔나 봐."

존과 제니퍼는 우리랑 같은 신학교를 나온 동기동창 커플이다.

"보기 흉하니 떼어버려요."

내 말을 들은 토니가 벽에서 옷을 떼어 침실 문을 열고는 휙 던져
버렸다. 그런데 문을 열 때 얼핏 보니 밖에 일꾼 같은 남자 3,4명이
집 내부를 수리하는 게 보였다. 나는 깜짝 놀라서 벌떡 일어나 앉으
며 물었다.

"우리 집, 공사해요?"

토니가 답했다.

"응, 알고 있잖아."

나는 주섬주섬 옷을 챙겨 입고 침실 문을 열고 나갔다. 집안이 온
통 공사로 엉망이었다. 그런데 집 내부가 지금 우리가 사는 집보다
몇 배나 컸다. 분명히 방금 내가 있던 그 방은 작고 낡은 목사관의
방이었는데, 방 바깥으로 나오니 엄청나게 큰 집에 내가 살고 있다
는 것이 알아졌다.

'여기가 도대체 어디지?'

두리번거리는데 오른쪽 벽이 반쯤 뚫려서 잔디 깔린 작은 마당이
보이고, 왼쪽 벽은 완전히 다 뚫려서 바깥이 훤히 보였다.

그런데 이게 웬일인가! 뻥 뚫린 왼쪽 벽 바깥의 바로 앞에 놀이동
산이 보였다. 황급히 나가보니 마치 디즈니랜드처럼 표를 받는 직원
같은 여자가 서 있었다. 밝은 갈색 머리에 세련된 중년 여자는 예쁜
웃음을 지으면서 나를 환영했다. 가까이서 보니 천사였다.

나는 그녀에게 물었다.

"저, 이 안에 입장해도 될까요?"

"그럼요."

그녀는 웃으며 놀이동산 안에서 놀고 있는 여자아이 2명을 불렀다. 이름을 부르거나 손짓한 것도 아닌데 마치 부른 것을 아는 듯이 하얀 원피스를 입은 3세, 6세 여자아이들이 씩씩하게 달려와서 우리 앞에 섰다. 신기하게도 이 아이들의 나이가 저절로 알아졌다.

"얘들아, 이분에게 여기 구경을 좀 시켜줄 수 있겠니?"

천사는 아이들에게 말하고는 내게도 말했다.

"당신에게 주어진 천국의 시간은 15분입니다."

3세로 보이는 까만 단발머리를 한 귀여운 여자아이는 즐거운 듯 종알거리더니 내 왼손을 꼭 잡고 뛰기 시작했다. 6세인 금발의 여자아이는 부끄럼을 타는지 내 오른쪽 뒤에서 따라왔다.

엄청나게 큰 놀이동산이었다. 여기저기 노는 아이들이 참 많았고, 어른들도 간혹 눈에 띄는데 다들 무척 행복해 보였다. 우리는 아케이드 같은 커다란 건물에 들어갔다. 양옆으로 엄청나게 많은 장난감과 인형이 잘 진열되어 있었다. 그 색깔이 매우 아름답고 고급스러웠다.

"우와, 이 모든 게 상품이야?"

나는 입이 딱 벌어졌다. 우리는 아케이드를 지나서 바깥으로 나갔다. 공원 한쪽에 강물같이 흐르는 물이 있는데, 그 안에 악어들이 헤엄치고 있었다. 큰 악어, 중간 크기의 악어, 새끼 악어까지 아주 아름답고 선명한 초록색을 띠고 있었다. 악어들 사이사이에 아이들이 같이 헤엄치며 놀고 있었다. 그런데 그것이 전혀 놀랍지 않은 것이 이상했다. 내가 말했다.

"우리도 물에 들어가서 헤엄치고 놀자."

그리고는 흐르는 물에 첨벙 들어갔다. 아이들도 좋아하며 따라 들어왔다. 나는 헤엄을 칠 줄 모르는데, 막상 물에 들어가니 손발을 움직이지 않는데도 마치 물고기처럼 빠른 속도로 물을 가르면서 어디론가 갔다.

앗! 그런데 강 가장자리에 롤러코스터가 있었다. 끝이 안 보이는 나무 사닥다리 같은 게 수평으로 누운 채 물 안에 깔려 있는데, 두 손으로 매달려 있으면 롤러코스터처럼 밑으로 내려갔다가 치솟아서 너무나 재미있었다. 신기하게 물밑이 하나도 어둡지 않고 밝은 빛이 들어왔다. 아이들은 항상 나를 중간에 두고 헤엄치며 놀았다. 한참을 깔깔거리고 놀다가 내가 물었다.

"15분만 허락한다고 했는데, 시간이 얼마나 됐지?"

내가 그 말을 하자마자 롤러코스터의 사닥다리가 그 자리에서 종착지가 되었다. 우리는 물 바깥으로 나왔다. 그런데 몸과 옷이 하나도 젖지 않고 잘 말라 있었다. 신기했다. 나는 우리가 놀이동산 입구에서 너무 멀리 들어와 있는 게 느껴졌다.

'큰일 났다. 돌아가려면 시간이 없다.'

그런데 고개를 오른쪽으로 돌려서 보니 어느새 우리는 놀이동산 입구의 여자 천사 앞에 서 있었다. 순간 이동을 한 거였다. 여자아이들은 나를 꼭 안아주고는 휙 뒤돌아서 뛰어가 버렸다.

여자 천사 옆에 장신구를 걸어서 진열할 수 있는 고리 상품들이 보였다. 예쁘고 귀여운 열쇠고리 모양의 조그만 장신구들이 주렁주렁 달려 있었다. 나는 새로운 곳을 방문하면 기념품을 사곤 한다. 그런데 여기서는 돈이 사용되지 않는다는 게 알아졌다.

나는 살며시 물어보았다.

"천사님, 저 이거 하나만 가져도 될까요?"

"그럼요, 하나 가지세요."

천사가 미소 지으며 말했다. 나는 빨강 수가 놓인 반짝거리는 작은 장신구 하나를 골라서 우리 집의 뻥 뚫린 벽 쪽으로 몸을 돌렸다. 그 순간, 침대에서 눈이 번쩍 떠졌다.

너무 생생해서 장신구를 꼭 쥐고 있던 오른손을 들어보았다. 마치 무언가를 쥐고 있던 것처럼 주먹을 꼭 쥐고 있었지만, 아무것도 없었다. 단순한 꿈이 아닌 것 같았다. 꿈이라 하기엔 너무나 선명하고 생생했다. 가슴이 두근두근 뛰기 시작했다.

'주님께서 천국을 보여주신 걸까?'

나는 누워서 두 팔을 천장으로 휙 올리고는 큰 소리로 말했다.

"예수님, 방금 예수님이세요?"

위에서 소리가 들렸다.

'응, 이건 시작이란다!'

아… 좋은 아침! 그러면 그렇지. 난 예수님이 너무 좋다.

오후에 기도하고 묵상하는 중에 문득 주님께서 깨달음의 지혜를 주셨다. 묵상 중 깨달음이 임할 때의 느낌은 마치 캄캄한 방에 비치는 한 줄기 빛이 내 영을 관통하는 느낌이다. 어떤 사실이 진리로 믿어지고 그 후에 의심 없이 명확하게 알게 된다.

천국과 지옥을 보여달라고 금식하며 기도한 내게 주님께서 처음으로 생생하게 보여주신 것이 나의 아이였다. 그분은 정확하시며 신실하시다. 아무 이유 없이 나와 전혀 상관없는 만남을 허락하실 분이 절대 아니다.

영의 세계에서 만난 여자아이 중 단발머리 아이는 내가 유산한 아기였고, 나머지 아이는 그 아기의 수호천사였다. 나는 그 아기가 죽어서 없어진 줄 알았는데, 하나님께서 그 생명의 영을 소중히 받으셔서 여태 나를 대신하여 잘 보호하고 계셨다. 그 사실을 깨달은 순간, 내가 짐승같이 무식한 고깃덩어리 같은 존재란 생각이 들었다.

저녁때 토니에게 주님께서 우리 아기를 천국에서 잘 키우고 계신다고 알려주었다. 토니가 의자에 앉아서 천장을 한참 쳐다보더니 눈물을 주르륵 흘렸다.

'아… 이 사람에게도 마음에 맺힌 일이었구나.'

그날 우리 둘은 얼마나 통곡했는지 모른다. 몇 시간을 울면서 주님께 회개와 감사 기도를 올렸다. 죽었던 내 아기가 살아서 엄마 아빠를 만나러 온 너무나 기쁜 날이었다. 할렐루야!

이러므로 내가 네게 말하노니 저의 많은 죄가 사하여졌도다 이는 저의 사랑함이 많음이라 사함을 받은 일이 적은 자는 적게 사랑하느니

라 이에 여자에게 이르시되 네 죄 사함을 얻었느니라 하시니 함께 앉

은 자들이 속으로 말하되 이가 누구이기에 죄도 사하는가 하더라 예

수께서 여자에게 이르시되 네 믿음이 너를 구원하였으니 평안히 가라

하시니라 눅 7:47-50

057 아침에 찾아오신 예수님

 양떼의 발자취 - 간증

한밤중에 주님께서 나를 깨우셨다.

'아… 정말 일어나기 싫다.'

하지만 즉시 순종해야만 주님이 기뻐하실 것 같아서 벌떡 일어나

복도를 건너 기도방으로 걸어갔다. 매일 내게 말씀하신다고 하서놓

고 종일 아무 말씀 없으시더니 결국 한밤중에 깨우신 거다. 그래도

나를 만나러 와주신 것만도 너무 감사했다.

'나를 잊어버리신 게 아니었구나. 헤헤헤….'

주님이 성경을 읽으라는 마음을 주셨다. 나는 가르쳐주시는 곳을

펼쳐서 읽었다.

초저녁에 일어나 부르짖을지어다 네 마음을 주의 얼굴 앞에 물 쏟듯

할지어다 각 길 어귀에서 주려 기진한 네 어린 자녀들의 생명을 위하

'아이고, 주님… 이 어린 자녀가 혹시 미셸입니까?'

나는 무릎을 꿇고, 성도들의 자녀를 위해 방언으로 열심히 기도했다. 성경 말씀에 "손을 들지어다"라고 하시니 두 손도 높이 들었다. 한밤중에 일어나 두 손까지 번쩍 들고 기도하면서 내 속에 질문이 올라왔다.

"주님, 제가 제대로 하고 있는 건가요? 제 기도를 듣고 계시지요?"

한쪽 눈만 가늘게 뜨고 위쪽을 한 번 봤다가 죄송해서 또 고개를 숙이고 기도하기를 여러 번 했더니 졸음이 쏟아졌다.

"아버지, 여기까지만 할게요. 좀 봐주세요. 저 내일 아침에 일 나가야 해요."

나는 도망치듯 안방으로 와서 잤다. 침실이 아침 햇살로 조금씩 밝아지는 것을 아련히 느끼면서 한밤중에 나 홀로 부흥회를 한 탓에 졸려서 눈꺼풀이 떨어지지 않았다. 그때 인기척이 나더니 누군가가 자는 내 이마에 입을 맞추었다. 그러고는 돌아서서 걸음을 떼는 소리가 들렸다. 내 오른발이 이불을 걷어차고 있던 탓에 조금 춥다고 느끼는 순간, 그는 접힌 이불을 정돈하면서 내 오른발에 이불을 살그머니 덮어주었다.

'아… 토니구나. 참 자상한 우리 남편. 헤헤헤….'

나는 다시 잠에 빠져들었다. 아침에 일어나서 출근하자마자 토니의 사무실로 갔다.

"여보… 아침에 뽀뽀 고마워. 이불도 덮어주고… 당신 짱이야!"

컴퓨터 자판을 두드리던 토니가 고개를 천천히 돌리더니 한쪽 눈썹을 치켜올리며 의아한 듯 내게 대꾸했다.

"당신 미쳤어? 내가 언제?"

'아이고머니… 그러면 그렇지, 예수님이셨구나!'

058 세상 신의 세계에서 탈출하는 사람들

 영의 세계

나와 토니는 탈출시킨 많은 사람을 데리고 버스에서 내렸다. 길 앞에 조그만 공항 대합실이 있었고, 다들 그곳으로 삼삼오오 걸어 들어갔다. 내가 들어가니 이미 토니가 천사 7명과 함께 다음 로켓을 타고 이곳을 빠져나갈 대기자 명단을 작성하려고 사람들 사이를 분주히 오가고 있었다. 많은 사람이 웅성거렸고, 몇몇 아는 얼굴도 보였다. 우리는 모두 쫓기는 탈출자들이었다.

적들은 우리의 위치를 파악하는 대로 몰려올 것이고, 우리는 무슨 일이 있더라도 탈출자들을 최대한 로켓에 실어 떠나보내야 했다. 하지만 우리를 데리러 언제 로켓이 올지 몰랐고, 다들 연신 창문 바깥을 보면서 애타게 기다리고 있었다.

나는 깨끗하고 아름답게 디자인된 푸른색 원피스를 입고 있었다.

내가 토니한테 말했다.

"여보, 적이 언제 들이닥칠지 모르니 아무래도 바지나 셔츠 같은 간편한 전투복과 편한 신발로 갈아입고 대기해야 할 것 같아요."

토니는 "좋은 생각이야. 여기 당신 옷 가방이 있어"라며 중간 크기의 네모난 가방을 건네주었다. 구석에 있는 여성 휴게실 소파 위에 옷 가방을 놓고 열어보니 여러 옷이 깨끗하게 세탁되어 한 번씩 접힌 상태로 들어 있었다.

상의를 갈아입으려고 원피스를 벗는데, 나는 당연히 속옷을 입고 있다고 생각했다. 그러나 내 양쪽 가슴에는 속옷 대신 커다란 성경책의 내지가 한 장씩 나란히 붙어 있었다. 마치 몸에 잘 맞는 속옷처럼 조금도 구겨짐이 없이 커다랗고 반듯한 성경 속옷을 입고 있는 게 아닌가!

나는 내 몸 바깥에서, 성경 속옷을 입고 있는 또 하나의 나를 바라보고 있었다. 그러고는 깊은숨을 들이마시며 눈을 떴다.

그날 영의 세계에 다녀온 후 종일 성경 말씀을 읽었다. 그리고 어째서 성경책 종이가 가슴 위에 나란히 붙어 있었는지를 깨달았다. 하나님의 사람은 '믿음'과 '사랑'의 흉배를 가슴에 담고 있어야 한다.

우리는 낮에 속하였으니 근신하여 믿음과 사랑의 흉배를 붙이고 구원의 소망의 투구를 쓰자 **살전 5:8**

059 골방의 신부

예언

신부는 외롭다. '신부'의 참뜻은 '골방에 갇힌 자'란다.

시작한 날도 없고… 가르치는 사람도 없고…

오직 침궁 안에서 왕의 계시로만 사는 자니라.

요한복음 17장은 '신부의 장'이란다. 다 외우거라.

060 어린 양과의 로켓 여행

영의 세계

미셸과 나는 이미 어떤 곳을 떠나서 지구로 돌아오는 로켓 비행을 하는 중이었다(로켓은 지구로 내려가는 중이었다). 우리가 탄 로켓은 넓지도 좁지도 않고 꼭 맞는 너비와 높은 천장을 가졌는데, 우리는 그 안에서 앞을 바라보며 앉아 있었다. 좌석은 3개로 나뉘어 있었고, 미셸과 나 사이 좌석에 어린 양이 타고 있었다. 눈부시게 반짝이는 깨끗한 흰색 어린 양은 중간에 앉아서 우리처럼 앞을 바라보고 있었다. 평화로움이 우리 사이에 흘렀다. 얼마나 지났을까. 어느 순간, 나는 눈을 떴고 영의 세계에서 나왔다.

깨어서 무릎을 꿇고 묵상 기도를 하는 중에 희미한 감동이 일었다. 어린 양을 사이에 두고 같은 크기와 높이의 의자에 나란히 앉아 있던 미셸을 생각하자, 문득 '그 아이도 천국에서 나와 같은 계열의 직분을 가지지 않을까' 하는 생각이 들었다.

061 신부의 여정이 시작되다

 예언

사랑하는 나의 딸 제시카야! 너는 나의 어여쁜 신부이니라.

네가 아직 세마포를 입지 않았으나 너는 내가 택한 나의 신부이니라.

신부의 여정이 이제 시작되었으니 너 자신을 겸손의 띠로 동여매고

성령님께 너를 항상 양보하고 주님 뜻에 항상 순종하여라.

두렵고 떨리는 마음으로 네 구원을 이루거라.

낙심하지 말고 눈물로 씨를 뿌리다 보면

나의 때가 되어 거둘 날이 오리라. 속히 오리라.

네 눈물과 회개는 내가 받았다.

네 보석 같은 눈물이 나를 얼마나 기쁘게 하는지…

내가 흠향하노라. 나의 누이, 나의 신부야!

네가 비록 게달의 장막같이 보이더라도 내게는 솔로몬의 휘장이란다.

천국의 너의 집이 조금씩 아름답게 지어지고 있으니

때가 이르면 내가 너에게 기쁨으로 보여주리라.

나는 이미 네 영의 눈을 열어주었느니라.

네가 눈물을 흘릴 때마다 그 한 방울 한 방울이 안약이 되어

네 눈의 비늘이 벗겨져 가느니라.

나의 신부야, 너는 이미 천국을 보고 있단다.

나와 함께하는 여정에서 너는 많은 것을 보게 되리라.

나는 너의 믿음에 걸맞은 것을 보여주고,

너는 그저 내게 순종하며 내 손을 잡고

나의 속도로 한 걸음 한 걸음 조금씩 따라올지니라.

내가 보내는 많은 사람이 각각 다른 모습으로

무시로 내 신부에게 찾아가리라.

너는 그들 속에서 나를 찾아내는 눈을 배울지니라.

영을 분별하는 능력을 훈련하고, 내가 준 은사들을 잘 성장시켜라.

네가 이 땅에서 나의 신부로 살기에 필요한 모든 것을

내가 빠짐없이 다 주었느니라.

우리가 같이 가는 여정에서 네게 있어야 할 은사를 항상 채워주마.

너는 이미 영계를 보는 눈이 열렸느니라.

눈물로 네 눈을 씻어서

더욱 깨끗하고 명쾌하게 보는 법을 훈련하여라.

네가 기도할 때, 하늘의 문이 열린 것을 볼 때마다

아버지의 눈이 네게 머물러 있나니… 너는 외쳐라.

내가 크고 비밀한 것들을 네게 보이리라.

사람의 생각과 상식으로는 도저히 볼 수 없고,

언어로도 표현할 수 없는 보화들을 네가 보리라.

그리하여 그때 너는 내가 여호와 너의 하나님인 줄 알리라.

사랑하는 나의 딸, 내 피 값 주고 산 나의 신부야!

내가 너를 도장같이 품었고

불꽃 같은 눈동자로 바라보며 매 순간 사랑한단다.

나의 거대한 사랑이 네 마음으로는 감당이 안 되지만…

그러나 네 신랑인 나는 너를 생명 바쳐 사랑할 수 있단다.

그러니 아무것도 염려하거나 근심하지 말고

나를 믿고 한 발 한 발 따라오거라.

그 영광의 길 끝에 내가 서 있노라.

그 길 구석구석에 내 피가 뿌려져 있어서

너를 마땅히 행해야 할 길로 인도하리라.

나의 사랑, 나의 합환채… 나의 신부야. 내가 너를 사랑한다.

나이아가라 폭포를 보면 너에게 쏟아지는 내 사랑을

억만 분의 일이라도 깨달을 수 있으리라.

나의 딸, 나의 귀여운 신부야!

오늘 밤, 내가 너의 회개를 받았노라.

네… 예수님, 신부는 신랑의 품이면 족합니다!

– 당신의 신부로부터

062 목양과 사역을 착각하는 목사님에게

🌹 예언

    강 목사님은 춤으로 전도하겠다는 생각으로 여러 불신자와 타 종교인을 대상으로 열심히 춤 사역을 했으나 정작 말씀이나 예배와는 상관없이 춤에 열중하다가 탈진해 있었다.

    아랫글은 주님이 강 목사님에게 주신 말씀이다. 목사님은 이 글을 읽은 후에 금식을 작정하며 회개를 시작했고, 결국 주님과의 첫사랑을 회복했다.

    너… 나의 사랑하는 자여, 나의 신부야.

    네가 가진 것이 무엇이냐?

    네가 이 땅에서 필요한 것은 오직 나뿐이니라.

    악은 어떤 모양이라도 제거해라.

    믿음으로 하지 않는 모든 일이 죄이고,

    믿음으로 하는 모든 일이 너의 상이다.

    허무한 데 무릎 꿇지 마라. 강하고 담대하여라.

    내가 반드시 너를 떠나지 않고 세상 끝날까지 동행하리라.

    어찌하여 나의 생수를 잊었느냐?

    너는 금식하며, 기도하고, 회개해라.

063 부르심에 대하여

🌹 묵상

그리스도인에게는 세 가지 부르심이 있다.

종의 부르심, 친구의 부르심, 신부의 부르심.

중요한 건, 세 번째 부르심은 오직 주님의 택하심에 의해서만 이루어진다는 점이다.

신부를 취하는 자는 신랑이나 서서 신랑의 음성을 듣는 친구가 크게 기뻐하나니 나는 이러한 기쁨이 충만하였노라 요 3:29

064 나를 잉태한 자의 방으로 가기까지

🌹 영의 세계

그 옛날 1958년, 부산 동구 초량동의 집에 내가 토니와 함께 있었다. 한국인 남자 형상을 한 천사 4명과 함께. 방 3개가 있는 일본식 기와집이었고, 어린 시절 보았던 감나무가 장독대 왼쪽에 있었다.

나는 그들을 다 데리고 부모님의 안방으로 들어갔다. 그 방에는 햇빛이 잘 드는 나지막한 높이의 창문이 있고, 바닥은 초가 잘 먹여

져서 반짝반짝한 노랑 한지 장판이 깔려 있었다. 창문 바로 밑에는 더욱 진한 노란색 타원형 무늬가 그려져 있었는데, 나는 그 무늬를 두 손으로 가리키며 미소를 띤 채 말했다.

"여러분, 이 자리에서 제가 잉태되고 엄마에게서 태어났어요."

나는 이에 대해서 전혀 기억이 없었다. 그런데 내 영은 그 방이 내가 태어난 방이라는 것을 알고 있었다. 정말 신기했다.

그리고 방을 나왔는데 남자 형상의 천사들이 몹시 바쁘게 이 방과 저 방 사이, 부엌과 화장실까지도 부산하게 돌아다녔다. 무얼 하는지는 알 수 없었다.

그때 바깥에서 대문 두드리는 소리가 크게 났다. 나는 황급히 마당을 지나 대문을 열었다. 문 앞에는 한국인 남자 형상을 한 천사가 3명 있었다. 처음 보는 천사들이었으나 신기하게도 이미 아는 사이라는 느낌이 들었다. 그들도 우리 집에 들어왔고, 한국인 남자 형상의 천사 7명과 토니는 분주하게 오가며 온 집 안을 점검하고 청소했다. 그리고 나는 영의 세계에서 깨어났다.

여호와의 말씀이 내게 임하니라 이르시되 내가 너를 복중에 짓기 전에 너를 알았고 네가 태에서 나오기 전에 너를 구별하였고 너를 열방의 선지자로 세웠노라 하시기로 렘 1:4,5

그들을 떠나자마자 마음에 사랑하는 자를 만나서 그를 붙잡고 내 어미 집으로, 나를 잉태한 자의 방으로 가기까지 놓지 아니하였노라 아 3:4

사람이 침상에서 졸며 깊이 잠들 때에나 꿈에나 밤의 이상 중에 사람의 귀를 여시고 인치듯 교훈하시나니 욥 33:15,16

065 자신을 다른 사람들과 비교하는 목사님에게

 예언

전 목사님은 열심히 사역했다. 그러나 타인의 은사와 자신의 은사를 비교하는 마음이 늘 있었다. 다른 사람이 지닌 은사가 더 커 보일 때면, 영이 침체하고 우울과 자기연민(Self-Pity)에 빠지곤 했다.

아랫글은 주님께서 전 목사님에게 주신 말씀이다.

너의 믿음이 어디서 왔느뇨?

너의 축복이 어디서 왔느뇨?

너의 지혜가 어디서 왔느뇨?

네가 어찌하여 다 받고도 받지 않았다고 하느뇨?

나는 네게 필요한 모든 것을 주었느니라.

네 복이 네게 넘치느니라.

가진 복을 세지 못하는 자의 눈에 축복의 잔은

항상 반밖에 차지 않은 것으로 보이느니라.

하나님의 은사와 부르심에는 후회하심이 없느니라.

066 천국에서 내 집의 가구를 보다

🌿 영의 세계

아침 기도를 할 때였다. 투명한 수정으로 만들어진 침대 옆에 서랍이 달린 작은 탁자를 보았다. 탁자 전체가 수정으로 만들어져 있는데, 마치 프리즘을 통해 보는 것처럼 영롱한 무지개색이 네 귀퉁이에 비치며 찬란하게 반짝였다. 진귀한 보석함을 보는 것처럼 황홀하게 아름다웠다. 그토록 아름답게 빛나는 가구는 처음이었다.

집은 지혜로 말미암아 건축되고 명철로 말미암아 견고히 되며 또 방들은 지식으로 말미암아 각종 귀하고 아름다운 보배로 채우게 되느니라 잠 24:3,4

067 영적 세계로 떠나는 준비

🌿 영의 세계

토니와 나 그리고 미셸은 공항 대합실 같은 작은 방에서 20-30명 남짓한 사람과 함께 다른 나라로 가는 비행기를 기다리고 있었다. 그 나라에 도착하면 반드시 여권이 있어야 한다는 것을 알았지만,

나는 여권을 지니고 있지 않았다. 문득 생각했다.

'얼마 전에 본 천국의 가구인 수정 탁자가 영의 세계의 이동 허가서인 영의 여권을 보관하는 곳인가?'

비행기가 언제 올지 몰라서 급히 서두르며 서랍 안쪽부터 뒤졌다. 오래된 것처럼 보이는 진한 푸른색 겉장의 여권을 발견한 순간, 안도의 한숨이 나왔다.

'휴~ 살았다!'

그런데 여권 바로 밑에 나의 패물을 돌돌 말아놓은 작은 비닐 봉투가 보였다.

'맞아… 낯선 나라에 가면 요긴하게 쓰겠다.'

봉투를 열자 금목걸이, 금귀걸이, 금반지가 여럿 있었다. 금은 다 진짜인데 높은 질의 금이 있고, 낮은 질의 금도 있었다. 다이아몬드 역시 진짜인 것도 있고, 가짜인 것도 있었다. 나는 모든 반지를 직접 샀기 때문에 어떤 게 진짜고 가짜인지를 알았다. 그중 내 반지만 순금 반지고, 결혼반지만 진품 다이아몬드 반지였다. 나머지는 낮은 질의 금과 가짜 다이아몬드였다.

나는 거추장스러운 짐과 가방을 다 버렸다. 그리고 반지 4개를 두 검지와 약지에 각각 끼었다. 반지가 아주 두껍고 손가락 마디 1개 정도로 길며 반짝거렸다. 다른 영적 단계로 갈 때 세상의 소유물은 필요가 없다. 게다가 진짜만 통하지, 가짜는 통하지 않는다.

그리고 영의 세계에서 깨어났다.

🌹 영의 세계

아침에 기도하는 중에 조그맣고 예쁜 사기 찻잔을 보았다. 그 찻
잔은 여느 커피잔에 있는 손잡이가 없었다. 또한 속이 비어 있고, 겉
과 안이 깨끗했다. 찻잔 안팎에는 아주 작고 정교한 글이 빽빽이 적
혀 있었다. 나는 그 글자를 읽을 수도, 이해할 수도 없었다. 그때 주
님께서 나지막하게 말씀하셨다.

"이게 너의 그릇이다."

"정말요? 주님, 저는 제가 간장 종지인 줄 알았는데요."

 예언

너는 사람의 지식을 좇지 말고 오직 여호와의 감동을 좇을지니라.

육으로 난 것은 아래로부터, 영으로 난 것은 위로부터니라.

영을 좇아 육의 소욕을 다스리면 정녕 때가 되면 기쁨으로 상을 거두리라.

죄가 너를 삼키기 전에 너는 죄를 다스릴지니라.

나는 이미 너를 만물을 정복하고 다스리는 자로 만들었으니

마귀에게 속지 말고 네 신분에 맞게 행동하여라.

나의 자녀, 나의 신부, 내 영원한 기쁨의 찬송으로 창조된 자여.

믿음의 땅에 굳게 서서 모든 것을 다스려라.

내가 반드시 너와 영원히 함께하리라.

광풍에 요동하는 돛대와 같은 자가 되지 말고

믿음에 굳건히 서서 그 푯대를 향해서만 앞으로 나아가거라.

그리하여 너는 세상을 이긴 자가 되어라.

이긴 자만이 내 보좌 옆에서 천국의 가장 높은 곳의 잔치에 참여하리라.

나의 자녀야! 너는 더 큰 구원의 영광을 사모하여라.

070 사자 굴과 표범 산

 영의 세계

엄청나게 높고 큰 바위산 중앙에 입구가 넓은 동굴이 보였다. 그 안에는 짐승들이 산 흔적이 있었고, 바닥에는 먹다 버린 것 같은 오래된 살 한 점 없는 갈비뼈가 널브러져 있었다. 나는 그곳에 두 짐승이 살았던 것을 알고 있었다. 그러나 지금, 빛에 환하게 들여다보이는 동굴 안에는 아무도 없었다.

내 신부야 너는 레바논에서부터 나와 함께하고 레바논에서부터 나와

함께 가자 아마나와 스닐과 헤르몬 꼭대기에서 사자 굴과 표범 산에서 내려오너라 아 4:8

이 동굴은 내가 회개하기 전에 세상 신이 다스렸던 내 마음을 의미한다. 십자가 안에서 회개했다고 모든 것이 끝나는 게 아니다. 회개에 합당한 열매를 맺어야 한다. 그러면 마음속 동굴에서 살던 짐승 같은 옛 성품들이 쫓겨 나가기 시작한다. 그리고 주님의 아름답고 멋진 성품이 우리 마음속 동굴을 하나씩 채워간다. 할렐루야!

071 새 천사와 같이 내려오다

 영의 세계

한 줄기 빛이 쏟아져 내려오는 커다란 배수관같이 생긴 터널이 땅에서부터 끝이 보이지 않는 하늘 높이 수직으로 서 있었다. 터널은 지름이 1미터도 채 되지 않는 좁은 원통 모양이었다.

나는 그 터널 안에서 하늘에서부터 땅 쪽으로 너무나 무섭고도 빠르게 빛의 속도로 내려오고 있었다. 그 비좁은 터널 속에는 나와 얼굴을 한 뼘 정도 떨어뜨린 채 마주 보면서 같이 내려오는 한 나이든 남자가 있었다. 그는 정말 미남이었다. 신기하게도 우리가 함께 터널을 내려오는 동안 그의 얼굴이 마치 컴퓨터 그래픽처럼 점점 젊은 얼굴로 빠르게 변화했다.

마침내 땅에 도착했을 때, 그의 얼굴은 20대 청년의 모습으로 변해 있었다(내 얼굴은 그대로였다). 얼굴이 너무 가까이 있어서 그의 몸은 볼 수 없었다. 우리가 땅에 도착했다고 느끼는 순간, 그는 연기처럼 사라졌다. 그리고 내 영이 몸속으로 들어오자, 영의 세계에서 깨어났다.

'나도 터널 속 남자처럼 다시 젊어지면 얼마나 좋을까?'

072 천국의 꽃동산

🌹 영의 세계

수요일에 금식을 했다. 바쁘게 돌아가는 업무를 하면서 금식하기란 정말 쉽지 않았다. 이메일 답장, 미팅, 프레젠테이션 등을 하면서 금식하자니 예수님이 잘 떠오르지도 않았다. 그분이 나와 동행하고 계시는 것 자체가 생각나지 않았다. 내 영이 녹슬고 무뎌졌는지 주님을 생각해도 간절하지 않았다. 퇴근 후 차 안에서도 내내 마음 한 구석이 주님께 미안하고 죄스러웠다.

'아아… 한심한 나…. 도대체 다른 사람들은 업무를 하면서 어떻게 자신을 거룩하게 지킬까? 진짜 부럽다….'

그날 밤, 나는 허둥지둥 잠자리에 들었고, 새벽에 환상을 보았다.

◆ 환상

나는 아름다운 꽃이 즐비하게 피어 있는 푸른 초원에 서 있었다. 그러나 큰 초원은 안개로 뿌옇게 가려져 있었고, 내 눈으로 깨끗하게 볼 수 있는 공간은 바로 눈앞에 있는 큰 책상 1개 크기의 잔디와 꽃들이었다. 꽃들은 아주 컸고, 흰색, 보라색, 진한 다홍색으로 선명하게 피어 있었다. 하나하나에서 반짝이는 빛이 가루처럼 아름답게 뿜어져 나와 생명을 가지고 살아서 움직이는 것처럼 보였다. 여러 빛깔이 완전하게 어우러져서 바라보는 것 자체가 황홀했다.

'이건 분명히 내가 사는 땅이 아니라 천국의 일부를 보고 있는 거다. 조금만 더 오래 볼 수 있다면 얼마나 좋을까?'

나는 그 경치를 5초 정도 더 보았다. 그 광경이 너무나 선명해서 마치 사진처럼 내 기억 속에 남아 있다.

073 교인들에게 돈이나 물질을 선물 받는 목회자들에게

🌿 영의 세계

나는 어둠으로 뒤덮인 황량한 들판 같은 곳에서 어떤 무더기를 바라보고 있었다. 썩은 음식물, 부서진 물건, 텅 빈 상자 등 온갖 쓰레기가 거름 더미처럼 모여 있었다. 컴컴해서 선명하게 보이진 않았지만, 내 영은 그걸 알고 있었다. 하지만 왜 내가 이 어둠 속에서 저런 쓰레기 더미를 바라보고 있는지는 몰랐다.

그때 예수님이 이 쓰레기 더미가 무엇인지 알려주셨다. 목사가 교인들에게 받은 돈과 이득, 이유 없이 얻어먹은 식사 그리고 성 상납 등이라고 하셨다. 나도 그런 목사 중 하나였다. 그러나 지금은 회개하고 도로 다 돌려주는 과정에 있다.

◆ 환상 - 각 지역을 다스리는 악한 영들

그 쓰레기 더미 앞에 붉은 피부를 가진 남자 2명이 상반신은 벗은 채 바지만 입고 컴컴한 들판에서 내 앞에 서 있었다. 키가 얼마나 큰지 보통 사람보다 머리 하나는 더 컸다. 체격은 또 얼마나 건장한지 우락부락한 근육 위에 힘줄이 불쑥불쑥 드러나 있었다.

그들은 얼굴 바로 위에 늑대의 가죽 탈을 덮어쓰고 있었으며, 그 늑대 가죽이 머리 위부터 등까지 덮고 있었다. 마치 인디언이 짐승 가죽을 걸치고 모닥불을 돌면서 춤출 때 모습과 흡사했다. 그 둘은 무언가를 기다리는 듯했다. 나는 그들을 보며 가슴이 섬찟했다.

예수님은 그들이 이 지역을 다스리는 궁창의 악한 영들이라고 하셨다. 그리고 그들은 교회 목회자의 돈과 대접받은 음식, 물질 등의 거름 무더기가 그들이 자로 잰 크기까지 쌓이면 그 목회자를 파쇄할 수 있는 참소 거리가 완성되기 때문에 오직 그때만을 기다리고 있다고 하셨다. 그때가 되면 그 목회자의 교회, 건강, 가정, 자녀, 배우자, 명예, 심지어는 영성까지 다 공격하고 도적질할 수 있다고 하셨다. 나는 너무 무서웠다.

◆ 예언 - 거름 무더기와 지역을 다스리는 악한 영들을 가진
목회자에 대한 책망

제시카야! 너는 원수의 땅에 깃발을 꽂는 자라.

수십 년을 잃어버렸던 나의 목회자들의 영혼 밭에

내 깃발을 꽂을 것이다.

지금 이 교회 목사의 밭에는 거름 무더기가 쌓였구나.

마음을 흐리게 하는 재물들이 가시나무 장작 위에 많구나.

이는 여호와의 눈에 선하지 않은 것이라.

내 마음이 그것들을 가증히 여기노라.

보라! 사람이 주는 것을 다 받았으니,

그들의 의가 어디 있고 천국에 그들의 상이 어디 있느냐!

거름 무더기가 차면 원수가 가시나무 장작에 불을 지피리라.

좁은 문으로 들어가는 길은 찾는 이가 적다고

이미 말하지 아니하였느냐!

좁은 문으로 가는 길이 그리 쉬운 길인 줄 알았느냐!

내가 레위인의 기업이거늘 어찌하여 양들이 그 기업이 되었느뇨!

마음의 밭에 가증한 재물들이 쌓여 있으니

엘리의 아들들이 여기 있구나.

너는 그들에게 회개를 선포하여라.

그들이 굵은 베 옷을 입고 겸비하여

내 이름을 크게 부르짖으며 회개하면…

내가 그 닫힌 귀를 열어주리라.

그들이 진정한 회개의 눈물을 흘린 후에 그 닫힌 눈을 열어주리라.

나는 그들을 싸매고 고치는 여호와라.

너는 회개와 치료를 선포하여라.

◆ 환상 - 목사들이 통회 자복하고 회개한 후에

하늘에서 밝은 회색의 엄청나게 큰 바윗돌이 내려오고 있었다. 크고 둥그렇게 보이는 그 바위는 천천히 내려오더니 내 앞 1미터 정도에 사뿐히 내려앉았다. 그 바위가 무엇인지, 무엇을 뜻하는지 나는 모른다. 그런데 아침 묵상 중에 주님이 성경 말씀을 가르쳐주셨다.

그들을 보시며 이르시되 그러면 기록된 바 건축자들의 버린 돌이 모퉁이의 머릿돌이 되었느니라 함이 어찜이냐 무릇 이 돌 위에 떨어지는 자는 깨어지겠고 이 돌이 사람 위에 떨어지면 그를 가루로 만들어 흩으리라 하시니라 눅 20:17,18

074 예수님의 부탁

 예언

너 하나님의 사람아! 나의 찬송을 위하여 내가 선별한 자여.

내가 너의 눈물을 귀하게 보고, 내가 너의 중보를 듣노라.

울어라, 예루살렘의 딸이여!

그 넓은 대로를 죽을 끝이 있는 줄 모르고

멸망으로 달리는 그들을 위하여 기도하여라.

그렇다. 내가 긍휼히 여길 자를 긍휼히 여기고,

불쌍히 여길 자를 불쌍히 여기리라.

네가 또 하나의 원수의 땅에 내 깃발을 꽂기 전까지

나는 쉬지 않고 너를 지키며 생수를 공급하노라.

그 눈먼 자를 불쌍히 여겨라. 그들을 위해 통곡하고 부르짖어라.

내가 반드시 네게 크고 비밀한 일을 드러내고 보이리라.

너 여호와의 증인이요, 나의 인장 반지여.

나의 신부여, 나의 은총 속에 사는 자여.

내 신부는 항상 나와 보는 점이 동일해야 하느니라.

내 눈이 싫어하는 것을 너도 보지 말며

내 눈이 머물러 있는 것에 네 눈도 머물러 있어야 하느니라.

내 사랑, 극상품의 첫 열매 참 포도송이야.

네 눈물로 인하여 나의 진주 문이 열렸구나.

너의 깃발이 내가 정한 숫자에 이르는 날…

너에게 친히 세마포를 입혀주마.

너의 영이 졸지 않게 항상 깨어 있거라.

그리하여 네가 나팔 소리에 돌연 변화되어

썩어질 것이 썩어지지 아니할

영광의 영체로 변화되어 내 앞에 서리라.

내 사랑하는 신부, 엔게디의 포도화여.

나의 사랑을 잊지 말고, 네 심장에 새겨진 내 이름을 항상 기억하여라.

075 거짓 목회자들에게

 예언

보라! 때가 이미 와서 사람들은 내 교훈을 경히 여기고,

참 진리를 좇지 않고, 각자의 귀를 간지럽히는

가증한 소리에 눈이 먼 채 미혹되어 따라가는구나.

너희 미혹의 영을 가진 거짓 목자들이여,

평안하지 않은데 "평안하다"고 외치는 원수의 도구들아.

내가 너희를 심을 때는 참 포도로 심었건만

쓰디쓴 악한 들포도를 맺음은 어쩜이뇨!

나의 실망과 분노의 대접이 가득히 찰 그때,

너희는 돌연 영적 죽음의 재앙을 맞으리라.

너희 내 영을 덧입지 않고 강대상 앞에서

네 마음의 허망한 것을 선포하는 발람의 아들들아.

이 세대는 중간은 없다. 나의 영 아니면 원수의 영이니라.

한 종이 두 주인을 섬길 수 없게 내가 만들었거늘

이 강단에 하나님의 거룩이 선포되지 않고

눈에 안개와 같은 비늘이 싸여서

인간의 허망한 도덕의 지식과 썩어질 윤리의 지혜를

선포하는 너희 거짓 목자들이여.

이는 너도 미혹의 영에 미혹되어

취한 채로 넓은 길에 서서 멸망의 길로 빨리 달려가며

그 가증한 손을 뻗어 내 어리석은 백성까지

함께 데리고 들어가려 하는구나.

그 길은 내가 없는 길, 지옥의 길이다.

가르치는 자는 더 큰 심판을 받는다고 내가 이미 이르지 않았느뇨!

너희가 모른다고 하면 적게 맞았을 거니와

안다고 하니 네 지식과 같이 멸망하리라.

회개하라, 내 백성아. 너희 가는 길에서 회개하고 돌아오라.

076 소돔과 고모라가 멸망한 참 이유

 예언

사랑하는 나의 신부야!

그 속에 생명이 있어서 살아 숨 쉬는 자여!

내 밭의 첫 곡식, 나의 성물이여!

소돔과 고모라가 멸망한 것이 죄악 때문이라고 생각하지 마라.

의인이 10명조차 없어서 멸망을 자초한 것이니라.

너희는 내 눈동자요, 내 손바닥에 새긴 이름의 소유자다.

어떤 자는 심장에 혹은 손바닥에 이름을 새겼느니라.

허무한 데 굴복하지 말고, 향방 없이 달리지 말고 나를 경외해라.

너희 신부들의 수가 차기까지

내가 이 세상을 불태우지 않고 기다리고 있노라.

077 배우자와 화목하지 못한 목회자에게

🌹 예언

한 사모님은 결혼 후 몇십 년 동안 잘못된 배우자를 하나님께서 보내주셨다고 생각하며 살고 있었다. 여자 교인에게 눈길을 주는 남편 목사님과 살면서 자신의 간절한 기도에 하나님께서 응답하지 않으신다는 생각이 마음에 쓴 뿌리로 있었다. 그로 인해 습관적 기도 생활은 했지만, 강력한 기도의 응답이 따르는 믿음의 기도는 하지 못했다. 마귀에게 속고 살았다.

◆ 남편 목사님에게

눈물의 병이 말랐구나.

너무나 말라 바스러져서 진토가 되어 흩어지려고 하는구나.

◆ 사모님에게

네 눈물의 병이 이제야 밑바닥에 한 방울씩 차기 시작했다.

남편을 용서해라. 혼으로 하는 용서는 참 용서가 아니다.

영으로 하는 용서가 참 용서다.

이는 네 힘이나 능으로 절대 되지 않고,

오직 나의 영으로 말미암음이니라.

용서의 영을 간구하여라.

이는 네 기도가 막히지 않게 함이니라.

네 눈물의 병에 눈물방울 수가 차면 내가 네 기도에 응답하리라.

너는 금식하고 나에게 울부짖어라.

미움의 영이 네 속에 있으니 미움이 들락날락하느니라.

너는 미움의 영을 나의 피로 쫓아내어라.

나의 피에 무릎 꿇고 쫓겨나지 않는 악한 영은 없느니라.

너는 나의 피의 능력을 믿어라.

너는 남편을 판단하지 말아라.

네가 나의 종이듯 그도 또한 나의 종이지 않느냐!

남의 종을 판단하는 너는 또 누구뇨?

그의 허물을 네가 덮어야만 가정이 살아난단다.

그래야만 네 자녀가 내 백성의 옳은 길로 갈 수 있다.

이 두 가지가 붙어 있는, 짝이 있는 약속이니라.

자녀들을 위하여 남편의 허물을 덮어야 하느니라.

너는 남편의 금식 결단을 위해 작정 기도를 시작하여라.

그 기도가 씨가 되어서 내가 추수하길 원하노라.

네 남편이 내게 돌아오면 내가 그의 첫아들을 돌려주리라.

지금 세상 신으로 혼미해져서 반항하고 있는 첫아들 말이다.

이 두 가지가 붙어 있는, 짝이 있는 약속이니라.

너는 이제 지나간 일에 연연하지 마라.

계속 그렇게 하면 원수에게 틈을 내주게 된단다.

사자와 표범이 너와 네 남편 사이에 있어

둘 사이를 미움으로 갈라놓고 있구나.

이런 유는 오직 너희 둘이 한 영이 되어서

내게 회개하며 울부짖고 통회할 때만 쫓겨 나갈 수 있다.

네가 많은 일로 분주하나 마르다가 되어서는 안 된다.

많은 일을 다 하려 하지 말고, 그 시간에 네가 생각하기에

내가 가장 기뻐할 일을 선별하여 그 일만 하여라.

지금은 목회보다 너희 부부의 화목이 더욱 우선되어야 한다.

그렇지 않으면 혼으로 하는 목회밖에 되지 않는다.

영이 갇혀 있으면 딱 거기까지밖에 못하고

그 이상을 뛰어넘을 수가 없단다.

지금은 남편의 회개와 깨달음이 네 기도의 우선이 되게 해라.

나의 사랑하는 딸아! 나의 깃발이 꽂힌 나의 영토야.

이제부터 전쟁을 선포하고,

내가 네 옆에서 친히 동행할 것이다.

내가 졸지도 않고 너를 떠나지도 않을 것을

반드시 믿어야 할지니라.

그리하여 네 눈물의 병이 차서 남편이 돌아온 후에

아름다운 참 목회가 시작될 수 있고,

그제야 네가 나를 너의 주, 너의 여호와인 줄 알리라.

078 영원히 잊지 못할 혼인식 날

 영의 세계

아침에 자고 있는데 어디선가 노랫소리가 들렸다. 아… 나의 그
분이시다. 꿈결같이 달콤한 사랑의 노래…. 주님의 임재가 사라질까
두려워서 눈을 감고 누운 채로 그 아름다운 찬양을 듣는데, 눈물이
주르륵 뺨을 타고 흘렀다.

"나의 사랑, 나의 어여쁜 자여, 일어나 함께 가자. 겨울도 지나고
비도 그쳤고 지면에 꽃이 피고 새들이 노래할 때 비둘기 소리는 우리
위에 들리누나. 무화과 나뭇잎은 푸른 열매 익었고 포도나무꽃이 피
어 향기를 발하누나. 바위틈 낭떠러지 은밀한 곳에 숨어 있는 나의
사랑스러운 비둘기야. 나로 네 얼굴을 보게 하라. 너의 목소리는 부
드럽고 너의 얼굴은 아름답구나. 나의 사랑, 나의 어여쁜 자야, 일어
나 함께 가자."

너무나 보고 싶고 그리운 그분… 나의 예수님! 울면서 눈을 떠보니 친구 목사님이 16년 전 악보를 찾아서 자는 내 머리맡에서 노래를 불러주고 있었다. 정말 근사하신 나의 주님, 멋쟁이!

나는 아무런 힘도, 공로도 없는 연약한 믿음의 소유자인 것을 안다. 그런데도 오로지 하나님의 거룩하신 은혜와 긍휼로 말미암아 한평생 영의 세계에서 수많은 영적인 꿈과 환상, 천국과 천사들을 보고 경험했다. 그중에서 가장 잊히지 않고 영원히 기억 안에 조각처럼 새겨진, 내 인생을 바꾼 두 환상이 있다.

첫 번째는 내가 하나님을 만나고 얼마 되지 않은 26세 때, 두 천사와 함께 도피성 담 위에 앉아 계셨던 예수 그리스도를 얼굴과 얼굴로 확실히 만났던 장면이다. (50. 내 눈의 비늘 벗기시고 참조)

두 번째는 이후 33년의 광야 생활이 지난 후 잃었던 예수님과의 첫사랑을 회복하는 중인 오늘 본 예수님과의 결혼식 환상이다. 이 환상을 보고 느낀 이후로 주님을 향한 나의 사랑과 충성이 완전히 거듭나기 시작했다. 이날 이후로 예수님은 내 삶의 이유가 되셨고, 내 영적 신분이 바뀌었으며, 영적 세계의 출입도 변하기 시작했다. 나는 오늘을 영원히 잊지 못한다. 주 예수여, 어서 오시옵소서!

예배가 시작되기 전, 첫날 주님께서 명령하신 것이 기억나서 신발을 벗고 무릎을 꿇고 성전 바닥에 앉았다. 며칠 전 예배당에 들어설 때 주님은 "너의 신발을 벗으라"라고 하셨었다. 그리고 의자에 앉을 때 "너의 무릎을 꿇으라"라고 하셨었다. 비록 주님께서 이날은 그 말씀을 안 하셨지만, 나는 두려운 마음에 그렇게 하는 게 예의라고 생각했다.

임 목사님은 강대상이 있는 곳에서 전자 피아노를 치며 예배를 준비하고 있었다. 목사님의 좌우 뒤편으로 밝은 갈색 머리를 한 천사 2명이 양손을 앞으로 살포시 포개고 서 있는 것이 보였다. 천사는 키가 2.75미터 정도였고 커다랗고 하얀 날개를 가지고 있었다.

내가 임 목사님을 바라보고 있을 때, 그가 손짓하며 나를 불렀다. 아직 집회 전이라서 예배당에는 사람들이 별로 없었다. 그래서 강대상으로 올라갔더니 임 목사님이 "저를 위해 기도해 주세요"라고 했다. 나는 그 자리에서 그의 영성과 집회를 위해 기도했다.

기도 후 임 목사님이 예배 준비 찬양을 시작했다. 내가 강대상에서 내려오려 하는 순간에 그의 좌우편 천사의 날개가 움직이기 시작했다. 나는 왼쪽에 있는 천사와 눈이 마주쳤다.

그는 내게 미소를 띠고 고개를 까딱하며 말했다.

"안녕하세요, 신부님!"

내가 대답했다.

"안녕하세요, 천사님!"

처음으로 천사와 대화했다. 가슴이 두근거렸다.

'왜 저 천사는 나를 신부님이라고 부를까?'

너무나 생소하면서도 달콤한 호칭이었다.

나는 임 목사님을 보았다. 하늘에서 붉은 색깔을 띤 투명한 셀로판지 같은 붉은 피가 서 있는 목사님의 머리 위로부터 온몸으로 천천히 흘러내리고 있었다. 목사님의 온몸이 그 피로 흥건하게 적셔졌다. 그러나 그 피는 끈적거리지 않았고, 얇은 셀로판지 막 같았다.

교회 천장 쪽에는 1미터 정도 되는 목이 잘록한 항아리 주둥이가 아래쪽을 향해 비스듬히 세워져 있었다. 그 속에서 투명하게 반짝거리는 여러 크기의 다이아몬드 조각이 찬란한 빛을 뿜으면서, 피가 타고 내리는 임 목사님의 머리 위로 마치 기름을 붓듯이 쏟아지고 있었다. 끝없이 쏟아지는 다이아몬드가 목사님 주위에 수북이 쌓였다. 너무나 찬란한 빛을 발하면서 자꾸만 떨어졌다.

내 바로 뒤쪽으로 천사가 조금 물러서 있었다. 나는 깜짝 놀라서 천사에게 묵례했다. 고개를 들어보니, 예배당 뒤쪽에 짧은 금발 머리를 한 건장하고 잘생긴 천사 2명이 보였다. 키가 나보다 머리 하나는 더 컸다. 천사들은 무릎과 복숭아뼈 사이 정도 길이의 흰옷을 입고 있었으며, 마치 로마 군사들이 전쟁에서 사용한 듯한 납작하면서 긴 검의 날을 위로 향하게 한 채 양손으로 잡고 있었다. 한 천사는 예배당 왼쪽 뒤에, 다른 천사는 오른쪽 뒤에 서 있었다.

그때 주님께서 말씀하셨다.

"왼쪽 천사의 이름은 '화무'이며, 오른쪽 천사의 이름은 '신기'란다. 그들은 이 땅에서 원수의 영들로부터 나의 신부를 지키고 보호하라는 임무를 받고 내려온 천사다. 지금 여기 오지는 않았으나 그들에게는 보조 천사가 딸려 있으며, 그 이름은 '화비'와 '에조'이다."

그러나 나는 그 이름의 뜻을 전혀 알지 못했다.

강대상에서 앞쪽을 바라보는데 교회 앞 벽이 사라지면서 하늘이 보였다. 머나먼 하늘 중앙에 하나님께서 보좌에 좌정하고 계셨다. 보좌는 흰 구름에 둘러싸여서 보이지 않았고, 그 왼편 앞쪽에서 예수님이 우리를 바라보며 서 계셨다(하나님의 보좌 우편에 계신 예수님은 우리 쪽에서 보면 왼쪽에 계신다). 그분은 긴 흰옷을 입으셨고 팔짱을 끼고 왼손가락을 얼굴에 대고 미소를 띠며 우리를 바라보고 계셨다. 하지만 너무 멀리 계셔서 얼굴은 잘 보이지 않았다.

오른쪽 하늘에는 긴 막대기에 금으로 만들어진 커다란 종 3개가 달려 있었다. 종은 파스텔 계통의 빛깔을 내는 예쁜 꽃들과 긴 리본으로 아름답게 장식되어 있었다. 종마다 긴 줄이 늘어져 있었는데, 어려 보이는 듯한 천사들이 그 줄의 끝을 잡고 종 칠 준비를 하고 있었다. 그 주위에도 다른 어린 천사들이 많았는데, 다들 즐겁고 분주하게 웃으며 재잘거리고 있었다.

예수님이 또다시 내게 말씀하셨다.

"오늘 이 집회에서 구원받은 영혼 3명이 나올 것이다. 그 영혼이 새로 태어나는 순간에 각각의 천사가 이 종을 칠 것이고, 천국에서는 축제가 시작된단다."

그때 갑자기 강대상 왼편 구석에서 새까만 머리에 뾰족한 귀를 가졌으며 사람의 형상같이 생긴 마귀가 나타났다. 그러자 한 천사가 미끄러지듯이 마귀 앞에 섰고, 그 순간 칼을 휘두르는 것도 못 봤는데 마귀의 목이 댕강 잘려 바닥에 떨어졌다.

조금 있으니 예배당 뒤편 오른쪽 문으로 같은 형상의 두 마귀가 들어왔다. 그러자 이번에도 천사들이 미끄러지듯이 그 앞으로 가서 마귀들의 목을 잘랐다. 잘린 목에서 피는 흐르지 않았다.

문득 예배당 안에 사람들이 30-40명 남짓 앉아 있는 것이 보였다. 그런데 단 1명도 성한 사람이 없었다. 한쪽 눈에 가리개를 한 사람, 앞을 못 보는 사람, 말을 못 하는 사람, 앉은뱅이, 팔이나 다리에 깁스를 한 사람, 머리나 배에 붕대를 칭칭 감은 사람 등이 좀비처럼 표정 없는 환자의 모습으로 비스듬하게 기대거나 앉아 있었다. 다들 오랫동안 물과 음식을 구경하지 못해 굶주리고 목이 마른 상태였다. 옷도 걸레같이 더럽고 낡아서 마치 한국전쟁 당시 피난민들이 모여서 웅성거리는 병원 응급실을 연상케 했다. 그들이 너무나 불쌍하게 보였다(영의 세계에서는 어떤 광경을 봐도 설명이 필요하지 않다. 상대의 마음과 상태가 100퍼센트 전달된다).

한 집사님이 방송실에서 옆쪽을 바라보며 서 있는데, 뒤쪽 벽에 그의 그림자가 보였다(마치 벽 앞에 촛불을 켜고 손으로 여러 형상을 만들며 그림자놀이를 할 때처럼). 그림자의 크기는 집사님의 키와 똑같았다. 그런데 자세히 보니 그 까만 그림자가 벽에서 약간 떨어져 나와 있는데 짐승처럼 뾰족한 귀가 달려 있었다.

'아이고머니나!'

나는 너무나 놀랐다. 많은 것이 눈에 보여서 다리가 후들거리는 바람에 강대상에서 내려와 내 자리로 돌아와 앉았다. 이후 임 목사님과 김 목사님의 예배 준비 찬양이 시작되었다. 나는 마음을 가다듬고 진심을 담은 영의 찬양으로 주님을 기쁘시게 해드리고 싶었다. 이왕이면 많이 울어서 내 눈물 병도 채우고 싶었다. 신부들의 눈물은 보석 방울이 되어서 지혜로운 신부들의 등을 밝히는 기름이 된다.

찬양이 시작되자 두 목사님의 좌우편 천사의 날개가 움직이기 시작했다. 자리에 돌아온 나는 함께 소리 높여 찬양을 올렸다. 우리의 찬양 소리가 높이 올라가자, 큰 천사들이 커다란 날개를 활짝 펴는데 얼마나 큰지 천장에 닿을락 말락 했다. 두 날개가 각각 양쪽을 덮고 있는 그 안에서 두 목사님이 찬양 인도를 했다. 성도의 찬양 소리가 커지는 후렴을 부를 때는 천사들의 날개가 최대한으로 펼쳐졌다. 날개가 강대상 위 천장을 가득히 덮었다.

그 광경을 보면서 나는 놀라움 속에서 하나님의 거룩한 임재하심을 느끼며 많이 울며 찬양했다. 1시간 반 정도 주님의 임재를 간구하는 감사의 찬양을 한 것으로 기억된다. 그때 내 눈 바로 앞에 새로운 환상이 펼쳐졌다. 영적 세계에서 내 신분이 바뀌는 놀라운 환상이었는데, 내 생명이 붙어 있는 한 영원히 간직해야 할 장면이었다.

'오… 나의 예수님, 어서 오시옵소서. 마라나타!'

♦ 환상 - 신부복

나는 커다란 강당 같은 곳에 서 있었다. 눈부시게 하얗고 반짝거리는 한복을 입었는데 그 옷에는 여러 빛깔의 예쁜 보석이 붙어 있었다. 한복 치마 뒤에는 치렁치렁하게 긴 옷자락이 최소 5미터 정도 늘어져 있었다. 머리는 단정하게 쪽을 지었고, 옛날 한국의 여인들처럼 커다랗고 긴 비녀를 꽂고 있었다. 나는 꼭 20대처럼 젊고 예뻤다.

내 오른편에는 예수님이 미소를 띠고 서 계셨다. 눈부시게 하얗고 긴 세마포 옷을 입으시고, 그 위에 하얀 조끼 같은 겉옷을 입으셨는데 그 옷에는 아무 장식이 없었다. 그분은 나의 오른손을 잡고 자신의 팔 안으로 넣으며 팔짱을 끼셨다. 예수님이 아무 말 없이 미소만 띠며 내 눈을 바라보시는데, 나는 너무나 황홀해서 가슴이 얼마나 뛰는지 그분의 눈을 똑바로 쳐다볼 수 없었다.

내게 팔짱을 끼신 예수님은 마치 결혼식의 신랑 신부 입장처럼 천천히 앞쪽으로 걸어가셨다. 옆에는 어디서 나타났는지 흰옷을 입은 사람들과 천사들의 많은 무리가 서서 환호했다.

멀리 앞쪽에는 계단 7개가 있는데, 그 너비가 얼마나 긴지 양끝이 구름에 가려져 보이지 않았다. 예수님은 여섯째 계단에서 팔짱을 풀고 나를 바라보시며 내 이마에 입을 맞추고 포옹해 주셨다. 그리고 내 손을 잡고 일곱째 계단을 올라가시더니 내 어깨를 두 손으로 잡으시고는 나를 뒤에 있는 사람들과 천사들 쪽으로 아주 천천히 돌려 세우셨다.

그런데 돌아서는 순간, 내 모습이 바뀌어 있었다. 옷은 그 옛날 궁전에서 왕후가 될 신부가 결혼식에 입는 예복을 입고 있었고, 옷에는 여러 색깔의 수가 놓여 있으며 반짝거리는 아름다운 보석이 달려 있었다. 내 머리에는 중전마마의 머리 위에 올려지는 커다란 가체가 얹히었고, 그 사이사이에 예쁜 보석 핀이 꽂혀 있었다.

신기한 것은, 내가 내 모습을 마치 그림을 보듯이 보고 있는 거였다. 오른쪽으로 고개를 돌려 보니 나와 같은 왕후 예복을 입은 수많은 신부가 내 옆에 일렬로 끝도 없이 서 있었다. 그 수가 얼마나 많은지 끝이 보이지 않았다. 줄의 끝부분은 너무 멀었고 희고 짙은 구름에 가려 볼 수 없었다. 그들은 다 젊어 보였으며 얼굴을 계단 아래 흰옷 입은 무리 쪽으로 향하고 있었다. 머리에 가체를 얹거나 면류관을 쓴 신부도 있었다. 그런데 관의 보석 장식은 다 달랐다. 옷 모양은 다 같았지만, 옷에 놓여 있는 수의 그림과 보석도다 달랐다. 그때 예수님이 내게 말씀하셨다.

"신부의 반열과 계차는 모두 다르다. 나를 더욱 사랑하는 신부일수록 나와 가까운 쪽에 서게 될 것이다."

'아… 저는 생명을 바쳐서 사랑하는 임의 가장 가까운 쪽에 서서 영원을 사는 것이 가장 큰 소원입니다.'

눈을 뜨자, 나는 예배당에 서 있었고 사람들은 〈마라나타〉라는 찬양의 후렴을 부르고 있었다. 분명 예수님과 2시간 넘게 같이 있었는데 이 땅의 시간은 5분 정도밖에 지나지 않았다. 영의 세계의 시간대는 이 땅의 시간대와 다르다. 천 년이 하루 같고 하루가 천 년 같으신 주님께는 수천 년이 밤의 한 경점일 수 있다. 예배를 마치고 주위를 둘러보니 예배당 곳곳에는 목이 베어 죽은 마귀의 시체가 쓰레기 더미처럼 수북이 쌓여 있었다.

'할렐루야! 세상의 모든 영광 사라지나 우리 주님의 말씀은 영원하리. 세상 모든 나라 곧 사라지나 주님의 나라 영원하리. 모든 영광과 존귀와 능력과 힘과 지혜 주님께! 주님 앞에 서는 그날, 모든 눈물 닦아주시며 그 한량없는 영광 중에 주와 함께 다스리리. 마라

나타! 주여, 속히 오소서. 네, 그렇습니다. 내 심장에 예수 이름을 당신이 새기셨으니 속히 오소서!'

시편 45편은 신부의 장이다.

왕이 가까이하는 여인들 중에는 왕들의 딸이 있으며 왕후는 오빌의 금으로 꾸미고 왕의 오른쪽에 서도다 딸이여 듣고 보고 귀를 기울일지어다 네 백성과 네 아버지의 집을 잊어버릴지어다 그리하면 왕이 네 아름다움을 사모하실지라 그는 네 주인이시니 너는 그를 경배할지어다 시 45:9-11

079 나의 누이, 나의 신부여

 예언

나의 사랑, 나의 고귀한 자여. 일어나 함께 가자.

입었도다, 입었도다, 입었도다. 너는 내 신부복을 입었도다.

보좌 오른쪽, 그 반열 위에 수많은 신부와 함께 섰구나.

나를 사랑하는 마음의 크기에 따라 내 신부들이 섰구나.

엔게디의 포도와 극상품의 포도주야,

너의 향기는 그윽하고 네 목에 꿀처럼 흘러드는구나.

가체를 올린 자, 나의 신부야. 올렸구나, 올렸구나, 올렸구나.

내가 네게 보여주는 이유는 이 차고 넘치는 기쁨의 환희를

내 신부와 함께 나누고 싶어서다.

내가 어찌 나의 신부에게 숨기는 것이 있겠느냐.

너로 인해 내 가슴이 터질 것 같구나.

나를 웃게 만드는 너, 내 미소가 머무는 나의 신부야.

너는 어찌 그리 생명 강물의 강 표면처럼 잔잔한지

너를 보는 내 눈에 화평을 실어주는구나.

그 무거운 사슬을 어찌 풀고 내게 왔느냐.

나는 이 순간을 오매불망 애타게 손꼽아

기다렸노라, 기다렸노라, 기다렸노라.

나의 사랑하는 자, 나의 신부여!

심장에 내 이름이 새겨진 나의 어여쁜 신부야.

너는 내 안에, 나는 네 안에 있노라.

너는 내 속에서 나온 내 뼈 중의 참 뼈,

내 영 중의 참 영이라. 지극히 사랑받는 영이라.

내가 마지막 아담이니라.

너는 내 속에서 나왔으니 나는 너를 떼려야 뗄 수가 없단다.

내 눈에 아름다운 나의 신부, 나의 극상품 포도주야.

언젠가 내 사랑의 크기를 아는 날이 오리라.

나의 인장 반지여, 이스라엘의 기쁨이여!

네가 태 속에서 형성되기 전에 내 눈은 이미 너를 보았고,

내 입은 이미 너의 이름을 불렀노라.

흰 돌은 이미 너를 위해 준비되었고

그 위에 네 이름도 새겨져 있으니 내 마음이 족하구나.

너는 나의 신부라, 신부라, 신부라.

이제 사자도 떠나고 표범도 떠나고 너는 나와 함께 있구나.

내가 너를 불렀노라, 나의 사랑 나의 어여쁜 자여.

이제 일어나 함께 가자.

080 왕의 신부

 예언

바위틈 낭떠러지 은밀한 곳에 숨어 있는

나의 사랑, 나의 어여쁜 비둘기야!

너는 두려워하지 마라.

내가 너와 함께하여 영원토록 지키리라.

내 피가 덮인 나의 어여쁜 신부여!

이제는 네가 성숙한 믿음이 되어

가체 올린 내 신부가 되었구나.

그 모습이 내 눈에 얼마나 사랑스럽고 아름다운지….

나의 신부야! 너는 왕의 신부다.

두 번 다시 허망한 것에 굴복하지 마라.

너는 이제 모든 것을 다스리는

영의 세계의 법의 지혜를 배워야 한단다.

만약 지혜가 부족하다면 후히 주시고 꾸짖지 아니하시는

우리 아버지께 같이 구하자.

내 아버지도 내 신부를 흡족히 여기시고 미소를 지으시는구나.

너는 원래 내 아버지께서 내게 주신 비둘기라.

나는 단 하나의 신부도 잃어버리지 않는다.

내가 내 피 값을 주고 원수에게 잡혀 있는 너를 사 왔단다.

가체를 올린 나의 여인아!

나는 이제 네가 그 누구에게도, 그 무엇에게도

마음을 주는 것을 불허한다.

너는 나의 신부다. 나 외에는 참사랑이 없느니라.

너는 영의 귀를 열어라.

그리하여 영원히 너의 귀에 속삭이는

나의 사랑의 노래를 들을 줄 알아야 한다.

내가 이미 그 할례 받은 귀를 내 신부에게 열어주었으니

너는 믿기만 하면 되느니라.

온 낮과 온 밤에 세세토록 내 신부에게 부르는

나의 아름다운 노래를 너는 알아야 한다.

여자 중에 귀한 자야, 네가 어찌 그리 아름다운지!

내 품속의 비둘기, 나의 신부야!

나는 오늘 너의 금식을 기쁨으로 받았구나.

나를 간절히 찾는 자가 나를 만나고

나를 간절히 사랑하는 자가 내 사랑을 입으리라.

모든 것을 바쳐서 나를 찾아다오.

너에게는 그 어떤 것도 내가 숨긴 것이 없구나.

너는 나이기 때문이니라.

이제 나의 능력으로 덧입어 너의 장막 줄을 넓게 펴고

입을 넓게 열어라. 내가 채우리라.

잃어버린 영혼을 위해 간구하여라.

원수의 목전에서 내가 네게 상을 베풀리라.

내가 보낸 두 수호천사가 항상 너를 지킬 것이니라.

너는 어떤 사람을 만나든지 울부짖고 기도한 후에

그 사람 영의 원수의 밭에 깃발을 꽂기만 하면 된다.

우리 영의 영토를 되찾으며 침노하고 확장하거라.

그 모든 깃발이 그날 내 신부의

면류관의 보석 수가 되어 별과 같이 빛나리라.

나의 사랑하는 어여쁜 비둘기 같은 신부야!

오늘 밤, 내가 너에게 나의 임재를 보이리라.

예언

너는 본 것을 말하였도다.

너는 나의 증인, 나의 왕국의 택한 백성이라.

마귀에게 속지 마라. 그는 네 아비가 아니라 우리의 원수이니라.

보라. 저들이 너를 비웃으며 조롱거리로 삼아

너를 채 위에서 겨자씨 까불듯 흔들었도다.

그러나 너의 두 천사가 너의 기도로 인해 다 죽여 멸하였도다.

영안이 열려 눈에 비늘이 벗겨진 나의 신부야!

너는 본 것을 말하였으니 믿음에 굳게 서서 다시는 흔들리지 마라.

시간이 갈수록 안개가 걷혀

네가 더욱 정확하고 세밀하게 천국의 비밀을 볼 것이니라.

이제 시작이다. 그곳이 네가 속한 나라이니라.

알지 못하는 나라가 아니라 네가 정녕 불러야 하는 우리의 나라라.

너는 그곳의 공주요, 왕비요, 신부요, 백성이라.

네가 알지 못하는 나라를 네가 부르짖겠고

그 나라는 네게 반드시 달려가리라.

화무가 내게 말했다.

"신부님, 일어나세요."

에조도 내게 말했다.

"신부님, 힘을 내세요."

주님께서 내게 보내주신 두 천사의 이름은 '화무'와 '신기'다. 그 둘을 보조하는 천사의 이름은 '화비'와 '에조'다.

주께서 심지가 견고한 자를 평강에 평강으로 지키시리니 이는 그가 주를 의뢰함이니이다 너희는 여호와를 영원히 의뢰하라 주 여호와는 영원한 반석이심이로다 사 26:3,4

성령의 감동으로 적힌 성경은 반드시 성령의 감동으로 풀어야 한다. 그래야만 보화를 캐낼 수 있다.

082 부활한 철쭉꽃

 양떼의 발자취 - 간증

밸런타인데이라고 토니가 1미터 정도 되는 연분홍과 진분홍이 골고루 섞인 철쭉 화분을 선물했다. 다른 색깔을 가진 두 종류의 철쭉나무를 꽈배기 꼬듯이 꼬아서 키웠는데 두 가지 색이 잘 조화되어서 참 예뻤다. 이렇게 큰 화분을 선물 받기는 처음이었다. '선인장도 죽이는 기적의 손'이라고 미셸에게 놀림을 받는 나는, 그 크고 예쁜 화

분을 햇빛이 잘 드는 부엌 테이블에 두었다. 혹시 뿌리가 썩을까 봐 물도 꼭 한 컵씩 정해진 양만 주었다.

이후 나는 유타주 솔트레이크시티에서 열린 이 목사님의 영성 부흥 집회에 참석을 약속한 터라 토니랑 다녀오기로 했다. 토요일 아침, 우리는 부랴부랴 짐을 챙겨서 차로 6시간이 걸리는 장거리 여행을 떠났다. 고속도로를 4시간쯤 달려서 목적지까지 반쯤 왔나 싶을 무렵, 문득 집 부엌 창가에 두고 온 철쭉 화분이 생각났다.

'아이고머나! 아무도 물을 안 줄 텐데 어쩌면 좋지?'

볕이 잘 드는 데라서 물을 주지 않은 채 시간이 지나면 틀림없이 집에 돌아올 때쯤 꽃이 시들어서 죽어버릴 것 같았다. 카드 영수증을 보니 토니가 거금을 지급하고 사 온 화분이었다. 속이 상했다.

5일 만에 집회가 끝나고 한밤중에 집에 돌아왔다. 대문을 열고 들어가는 순간, 제일 먼저 눈길이 머문 곳은 철쭉꽃 화분이었다. 역시 예상이 맞았다. 5일 내내 양지에 둔 탓인지 꽃잎은 완전히 말라비틀어져서 까맣게 되어 있었다. 화분을 들었더니 이파리가 가을바람에 나뭇잎 떨어지듯 우수수 떨어졌다. 화분에게 너무 미안한 마음이 들었다. 쓰레기통에 버리기 전에 주님께 기도했다.

"주님! 이렇게 예쁘게 만드신 꽃을 죽여서 너무 죄송해요."

바깥마당으로 버리러 나가는데 말라 죽은 이파리들이 방바닥에 우수수 떨어지며 깔렸다. 나는 쓰레기통을 쳐다보면서 마당의 잔디 위에 화분을 두고 물을 주면서 기도했다.

"예수님, 꽃들은 다 죽었으니 나무라도 살려주시면 안 될까요?"

소용이 없다는 것을 알면서도 밤중에 물을 듬뿍 주고 들어왔다. 그리고 너무 피곤해서 금세 잠들었다.

다음 날 아침, 완전히 죽었던 철쭉꽃이 거짓말처럼 다시 싱싱하게 살아났다! 예수님이셨다. 그분은 살아계시며 내 마음을 읽으시고 내 기도에 응답하신다. 참 이상하다. 이제는 어떤 기도든지 하나님의 뜻대로 기도하기만 하면, 그것이 예수님과 나, 곧 우리의 기도가 된다는 믿음이 생겼다. 그리고 하늘 문이 열려 우리의 기도가 하나님께 열납되어 반드시 응답된다는 놀라운 확신이 들었다. 내 속의 무언가가 바뀌었다. 그게 무언지 알 수 없지만….

083 무수리에서 중전으로?

 영의 세계

아침 꿈결에 내 침실로 화비와 에조가 찾아온 게 느껴졌다.

"신부님, 안녕하세요?"

소리를 듣고 일어나려는데 장거리 여행 후유증에 눈이 떠지지 않았다. 갑자기 다른 소리도 들렸다.

"신부님, 일어나세요. 제 이름은 '애모'예요."

'아이고머니나! 이 목소리는 전에 나랑 토니가 자는 침실에 찾아와서 이불을 확 뺏고는 더러운 이불을 덮고 잔다고 나무라면서 우리

를 침대에서 쫓아낸 할머니 천사의 음성인데?'

그런데 할머니 천사의 목소리와 태도가 너무나 돌변해 있었다.

'내가 신분 상승이라도 했나? 무수리에서 중전으로? 하하하….'

졸린 얼굴로 골방에 들어오자마자 주님께서 말씀을 주셨다. 다들 내가 잠에서 깨기만을 기다린 모양이었다.

"너는 영을 읽어내는 법을 배워야 한단다. 사람 속에 있는 영을 읽어내야 하지. 독심술은 마음을 읽는 법이고 세상 사람들도 할 수 있지만, 영의 사람은 영을 읽는 법을 알아야 한단다. 눈은 몸의 등불이다. 사람의 영이 상대의 마음의 눈으로 들어가서 사람 속에 있는 영에게 자신의 영을 물처럼 비추면 비춰진단다."

물에 비치면 얼굴이 서로 같은 것같이 사람의 마음도 서로 비치느니라 잠 27:19

"그 비춰지는 것을 읽는다기보다는 사진처럼 한눈에 보면 네가 그 사람의 영 안에 무엇이 들어 있는지 알게 되는 것이란다. 이는 보혈을 의지한 눈물의 회개로 씻은 깨끗한 영과 많은 기도의 영역이 쌓이면 가능하단다. 금식이나 회개를 하지 않고 예언을 찾아오는 사람들도 있기에 더러운 영으로 왔을 때도 네가 그 사람의 영혼을 볼 줄을 알아야 한다. 사랑하는 신부야, 너는 거룩한 것을 돼지에게 던지면 안 된단다."

나는 회개하지 않고 더러운 세상의 영으로 내게 다가오는 자들이 두려워졌다.

"주님, 저를 도와주세요."

주님께서 말씀하셨다.

"너는 먼저 사물을 살피고 보는 눈을 길러야 한단다. 모든 살아 있는 피조물은 말하고 소통한다. 네가 이것을 모르는 이유는 사람의 영의 귀가 할례를 받지 못한 상태로 닫혀 있어서 들을 수 없기 때문이다. 내가 아담에게 정복하고 다스리라고 축복한 것은 모든 피조물을 정복하고 다스림을 의미한단다. 꽃, 나무, 화초, 벌레, 새, 동물 등 하나님께서 만드신 생명이 깃든 만물은 교신이 가능하지. 모든 피조물은 다시 오실 나 예수 그리스도를 기다리며 고대한단다. 만물의 피곤함을 사람이 어찌 말로 다 표현할 수 있으랴.

너는 여기서부터 자연과 대화를 시작하면 된다. 생물을 무심히 보지 말고 창조주 하나님께 진정한 감사와 찬양을 올린 후에 마음을 비우고 그들을 관찰하듯 찬찬히 보거라. 그분이 지으신 만물을 사랑하는 마음으로 보거라. 아담이 에덴동산의 모든 정원을 다스렸느니라. 다스렸다는 말은 모든 피조물에게 명령하고, 그것들과 교신할 수 있었다는 뜻이다.

나이아가라 폭포도 말한단다. 울부짖으며 떨어지는 그 물소리 속에 창조주 하나님을 경배하고 찬양하는 음악이 있느니라. 인간이 아닌 모든 피조물은 하나님을 두려워하고 경외할 줄 아느니라. 오직 인간의 영에게만 자유 의지로 그것을 선택할 권리를 주었단다. 내가 이미 너에게 지혜와 계시의 영을 물 붓듯 부어주었으니 나의 신부는 할 수 있단다. 나를 믿고 따라오너라. 내가 가르쳐줄 것이다.

나의 사랑하는 신부야! 오늘부터 모든 자연을 잘 관찰하여라. 창조주를 향한 뜨거운 감사와 두렵고 떨리는 마음의 경배와 거룩함을 사모하는 찬양의 마음으로 자연을 바라보거라. 전능하신 하나님께서 만드신 생명이 있는 모든 피조물은 말하고 있단다. 작은 씨앗이라도 말이다."

아멘. 주 예수여, 어서 오시옵소서. 마라나타!

084 목회자의 세 가지 다른 설교

 예언

나의 사랑, 나의 어여쁜 자야!
양을 먹이는 목회자는 많지만, 그들은 세 종류의 설교를 한다.

첫째는 육신의 설교다.
자신은 성경대로 살지 않으나
남에게는 성경대로 살라고 가르치는 목자들이 하는 설교다.
세상 목사들의 태반이 넘게 이런 설교를 한다.
둘째는 혼의 설교다.
자신은 성경대로 살지 않으나 마음은 성령으로 깨달아서

그 깨달은 마음으로 가르치는 목자들이 하는 설교다.

그런 목자는 행함이 없는 죽은 믿음을 갖고 있으니

그 말씀은 행함이 없는 죽은 믿음의 신자에게는

옳다 함을 받느니라.

그러나 말씀이 선포될 때 아무런 능력이 나가지 않는다.

이 정도의 목사도 아주 간혹 있단다.

셋째는 영의 설교다.

목자가 성경대로 살고 있을 때,

그의 영도 성령으로 깨달아서

그 깨달은 영으로 하는 설교다.

그런 목자는 행함이 있는 살아 있는 믿음을 갖고 있어서

그 말씀은 영을 소생시키는 능력의 힘이 나가느니라.

에스겔서의 마른 뼈가 살아나는 역사를

일으킬 수 있는 자들이다.

이는 사람의 힘으로는 불가하고

내가 택한 나의 종이라야만 가능하다.

목사 850명 중에 겨우 1명 있을 정도다.

갈멜산의 엘리야가 바알과 아세라의 종 몇 명과

불의 대결을 벌였는지 잘 보거라.

구약은 장차 올 신약의 그림자란다.

나는 어제나 오늘이나 영원토록

동일하다는 것을 기억하거라.

세상의 사역자들이 가르치는 말씀의 본질이

내가 내 백성에게 주고자 하는 것과 너무나 다르구나.

그들이 힘써 자기 의를 좇고자 하여

향방 없이 혼자만 달음질하는 것이 아니냐.

자신이 먹이는 양떼까지 같이 데리고 달음박질하니

저만 죽음의 계곡으로 달려가지 않고,

내 양떼까지 죽음의 계곡으로 몰아가는구나.

양떼를 가르치는 자는 조심할진저 혀의 권세를 남용하지 마라.

나는 절대로 이를 죄 없다 하지 않으리라.

085 예수님의 데이트 신청

 예언

화무와 에조가 네 곁에 있단다.

내가 나의 종의 형상을 택해서라도

너를 만나러 그 머나먼 생명과 죽음의 구렁을 가로질러

내 신부를 보러 가지 않았니!

너는 결코 너를 향한 나의 사랑을 의심해서는 안 된다.

나이아가라 폭포에서 나는 내 신부와 담소하길 기다린다.

086 믿는 자와 믿지 않는 자의 죄의 다른 점

🌹 예언

믿지 않는 자들의 죄 중에 가장 큰 죄는,

하나님을 자신의 창조주로 모르는 죄다.

그들은 나를 영접하지도, 성령님을 모시지도 않는

짐승의 길을 선택하느니라.

믿는 자들의 죄 중에 가장 큰 죄는,

하나님의 사랑을 의심하는 죄다.

그들은 나의 십자가 죽음의 값진 사랑을 허무하게 만든다.

087 예수님 말고는 다 있는 교회

🌹 양떼의 발자취 - 간증

총회 일을 하다 보니 주일마다 여러 다른 교회를 방문해야 한다.
어느 주일 아침, 내가 주님께 말씀드렸다.

"예수님, 주일에 제가 가야 하는 그 교회에는 예배의 감격이 없어요.
하지만 그 교단에서 녹봉을 받으니, 오늘은 그곳으로 가야 해요."

그러자 주님께서 말씀하셨다.

"그 교회에는 나 말고는 다 있단다."

나는 웃다가 슬퍼졌다.

"예수님, 제가 주님의 심정을 조금이라도 알아드리면 안 될까요? 비록 무지한 고깃덩어리 같지만 제 어깨에 조금만 기대주세요."

나는 눈물이 났다.

088 신부의 절개

 예언

나는 내 신부를 절대 버리지 않는다.

너는 나의 사랑을 절대 의심하지 말거라.

내 생명을 너에게 주지 않았느냐.

네가 복 중에 만들어지기 전부터 나는 네 이름을 불렀느니라.

어미 닭이 어찌 자기 알 품음을 잊겠으며

젖먹이의 어미가 어찌 자기 자식을 한순간이라도 잊겠느냐.

의심은 원수의 영이니 너는 그 여우를 말씀의 검으로 베어버려라.

나의 사랑, 나의 신부, 나의 어여쁜 자여!

나는 이미 너의 눈물을 보았고, 받았고, 흠향했노라.

강하고 담대해라.

여호와의 사랑은 사람의 행위에 좌우되지 않느니라.

만약 그랬다면 이 지구는 이미 존재하지도 않았을 것이다.

누가 그 마음에 모사의 영이 있어서 주를 가르치며

누가 그 마음에 참사랑이 있어서 주를 감동케 하겠느냐!

너를 향한 나의 사랑은 조건이 없단다.

엔게디 계곡에 청초히 피어 있는 고벨화 같은 나의 신부야!

나에게는 그 고벨화의 향기가 너의 향기로다.

내 사랑이 네게 진하나 너는 감사와 경배가 부족하구나.

잊지 말거라, 나의 신부야! 너는 나의 눈동자 안에 담겨 있느니라.

나의 신실함으로 너를 지키고

나의 불변성으로 너를 사랑하고 귀히 여기노라.

내 신부는 좀 더 담대하여라.

내가 너와 함께하며 네 속에 있기 때문이란다.

오늘 밤도 내가 너에게 보이리라.

너의 심장에 새겨진 나의 이름을 영원히 기억하여라.

마음을 정결케 하고 신부의 절개를 세상으로부터 지켜다오.

내가 속히 오리니 네 상이 이미 약속되어 있느니라.

너는 더 큰 영광을 사모해라. 천국은 침노하는 자의 것이란다.

힘쓰고 애쓰는 자만이 영토를 넓히는 곳이다.

네 희생의 땀, 회개의 눈물, 생명을 바친 피.

그 보화로써 네 천국의 영토가 확장되느니라.

불타 없어질 허무한 것으로 네 집을 짓지 말고,

불타 없어지지 않는 것으로 네 집을 짓거라.

원수가 던지는 바스러질 창에 놀라거나 흔들리지 말고

네가 가진 것을 굳게 잡아 놓치지 말아라.

결단코, 결단코, 결단코

나의 신부를 향한 나의 사랑을 의심치 말아다오.

그것이 네가 굳게 잡아야 하는 푯대니라.

그 푯대가 너를 천국인 우리의 나라로 인도해 주리라.

지금 네 눈에는 보이지 않으나

화무와 에조가 우리의 잠근 동산을 지키고 있느니라.

그것을 기뻐하고 그 시간을 즐거운 마음으로 사랑하여라.

나한테 기쁜 것이면 내 신부에게도 기쁘고

나한테 슬픈 것이면 내 신부에게도 슬프길 원하노라.

너는 나로라, 너는 나로라, 너는 나로라. 이 진리를 잊지 말거라.

089 판단과 잣대

 예언

세상 것의 판단과 잣대는 세상의 눈으로 하고

영적인 것의 판단과 잣대는 영적인 눈으로 한다.

그러나 하나님의 사람은 결코 사람을 판단하면 안 된다.

그래야만 아무도 너를 판단하지 않기 때문이란다.

🌿 잠근 동산의 대화

    목사님이 골프를 너무 자주 치러 가는 것을 염려해 기도를 부탁한 장로님이 있었다. 그다음 날 아침 묵상 기도 중에 예수님의 음성이 들렸다.

예수님   너와 나의 사랑을 나누는 이 귀한 시간에 그자의 골프 취미를 운운할 필요가 없느니라. 이는 요나가 박넝쿨을 사랑하는 것이니라.

제시카   그 박넝쿨은 주님께서 주셨잖아요.

예수님   그렇다. 그러나 나는 요나가 성안의 내 백성과 함께 있길 원하였지, 그가 성 밖의 박넝쿨 그늘 밑에서 혼자서 기뻐하길 원한 건 아니었단다. 다시 말하건대, 나는 내 종들이 교회 안에서 내 양무리와 늘 함께 있길 원하지, 내 종들이 교회 밖에서 취미 생활하며 혼자 쾌락의 그늘에서 기뻐하길 원하지 않는단다.

제시카   (나는 생각했다 아… 우리가 또 주님의 속내를 알아드리지 못했구나)

예수님   (주님은 곧 우울해하는 내 마음을 읽으시고 말씀하셨다)
골프가 우리에게는 가치가 없는 일이니 말할 필요가 없단

다. 저가 무엇으로 심든지 심은 것을 내 나라에서 그대로 거두리라.

091 천국의 학교

 영의 세계

나는 천국에서 2층에 있는 아주 큰 교실에서 20-30명 남짓의 학생들과 수업을 진지하게 듣고 있었다. 긴 책상이 여러 줄 정렬되어 있었고 학생들은 모두 의자에 앉아 있었다. 그중 내가 아는 얼굴은 아무도 없었다.

교실 앞 칠판 쪽에는 단정한 짙은 금발 단발머리에 흰옷을 입은 여자 형상을 한 교사 천사 2명이 서 있었다. 같은 머리 모양과 차림을 한 보조 천사 2명은 교실 뒤에 서 있었다. 보조 천사들은 교실을 바쁘게 들락거리며 수업을 효과적으로 만들기 위해 앞에서 가르치는 교사 천사들의 심부름을 해주고 있었다. 상냥하면서 아주 똑똑하게 생긴 담임 천사가 손뼉을 탁탁 치면서 학생들에게 말했다.

"자… 여러분이 그동안 배웠던 것을 이제 세상에 나가서 실습해 봐야겠지요. 교실 문을 나서기 전에 보조 천사들이 크고 흰 도화지를 2장씩 나누어 줄 테니 다들 잘 그려오길 바랍니다. 이것이 우리가 다음에 만나기 전까지 숙제입니다. 최선을 다하길 바랍니다."

설명이 끝나자마자 교실 안에 있던 학생들은 2,3명씩 짝을 지어 과제물을 받아 들고 떠들면서 나가기 시작했다. 나는 생각했다.

'내가 무엇을 배웠지? 아무것도 생각나지 않는데 어떻게 숙제를 하지?'

걱정이 엄습했다. 나는 학생들이 서 있는 줄의 제일 끝에 서서 마지막으로 흰 도화지를 받았다. 가로 50센티미터, 세로 70센티미터쯤 되는 직사각형 도화지에는 까만 선으로 어떤 그림이 그려져 있었다. 나는 그 그림을 이해할 수가 없었다. 어찌 되었든 이미 그림의 선이 있으니, 아이들용 컬러링 북처럼 색깔만 입히면 된다고 생각하자 마음이 좀 편해졌다.

'이왕 숙제로 그리는 거니 대충 하지 말고 예쁘게 색칠해서 좋은 점수를 받고 싶다.'

이런 생각에 나는 도화지 2장을 손에 들고 교실 앞으로 돌아가서 담임 천사에게 물었다.

"이 그림을 크레용, 파스텔, 물감 등의 여러 재료 중에 무엇으로 칠하면 선명하고 예쁘게 잘 칠할 수 있을까요? 재료를 알려주시면 제가 나가서 그것부터 먼저 사겠습니다."

담임 천사가 말했다.

"신부님, 당신은 재료를 사지 않아도 됩니다. 주님께서 당신에게 주라고 하신 재료가 이미 준비되어 있습니다."

그러면서 그는 한 보조 천사에게 그 재료를 가져오라고 심부름을 보냈다. 조금 기다리자 보조 천사가 칠판에 그리는 여러 색깔의 마킹펜을 낱개로 가져오더니 담임 천사에게 건네주었다. 나는 두 손을 펴고 그것을 소중하게 싸서 안듯이 받았다. 내가 이 그림 숙제를 할 것을 예수님이 이미 알고 계셨다고 생각하니 왠지 선명하고 아름답게 잘 칠할 수 있을 것 같은 자신감이 생겼다. 그리고 교실에서 나가 아래층 주차장으로 나왔다.

주차장에는 내 차만 덩그러니 남아 있었다. 차를 발견한 순간, 나는 그 차가 내 것이라는 것을 저절로 알았다. 깨끗한 2인승 흰색 트럭인데 아직 아무도 타지 않은 새 차였다. 그 트럭은 쓰레기를 치우고 청소하는 목적으로 만들어진 차로, 아주 작고 귀엽게 생겼으며 차 번호판에 내 이름까지 적혀 있었다. 내 이름을 보니 차에 친근감이 들었다. 나는 열쇠로 트럭 문을 열고 그 안으로 들어갔다. 그 열쇠는 이 세상에서 나만 가지고 있는 열쇠라는 것이 알아졌다.

나는 가야 할 곳을 알지 못하면서도 우선 안전띠를 매고 차에 시동을 걸었다. 새 차처럼 아주 조용하고 기분 좋게 차가 움직였다. 내 차는 학교 주차장을 나와서 길거리로 진입했다. 그런데 갑자기 달리는 트럭 바퀴들이 커지기 시작했다. 마치 마술처럼 네 바퀴가 쑥쑥 커지면서 트럭이 위로 올라가기 시작했다.

달리는 네 바퀴들은 땅에 닿아 있는데도 커지는 속도가 얼마나 빠른지 너무 어지러워서 눈이 핑핑 돌 지경이었다. 빠르게 위로 올라가는 트럭 안에서 내려다보니, 조금 전 내 옆에서 달리던 다른 차들이 멀리 아래에 조그만 장난감 크기로 보였다. 주변 집들까지 성냥갑처럼 보이며 점점 멀어졌다. 걸어 다니는 사람들도 마치 개미들처럼 보였다. 그러다가 결국 트럭이 드문드문 떠 있는 구름 위로 올라가 쌩쌩 달리게 되었다. 점점 커지는 네 바퀴는 저 아래 땅의 길 위에서 다른 차들 사이를 아슬아슬하게 지나고 있었다.

밑을 내려다보니 지면에서 너무 멀리 떨어져서 눈이 어지럽고 속이 메스꺼웠다. 급기야 무섭기 시작했다. 이러다가 내가 탄 트럭의 바퀴가 다른 차나 건물을 박아서 사고라도 나서 이렇게 높은 공중에서 떨어진다면, 나는 완전히 콩가루처럼 박살 나서 도저히 살 수 없을 거라는 공포감이 나를 휘감았다. 가슴이 쿵쿵거리고 너무 두려워서 울음이 터져 나왔다. 나는 외쳤다.

"아이고… 주님, 저를 좀 살려주세요. 땅으로 내려주세요. 이 차에서 나가게 해주세요. 사람 살려요! 예수님, 어디 계세요?"

나는 쌩쌩 달리는 쓰레기 청소차 안에서 까마득한 아래를 내려다보며 두 손으로 운전대를 꽉 잡고 울면서 고함을 쳤다. 그러자 머나먼 하늘 위쪽에서 커다란 음성이 들렸다. 그 소리에 기뻐서 외쳤다.

"아이고… 살았다… 주님이시다!!!"

주님의 큰 음성이 들렸다.

"무서워하지 마라. 나를 믿고 그냥 날면 된다."

"네? 날아요?"

그 말씀을 듣는 순간, 나는 번쩍 눈을 떴다.

눈을 뜨니, 침대 위였다. 얼마나 무섭고 놀랐던지 양손으로 이불을 꽉 움켜쥐고 얼굴은 눈물범벅이고 온몸이 땀에 젖어 있었다.

'주님, 저보고 날라고요? 제가 어떻게요? 날기는 고사하고 운전대

를 잡고 있기도 힘들었는데… 주님, 저를 과대평가하고 계세요.'

그날 종일 우울했다. 주님을 기쁘시게 해드리고 싶은 게 내 진심인데… 나는 왜 이 모양, 이 꼴인지… 울고만 싶었다.

092 악한 영을 내쫓음의 시작

 양떼의 발자취 - 간증

안젤라는 32세로 은행에 다니는 예쁘고 참한 여성이다. 나중에 주위 사람들에게서 듣고 알게 된 사건의 내용은 대충 이러했다.

어느 날 안젤라는 한 친지로부터 심한 모욕을 당했다. 그 후로 크리스천이 된 그녀는 그를 용서하고 싶었으나 아무리 노력해도 상처로 이미 닫힌 마음이 잘 열리지 않았다. 머리로는 다 용서한 것 같았으나 문득 마음 깊은 곳에 분노의 감정이 그녀를 사로잡았다. 그러다가 어머니가 암 선고를 받고 수술을 하게 되자, 안젤라는 평소 어머니에게 막말을 하던 그 친지가 생각나면서, 어머니의 암이 그 스트레스로 인한 결과라고 믿게 되었다.

이후 안젤라는 수시로 그 친지가 생각났고, 호흡장애와 반신 마비 증세가 나타났다. 그로 인해 몇 차례 병원 응급실로 실려가기도 했다. 이후 전문적인 상담도 받았지만, 증세가 호전되지 않자 그녀의 아버지가 수소문해서 어느 저녁에 나를 찾아온 거였다.

예수님이 말씀하셨다.

'사랑하는 나의 딸아, 너의 문제는 용서하고 용서를 못 하는 문제가 아니란다. 그것은 겉으로 드러난 문제일 뿐이다. 너의 그 중세는 마음 깊은 곳의 순종과 불순종의 문제란다. 내가 말하길, 너희는 이렇게 기도하라. 우리가 우리에게 죄지은 자를 용서하듯이 우리의 죄를 용서하여 주옵시며… 라고 하지 않았느냐? 다른 사람을 용서하는 마음은 너의 선택이 아닌 나의 명령이란다. 너는 나를 입으로 주인님이라고 부르면서 어찌 용서하라는 명령에는 순종하지 않느냐? 그 불순종의 영을 내 이름과 내 피로 쫓아내거라.'

나는 생각했다.

'아이고, 주님… 저는 축사를 해본 적이 없어요. 무서워요!'

그러자 예수님이 말씀하셨다.

'안젤라의 목과 가슴 사이에 네 손을 얹고 나의 보혈의 능력과 내 이름의 권세를 선포해라. 믿는 자들에게는 이런 표적이 따르리니 곧 저희가 내 이름으로 귀신을 쫓아내며 새 방언을 말하며 뱀을 집으며 무슨 독을 마실지라도 해를 받지 아니하며 병든 사람에게 손을 얹은 즉 나으리라.'

나는 덜덜 떨면서 안젤라에게 말했다.

"주님께서 당신 속에 악한 영이 있다고 하시는데, 축사를 받으시겠어요? 거절해도 괜찮습니다. 만일 원하신다면 지금부터 주님께 회개 기도를 하세요. 옷을 찢는 기도가 아니고 정말로 마음을 찢는 진실한 회개 기도로 우리 같이 주님께 매달립시다."

내 평생 처음으로 예수님과 나, 둘만 하는 축사가 시작되었다. 나는 방언으로 외치는 기도를 했고 안젤라는 눈물과 콧물로 범벅이 되어 주님을 찾으며 외치는 회개 기도를 하다가 마침내 방언이 터졌다. 내가 물었다.

　"더럽고 악한 귀신아, 나는 너의 정체를 안다. 예수의 이름으로 묻노니 네 이름이 무엇이냐?"

　귀신은 자기 정체가 드러나는 것을 가장 싫어한다고 들었다. 안젤라 속의 악령이 대답했다.

　"내 이름은 '미움'이다."

　내가 다시 물었다.

　"네가 언제 안젤라에게 들어갔느냐?"

　악령이 대답했다.

　"안젤라가 17세에 작은 실수를 했다. 그때 친척인 그 여자가 '너 같은 돌대가리가 고등학교를 졸업한 것은 기적이다'라고 야단을 쳤을 때 안젤라의 마음속에 상처가 났다. 나는 그 상처를 타고 마음에 들어가서 둥지를 틀었다."

　나는 그 말을 들은 즉시 두렵고 떨리는 마음으로 안젤라의 목과 가슴 사이에 손을 얹고 주님의 말씀에 순종하는 믿음으로 외쳤다.

　"너, 더럽고 추악한 미움의 귀신아! 이 시간 너는 예수의 보혈로 묶임을 받고 무저갱으로 들어가라!"

　세 번을 큰 소리로 외쳤다. 그러자 악령이 외쳤다.

　"내게 그냥 나가라고 하지 마라. 나를 쫓아내려면 내가 갈 곳을 정해다오…!"

나는 가슴이 쿵쾅거리고 손과 다리가 후들후들 떨렸지만, 다시 외쳤다.

"우리 주 나사렛 예수 그리스도 이름의 권세로 명한다. 너 더럽고 추악한 미움의 귀신아, 이 시간 너는 예수 보혈로 묶임을 받고 태평양 바다로 나가라!"

갑자기 안젤라가 방언을 멈추고 "휴우…" 하고 큰 숨을 내쉬더니 그 자리에 힘없이 고꾸라졌다.

'아이고… 하나님. 나갔네! 나갔다!'

내가 울기 시작하자 안젤라도 펑펑 울었다. 우리는 부둥켜안고 한참 울었다. 왜 우는지는 나도 몰랐다. 그저 예수 이름의 권세가 너무나 놀랍고 신비하다는 생각이 들었다.

'그렇습니다, 주님. 당신은 살아계시며 어제나 오늘이나 영원토록 동일하신 분이십니다. 2천 년 전에 거라사 지방에서 역사하신 예수님이 이 시간 당신의 자녀들 속에서도 역사하십니다.'

한참을 울던 안젤라는 눈물 콧물을 닦으면서 말했다.

"목사님, 마치 제 배의 한 중앙에 커다란 구멍이 하나 뻥 뚫린 느낌이에요. 그 구멍으로 아주 차갑고 시원한 바람이 불면서 지나가는 듯해요. 이것 보세요. 마비되었던 어깨와 손이 움직여요."

그녀는 내 앞에서 한쪽 어깨와 손을 마구 돌렸다. 우리 둘은 거룩하신 하나님께 찬양과 감사의 기도를 올려드렸다. 우리 입술로 수송아지를 대신하여 드렸다. 3시간 정도의 축사가 끝나고, 그녀는 처음 우리 집에 왔을 때와 완전히 다른 얼굴이 되어 집으로 돌아갔다.

귀신들이 예수께 간구하여 이르되 만일 우리를 쫓아내시려면 돼지 떼
에 들여보내 주소서 하니 그들에게 가라 하시니 귀신들이 나와서 돼
지에게로 들어가는지라 온 떼가 비탈로 내리달아 바다에 들어가서
물에서 몰사하거늘 치던 자들이 달아나 시내에 들어가 이 모든 일과
귀신 들린 자의 일을 고하니 온 시내가 예수를 만나려고 나가서 보고
그 지방에서 떠나시기를 간구하더라 마 8:31-34

093 거저 받았으니 거저 주라

 예언

내가 온몸에 힘이 다 빠져서 멍하니 앉아 있는데 예수님이 말씀하
셨다.

사랑하는 딸아, 정말 잘하였도다.
너의 충성을 내가 보았도다.
은사와 능력으로 기뻐하고 즐거워해도 된다.
그러나 너는 항상 그 은사를 준 자를 기억하여라.
동서로 많은 선지자가 네가 본 것을 보고자 하여도 볼 수가 없었고,

많은 예언자가 네가 들은 것을 듣고자 하여도 들을 수가 없었단다.

이는 잠근 동산의 내 신부를 향한 나의 사랑의 선물이다.

사람이 많은 가산을 팔아 이 은혜를 사길 원할지라도

오히려 멸시를 받으리라.

값으로 매길 수도, 가치를 따질 수도 없는

엄청난 은혜와 은사가 네게 있으니

너는 겸손한 마음으로 항상 기뻐하며

우리가 사랑하는 양떼에게 덕을 끼치기 위해 사용하여라.

보라. 갈수록 네가 더욱 선명하게 보고 깨끗하게 들으리라.

너는 거저 받았으니 거저 주거라.

내가 더욱 큰 은사로 네게 필요한 영적인 능력을 다 채워주마.

교만의 마귀가 틈타지 않게끔 늘 깨어 기도하고

나를 향한 너의 사랑을 항상 점검하여라.

내 사랑이 내 신부에게 힘이고 능력이다.

네 사랑이 나에게 웃음이고 기쁨이다.

나의 술람미 여인, 나의 사랑스러운 신부야!

네가 한 손에는 검을, 다른 한 손에는 아가서를 들었구나.

겉옷은 신부의 세마포, 속옷은 전신 갑주로 무장하였구나.

이것이 내 신부에게 입혀주고 싶은 내 소망의 옷이었단다.

다른 모든 신부를 사랑하고 존중해 주거라.

이는 다 한 지체를 이룰 각 기관이니

우리 지체를 우리가 사랑해야 하지 않겠느냐.

잘 자거라. 화무와 에조가 오늘 너를 위해 많이 애썼느니라.

나의 착하고 충성된 천사들이

너를 신실하게 지키고 있다는 것을 잊지 말아라.

앞으로 네가 어떤 원수의 영을 쫓아내든지 간에

네 곁을 지키고 있는 나의 천사들이

즉시 그 자리에서 화염검으로 동강을 내어버리리라.

그러니 아무것도 염려하지 말고 두려워하지도 말고

원수의 영과 싸워라. 그들의 거짓에 귀를 기울이지 마라.

들을 가치도 없는 거짓 쓰레기 말이니라.

거름 무더기에서 나온 더러운 영들이니

그들 모두가 쓰레기 더미가 되어 유황불 못에 불살라지리라.

내가 이미 다 이룬 싸움이다.

내 신부들의 돌아올 숫자가 차는 그날이

원수들의 마지막 날이 될 것이다.

강하고 담대해라, 나의 신부야!

내가 영원토록 너와 함께하고 반드시 너에게 면류관을 씌워주리라.

이것은 나의 신실한 약속이다.

그날에 너는 내가 어떻게 너와 동행했는지를 알고

놀라고 기뻐하며 감사와 영광을 돌리리라.

사랑하는 내 딸, 나는 그날을 기다린단다.

사랑하는 자여! 나의 거룩함이 너를 덮었느니라.

엔게디 포도원의 향기로운 고벨화 같은 나의 신부여,

내 너를 사랑함이 진하리로다.

내가 반드시 이 글을 높이고,

세상에 숨겨진 바 된 내 신부들에게 보내는

나의 사랑의 편지로 사용하리라.

그렇다. 너는 백만 송이 장미를 피우게 될 것이다.

백만의 영혼이 나에게 돌아올 다리로 너를 반드시 사용하리라.

세상의 하찮은 것들에 마음 붓지 말고

너는 오직 하늘의 보화에 기뻐하여라.

그 나라에서 네가 취함을 입었느니라.

나의 신부의 숨결은 송이 꿀보다 더 달구나.

내 침상에서 내가 너를 기억하리라.

너는 나를 도장같이 품고 인장같이 두르거라.

내가 너의 미소를 사모하는구나.

나의 사랑, 나의 신부여!

오늘 밤 꿀보다 더 달고 깊은 잠을 내가 주마.

마라나타! 아멘, 주 예수여, 어서 오시옵소서!

094 사람 속에 있는 십자가의 재료

🌹 예언

이마에 예수 그리스도의 인을 맞은 모든 자는

그 속에 각자의 십자가를 지니고 있단다.

섶 십자가, 짚 십자가, 나무 십자가, 돌 십자가, 금 십자가,

은 십자가, 백금 십자가, 보석이 박힌 십자가 등

모두 다른 재료로 스스로 자기 인생에서

각자의 믿음의 공력으로 십자가를 지니게 된단다.

사랑하는 나의 신부야! 네 안에 지닌 것은 루비 십자가다.

네가 이 세상의 모든 것에서 무소유의 마음이 되길 원하노라.

세상이 뜻하는 무소유와 내가 뜻하는 무소유를

분별하는 지혜를 가져라.

너를 위해 황금 마차가 천국에 이미 준비되어 있단다.

언제든지 자신을 비우고 내려놓은 후에

세상을 떠날 순종의 마음을 준비하고 있거라.

네가 이 세상의 모든 것에서 무소유의 마음이 되길 원하노라.

자식을 위한 기도를 쉬지 말거라.

보라, 이제 그녀의 족쇄가 하나씩 끊어지고

묶여 있는 영의 신체 부위가 하나씩 자유로워지리라.

095 금 대접 그릇

수많은 반짝이는 금 대접 그릇이 천천히 돌아가는 회전판 위에 있었다. 주인의 쓰임을 받기 위해 자신을 깨끗이 비운 아름다운 그릇들이었다. 예수님을 사랑한다는 단 하나의 이유로 자신을 비운, 하나님의 사람들의 영이었다.

096 알래스카 유람선 관광 여행의 당첨 소식을 듣다

🌹 예언

남편과 함께 즐겁고 아름다운 시간을 보내거라.

이것이 너희 부부에게 준 복이다.

나는 심기도 하고 뽑기도 하는 자니라.

네 남편은 심긴 자니라. 그의 성실은 내가 준 은사다.

그는 부인과 딸을 세상으로부터 지켜야 하는 줄을 아는

좋은 남편이며 지극한 정성의 아비다.

나의 목회에 조금이라도 빈 곳 없이

모든 부분에 소금 치듯 골고루 충성하는 자니라.

적은 능력으로 결코 내 이름을 배반하지 않은 자이니

내가 이것을 귀히 보니라. 그에게도 딸린 천사가 있다.

그러나 천성이 흐르는 강물 같은 종이라

끓지도 얼지도 않는구나. 그러니 믿음을 쏟을 염려도 없다.

사랑하는 나의 신부야!

그가 너를 제 품의 암사슴처럼 감사하며 사랑하니

이는 저의 분복이라.

너는 네 남편을 작은 주님을 대하듯 잘 섬기거라.

그래야 그가 세상을 떠날 때 네게 후회가 없단다.

너 언약의 딸아! 나의 사랑스러운 신부야!

나를 기억하지 않는 모든 시간은 네가 잠자는 시간이다.

너는 깨어 있어야 하느니라.

단 한 순간도, 먹거나 마셔도, 일어서나 앉으나

나를 생각하고 내 사랑으로 옷 입거라.

097 첫사랑을 잃어버린 목사님에게

 예언

교인이 할머니가 대부분인 조그마한 캐나다 교회에서 10년째 사역하며 자신이 시골에 버려진 듯하다고 느껴 첫사랑을 잃은 어느 목사님에게, 그가 3일 금식한 후에 주님께서 주신 예언이다.

사랑하는 아들아! 너는 이제 회개에 합당한 열매를 맺어라.

네 옷이 희어졌으나 완전히는 아니니라.

이제 병의 마개가 열리듯

회개 파이프의 입구가 열렸으니, 너는 계속 부르짖어라.

네 눈의 회개의 눈물로 너의 때 묻고 낡은

구원의 옷을 씻을 수가 있단다.

이제는 금식의 힘을 알았으니 겸허한 마음으로 내 앞에 무릎 꿇어라.

허무한 것들에 무릎 꿇지 말고,

네 하나님의 거룩함 앞에 무릎 꿇을지니라.

향방 없이 달리지 말고, 무엇을 하든 나를 향한 너의 사랑을 보여다오.

작은 일에 충성하는 자에게 내가 큰일을 맡길 것이니라.

이것이 내 나라의 법칙이다.

그러니 지금 내가 너에게 준 목양에 최선을 다하여라.

그러나 너는 목양보다 다른 일로 더욱 바쁘구나.

너와 나는 바라보는 시선이 같지 않구나.

내가 보는 곳을 네가 보길 원하건만,

너는 내게 값없는 것에 마음을 주는구나.

더 철저히 회개한 후에야

내가 바라보는 것을 네가 같이 바라보게 되리라.

나는 내 마음과 합한 자를 원한다.

그렇지 못하면 내가 너를 들어서 쓸 수가 없다.

그리스도인 내가 교회를 위해 내 생명을 주었듯이

너도 네 소싯적 짝인 아내를 생명을 주듯 사랑하여라.

어찌 도랑물을 흘리듯 다른 곳에 눈을 팔 수 있겠느냐.

나는 결코 이것을 죄 없다 하지 않는 공의의 여호와이니라.

너는 이것에 대해 더욱 깊은 회개를 해야 할지니라.

♦ 목사님과 함께 3일 금식을 마친 사모님에게

사랑하는 딸아! 내가 너의 금식을 받았다.

너는 음식으로 하는 금식보다 행위로 하는 금식이 필요하구나.

1주일에 단 하루라도 날을 정하여 타인에게

"하라"라는 명령을 하지 않는 온전한 하루를 나에게 다오.

그것이 지금 내가 네게 바라는 거란다.

이것이 네게 힘들 것이나, 나를 향한 너의 사랑으로 말미암아

너는 반드시 할 수 있다. 연습하면 차츰 쉬워질 것이니라.

나를 향한 너의 사랑을 보여다오.

이를 통해 내가 반드시 너의 영을 키우고 성장시키리라.

타인의 은사에 마음 줄 필요 없다.

네가 가진 복이 네게 넘치느니라.

너는 내게 더 많은 감사를 올릴지니라.

감사로 제사를 드리는 자가 나를 영화롭게 하느니라.

🌹 예언

너는 나의 신부다. 네가 외치기 전에

나는 이미 네게 필요한 것을 다 알고 있단다.

보라, 나는 너에게 뱀과 전갈의 머리를

밟고 부수는 권세를 주었노라.

네가 나의 말씀을 선포할 때 천국 권세가 나갈 것이며,

네가 나의 사랑을 실천할 때 천국 능력이 나타날 것이다.

네가 나의 말에 입히는 소리가 될 것이고,

내가 너의 말에 뼈가 되는 깨달음이 될 것이다.

내 나라의 천국과 권세와 능력을 내 신부에게 입힐 것이니

너는 우리 백성에게 삶의 복음과 기적을 선포하여라.

네 손이 닿고 발이 닿는 그 무엇과 어느 곳에도

내 피가 뿌려져서 내 영토가 되리라.

이는 여호와의 선지자가 받은 분복이니라.

너는 강하고 담대해라. 말씀을 선포하여라.

강대상 앞이나 누구 앞에서든 자신을 산 제물로 먼저 드리고

그다음에 여호와의 불을 기다려라.

내가 정녕 나의 신부에게 쪼개고 태우는 횃불로서

너를 태우고 지나가리라.

환난 날에 내가 너의 우편 그늘이 되며 구원의 반석이 되리라.

나는 너의 구름 기둥과 불기둥이 되리라.

내 신부는 반드시 세상을 이긴 자가 될 것이고

너의 하나님 된 여호와는 반드시 너를 이 땅에서

영원 천국으로 인도하여 내시리라.

내 신부들은 다스리고 부수는 철창의 권세를 지니고 있단다.

집회 때 치료의 광선이 나올 것이며

기도할 때 잃어버렸던 원수의 땅에

네가 깃발을 꽂는 기적이 반드시 일어나리라.

이제부터 영원토록 내가 너와 동행하며

좁은 길의 끝에서 네가 신랑을 영광 속에서 만나리라.

그제야 이 모든 것이 너와 동행한 나의 계획이었음을 깨달으리라.

나의 사랑 나의 신부야! 내 능력의 분출구야.

내 눈의 고벨화요, 내 영혼의 합환채여.

내가 지극히 큰 거룩과 능력으로 너를 덮고 감싸며

사랑하리라, 사랑하리라, 영원토록.

이것이 내 신부에게 주는 나의 피의 언약이다.

할렐루야 아멘!

예언

네 자식을 염려하지 마라. 우리 딸이 아니냐!

그 아이는 반드시 천국의 튼튼한 기초 반석이 되리라.

아름다운 믿음의 자녀로서 우리 마음을 흡족게 할 것이니,

내 신부는 기도와 묵상 중에 나를 믿고 잠잠히 기뻐하며

매 순간 즐거움 중에 감사로 제사를 드릴지니라.

그 즐거움이 네 힘이란다.

100 예수님의 신부에게 원하는 소망

예언

첫째, 예수 그리스도의 피가 뿌려진 완전한 제사를

매일 나에게 드려라.

둘째, 매일 기도를 쉬는 죄를 결코 범하지 마라.

셋째, 네 발이 이 땅의 흙을 딛고 서 있는 동안에

죄를 짓지 않고 살 수는 없다.

그러나 매일 죄를 짓는 즉시 회개할지니라.

그래야만 그 죄가 쓴 뿌리를 네 속에 내리지 못하느니라.

넷째, 너는 어떤 경우에도 매 순간

하나님과 사람들 앞에서 겸손한 자가 되어라.

마귀는 자존심을 자신의 가장 고귀한 성품 중 하나라고 생각한다.

101 예수님의 명령

 예언

너는 기도한 후에 빠르게 나가지 말거라.

너는 나의 음성을 들은 후에 말씀을 선포할지니라.

너는 나의 명령을 받은 다음에 실행하거라.

너는 어떤 일이든 반드시 나의 응답을 받고 행하거라.

102 돌멩이의 마음과 보석의 마음

 영의 세계

하얀 흙길 가장자리에 작은 수풀이 듬성듬성 나 있었다. 그 앞에
는 사람 키 높이의 돌무더기가 놓여 있었다. 밝은 회색을 띤 돌들은

마치 찐빵처럼 동글동글하며 지름이 5센티미터 내지 7센티미터로 보였다. 나는 회색 돌무더기 앞에서 기웃거리며 뭔가를 열심히 찾고 있었다. 예수님이 내게 물으셨다.

"무엇을 찾느냐? 거기서 네가 취할 것은 아무것도 없느니라."

내가 주님께 여쭈었다.

"주님, 이 돌무더기가 무엇인지요? 무엇을 뜻합니까?"

주님께서 대답하셨다.

"너는 이미 그 답을 알고 있으니, 네가 깨달아 보아라."

나는 돌멩이 하나를 들고 한참 쳐다보았으나 답을 알지 못했다.

"주님, 제게 가르쳐주세요. 이 돌의 뜻을 알고 싶습니다."

주님께서 설명해 주셨다.

"그것은 사람의 마음이니라. 사람들은 간음한 여인에게 돌을 던졌고, 나의 충성된 종 스데반에게도 돌을 던졌느니라. 이 돌들은 육과 혼은 상하게 하나 사람의 영은 상하게 못 하느니라. 앞으로 네가 나의 말씀을 선포할 때마다 수많은 돌무더기가 네게 던져질 테니 너는 그때마다 돌을 보지 말고 내 얼굴만 바라볼지니라.

보라! 내 신부에게 돌이 떨어질 때마다 내 눈은 돌을 던진 자의 손과 얼굴을 기억할 것이다. 내가 결코 그 짓을 죄 없다 하지 않으리라. 그들이 팔을 휘두르며 돌을 던질 때 그것이 자신에게 던지는 돌인 줄 모를 것이다. 그러니 그들을 두려워하지 말고 담대하여라.

내 신부야, 너를 축복하는 자를 내가 축복할 것이며 너를 저주하는 자를 내가 저주하리라. 이는 내 신부가 내게로부터 받은 분복이니라. 그러므로 너는 아무것도 취할 가치가 없는 사람의 마음에서 무언가를 찾으려 하지 마라. 풀에 밤사이 이슬이 아무리 내려도 아침에 해가 뜨면 사라져 버리듯 인간의 사랑과 우정은 아무리 쌓아도 환난의 열이 피어오르면 상처 속에 없어져 버리느니라.

그러나 이 돌무더기 속에 간혹 보석 같은 마음의 돌들이 하나씩 들어 있으니, 내가 그자를 보면 내 신부에게 알려주마. 그러면 너는 그를 귀히 여겨라. 내 나라의 한 지체로 생각하며 격려하고, 존중하고, 사랑할지니라. 너의 남편은 내게 보석이다. 그는 석류석이다. 너의 친지 중에도 보석이 있다. 미셸은 보석이 될 아이라. 장차 짙푸른 터키석이 될 것이다.

각 보석은 다른 소명과 품성을 지니고 있단다. 세상이라는 산에 돌 같은 인간은 튀어나와 있고, 보석 같은 인간은 감추어져 있는 것을 알거라. 또한 돌은 자기가 보석인 줄 알고, 보석은 자기가 돌인 줄 알며 산다. 내 신부에게 내가 숨기고 감추는 것은 없다. 때가 되면 한 사람 한 사람의 영의 가치와 각자의 다른 점을 다 알려주마.

사랑하는 나의 신부야! 사람의 마음은 처음에는 다 돌멩이의 가치를 가지고 있다. 그러나 그가 그리스도 안에서 다른 사람의 영을 진심으로 사랑하기 시작하면, 자기 속에 있는 그 돌멩이가 광야의 도가니의 시간을 거치며 차츰 보석의 가치로 바뀌느니라. 이것은 참으로 드문 일이지만, 없는 일은 아니란다.

이 연습을 한 번 하면 두 번은 쉬워진단다. 돌에서 바뀐 그 보석은 색깔과 종류와 성격과 가치가 다 다르다. 네 속의 돌은 붉은 루비이

며 나를 향한 열정을 의미한단다. 네 영은 그 보석이 언제 어디서 찬
란한 빛을 발하며 반짝거려야 하는지 때와 장소를 알고 있단다.”

103 하나님의 사랑과 인간의 사랑

 예언

인간을 향한 하나님의 사랑은 그의 ‘본질’이지만

하나님을 향한 인간의 사랑은 ‘선택’이다.

모든 인간은 반드시 자신이 선택한 결과에 책임을 지고

각자의 마지막 날에 하나님의 보좌 앞에서

심판을 받는 것이 정한 이치이다.

사랑하는 나의 신부여!

너는 이 복음으로 인하여 나의 씨 뿌리는 자니라.

모든 인간의 속에는 마음의 밭이 있는데,

너는 그 위에 복음의 씨를 뿌리게 될 것이다.

나의 수많은 종이 씨를 뿌릴 것이나

그 밭 위에서, 성령의 휘날리는 바람 속에서

씨를 뿌리는 자는 많이 되지 않는구나.

밭 위에서, 나의 은혜로 촉촉이 내리는 단비 속에서

씨를 가꾸는 자는 더욱 적구나.

내 사랑의 따뜻한 불씨 속에서

씨를 지켜보는 자는 더더욱 적구나.

내가 어느 때, 어느 곳에서 이런 충성된 나의 종을 찾아보겠느냐!

그래서 이스라엘을 지키는 나 여호와는 등불을 켜고

나의 포도원 안에서 나의 신실한 종을 찾고 또 찾는단다.

104 하나님의 거룩한 보좌 앞에서

 영의 세계

나는 천국의 성 안팎을 보기를 주님께 간구했다. 그날 밤에 본 영의 세계다.

유리 바다와 같이 큰 매끈한 대리석 같은 바닥 위에 내가 무릎을 꿇고 앉아 있었다. 유리 바다의 앞쪽 위로부터 엄청나게 밝고 눈부신 빛이 내려오며 평화스러운 기운이 나를 감쌌다. 그 밝은 빛 위에 하나님의 보좌가 있다는 감동이 왔으나 나는 감히 얼굴을 들 수가 없었다. 그런데 앉아 있는 내가 둘이었다. 생김새와 크기가 쌍둥이 같이 똑같으며 옆으로 나란히 앉아 있었다. 하나는 나의 '영'이고 다른 하나는 나의 '혼'이었다.

다음은 그날 아침에 받은 예언의 말씀이다.

◆ 예언

네가 성 안팎을 보고 왕복하기를 원하나 아직은 때가 아니란다.

그러니 내가 보여주는 일부만 보거라.

나는 네 영과 혼이 온전히 같은 규모로 성장하길 원한단다.

네 영이 자라는 속도와 크기로 네 혼도 같이 자라주어야만

흔들림이나 요동함이 없단다.

많은 사람이 영의 세계에 입장한 후에

거기에만 치우쳐서 혼의 옳은 행실은 하지 않는데,

영계에만 집착하여 그 부분만 넘치게 자라버리면

건강하고 튼튼하게 성장하지 못한단다.

영계를 맛보았으나 깨끗하고 정결하지 않은 행실로

영계를 자꾸 들락거리면 결국 미혹의 영이 들어와서

헛것을 보고 거짓 선지자로 전락해 버리기 쉽단다.

처음은 성령으로 시작하였으나 나중은 자고하여 교만해져서

원수의 영으로 전락해 버리니 내 마음이 정말로 아프단다.

나는 내 신부가 절대로 그렇게 되지 않길 원한다.

너는 시간이 조금 지체되더라도 육과 혼의 행실을 죽이고,

회개로 더욱 정결케 되어서 겸손으로 자신을 동이고

겸허한 마음으로 영의 세계를 출입하거라.

아무것도 염려하거나 걱정하지 말고,

매일 나와 같이 즐겁고 감사한 마음으로

찬양을 올리며 동행하기만 하면 된다.

내가 반드시 네가 육신의 장막에 머물러 있을 때,

너에게 내 천국의 왕국을 보여주마.

그러니 너는 내가 보여주는 것만 보고 나를 믿고 따라오너라.

내가 전 우주에서 너를 가장 사랑하는 신랑이 아니냐!

나만큼 내 신부를 아끼고 사랑하며,

내 왕국으로 인도하고 싶어 하는 이가 없느니라.

이전에도, 지금도, 이후에도 이 사랑의 크기만큼

너를 사랑할 능력이 아무에게도 없단다.

나의 사랑, 너는 골짜기 가시나무 사이의 백합화로다.

너의 영적 순결을 내게 보여라.

나도 그에 걸맞은 사랑과 상과 만족함을

내 신부에게 반드시 허락하리라.

내가 오늘 아침에 같은 크기로 잘 성장한

네 혼과 영을 보여주었단다.

이것이 내 신부에 대한 나의 평가란다.

내 마음이 아주 흡족하지는 않지만

그래도 그 정도면 잘 성장해 주었구나.

사랑하는 나의 신부야, 오늘도 일어나 함께 가자.

🌿 예언

사랑하는 딸아!

이제부터 너는 많은 것을 보고 듣게 되리라.

내게 편지도 쓰게 되리라.

네가 어떤 편지를 쓰든지

그 글은 기도처럼 하나님께 상달되느니라.

네가 앞으로 갈 길에는 한 걸음 한 걸음

보석 같은 나의 피가 뿌려져 있으니

너는 내 피의 발자취만을 따라서

한 발씩 따라오기만 하면 된단다.

너무 많은 것을 보려 하지 말고

내가 네게 보여주고자 하는 것만 보면 된단다.

네가 너를 알고 이해하는 것보다

내가 너를 몇천만 배 더욱 잘 알고 있으니

나 외에는 내가 창조한 자의

모든 구석구석을 잘 아는 이가 없단다.

내가 하루하루 금 사슬에 은을 박듯이

너 하나님의 사람의 성품 위에 신의 성품을 수를 놓을 것이다.

그리고 그때 참으로 아름다운,

이 세상에서 단 하나밖에 존재하지 않는

내 신부가 탄생하리라.

신부는 많으나 1명도 같은 신부는 없단다.

이긴 자는 많으나 그 이긴 것이 모두 다르기 때문이다.

너는 불안해하지도, 두리번거리지도 말고

그저 내 손을 잡고 나를 따라오기만 하면 된다.

내가 반드시 생명나무의 실과를 네게 먹이고

내가 원하는 신부의 성품으로 너를 빚어가리라.

잠근 동산, 덮은 우물, 봉한 샘 안에 있는

나의 어여쁜 신부야!

잠근 동산 안에서 내가 너를 변화시키고,

가르치고, 훈련하고, 단장해서

앞으로 올 내 귀한 천국 잔치에 너를 입장시킬 것이다.

온전한 것이 오면 희미한 모든 것이 폐하여지나니

지금은 네 모든 환경이 퍼즐 조각같이 되어 있으나

나의 때가 오면 네가 모든 것을 알고 보게 되리라.

이것이 천국의 비밀이다.

그때 너는 참된 겸손으로 허리띠를 동여매고

많은 사람을 내 이름으로 구원하고 섬기리라.

큰 자든, 작은 자든, 늙은 자든, 어린 자든

사람의 모습으로 그들이 네 앞에 올 것이고

너는 그들 안에서 그리스도인 내 모습을 찾으면 된다.

그것이 네게 상이 되고 지혜와 분별이 되어서

너는 더욱 내가 기뻐 쓰기에 알맞은

그릇으로 빚어지리라.

나의 사랑, 나의 어여쁜 자여!

나의 봄날의 아몬드 나무꽃이여.

내가 너를 사모하고, 너는 나를 사랑할지라.

내가 네 안에 있듯이 너도 내 안에 있어야만 한다.

화무와 에조가 항상 너를 지키며 도울 것이니라.

그들은 너를 돕는 천사의 영이니

너는 그들을 항상 느낄 수 있단다.

집회할 때나 내가 원할 때는 그들을 네게 보여주마.

부흥회나 천국 잔치 때는 화조와 신기까지 넷이 너를 지킬 것이다.

너는 사람을 두려워하지 마라. 그 호흡이 코에 있을 뿐이다.

내 신부는 내가 지킨다. 그러니 항상 강하고 담대하여라.

나의 임재가 너에게 머물러 있느니라.

THE CONCEALED GARDEN

4
PART

잃어버린 잠근 동산의
대화를 되찾다

🌿 잠근 동산의 대화

예수님 진실한 사랑은 무엇인가? 나의 사랑하는 자여!

제시카 저는 평생 그런 사랑을 받은 적이 없고 해본 적도 없어서 모릅니다. 이 고깃덩어리 같은 제 육신에서는 그런 사랑이 존재할 수 없나이다.

예수님 나는 네게 나의 생명을 주었단다. 너는 내게 무엇을 주겠느냐?

제시카 생명은 생명으로 대신하오니 저의 생명을 드리겠습니다.

예수님 네가 그리하겠고 내가 반드시 이루리라.

제시카 주님, 그렇다면 저를 영원토록 떠나지 마시고 도와주세요.

예수님 내 생명이 네 안에 있으니… 내가 어찌 너를 떠나겠느냐?

제시카 당신도 제 안에 계십니다.

예수님 나를 믿고, 기다리며, 따르고, 순종하는 자가 나의 신부다. 오직 나를 사랑하는 자가 지성소에 들어올 수 있는 나의 신부다.

하나님의 아들을 믿는 사람은 그 증언을 자기 속에 가지고 있습니다. 하나님을 믿지 않는 사람은 하나님을 거짓말쟁이로 만들었습니다. 하나님이 자기 아들에 관해서 증언하신 그 증언을 믿지 않았기 때문입니다. 그 증언은 이것이니, 곧 하나님이 우리에게 영원한 생명을 주셨다는 것과, 바로 이 생명은 그 아들 안에 있다는 것입니다. 그 아들을 모시고 있는 사람은 생명을 가지고 있고, 하나님의 아들을 모시고 있지 않은 사람은 생명을 가지고 있지 않습니다. 요일 5:10-12

107 예수님의 약속

🌿 잠근 동산의 대화

예수님   제시카야, 너는 우리 딸 미셸이 신부인 줄 아느냐?

제시카   아니요, 저는 정말로 몰라요.

예수님   그 아이는 우리 왕국에서 아주 아름다운 나의 신부가 될 것이다.

제시카   만약에 그렇다면 주님께서 제 평생의 소원을 이루어 주시는 거지요. 제게는 돈도, 집도, 차도, 명예도, 권세도, 세상 것은 다 가치가 없어요. 그러나 미셸이 주님의 가장 아름다운 신부가 된다면, 제가 이 지구라는 행성에 왔다 가는 이유와 가치가 있었다고 생각할 겁니다.

예수님   사랑하는 내 딸아! 나는 네 마음을 잘 안다. 너의 하나님이 된 나 여호와가 반드시 네 속에 품은 소망을 이루어 줄

것이다. 나는 사모하는 영혼을 만족하게 하는 너의 주님
이니라. 네가 나의 눈에 가치 없는 것들을 다 가치 없게 생
각하고 나의 눈에 가치 있는 것들을 가치 있게 생각하니,
그 마음과 가치관이 변치 않게 하거라. 그리고 나를 끝까
지 사랑하거라.

제시카 사랑하는 주님! 당신께서 이미 다 아십니다. 제 영과 혼을
당신께서 지켜주실 줄을 믿고 알았습니다.

예수님 **나의 신부야! 내가 그리하겠고, 반드시 이를 이루리라.**

제시카 예수님, 당신은 제 감사와 영광을 받기에 합당한 분이십니
다. 영원토록 주님만을 찬양하며 영광을 올립니다.

108 우리가 선한 행실을 할 때

🌹 예언

사랑하는 나의 신부야!

네가 오늘 하는 많은 일을 보았다.

너는 기억하여라.

네가 얼마나 많은 선행을 하고 아름다운 열매를 맺든지

하루를 시작하기 전, 곧 해뜨기 전에 그 일을 다 잊고

내일이 오면 해 아래서 모든 것을 새로 시작하거라.

내게 상 받을 것을 기대하지 말고,

마치 아무 일도 없었던 것처럼

아침이 오면 새롭게 선행을 시작하여라.

좋은 일을 할 때 왼손이 하는 것을

오른손이 모르게 하라는 말을 꼭 기억하여라.

그렇지 않으면 스스로가 한 일에 자긍하여

섰다고 착각할 수 있기 때문이다.

은밀한 곳에서 보는 내가 다 기억하고 있느니라.

내가 기억하는 것이

네가 영원한 나라에 가져가는 것이니라.

이것이 너에게는 더욱 중요하지 않으냐!

네 영혼 깊은 곳에서 생수가 솟아나리니

네가 더욱 강건하게 생수로부터 힘을 얻어서

지금보다 더욱 큰 열매들을 맺으리라.

영원히 마르지 않는 그 생수의 맛을

너는 이미 맛보아 알고 있느니라.

삶의 어떤 시간에 처해 있더라도 나를 기억하여라.

그게 바로 내 신부가 깨어 있을 때란다.

내가 잠잠히 너를 사랑하고 연모하고 있단다.

오늘 밤도 영의 세계에서 만나자꾸나, 나의 신부야!

109 그분께서 당신 안에 계시나요?

 양떼의 발자취 - 간증

주님께서 당신 안에 계시나요?

그렇다면 당신은 막연해지고 싶어도 절대 막연해지지 않습니다.

그분과 동행하면 모든 것이 깨끗하고 아름다운 색상과 감동으로

선명하게 보일 수밖에 없습니다.

우리는 그런 멋있는 분을 믿고 사랑하는 신부들입니다.

우리는 나팔 소리를 들어야 하기에 결코 졸면 안 됩니다.

그래서 한밤중에도 그분의 음성을 들으며

스스로가 살아 있다는 그 은혜에 눈물 병을 채우는 중입니다.

저는 자는 시간이 아깝습니다.

너무 많은 세월을 가치 없는 것들에 허송했기 때문입니다.

그래서 세월을 사고 싶습니다.

110 내 이름이 거론된 천국의 첫 공판

양떼의 발자취 - 잠근 동산의 대화

이른 새벽, 어느 교회 권사님이 어젯밤 늦게 돌아가셨다는 소식을

들었다. 암 투병 중이던 그 권사님은 지난달에 나와 함께 자신의 신앙을 점검하고 재결신 기도를 주님께 올렸었다. 비록 크리스천이지만 연약한 믿음으로 인해 임박한 죽음에 대한 공포로 무서워하고 있었다.

나는 권사님이 아무 고통 없이 잠자고 있을 때 삶의 마지막을 맞게 해달라고 주님께 기도했었다. 신실하신 주님은 우리의 기도에 응답해 주셨고, 권사님은 주님의 예언대로 자다가 임종을 맞았다. 그러나 나는 권사님의 소천 소식을 듣고 마음이 울적해져서 그 자리에서 주님께 기도하다가 잠이 들었다.

아침에 눈을 뜨자마자 주님께서 말씀하셨다.

예수님   **내 신부야, 잘 잤니? 네 이름이 거론된 첫 공판이었다.**

제시카   와… 권사님이 벌써 주님 앞에서 천국과 지옥의 재판을 받았나요? 제 이름이 재판 때 나왔나요? 권사님이 재결신한 것을 하나님께서 기뻐하셨나요?

예수님   **그렇단다.**

제시카   주님, 저는 전에도 많은 사람과 결신 기도를 했었는데요.

예수님   **네가 나의 신부가 되고 난 후 처음으로 행한 개인 결신 기도 인도가 아니냐?**

제시카   아하… 그렇군요. (주님은 분명히 사람이 죽은 뒤에 하나님 앞에서 받는 공의의 심판을 말씀하시는 것이다. 나는 내 이름이 왜, 어떻게 거론되었는지 전혀 몰랐다. 그저 아침부터

주님과 대화를 나누니 기쁘고 좋았다)

제시카 그 권사님은 어디로 갔나요?

예수님 **성 밖으로 갔단다. 그러나 유황불 못은 아니다.** (주님은 침울하고 슬프게 말씀하셨다)

제시카 주님, 저는 그에게 반드시 온전하고 철저한 회개를 하고, 회개에 합당한 열매를 즉시 맺어야만 한다고 했어요.

예수님 **안다. 너는 내가 그녀에게 보낸, 광야에서 외치는 회개의 기회를 주는 마지막 소리였단다. 그러나 그녀는 그때만 겉으로 했을 뿐 진정한 회개를 하지 않았고, 어떤 회개의 열매도 맺지 않았구나. 그나마 그날 밤에 너랑 했던 재결신 기도 덕분에 유황불 못은 면한 것이다. 그전에는 구원에 대한 강한 확신조차 잃어버린 상태였단다. 그래서 내가 너를 그녀에게 보낸 것이다.**

너는 그날 밤에 그녀의 돌밭 같은 마음에 내 깃발을 꽂고 왔단다. 사람이란… 인간이란… 이렇게 강팍한 존재구나.

제시카 (나는 우울해졌다) 네….

몇 주가 흘렀다. 문득 이런 생각이 떠올랐다.

'하나님의 공의의 심판대 앞에서 내 이름이 왜 거론되었을까? 어떻게 거론되었을까? 무슨 내용으로?'

궁금증이 꼬리에 꼬리를 물어서 주님께 여쭈었다.

제시카	주님, 권사님의 공판에서 제 이름이 왜 거론되었나요?
예수님	…. (주님께서는 아무 말씀이 없으셨다. 덜컥 겁이 났다. 왜 말씀을 안 하실까? 혹시 나쁜 일로 거론되었나?)
제시카	주님, 어디 계세요?
예수님	조금 지난 후에 말해 주마.

나는 너무너무 궁금해서 견딜 수가 없었다. 그러나 참아야지. 주님은 항상 최고로 좋은 때에 최선으로 내게 말씀해 주시는 분이니까…. 나는 그분을 사랑하고 신뢰한다.

111 무소유를 원하시는 예수님

🌿 잠근 동산의 대화

예수님	너는 네가 소유한 모든 것에서 벗어나 무소유가 되어라. 네가 두 손에 가진 모든 것을 내게 건네줄 때, 두 손으로 움켜쥐고 있는 것을 내 앞에 내려놓을 때, 내가 나의 것으로 네게 돌려줄 수 있느니라.
	이것이 내 나라의 법칙이란다. 내가 너에게 돌려줄 때 그 것이 온전한 것이고 너에게 임할 참다운 축복이니라. 그리하여 나의 나라에는 좀과 동록이 없이 간직될 것이니라.

네가 썩어질 것으로 심어 영생의 것으로 다시 거두는 방법은 이 길밖에는 없단다. 움켜쥔 모든 것을 털어버려라. 그것이 무엇이든 네 생명보다 귀하겠느냐! 보라, 나는 결코 나와 너를 해하거나 손해 보지 않게 하느니라.

제시카 주님, 저는 주님 외에 아무것도 소유하고 싶은 것이 없나이다. 해 아래 있는 어떤 것도 예수님 당신 외에 제게 가치가 없나이다. 지금 저를 취하소서. 제가 사모하는 나의 임 앞에 기쁨으로 나아가리다. 저는 더 이상 이 세상에서 원하는 것도, 취할 것도 없나이다. 사람에게서 받을 영광도 없고, 세상에서 받을 영광도 없나이다.

저를 기억하소서. 사자의 입과 들소의 뿔에서 저를 구원하소서. 주님 외에 가치 있는 것은 아무것도 없습니다. 그것을 당신께서 제게 알게 해주셨나이다. 당신의 이름으로 인해 잠자던 저를 깨우지 아니하셨나이까? 당신의 얼굴을 구하는 일만이 제가 할 수 있는 가장 가치 있는 일입니다. 당신의 신부를 기억하옵소서. 당신께 생명을 드리는 당신의 신부를 기억하옵소서. 제가 눈물 속에 당신의 이름을 경외하며, 한숨 속에 당신의 이름을 바라나이다.

어젯밤에도 깜깜한 성 밖에 내침을 당하는 자를 보았나이다. 성 밖을 말할 때 위증자와 악을 통하는 자가 제게 돌멩이를 던지는 것을 압니다. 그러나 그들의 손이 제게 돌을 던질 때 그들의 죄악과 시샘의 마음을 보시고 기억하소서.

2천 년 전 하나님과 당신의 관계를 시샘하던 바리새인들이 오늘날에도 존재합니다. 지금도 주님과 신부의 관계를 시샘하는 독사의 자식들이 존재한다는 사실을 깨달았습니다. 주님의 심정을 부족한 종의 심정에 하나 되도록 담아 주셔서 감사합니다. 그러나 저들은 자기들이 무얼 하는지를 알지 못하오니 저들을 용서하옵소서.

예수님, 그 돌의 핍박으로 인해 제가 상처 속에 피 흘리며 울 때 당신의 신부를 기억하옵소서. 저로 인해 보좌에서 선 채로 기다려 주옵소서. 제 생명을 당신께 드린다고 하였나이다. 보잘것없는 이 진토의 생명이라도 그날에 취하시고 흠향하소서. 신랑 되신 예수님을 제가 영원히 끝까지 사랑하겠습니다.

112 내 심장 안에 계시는 예수님

 잠근 동산의 대화

아침에 눈을 뜨고 일어났는데 갑자기 마음이 불안해졌다.

제시카 주님, 어디 계세요?

예수님 화무와 예조가 네 곁에 있지 않니?

제시카   주님은 어디 계세요?

예수님   네 심장 안에 있단다.

제시카   주님, 사랑합니다. 저는 좁은 길 가기를 원합니다. 그 길이
          주님을 기쁘시게 해드리는 길일 것 같아서요.

**예수님   너는 이미 나를 기쁘게 한단다. 너무 많은 일을 하려고 하
          지 말고 그냥 죄를 짓지 말거라.**

제시카   주님, 죄송해요. 제가 죄지을 때마다 빨리 회개의 영을 주
          세요. 어떤 일이 있어도 주님과 멀어지고 싶지 않아요.

**예수님   내가 그리하마. 그러나 네 영이 깨어 있어야만 회개의 영
          을 알 수 있느니라.**

제시카   그러면 제가 깨어 있게 도와주세요.

**예수님   그리하마. 살아 있는 매 순간 나를 항상 사랑하여라. 그
          러면 네가 깨어 있을 것이니라. 나를 기억하지 않는 그 순
          간이 네가 영적인 잠을 자는 시간이란다. 열 처녀가 다 졸
          며 자고 있을 것이다. 그들 모두가….**

제시카   그러면 저에게 이 세상 누구보다도 주님을 뜨겁게 사랑하
          는 마음을 주세요.

**예수님   그것도 내가 그리하리라. 나를 사랑하는 자가 나의 사랑
          을 입을 것이니라. 너는 이웃도 사랑하여라.**

제시카   네, 주님. 그 마음도 주세요.

예수님   그 마음도 이미 네게 주었단다. 너는 행하기만 하면 된다.

제시카   행할 수 있는 믿음을 주세요.

예수님	그것도 주었느니라. 사랑하는 내 딸아, 나는 네가 이 세상을 살아갈 때 나와 동행할 수 있는 모든 능력과 은사를 너에게 다 주었느니라. 너에게 없는 것은 아무것도 없다. 왜냐하면 네 심장 안에 내가 있기 때문이란다. 너는 이것을 꼭 알고 있어야 한다.
제시카	네, 주님. 당신의 계집종으로부터 영광을 받으소서. 그리고 이 죄인을 취하소서. 당신을 사랑하나이다.
예수님	내가 그리하였고 이미 다 이루었느니라. 오늘도 일어나 우리 함께 가자. 나의 사랑, 나의 신부야.

113 예수님은 살아계시고 무오하시다

 양떼의 발자취 - 간증

　미국의 모든 구세군은 술과 마약 중독으로부터 갱생을 지원하는 재활원교회를 보유하고 있다. 재활원교회는 1년에 한 번 졸업생 연회로 아주 성대한 파티를 연다. 그해 졸업한 재활원생뿐 아니라 이전에 졸업하여 사회의 일원으로 성실하게 생활하고 있는 모든 졸업생에게도 초대장을 띄운다.

　사회에서 소외된 사람, 가족이나 사랑하는 이들로부터 외면당한 사람 그리고 많은 부서진 영혼이 6개월에서 1년 남짓 힘든 교육과

상담을 마치고 재활원교회를 졸업한다. 그중 훈련 기간 동안 하나
님을 영접한 졸업생은 약 30퍼센트의 재활 성공률을 보인다. 일반 병
원이나 재활 단체의 성공률이 약 10퍼센트인 것에 비하면 높은 성공
사례라고 정평이 나 있다.

토니와 나는 미국 총회 사회사업부에서 근무하다 보니 본의 아니
게 졸업 연회에 총회 대표로 참석할 때가 있다. 이번에도 일리노이주
의 시카고 재활원교회에 초대를 받았고, 파티에 참석한 후에 토니는
주일 아침 설교를 맡았다.

우리는 전날 밤, 교회 안에 있는 강사용 아파트에서 기도했다. 나
는 피곤한 몸으로 침대 위에서 무릎을 꿇고, 다음 날 예배에 주님의
강한 임재하심이 있기를 방언으로 간구했다.

기도한 지 1시간이 조금 넘어갈 즈음, 눈앞에 영의 세계가 펼쳐졌
다. 예배당 안에 있는 긴 의자들 가운데 바닥에 작은 모닥불이 활활
타고 있었다. 그러나 카펫 바닥에는 불이 붙지 않았다. 그 조그맣고
아름다운 불길은 조금씩 크고 길어지면서 마침내 커다란 불기둥
이 되었다. 그리고 예배당 중앙에서 주황색 회오리바람같이 맴돌면
서 타올랐다. 돌연 그 회오리 불기둥이 긴 의자를 움직이더니 예배당
중간에 있던 긴 의자들이 다 불기둥 안에 들어가서 빙빙 돌며 타기
시작했다.

'아… 주님의 임재다.'

그 신비하고 아름다운 환상을 바라보면서 나는 울기 시작했다.
눈물 너머로 그 불기둥이 반짝거리기 시작하더니 숫자 '27'이 그 장

면과 겹쳐서 보였다.

  '무슨 뜻일까?'

  주님은 나와 대화하길 원하셨다. 하지만 나는 그만 침대 위에서 울다가 잠이 들고 말았다. 그리고 아침 일찍 눈이 떠졌다.

예수님 잘 잤니? 나의 신부야! 어젯밤에 너의 천사 화무와 에조가 이 재활원교회의 문 앞에서 사람들 속으로 들어오려는 귀신의 영을 70마리나 쫓았느니라. 이 교회 사람들 속에 있던 많은 귀신이 잠시 나와서 낮에 이리저리 돌아다니다가 밤중에 다시 자기 집으로 돌아오려고 하였느니라.

제시카 우와… 70마리나요?

예수님 단 한 사람에게도 그 정도가 들어갈 수 있느니라. 내가 어느 미친 사람에게 귀신이 2,000마리나 들어간 것을 내쫓은 적이 있지 않느냐. 너는 오늘 내가 이 교회에서 어떻게 역사하는지를 잘 보아라. 내가 살아 있음을 네 눈으로 체험하리라.

제시카 주님, 어젯밤 제게 영의 세계에서 '27'이라는 숫자를 보여주셨는데, 무엇을 의미합니까?

예수님 오늘 아침 예배 시간에 27명이 내 앞으로 돌아온다는 뜻이다.

제시카 와우… 그렇게나 많아요? 저는 당신의 말씀을 믿어요. 할렐루야. 그 순간이 기다려집니다. 영광을 받아주소서.

예배 시작 15분 전에 우리는 강대상 뒤 사무실에서 담임목사님과 기숙사 사감과 몇몇 직원과 예배 준비를 위한 작은 기도 모임을 하고 있었다. 내가 그들에게 물었다.

"평소 설교 이후 결신 기도 시간에 몇 명 정도가 강대상 앞으로 나옵니까?"

기숙사 사감인 존이 대답했다.

"보통은 3명 정도이고, 많으면 5명까지도 나옵니다."

나는 그 방 안에 있는 10명 남짓한 사람들이 다 들을 정도로 큰 목소리로 말했다.

"오늘은 27명이 결신 기도를 하기 위해 강대상 앞으로 걸어 나올 겁니다."

내 말에 갑자기 온 방이 물을 끼얹은 듯이 조용해졌다. 담임목사님은 눈을 동그랗게 뜬 채 나를 흥미롭게 쳐다보았고, 존은 큰 소리로 웃으면서 말했다.

"하하하… 목사님은 농담도 참 재미있게 하시네요. 내가 여기서 8년 넘게 있었지만, 그런 적은 한 번도 없었어요. 게다가 그 숫자를 지금 어떻게 압니까? 아직 예배가 시작되지도 않았는데요."

그 말을 듣는 순간, 나는 속으로 움찔했지만, 겉으로 내색하지 않았다. 나는 다시 모두에게 말했다.

"우리 주님은 모든 것을 정확하게 계획하시고 우리에게 기적으로 나타내 주시길 항상 기뻐하십니다. 여러분은 오늘 그것을 체험하게 될 겁니다. 그것이 내가 아는 나의 주님이십니다."

아이고머니나! 무식하면 용감하다고 했다. 그래… 어젯밤에 나는 분명히 그 숫자를 보았다. 하지만 나는 강한 악센트로 영어를 하는 조그만 동양 여자 목사에 지나지 않았다. 내가 잃을 게 무엇인가! 주님을 위해서 미친 사람이 한번 되어드리자. 그래… 나는 예수님에게 확실하게 미쳤다. 그분을 위해서는 미치는 것도 영광이다. 토니는 아무 말도 하지 않고 천장을 바라보고 있었다. 여보… 미안!

토니의 설교가 끝나고 결신 기도 시간이 되었다. 피아노도 없이 달랑 기타 하나로 조용한 결신자 초대 음악이 예배당에 울리기 시작했다. 50명 정도 앉아 있었는데 1명씩 일어나 강대상 앞으로 나아오기 시작했다. 가슴이 뛰었다. 처음엔 10명 정도가 강대상 앞에서 그분의 임재 앞에 무릎을 꿇고 울기 시작했다. 그리고 사람들이 계속 나왔다.

갑자기 존이 앉은 자리에서 벌떡 일어나 복도 중앙에 서더니 강대상 앞에서 손가락을 세워 무릎 꿇은 사람의 수를 세기 시작했다. 두 번인가를 다시 세고는 얼굴이 하얗게 질리더니 바로 옆에 있는 의자에 툭 쓰러지듯이 앉았다.

예배를 마치고 강사용 손님방에서 짐을 꾸리고 있는데, 누군가가 문을 두드렸다. 문을 여니 존이 두 손을 공손히 배에 대고 서 있었다.

"목사님, 당신이 믿는 하나님은 진실로 살아계신 분입니다. 오늘 정확하게 27명이 강대상 앞에서 결신 기도를 했습니다. 저는 지금도 온몸에 소름이 돋습니다. 평생 이 일을 간증하겠습니다."

그렇다. 예수님이시다. 그분께서 이 작은 예배당에 오신 것이다. 낮은 곳에서 신음하는 부서진 영혼들을 만나시기 위해서….

'예수님, 고맙습니다. 그리고 사랑합니다.'

문을 닫으며 돌아서는데 의자에 앉아서 대화를 듣던 토니와 눈이 마주쳤다. 그가 찡긋 윙크하면서 씩 웃었다.

114 주님께 꾸어드리는 방법

 양떼의 발자취 - 간증

내가 친언니처럼 따르는 예쁜 한국인 권사님이 계신다. 그 분의 형제 중에 전직 의사였던 목사님이 한 분 계신데, 그가 멘토로서 내 책에 추천서를 써주셨다. 나는 우연히 가까이서 그의 삶을 바라볼 기회가 있었다. 나는 사역지가 미국이다 보니 한국 목회자들을 잘 모른다. 그런데 내가 본 멘토 목사님은 자신이 강대상에서 선포하는 말씀대로 살기 위해 부단히 노력하셨다. 그가 생활하는 모습이 내게 신선한 감동으로 다가오며 도전이 되었다.

나는 미국 교단 총회의 사회사업부에서 여러 목사님을 감독하며 평가하는 일을 한다. 그러나 목회자로서 전하는 말씀과 삶이 일치하는 사람은 거의 없었다. 부끄럽지만 나 자신도 주님과의 첫사랑을 회복하기 전에는 그런 삶을 살아왔음을 고백한다.

그 멘토 목사님은 특별히 가난하고 병들고 소외된 고아와 이웃을 배려하는 선한 행실을 평생 실천해 온 분이다. 그의 이런 가치관은 내가 평소에 만나는 예수님의 마음과 일치한다. 그와의 대화를 통해 일반적인 한국 교회와 목회자에 관해 조금 알게 되었다.

한국 교회의 헌금 문화는 내가 사역하는 미국 교회와는 좀 다른 것 같다. 나는 한국의 대다수 목회자가 개교회의 운영비나 자신의 월급 출처의 걱정에서 벗어나 정말 성경이 명하는 헌금이나 십일조의 참 계명을 지키길 주님께 기도한다.

내가 속한 미국 교단에는 '마음은 하나님께, 손길은 이웃에게'라는 표어가 있다. 각 교회는 이 표어를 입으로만 외치는 죽은 믿음으로 전락하는 것을 거부하며 재활원, 양로원, 노숙자, 보육원 등 사회사업 시설을 함께 운영한다. 그러다 보니 목회자들의 보수는 여유가 없다. 나는 한국 교회의 헌금 문화가 이제는 성경적 본질로 돌아가야 한다고 생각한다. 물론 이 글을 읽고 나를 환영해 줄 목회자는 없을 줄 안다.

구약시대 이스라엘에서는 가난한 이웃인 고아와 과부와 나그네를 돕는 제도가 마련되어 있었다.

먼저 3년마다 따로 모아 드리는 두 번째 십일조다.

매 삼 년 끝에 그해 소산의 십 분의 일을 다 내어 네 성읍에 저축하여 너희 중에 분깃이나 기업이 없는 레위인과 네 성 중에 거류하는 객과

및 고아와 과부들이 와서 먹고 배부르게 하라 그리하면 네 하나님 여호와께서 네 손으로 하는 범사에 네게 복을 주시리라 신 14:28,29

3년마다 드리는 또 다른 십일조는 매년 드리는 정기 십일조와는 달리 가난한 이웃을 위한 구제 성격의 십일조다. 정기 십일조가 하나님의 중앙 성소에 드리는 정규 헌금이었다면, 구제 성격의 또 다른 십일조는 각 성읍에 저축했다가 가난한 사람들을 위해 사용했다.

또 다른 구제 제도는 추수 때 가난한 이웃을 위하여 얼마를 남겨 놓는 아량이었다. 그런 성격의 구제가 여러 가지 방법으로 시행되었다. 밭에서 곡식을 벨 때 곡식 묶음 하나를 잊고 왔으면, 그것을 가지러 가지 말고 가난한 이웃을 위해 그대로 두어야 했다(신 24:19). 감람나무 열매를 다 떨고 나서 남은 것이 있는지를 살피지도 말아야 했다(신 24:20). 포도원의 포도를 딴 후에 남은 것이 있어도 그것을 따지 말고 객과 고아와 과부를 위해 남겨두어야 했다(신 24:21). 곡식을 거둘 때 밭모퉁이까지 다 거두지 말고 떨어진 이삭도 줍지 말아야 했다(레 19:9,10). 이 모든 제도의 본질은 남을 배려하는 마음이었다.

어떻게 하면 하나님이 우리에게 빚지시도록 만들 수 있을까? 그 답을 하나님께서는 성경에 밝히 알려주셨다.

가난한 자를 불쌍히 여기는 것은 여호와께 꾸어드리는 것이니 그의 선행을 그에게 갚아주시리라 잠 19:17

115 예수님의 뒷모습과 나의 황금 마차

예수님   사랑하는 신부야, 잘 잤니? 나는 네 심장 안에 있단다.

그분의 음성이다. 침대에 누워서 눈을 뜨려고 하는 순간에 그 부드러운 음성을 들었다.

'아… 눈을 뜨면 내가 불안해하는 것을 주님께서 이미 알고 계시는구나.'

나는 마치 젖 먹는 아기와 같다. 잠자리에서 눈만 뜨면 즉시로 엄마가 곁에 있는지 없는지부터 확인하는 아기. 나는 주님 없이는 살수 없다. 어제 아침에도 그분이 어디 계시는지를 애타게 찾았다. 그런 나를 주님은 사려 깊게 배려하셔서 오늘은 먼저 나를 안심시켜 주셨다. 그런 분을 어떻게 사랑하지 않을 수 있을까!

침대에 누워서 이런 생각을 하며 주님의 음성에 행복해하고 있었다. 문득 내 시야 왼쪽에 어디론가 걸어가시는 예수님의 뒷모습이 보였다. 어깨 조금 밑으로 내려오는 굽슬굽슬한 갈색 머리를 단정하게 빗어 넘긴 뒷모습이셨다. 흰옷을 입고 계셨고, 그 옷의 목과 소매 가장자리에 짙은 보라색 테두리 선이 수놓여 있었다. 어깨에는 황금빛 견장 같은 것을 하고 계신 뒷모습이 선명하게 보았다. 오랜만에 주님의 모습을 보니 내 마음이 너무나 포근하고 행복해졌다.

'아이고, 주님… 얼굴 좀 보여주시지!'

제시카   예수님, 사랑해요. 제게 당신의 귀한 모습을 보여주셔서 너무나 감사합니다. 일주일 넘게 아프던 제 귀도 오늘 아침에 낫게 해주셔서 고맙습니다. 주님, 저도 회개 많이 하고 천국을 좀 보았으면 좋겠어요.

예수님   **오늘 아침에도 꿈에 천국을 보지 않았느냐?** (내 마음 깊은 곳에서 주님께서 말씀하셨다)

제시카   네, 고맙습니다.

◆ 영의 세계

아침 일찍 나는 천국에 있는 내 집을 멀리서 보았다. 토니와 나는 사람들과 물건이 많은 시장 같은 곳에 있었다. 우리는 나의 여동생 둘과 함께 테이블에 앉아 있었다.

큰 여동생 자영이가 자기가 산 깨끗하고 예쁜 파스텔색 드레스를 우리에게 보여주었다. 나는 그 드레스가 자영이가 입기엔 너무 어린 스타일인 데다가 작다고 생각했다.

'혹시 자영이가 드린 헌금액이 조금 적었나?'

그 옷이 무엇을 의미하는지 나는 확실히 알지 못했다. 그러다가 나의 왼편 앞쪽으로 계단이 아주 많은 게 얼핏 보였다. 고개를 돌려 눈을 들어보니 계단은 아주 가파르게 위쪽으로 치솟아 있었다. 그리고 그 끝에 익숙한 집이 보였다.

'아… 천국에 있는 내 집이구나. 정말 오랜만에 본다.'

이 생각을 하는 순간, 나는 어느새 계단 꼭대기에 있는 집 앞에 서 있었다. 거기에는 가로 5미터, 세로 4미터 정도의 네모반듯한 연못이 있었다. 연못 물은 깊고 맑았다. 물 안을 들여다보니 왼편 안쪽으로 크고 탐스럽게 보이는 붉은 포도송이들과 붉은 사과들이 가라앉아 있었다. 오른편에는 초록색 테니스공 같은 형태의 물체가 하나 가라 앉아 있었다. 그것이 무엇을 의미하는지 알 수 없었다. 그리고 영의 세계에서 깼다.

나는 다시 주님과 대화했다.

제시카 주님, 천국을 보긴 했는데요. 저도 다른 사람들처럼 아름 다운 경치를 많이 보고 싶어요. 작은 일부분 말고요. 단 한 번이라도 여러 군데를 꼭 보고 싶어요. 제가 본 대로 사 람들에게 꼭 증거할게요. 약속합니다.

예수님 **알았다. 보여주마. 조금 기다려라. 먼저는 내가 준비되어 야 한단다. 마음과 영이 깨끗하지 않으면 교만이 들어가 기 쉽다.**

제시카 주님, 저는 교만해져서 주님이랑 멀어지고 싶지는 않아요. 천국의 아름다운 경치들 안 보여주셔도 돼요. 주님이랑 대 화하고 동행하는 게 더욱 좋아요. 주님만이 제 모든 것입 니다. 당신 없이는 아무것도 가치가 없습니다.

예수님   아이고… 내 신부야, 이제는 제법 예쁜 말도 할 줄 아는구
         나. 그래도 내가 네게 천국을 보여주마. 매일 죄지을 때마
         다 빨리 회개하고 준비하여라. 사랑하는 내 신부야, 나는
         네게 아무것도 감추지 않는단다.
         내 손의 인장 반지 같은 내 신부야, 네 사랑이 참으로 예
         쁘구나. 나를 믿어줘서 고맙다. 너는 이미 너의 황금 마차
         를 보지 않았니?

제시카   네, 주님. 흰말 2마리, 아름답게 문양이 새겨진 기둥 4개,
         가장자리의 휘장과 술들, 보석을 박은 자리, 날개 모양의
         형태를 한 백향목 의자 등을 보았습니다. 정말 화려하고
         아름다운 마차였어요. 환상에서 깨자마자 잊어버릴까 봐
         아예 종이에 그려두었어요. 기억하고 싶어서요.
         고맙습니다, 주님!

예수님   **나랑 같이 탈 날도 있을 테니 준비하여라. 내가 많은 곳을**
         보여주마. 네 눈물 병까지도….

제시카   예수님, 경배와 찬양과 존경과 사랑을 드립니다.
         받으소서, 받으소서, 받으소서!

제시카 예수님, 저는 좁은 길을 가야만 할 것 같습니다. 제 꿈에서는 제가 항상 좁은 길에 있지도 않고 넓은 길에 있지도 않아요. 폭이 차 하나 다닐 정도인 검지도 희지도 않은 회색 도로에 몇 사람이 드문드문 가는데, 모두가 한 방향으로 걸어가고 있어요. 그들은 모두 저처럼 목회자예요. 늙은 자, 젊은 자, 높은 자, 낮은 자… 당신의 종들이 걸어가는 길 위에 제가 있어요.

한 가지 다른 점은 어떤 사람은 머리에 짐을 이고, 등에 짐을 지고, 또 여행용 가방을 들거나 밀면서 가고 있어요. 아주 가끔 짐 보따리 없이 빈손으로 가볍게 걸어가는 사람도 있고, 뛰어가는 사람도 있어요. 그런데 왜 이 길은 오르막과 내리막이 있지요? 이 길의 끝은 어디입니까?

이 길은 제가 26세에 처음 주님을 만났을 때 주님께서 보여주신 그 좁은 길이 절대 아닙니다. 제가 기억하는 그 길은 밝은 빛이 비치지 않는 컴컴한 길이었어요. 도로 폭이 제 어깨너비밖에 안 되는 아주 좁은 길이었지요. 그 길 양쪽에는 까마득한 벼랑이 있었어요.

조금만 방심해서 발을 헛디뎌도 넘어질 것 같은 좁은 길이었어요. 조금만 빨리 가겠다고 뛰다가는 까마득한 낭떠러지 아래로 떨어져 버릴 수밖에 없는 그런 길이었습니다. 그 어두운 길은 아주 조금씩 위쪽으로 꼬불꼬불하게 펼쳐져 있었고, 길의 까마득한 끝에 하얀 성이 보였어요. 마치 무대 조명이 비치듯이 컴컴한 길에서 성 위에만 빛이 비치고 있었어요.

그러나 지금 제가 걸어가고 있는 이 길은 제가 26세에 보았고 기억하는 그 길이 아닙니다. 이 길은 어떤 길입니까? 청년 시절에 제게 보여주셨던 그 길로 저를 다시 데려다주시면 안 될까요? 주님, 저는 지금 불안합니다. 그래서 울고 있습니다. 너무 많은 사람이 걸어가고 있는 이 길은 제가 있어야 할 길이 아닙니다.

예수님　**그때가 되면 내가 알려주마. 너는 근면하고 단순한 생활 습관으로 마음을 준비하는 기도를 하여라. 만약에 내가 너를 그 좁은 길로 보내면 가겠느냐? 그 길은 빛도 영광도 없는, 아무도 찾지 않는 길이다.**

제시카　주님께서 저와 함께 가주신다면 그 길을 걷겠습니다. 저는 진심으로 당신의 마음을 기쁘시게 해드리는 삶의 길을 가고 싶습니다. 그 길에서 결국 당신의 품으로 돌아가는 것이 제 소망입니다.

저는 높은 직함을 포기했습니다. 자리나 직함은 제게 아무 의미가 없고 제 마음속에 그 가치를 잃었습니다. 저는 예수님 한 분만으로 족합니다. 높은 직함을 가지고 그걸 지키느라고 매일 동분서주하면서 주님과 대화조차 못 하고 사는 것보다는, 차라리 낮은 자리에서 바쁘지 않게 일하면서 주님과 대화를 나누며 살고 싶어요. 주님과 더 많은 시간을 가지며 여생을 보내고 싶어요.

저는 그동안 너무나 긴 세월을 허송했습니다. 주님을 만나고 수십 년 동안 목회나 사역이 어느새 제 우상이 되어서 주님은 멀리 계신데 저 혼자만 피와 땀을 바쳐 가며 뛰었습니다.

그러나 이제는 압니다. 제가 제 몸을 불살라서 남에게 준다고 할지라도 예수님을 향한 제 사랑의 마음을 통해서 하지 않는다면, 그것은 아무 의미 없는 몸짓에 지나지 않는다는 것을요. 당신을 사랑하는 마음 없이 흘렸던 피와 땀은 오로지 제 의를 힘써 좇은 것밖에 되지 않는다는 것을요. 당신을 진정으로 사랑하는 마음이 없다면 천국조차도 우상이 될 수 있다는 것을 알았습니다. 만약 당신이 없는 천국이라면 그곳은 제게 천국이 아닙니다.

저는 여태껏 천국에서 면류관과 상을 받겠다는 일념 하나로 청춘을 불사르며 열심히 뛰었습니다. 그러나 예수님… 천국이 위대한 것이 아니라 천국을 만드신 당신이 위대하신 분이라는 것을 알았습니다. 그 사실을 깨닫게 해주신 분이 예수님 바로 당신이십니다.

저는 오직 예수님, 당신 한 분만으로 만족합니다. 당신의 임재가 있는 곳이 천국이고, 당신의 임재가 없는 곳이 지옥입니다. 천국의 계열과 반차도 제게는 의미가 없습니다.

저는 어디서든지 사모하는 예수님의 가장 가까운 곳에서 영원히 머물러 있을 수만 있다면 좋겠습니다. 만약에라도 제 죄 때문에 천국에서 당신의 거룩하심에 근접할 수 없다면 차라리 저를 작은 먼지 한 톨로 만들어서 당신의 신발 끈 위에 묻어 다니게 해주세요. 저는 그것으로도 만족합니다. 그것만으로도 너무나 고마운 당신의 은혜라고 믿습니다.

사실 주님은 저 같은 죄인을 떠나셔야 합니다. 그러나 저는 당신이 없으면 살 수가 없습니다. 저를 그저 불쌍하게 생각하시고 당신께 묻어 다니게만 해주세요. 제 마음의 뜻과 성품을 다 바쳐서 당신을 사랑합니다.

나의 주인 되신 예수님, 경배합니다.

예수님 **사랑하는 내 신부야! 내가 너의 마음을 읽었다. 나는 이 세상 그리고 저세상에서도 결코 너를 떠나지도, 버리지도, 멀리 있지도 않을 것이다.**

제시카 약속해 주세요, 주님.

예수님 **내가 약속하마. 이는 너를 위해 흘린 내 귀중한 피의 언약이다. 어여쁜 내 사랑은 많은 가시나무 같은 여자 중에 백합화 같구나. 자… 일어나라. 오늘도 함께 가자.**

🌹 잠근 동산의 대화

예수님 잘 잤니? 내 신부야!

제시카 주님, 어디 계세요?

예수님 네 심장 안에 있단다.

제시카 커다란 우주를 셀 수 없이 만드신 크신 주님이 어떻게 제 작은 심장 안에 계세요?

예수님 하하하… 영은 그럴 수 있느니라. 영은 크기와 부피에 종속되지 않는단다. 한 사람에게 2,000마리 군대 귀신 같은 악령이 들어가 있지 않았니? 그러나 나는 너의 심장에 내 이름을 새겼느니라.

제시카 저는 무식해서 그 뜻을 잘 몰라요. 그러나 저를 위해 주님께서 하신 건 무조건 최고의 선택인 줄 믿습니다. 예수님, 사랑합니다.

주님! 찬양은 참 좋은 것 같아요. 부르고 있으면 자꾸 눈물이 나요. 당신의 이름은 천만번 불러도 가슴이 두근거리고 눈물이 핑 돕니다.

예수님 내 이름은 멸망 받을 자에게는 죽음의 냄새고, 내 자녀에게는 생명의 향기니라. 나는 네가 항상 그 향기에 취해서 세상을 돌아보지 않기를 바란단다.

제시카   세상에는 취할 것이 아무것도 없다는 것을 당신께서 제게 깨닫게 해주셨어요. 세상에는 제가 돌아볼 가치 있는 것이 아무것도 없다는 것을 알았어요.

예수님   그렇다. 이 세상의 모든 것은 좀과 동록이 슬고 옷이 해어짐과 같이 낡아서 갈라질 것이다. 결국 마지막에는 불에 타서 없어지기 위해 잠시 간수된 것들뿐이니라. 나는 내 백성이 이것을 깨닫고 정신을 똑바로 차리고 이 세상에 대한 가치관을 새롭게 정립하기를 바란다.

네가 마땅히 보아야 할 것은 이 세상에서는 보이지 않는 숨겨진 것들이다. 왜냐하면 네 눈에 보이는 것들은 잠시 잠깐 있을 것들이요, 네 눈에 보이지 않는 그것들이 영원히 진짜 존재하는 것들이기 때문이란다. 그러나 그 귀한 진리를 깨닫고 영이 깨어 있는 자가 희귀하구나.

사물의 참 가치를 알고 난 후에 힘들고 어렵더라도 그것에 합당한 열매를 힘써 맺는 자가 나를 기쁘게 하는 자이고 세상을 이긴 자가 되느니라.

내 백성들은 어떻게 하면 이기는 자가 될지 다들 머리로는 잘 알고 있단다. 그러나 선택하여 결단을 내리고 행하는 자는 너무나 소수이니라. 설령 머리로 알고 있다손 치더라도 그 진리가 가슴에 내려가기까지 너무나 긴 시간이 걸리는구나. 머리와 가슴 사이가 손바닥 두 뼘도 안 되는 거리인데도 수천 리 길같이 멀구나.

너도 머리의 로고스로 알고 있는 말씀들이 마침내 가슴의 레마로 도착하여 결단하고 행하기 시작하는 데 30여 년이나 걸리지 않았니! 직업이 목사인 너도 그런데, 불쌍한 내 백성은 거친 세상에서 버티고 살아가기가 얼마나 힘들겠느냐.

원수의 영에게 속아 이 땅에서 영원히 살 것처럼 나에게 돌아오지 않는 내 백성들을 생각하면 가슴이 천만 갈래로 찢어진단다. 기억하여라. 오직 이긴 자에게만 그 좁은 문으로 들어올 자격이 주어지느니라. 좁은 문으로 들어온다는 것은 결코 쉬운 일이 아니란다.

나를 믿는다고 입으로는 고백하면서 행동은 제 마음이 원하는 대로 하는 자들이 자신을 성도로, 집사나 장로로, 목사로, 선교사로 착각하며 사는구나. 잘 들어라. 말씀과 행위의 열매가 일치하지 않는 자의 믿음은 자신을 속이는 죽은 믿음이니라. 이 죽은 믿음으로는 결코 나의 진주 문을 통과할 수 없단다.

왜냐하면 내 아버지 하나님은 산 자의 하나님이지, 죽은 자의 하나님이 아니기 때문이란다. 그 말씀과 행위의 열매가 일치하는 자, 살아 있는 믿음을 가진 자만이 나의 진주 문을 통과하여 성안을 볼 수 있단다. 성안에 살면서 생명나무의 달마다 열리는 열두 가지 실과를 먹을 수 있는 축복이 허락된단다.

십자가에서 흘린 나의 보배로운 피는 죽은 믿음을 위하여 흘린 피가 아니다. 죽은 믿음을 가진 모든 자는 유황불 못은 면할 것이다. 그리고 그들은 반드시 바깥 어두운 곳에서 슬피 울며 이를 갈 것이다. 캄캄하고 어두운 그곳을 이 세상에서 스스로 선택했는지도 모른 채 들어갈 모든 자가 너를 핍박하며 너에게 돌을 던지리라. 그러나 나는 악하고 게으른 자들을 캄캄한 바깥 어두운 곳으로 쫓아내라고 분명히 밝혔었다.

그들은 '한 번 구원은 영원한 구원'이라고 자신을 속이며 개차반 같은 자신의 영육 간의 불의를 정당화하는 무리다. 바다의 모래 같은 수많은 사람 중에 불의를 행하는 자는 그대로 불의를 행하고, 더러운 자는 그대로 더럽고, 의로운 자는 그대로 의를 행하고, 거룩한 자는 그대로 거룩할 것이다.

죽은 믿음의 소유자는 힘써 자기 의를 좇기에 급급해서 나의 진실하고 살아 있는 생명의 의가 무엇인지조차도 모르는 자이며 현대판 바리새인이다. 경건의 모양은 갖추고 있으나 경건의 능력은 부인하는 자들이니라. 한편, 나의 마음을 읽은 후에 눈물로 회개하며 다시 내게로 돌아오는 극소수의 무리도 있느니라.

그러니 너는 열매 없는 무화과나무 같은 현대판 바리새인들의 돌을 맞을 각오가 되어 있느냐?

제시카 주님, 당신의 계집종이오니 아버지의 뜻이 하늘에서 이루어지듯이 이 땅에서도 이루어지리다. 오직 여호와 하나님만이 합당한 찬양과 경배를 받으옵소서.

네… 맞습니다. 예수님의 그 귀하신, 보석 방울보다 더욱 귀한 그 피는 죽은 믿음을 위하여 흘리신 것이 아닌 줄 압니다. 살아 있는 믿음을 가진, 이 세상을 '이긴 자'만이 그 피의 공로의 가치를 믿고 알았사옵니다.

다만 제가 그 돌을 맞을 때 저를 기억하옵소서. 제가 처절하게 찢어질 때 당신을 사랑한 이 신부를 기억하옵소서. 그리고 원수의 영에게 속아서 모르고 돌을 던지는 그들을 불쌍히 여기소서.

예수님, 저는 각오가 되어 있습니다. 오직 당신만을 위해서, 당신의 참 복음의 비밀을 위해서 제 생명을 바치겠습니다. 그리고 반드시 당신과 일어나서 함께 갈 것입니다.

우리의 신랑이신 주 예수여, 어서 오시옵소서. 마라나타!

118 천사가 말하는 '할렐루야'의 참뜻

나는 〈바울의 묵시록〉에서 이 대화를 읽고 마음에 큰 찔림과 감동을 받아 이를 공유하려고 한다.

바울 '할렐루야'란 무엇을 말하는 것입니까?

천사 너는 무엇이든 캐묻고 싶어 하는구나. 할렐루야는 하나님의 천사들의 언어인 히브리어로, 그 의미는 '데켈 가트 마리트 마가'이다.

바울 이 말은 무엇을 의미하는 것입니까?

천사 '우리 모두 하나 되어 그분을 찬양하자'라는 뜻이다.

바울 그럼 할렐루야를 외치는 사람은 모두 하나님을 찬양하는 것입니까?

천사 그렇다. 그러니 누군가가 "할렐루야" 하고 노래하는데 함께 노래하지 않으면, 그는 죄를 짓는 것이다.

바울 어린아이라도 똑같이 죄를 짓는 것이 되나요?

천사 그렇지는 않다. 그러나 함께 노래할 수 있는데도 부르지 않는 것은 하나님의 말씀을 경시하는 것으로 보아라. 자기의 창조자이신 주 하나님을 찬미하지 않는 것은 거만한 일이며 인간으로서 타당하지 않다.

119 목회자들은 대접받는 데 잘 길들어 있다

정년퇴직한 어느 신학교 총장님이 후배 목사님에게 충고의 말을 전해주었다. 교인들이 목사에게 선물을 주거나 함께 식사하고 난 후에 교인이 주로 계산하는 경우, 목회자가 어떻게 반응해야 하는지를 핵심 성경 구절을 들며 가르쳐주었다.

가르침을 받는 자는 말씀을 가르치는 자와 모든 좋은 것을 함께하라

갈 6:6

'가르침을 받는 자, 즉 교인이 말씀을 가르치는 자인 목사에게 좋은 것을 나누는 것은 당연하다. 그래야 축복을 받기 때문이다'라는 말씀이었다. 참 그럴듯했다. 나는 자기 전에 주님께 여쭤보았다.

"주님, 아까 그 총장이 해석한 말이 맞나요?"

주님께서 말씀하셨다.

'너는 그에게 한평생 목회할 때 남에게 사준 적이 많았는지 아니면 얻어먹은 적이 많았는지를 물어보아라. 사준 적이 많았다고 하면 그 자를 존경하고, 얻어먹은 적이 많았다고 하면 회개하라고 하여라. 그는 이미 마음에 그 대답을 아느니라.'

내가 말했다.

"아이고, 주님… 그 사람이 얻어먹은 적이 많았는지, 사준 적이 많았는지 그 수까지도 다 알고 계시잖아요. 주님이 얼마나 정확하신 분인지 저는 알아요. 그냥 제게 알려주세요."

문득 왜 주님께서 내게 알려주시지 않는지를 깨달았다.

'우리의 인격을 존중하시는 참으로 자상하신 예수님, 저라도 주님의 심정을 알아드릴게요. 사랑합니다.'

120 예수님의 관점에서 본 신앙의 네 단계

🌿 잠근 동산의 대화

예수님 잘 잤니? 내 신부야.

제시카 네… 예수님, 그런데 오늘은 제가 많이 아파요.

예수님 알고 있다. 곧 나을 것이다. 내가 열은 없앴다.

제시카 아… 그렇구나. 머리도 아프고 기침도 나는데 정말 열은 없네요. 고맙습니다. 예수님, 사랑해요.

예수님 모든 사람에게는 아픈 날짜도, 시간도 다 정해져 있단다. 이 땅은 천국에 들어가기 위해 훈련받는 장소란다. 그러니 아픈 시간도 네가 다 채워야 한다. 악인의 보응도 그 악의 향료가 다 찼을 때 보응을 받느니라. 선한 자의 선도 그 향료가 다 찼을 때 상을 받을 수가 있단다. 해 아래 모든 피조물에게는 때와 시간이 다 정해져 있단다.

천하에 범사가 기한이 있고 모든 목적이 이룰 때가 있나니

전 3:1

제시카   주님, 제 아픈 귀를 낫게 해주셔서 고맙습니다.

어젯밤 꿈에 제가 영어로 설교를 아주 잘했어요. 강대상 앞에서 큰 소리로 성경을 또렷하게 발음하고 외치던데요. 평상시 제가 아니었어요. 너무 기뻤어요.

예수님   앞으로 그런 날이 올 거라서 미리 훈련하는 중이다. 이제 영어 설교에 대한 걱정은 그만해도 된다. 문제는 영어가 아니라 네 마음이니라. 나는 내가 원하면 돌들로도 소리를 지르게 하고, 말 못 하는 나귀의 입에도 할 말을 실어줄 수 있단다. 네가 내 말에 순종하려는 결단만 하면 내가 무엇이든지 다 채우고 인도하마. 나는 내 자녀가 이 땅에서 훈련받을 때 필요한 것들을 다 공급한단다.

문제는 내 자녀가 자신에게 필요한 것은 기도하지 않고, 자기가 원하는 것만 구하는 것이란다.

제시카   주님, 저희가 지혜가 부족하고 몰라서 그래요.

예수님   그래… 그러니까 방언 기도가 필요하단다. 방언은 모든 영적인 세계로 들어가기 위한 첫 관문이라고 생각하면 된다. 방언은 자신의 영이 각자의 삶에 필요한 바를 하나님

께 아뢰는 비밀 기도다. 비록 자신이 뭘 간구하는지 모르지만, 원수의 영도 모르니 원수에게 공격 기회를 주지 않아서 더 좋지. 그러나 보통 언어의 기도는 하나님도 알고 원수도 알아들으니, 악령들은 듣는 즉시 성도를 방해할 계획을 자기들끼리 세운단다.

악의 영도 계급과 체제가 있고 서열이 있다. 루시퍼를 추앙하는 무리가 제날이 얼마 남지 않은 것을 알고 얼마나 내 백성을 악랄하게 공격해 대는지….

그러나 끝까지 참고 견디는 자는 내가 지키고, 또 마지막 날에 면류관과 상을 받을 것이다. 간혹 성도가 너무 기특하면 내가 이 땅에서 미리 상을 베풀기도 한다. 그러나 천국에서 받는 상이 훨씬 더 좋고 값지단다.

제시카 주님, 왜 그렇게 우리를 사랑하세요?

예수님 다 내 속에서 난 자들이기 때문이다. 내 나라인 천국에 합당한 자로 만들기 위해 이 땅에 씨앗처럼 떨어뜨려서 훈련하고 가르침을 주는 것이다. 그러나 내 천부께서 심지 않은 자들은 다 뽑힐 것이다. 나를 구원의 주로 영접하지 않기를 선택한 자들은 다 마귀의 자녀가 된다.

원수도 제 자식은 안다. 그래서 지옥으로 데리고 갈 제 자식은 건드리지 않고 있다가 마지막 숨이 끊어지는 날에 하나님의 심판대 앞에서 번개가 떨어지듯이 그 영혼을 자기가 있는 곳으로 낚아채느니라. 원수가 끊임없이 유혹하고 괴롭히는 건 내 자녀들이다. 그들은 이 세상에 속해 있지 않기 때문이다. 세상이 나를 미워하여 십자가 나무 위에 못을 박았듯이 내게 속한 나의 모든 자녀도 세상이 미워하며 핍박하느니라. 그래서 좁은 문은 찾는 자가 적은 것이다. 자신을 크리스천으로 칭하면서 행함이 없는 죽은 믿음을 가진 자들은 핍박도 고통도 별로 없단다.

내 계명을 지키면서 삶이 평안하다고 외치는 자는 다시 한번 자신의 믿음을 점검해 보아야 한다. 왜냐하면 좁고 협착한 그 길은 전혀 평안하지 않기 때문이다.

그러나 폭풍의 눈 안은 극도로 잔잔하듯, 내 안에서 순종하는 삶으로 완전히 들어온 사람은 환경에 지배받지 않기에 그 영혼에게 어떤 일이 닥쳐도 요동하지 않고 평안할 수 있단다. 그러나 이 믿음은 모두의 것이 아니니라. 자기 십자가를 지는 것만으로도 버거워하는 경우가 대부분이지.

내가 신앙의 네 단계를 말해 주마.

첫째는 기초 단계로 '신앙의 출발을 하는 교인의 무리'다. 그들이 지는 십자가는 대부분 외부로부터 오느니라. 돈, 관계, 학력, 명예, 유혹, 음란 등의 우상과 그에 속한 유혹을 절단하는 일이다. 외부로부터 오는 십자가도 지지 못하는 자는 젖 먹는 신앙인이란다.

평생 젖만 먹는 크리스천으로 살다가 마지막 날을 맞는 교인이 교회 안에 태반이 넘도록 많으니라. 성경책을 들고 교회만 오가길 되풀이하는 중에 나의 성소 안으로 들어오지도 못하고 평생 나의 성막 뜰만 밟다가 마지막을 맞는 교인 무리가 가장 많단다. 이들은 교회에 축복을 위해 내는 헌금조차도 인색하여 손을 오므리는 무리다. 영적으로 손이 마른 자들이라. 그 끝을 모르고 넓은 길을 택해서 가는 자들을 생각하면 내 마음이 너무나 아프구나. 사람이 무엇으로 심든지 천국에서는 그대로 거두리라.

둘째는 성숙 단계로 '신앙의 성장을 하는 종교인의 무리'다. 기초 단계의 교인보다는 조금 낫지만, 나를 잘 안다는 착각에 갇혀 사는 종교인이다. 그들은 신을 알고 앙망하는 마음이 있는 자로 말씀을 듣고 하나님을 향한 예배의 제사를 드릴 때 제물을 씻는 물두멍까지는 회개하고 들어오는 자들이니라.

헌금도 하고 감사할 줄도 알지만, 나와 세상을 겸하여 즐겁게 섬기는 자들이니 마음에 정함이 없어 환난이 오면 신앙의 기쁨을 잃고 자기 눈에 보이는 즐거움을 좇느니라.

또한 그들은 한 발은 물두멍을 밟고, 다른 한 발은 세상에서 제 마음의 즐거움을 밟고 있으며, 실컷 내 앞에서 회개하고 난 후에 교회 문을 나가면 또 세상 유혹에 속아 넘어가는 염소 무리다. 자기 십자가가 무엇인지 알고 있지만, 그것을 지고 나를 따라오지 않기로 선택한 자, 곧 쭉정이들이다. 내가 명하는 그 길은 힘들고 좁은 길이기 때문이다.

차지도 뜨겁지도 않은 종교인인 그들의 특징은 제 믿음이 바로 섰다고 스스로 속아서 남을 몹시 비판하고 핍박하며 그것이 하나님을 잘 믿는 길이라고 굳게 믿는 것이다.

현대판 서기관과 바리새인의 무리인 그들은 힘써 자기의 존재하지도 않는 의를 좇기에 급급해서 나의 진짜 음성을 구분할 능력도 없다. 오직 내 양만이 참 목자의 음성을 알고 따라올 것인데, 종교인은 염소 무리다. 그들은 내 양이 아니기에 참 목자인 나의 음성을 들을 할례받은 귀가 없단다.

바로 그들이 너에게 돌을 던질 무리니라. 내가 원하는 참다운 성결의 삶을 부인하는 염소 무리. 그러나 내가 마지막 날에 각 사람이 행한 대로 다 갚아주리라. 그들은 요한복음 5장에서 내가 2천 년 전에 언급한 종교인의 무리다. 그렇게 세월이 흘러도 해 아래 새것이 없구나.

'신앙의 교만'은 마귀의 가장 교활한 성품이다. 이를 모르고 추종하는 종교인인 그들은 마귀의 주요 공격 대상이 되기 일쑤다. 마귀는 삶의 환난을 제거하여 자아를 파쇄하지 못한 평안한 삶으로 공격하느니라. 이 염소들이 갈 곳은 이미 정해져 있느니라.

그 말씀이 너희 속에 거하지 아니하니 이는 그의 보내신 자를 믿지 아니함이니라 너희가 성경에서 영생을 얻는 줄 생각하고

성경을 상고하거니와 이 성경이 곧 내게 대하여 증거하는 것
이로다 그러나 너희가 영생을 얻기 위하여 내게 오기를 원하
지 아니하는도다 요 5:38-40

셋째는 부흥 단계로 '신앙의 열매를 맺는 성도'다. 이들은
자기 십자가를 지고 나를 좇는 무리다. 결국 천국 백성이
될 모두가 져야 하는 마지막 십자가는 스스로의 자아 파
쇄다. 자기를 부인하고 날마다 죽어서 자아 파쇄의 십자
가를 지고 나를 따르는 무리를 나는 '성도'라고 부른다.
성도는 성소까지 들어올 줄 알고 또 그것을 기뻐한다. 그
들은 단단한 식물을 먹을 수 있는 장성한 사람이다. 이 단
계를 걷고 있는 내 백성은 아주 적단다. 내 아버지께서는
이 무리에게 천국을 주시길 기뻐하신다.
모태 신앙, 목사, 장로, 권사, 선교사, 평신도 등의 직함이
나 교회를 다닌 연수와 신앙의 단계는 아무 상관이 없단
다. 알곡의 무리는 그 수가 적지. 그러나 이 소수의 무리
조차도 대부분 이 단계에서 만족하고 생애 마지막 날을
맞으며, 성도의 삶을 마치고 천국으로 들어온단다.
종교인은 '세상에 대하여' 자신이 행동한 것과 행동하지
않은 것에 관해 하나님께 회개한다. 하지만 성도는 '하나
님에 대하여' 자신이 행동한 것과 행동하지 못한 것에 관
해 하나님께 회개한다. 그것이 종교인과 성도, 각기 다른

두 부류의 차이다.

넷째는 완성 단계로 '신앙의 성숙을 아는 선지자이며 나의 신부들'이다. 참으로 간혹 있는 희귀한 자들로, 이들은 결코 무리가 아니다. 제 십자가를 지고 괴로워하지도 않고 매일 기쁨과 감사로 나를 따라오면서 영의 신령한 찬양과 기도 속에서 매 순간 나와 사랑을 나누는 사람들이다. 삶을 오직 나에게만 '올인'한 자로, 성소 안에 있는 찢어진 휘장을 넘어서 지성소까지 들어올 줄 아는 사람들이다.

사랑하는 나의 딸아! 지성소가 어디인지 아느냐? 지성소는 나의 마음이니라. 이들은 내 마음과 합한 자로 일컫는다. 지성소에는 왕의 부름을 받은, 내가 택한 자 외에는 결코 들어올 수 없다. 수많은 자가 왕의 택함의 참 의미를 알지 못하면서 값싼 택함을 운운하는구나. 그러나 이는 사람의 힘이나 능으로 되는 택함이 아니다.

이들은 모태에서 지어지기 전에 내가 이미 그들을 알고 그 이름을 부른 자들이다. 나는 이들을 바라보면서 인간을 창조한 것에 위로받는단다. 이들은 나의 종자 씨요, 무더운 추수 날에 시원한 얼음냉수 같은 귀한 자들이다. 내가 기뻐하는 자는 내 아버지께서도 그 나라를 예비하여 주시길 기뻐하신단다. 이들은 이 땅에 살더라도 이미 천국에 그 처소가 예비되어 있는 자들이다. 원수가 시샘하며 약이 올라서 건드리기도 버거워하는 자들이다.

그래도 마지막 날까지 절대 방심하면 안 된다. 왜냐하면 궁창에 거하는 악령들이 친, 커다란 쇠 바위보다 두꺼운 덮개가 이들의 기도와 믿음의 공력에 의해서 열렸다 닫혔다 하기 때문이다.

이들은 나의 기쁨의 포도원에 심긴 아주 희귀한 극상품의 종자 씨다. 이들은 이 세상에 살지만 이 세상에 속하지 않은, 이긴 자들이다. 나의 정예 부대다. 이들을 따르는 수호천사들의 계급과 수도 다른 사람들과 다르단다. 원수도 나의 허락 없이는 이들에게 손을 대지 못한다.

하나님의 눈이 머물러 있는 사람들이며 어디로 행하든지 낮과 밤으로 구름 기둥과 불기둥이 저들을 위해 예비되어 있단다. 이들은 천국에 막힘없이 직통으로 하나님의 보좌에 기도가 올라갈 수 있도록, 그 기도를 차단하는 궁창의 덮개가 열려 있는 하늘 문을 알고 보는 사람들이다. 나로부터 안약을 사서 그 눈에 바른 사람들이니라. 바울처럼 육의 눈을 덮고 있던 비늘이 벗겨진 자들이다.

그들이 어디로 가든지 궁창의 열린 구멍인 영의 세계의 문이 그들 위로 따라다닌다. 수많은 이단 무리가 원수가 보낸 미혹의 영에 속아서 자기 교단을 믿는 자들이 이런 택함을 받은 무리라고 속이는구나.

기억해라. 내가 말하는 이들은 결단코 '무리'가 아니다. 성읍에 1명이나 족속에 2명 있을 정도로 실로 적으며 내 아버지의 뜻으로 택함을 받은 숨겨진 신부들이다. 휴거의 양각 나팔 소리를 알고 기다리는, 들림 받을 극소수이니라. 천년왕국 이후에 예정된 새 예루살렘 성이 내려올 때 신랑을 위해서 단장할 내 신부들이니라.

그들을 즐거워하시면서 기쁨에 못 이겨 잠잠히 바라보시는 하나님의 눈이 머물러 있는 자들이니라. 이 세상에서나 저세상에서도 이들에게 악을 범하는 자는 내 아버지의 눈동자를 범하는 것이니라.

이 종자 씨들을 추수하기 위해 수천 년을 이어온 나의 사역이 있었느니라. 이들은 내 나라에서 왕 노릇을 할 사람들이며 궁창의 별과 같이 빛날 사람들이다. 네가 알고 있는 사람 중에도 이 단계의 사람이 있지 않느냐?

제시카 찬양과 감사를 받기에 합당하신 여호와여, 만물이 당신에게서 나왔고, 당신의 마음과 손에 달려 있나이다. 제 생명을 바쳐 당신을 사랑합니다. 저를 기억하옵소서.

예수님 오늘도 일어나 함께 가자, 나의 신부야.

나 여호와가 말하노라 배역한 자식들아 돌아오라 나는 너희 남편임이니라 내가 너희를 성읍에서 하나와 족속 중에서 둘을 택하여 시온으로 데려오겠고 렘 3:14

제시카   예수님, 정말 죄송해요. 어제와 오늘 너무 아파서 주님과
대화도 못 했어요. 그런데 정말로 많이 아팠어요. 감기도
이 정도로 아픈데 주님은 십자가에 못 박히시고 가시관이
얼마나 아프셨을까요? 다 제 죄 때문이지요?
너무나 죄송해요, 주님! 그리고 사랑해요.

예수님   **사랑하는 나의 딸아, 괜찮다. 그래도 네 덕분에 십자가에
서 마지막에 내가 고개를 떨어뜨릴 때 미소 지을 수 있었
느니라. 나의 사랑하는 자녀들을 생각하면서 그 고통 속
에서도 결국은 미소 지을 수 있었느니라. 내 부활이 내 사
랑하는 자녀들의 부활이 된다는 것을 생각하였다.**

제시카   주님, 고맙습니다. 사랑합니다, 예수님!

예수님   잘 잤니? 사랑하는 내 신부야!

제시카 주님, 많이 나았어요. 그런데 오늘부터 출장이 있어요.

예수님 그래, 범사에 기한이 있단다. 살다가 병이 들었을 때, 죽을 때가 있고 치료될 때가 있단다. 그래서 하나님께서 하시는 일의 시종을 네가 측량할 수 없게 하셨단다. 그래도 내 마음이 정말로 아팠던 것을 너도 잘 알지?

제시카 잘 모르겠어요. 주님, 어제 너무 아플 때 주님께서 제 곁에 계시지 않는 줄 알았어요. 안 보이셔서요.

예수님 하하하… 알았다. 어제 종일 너를 위해서 기도했었다. 그러니 오늘 네가 자리를 털고 일어난 것이 아니냐.

제시카 저는 주님처럼 권능을 가지신 분이면 말 한마디만 하셔도 제 병이 깨끗하게 나을 줄 알았어요.

예수님 사랑하는 내 딸아! 내가 네 안에 있을 때는 모든 것을 네 상태와 믿음에 보조를 맞추고 있단다. 그렇지 않으면 마귀가 '교만'이라는 무기로 금세 방문한단다.

제시카 아… 그렇군요. 고맙습니다. 주님! 저는 왜 이리 미련하고, 예수님을 철저히 신뢰하는 믿음이 없지요. 저를 위해 생명을 바치신 주님을 잠시 잊어버렸어요. 어떤 상황에도, 무슨 일이 있어도 주님의 사랑을 잊지 않고 신뢰해야 하는데 말이에요. 저를 용서해 주세요, 주님.

예수님 괜찮다, 나의 딸아! 무엇이든지 다 용서하마.
오늘 출장 가서 해야 할 일을 잘 알고 있지?

제시카 올해 목사 안수 예정자 2명을 5년 동안 멘토링 해주는 일이에요. 저도 병아리 목사 시절이 있었으니 그 심정을 잘 알아요. 그러나 제가 매우 부족한 것 아시지요? 주님께서 동행해 주셔서 그들을 주님께서 좋아하시는 길로 이끌도록 인도해 주시리라고 믿어요. 모든 것 가운데 제가 믿는 것은 주님의 능력밖에 없습니다. 저는 주님이 계시지 않으면 먼지 한 톨 같은 존재일 뿐입니다.

예수님   **알았다. 내가 너를 인도하마. 사랑하는 내 신부야, 내 미소를 받아다오. 네가 나를 상쾌하게 하는구나. 우리 일어나서 함께 가자.**

123 내 영의 나이를 알다

🌿 영의 세계

사람들이 북적거리는 아주 복잡한 재래시장 같았다. 시장길은 넓고 사람들은 어디론가 분주하게 가고 있었다. 나는 포대기에 싸인 갓난아기를 품에 안고 인파 속을 걸어가고 있었다. 아기는 태어난 지 얼마 되지 않아 아직 통통 부은 눈도 제대로 뜨기 힘들어하는 신생아였다. 나는 이 아기를 정말 사랑하여 잘 보살펴 주고 싶었다.

시장길 옆으로 조그만 골목길이 보였다. 약간 경사가 진 좁은 언덕길로, 사람들은 그 길을 보지도 않고 지나쳐 갔다. 나는 문득 내가 가야 할 목적지가 아주 멀다는 생각이 들었다. 그리고 먼 길을 가려면 아기를 품에 안고 가기보다는 등에 업고 가는 편이 덜 힘들 것 같았다. 그러려면 사람들이 많은 이 큰길보다는 사람이 찾지 않는 골목길에서 아기를 잘 업어야겠다고 생각했다.

골목길로 발을 돌리는데, 그 좁은 길의 언덕 위에 허름한 빵집이 보였다. 나는 생각했다.

'그래… 저기서 아기를 고쳐 업어야지.'

그런데 빵집에 들어서자 계산대 앞에 엄마가 서 있었다. 깜짝 놀라서 물었다.

"엄마, 여기 웬일이에요?"

엄마가 미소를 보이면서 내게 대답했다.

"응, 내가 동네에 빵집을 하나 열었어. 내가 직접 만든 빵을 좀 먹고 가거라. 아기는 내가 안고 있을게."

그러면서 엄마가 아기를 받아 안았다. 빵집은 밖에서 보기와는 다르게 실내가 고급스러웠다. 빨간 벽돌로 장식된 벽이나 빵이 진열된 유리 진열장, 선반 등이 꼭 몇 년 전에 함께 가족 여행을 갔던 프랑스 샹젤리제 거리에서 본 제과점처럼 고급스러운 분위기였다. 빵들도 아주 신선하고, 맛깔스럽고, 예쁘게 하나하나 포장되어 잡지 사진처럼 멋지게 진열되어 있었다. 나는 놀라서 엄마에게 물었다.

"우와… 엄마, 정말로 엄마가 다 만드신 거예요?"

엄마가 대답했다.

"그렇단다. 실컷 먹고 좀 쉬어 가거라. 나는 아침 일찍 벌써 많이 팔았다."

나는 선 채로 빵을 먹으며 말했다.

"엄마, 나는 이 아기랑 아주 먼 길을 가야만 해요. 그래서 포대기로 아기를 제대로 업고 가려고 들어왔어요. 제가 아기를 등에 단단하게 업을 수 있도록 좀 도와주세요."

엄마는 알았다고 하면서 포대기를 풀어서 옆에 두고 구부린 내 등위로 아기를 올려주었다. 아기는 옷을 입지 않고 벌거벗은 몸이었다. 그런데 얼마나 약한지 등에 힘이 없어서 몸을 가누지도 못했다. 나는 연약한 아기가 불쌍해서 눈물이 났다. 그리고 엄마의 도움으로 아기를 내 등에 포대기로 아주 단단하게 묶었다.

맛있는 빵도 먹고, 조금 쉬고, 아기를 제대로 업으니 마음이 한결 편했다. 나는 엄마의 빵집에서 나와 먼 길을 걸어가기 시작했다.

'혹시 내 등에 업힌 이 아기가 내 영이 아닐까? 예수님에게 물어봐야겠다.'

124 한 번만 더 기회를 주시면 안 될까요?

🌿 잠근 동산의 대화

예수님   사랑하는 나의 신부야! 너는 막달라에서 온 마리아 같은 사람이다. 골고다 길에서도 언덕 위까지 따라온 이가 그녀였다. 십자가에 박혀 있는 내 발을 쓰다듬었던 것도, 내려와 눕혀진 내 발 위에 눈물을 떨구어 준 것도 그녀였다. 무덤에 눕히는 나를 바라본 것도, 안식 이후 미명에 아무도 나를 찾지 않았을 때 가장 먼저 나를 찾아준 것도 그녀였다. 그러기에 나는 이 지구에 존재하는 그 누구보다도 나의 신부들에게 가장 먼저 보이려고 그 도피성 위에 앉아서 너를 기다리고 있었다.

기억이 나느냐? 나의 신부야! 네가 26세로 아름다웠던 그 시절에 내가 처음으로 너를 찾아갔던 그날을. 내가 양옆의 천사와 함께 그 성벽의 담 위 길에서 곤하여 주저앉은 채로 너를 바라보지 않았느냐. 그러나 너는 놀라서 나를 바라만 볼 뿐 내게 뛰어와 안기지를 않더구나.

제시카 예수님, 그때 저는 주님의 태양처럼 빛나던 눈이 무서웠습니다. 그 눈이 저를 바라보실 때, 마치 양날의 날카로운 두 검이 제 모든 것을 잘라버릴 것 같아 두려웠습니다. 틀림없이 제 더럽고 무거운 죄 때문이었을 것입니다.

주님! 저를 용서해 주세요. 그러나 40여 년이 지난 지금은 다릅니다. 이제는 제가 당신의 신부로 성장했습니다. 제발 지금 여기 있는 저를 보세요. 당신의 여종이 무릎 꿇고 기다리고 있나이다. 당신의 임재를 보여주소서.

이제는 제가 꼭 달려갈게요. 주님을 무서워하지 않을게요. 달려가서 안아드릴게요. 당신의 옷자락을 잡고 두 번 다시 놓지 않을 것입니다. 제게 한 번만 더 기회를 주시면 안 될까요? 주님, 너무나 죄송합니다.

주님! 저는 이제 주님 없이는 안 됩니다. 당신이 없는 인생은 더 이상 존재하지 않아요. 앞으로도 결단코 주님을 떠나지 못합니다. 당신이 없으면 이 세상이나 저 천국이나 제게 아무 의미가 없기 때문입니다.

아무리 돌고 돌아도 안식할 곳을 찾지 못했고, 손에 움켜쥐었던 것들은 모두 쓰레기였습니다. 다 불타 없어질 것들이었어요. '영원'이라는 말은 주님의 이름이 없는 곳에는 존재하지 않는 뜻이기 때문입니다.

사모합니다, 주님! 제 보잘것없는 것을 다 깨어도 아깝지 않고, 귀한 것을 다 드려도 아깝지 않은 주님! 사모합니다, 사모합니다. 제 마음을 받아주셨사오니 이제는 언제든지 당신이 원하시는 그 혼인날에 제 생명을 취하시면 됩니다. 저는 다만 그날을 기다리는 신부의 준비와 단장으로 여생을 살며 당신을 기쁘시게 해드릴 겁니다. 저를 받아주셔서 너무나 고맙습니다.

예수님 **사랑하는 나의 각시, 내가 택한 신부야! 내 마음을 빼앗은 네 사랑이 어찌 그리 아름다운지, 네 사랑이 참으로 어여쁘고 화창하구나. 내가 너를 반드시 데리러 오리라. 와서 네게 입 맞추리라. 네가 어떤 엄청난 보화를 네 심장 안에 숨기고 살았는지를 반드시 보여주리라.**

나의 사랑, 나의 어여쁜 자야, 일어나 함께 가자.

제시카   나의 주인님, 저는 어디든지 당신을 따라갈 것입니다. 저
를 사랑해 주셔서 너무나 고맙습니다. 주님, 짱!

125 금 사슬에 은을 박아 만들리라

🌿 잠근 동산의 대화

제시카   주님, 어디 계세요?

예수님   오늘은 네 마음속에 있다. 밤새 네가 듣고 있던 그 성경
말씀으로 너를 교훈했느니라. 네가 나를 떠나서 살 때, 그
오랜 세월의 죄 된 생각과 관습이 밧줄처럼 너를 꽁꽁 싸
고 있느니라. 물론 네 눈물의 회개로 나는 너의 죄를 다
용서했다. 그리고 그 죄악들을 머리카락 하나조차도 기억
하지 않는 망각의 강으로 던져버렸단다.

그러나 오랜 세월, 죄악 속에 있던 습성과 관습으로 인해
네게는 정화가 필요하다. 그것은 절대 하루아침에 되지
않는다. 아편쟁이가 당장 아편을 끊으면 심장에 이상이
오듯이 사람이 거룩하게 되고자 해도 갑자기 거룩하게 될
수는 없느니라.

그러나 염려치 말거라. 이제 나와 동행하며 너를 묶고 있

는 밧줄을 매일 하나씩 같이 끊자. 밧줄 안에 또 밧줄들이 있고, 밧줄의 저쪽 끝은 이 땅에 견고하게 닻을 내리고 있느니라. 다른 한쪽 끝은 내가 잡고 있으니 이제 매일 매 순간 조금씩 같이 풀어나갈 것이니라.

이는 사람의 힘이나 능으로 되지 아니하고 오직 나의 영으로 말미암아 가능하단다. 나는 내 신부가 성숙하고, 정결하고, 결국은 거룩하게 되기를 원한다. 아무것도 불안해하지 말고 염려하지 마라. 나의 손안에서 풀려나가는 이 죄악의 끈들은 결코 아무도 내게서 낚아채지 못한단다.

오랜 세월이 흐른 후, 나의 사랑하는 딸은 내가 처음 창조할 때 만들고자 했던 그 완성품인 거룩하고 아름다운 시온의 딸로 재창조될 것이다.

나의 능력과 너의 순종으로, 아름답고 의미 있는 우리의 영적 교제 속에 내가 너를 내 마음에 가장 흡족한 신부로 빚어가리라. 금과 은과 보석으로 꾸민, 다시스의 정교하게 조각된 최상품의 그릇으로 만들리라. 금 그릇에 은을 박아 보석으로 단장시키리라. 내 손으로 이 세상에 단 하나밖에 없는 멋진 걸작품으로 만들리라.

사랑하는 내 딸아! 너는 나를 믿고 따라오너라. 내가 너를 나의 거룩한 침궁으로 인도하리라. 그 속에서 너는 나를 발견하고 내 임재를 볼 수 있으리라. 내가 네게 보이리라. 네 반짝이는 눈물 너머로 나의 빛나는 임재가 보이리

라. 나는 이미 안약을 네게 주었고, 네 눈에는 이미 안약이 잘 발라져 있느니라.

이제는 조용히 마음의 무릎을 꿇고 묵상 중에 나의 임재를 바라고 구하고 기다려라. 내가 네게 반드시 보이리라. 나의 웃음, 손길, 한숨, 미소를 너는 볼 수 있다. 눈물을 통하여 보고 느낄 수 있다. 나는 산 자의 하나님이니라. 결코 죽은 자의 하나님이 아니니라. 내가 반드시 너를 금사슬에 은을 박아 만들리라. 내가 반드시 너의 성품 위에 나의 성품을 수놓으리라. 너는 왕인 나를 위하여 예비한, 내가 참으로 가까이하는 여인이니라.

오늘은 아름다운 나의 주일이다. 자, 오늘도 일어나 함께 가자, 나의 신부여!

126 죽음을 이기는 자의 영광의 광채

🌹 잠근 동산의 대화

해가 어둑하게 지는데, 나는 안방 불을 켜지 않고 앉아서 주님과 대화하고 있었다.

예수님 사랑하는 나의 딸아! 지금 이 세상에는 비록 땅을 밟으며 발에 흙을 묻히면서 살지만, 이 땅에 전혀 속하여 있지 않은 사람들이 살고 있는 것을 아느냐?

제시카 정말이요? 그게 가능한가요? 세상이 이렇게 악한데요?

예수님 그래, 가능하단다. 그런 사람들을 나는 '세상을 이기는 자'라고 부른단다.

제시카 도대체 누가 그런 사람인가요? 만나보고 싶어요.

예수님 흠⋯ 네가 아는 사람을 살펴보자. 제니퍼가 그런 아이였단다.

제시카 주님, 제니퍼는 지금 여기에 살고 있지 않아요. 암으로 천국에 갔어요.

예수님 하하하⋯ 내게는 산 자와 죽은 자가 별다른 의미가 없단다. 언젠가 제니퍼의 엄마가 이 땅에서도 간직하고 사는 그 영광의 광채에 대해 나의 신부에게 쉽게 설명해 줄 것이다. 그녀는 아이가 내게 오기 얼마 전 이 땅에 있을 때, 제니퍼 속에서 그 영광의 빛을 보았단다. 그러니 아마도 자세하게 설명해 줄 것이다.

제시카 제가 내일 한국에 전화해서 꼭 물어볼게요.

127 다 팔아버리고 천국의 영토를 사는 사람들

예수님 **사랑하는 딸아! 일어나라.**

제시카 주님, 어디 계세요? 당신은 참 아름다우십니다. 연한 복숭
아색 겉옷이 참 좋습니다. 오늘은 무슨 날인가요?

예수님 (유쾌하게 웃으셨다) **그래, 오늘은 천국에서 연회가 있는
날이다. 기도를 많이 한 여인이 오늘 천국에 입성하는 날
이란다.**

제시카 와… 주님, 저는 그 여인이 진심으로 부럽습니다. 저도 당
신이 기뻐하시는 그런 삶을 살아드리고 싶어요. 그런데 저
는 어찌 이리도 모자라고, 당신 앞에 부끄러운 존재인지
요! 아무리 노력해도 죄 된 생각이 잘 변하지 않아요. 여
전히 제게 잘 못 하는 사람은 싫고, 잘하는 사람에겐 잘해
주고 싶고 그러네요.

게다가 시샘도 하고, 가끔 남의 험담까지 해요. 그런데 이
험담하는 습관이 많이 줄어든 건 아시지요? 아무래도 주
님께서 입술로 죄짓지 말라고 제 입에 파수꾼을 세워주신
것 같아요. 나쁜 말을 하면 입을 벌린 채로 말이 끝나기도
전에 죄책감이 들어요. 주님이시지요?

예수님 **그렇단다. 화무와 에조가 늘 네 곁에서 지키며 돌보고 있**

다. 그 천사들에게 항상 감사한 마음을 가지고, 그들 앞에서 나의 신부답게 살아주겠니? 왕의 딸은 결코 허무한 것에 굴복하거나 무릎을 꿇지 않는단다. 당당하고 담대하게 세상에 있는 것이나 썩어질 것들을 다스리거라.

네 것을 흩어서 많이 나누어 주거라. 이것이 하나님 앞에서 드리는 아름다운 제사란다. 네가 나누는 모든 것이 몇십 배, 몇백 배가 되어서 하늘의 보화로 쌓인단다.

하늘에는 엄청나게 큰 궁궐을 가진 사람도 있고, 부끄러운 구원을 얻어서 들어가 살 집조차 하나님의 은혜로 얻어야 하는 가난한 사람도 있단다. 심지어 면류관을 상으로 못 받은 사람은 면류관을 받은 사람을 부러워한단다. 조그맣고 초라한 집 구역에 사는 사람은 엄청난 궁궐 구역에 사는 사람 앞에서 말하는 것조차 부끄러워하지. 다만 모두가 사랑으로 나누어 주는 영혼의 습성을 가졌기에 불쌍하게 유리걸식하는 사람은 없단다.

그러나 천국에서 아무리 조그마한 집이라고 할지라도 이 땅의 집보다는 크며, 아무리 초라한 거처라고 할지라도 이 땅의 거처보다는 아름답단다. 하나님의 가장 약한 것이 사람과 천사보다는 강하며, 하나님의 가장 어리석음조차도 사람과 천사보다는 지혜로우니 말이다.

천국에서는 많이 가진 자든지 적게 가진 자든지 시기와 질투가 없단다. 다만 이 땅에서 각자가 행했던 말과 행실과 마음과 성령의 열매들로 각자의 행위록에 기록되어 있는 대로 정확한 보상을 받고 영원한 직위와 아름다운 직함이 결정된단다. 이 땅의 섬광처럼 짧은 시간이 그 영원한 왕국의 신분을 결정하니, 너는 세월을 아끼며 나의 계명대로, 내 아버지의 뜻대로 지혜롭게 잘 살거라.

사랑하는 나의 신부야! 내가 너한테서 보는 가장 큰 아름다움은 나를 사랑하는 네 마음이다. 이것이 네가 준 그 어떤 것보다도 나에게 귀중하고 아름답구나. 네 마음이 네 옥합이다. 이것을 깨뜨려 나에게 주어서 고맙다.

이 땅에 사는 수많은 사람이 입으로만 옥합을 깨뜨리는구나. 말로만 "주여, 주여" 하면서, 스스로 삶의 주인이 되어 자기가 원하고 갈망하는 삶을 살고 있단다. 나의 피로 씻은 은혜는 받았으나 받은 은혜에 합당한 열매를 못 맺는 자들이니, 결국은 자신의 죽은 믿음의 행위가 제 발에 올무가 되어서 좁은 길에서 떠나버리는구나.

참으로 간혹 천국이라는 보화의 밭을 발견한 후에 돌아가서 자신이 가진 모든 돈과 재물, 가산, 명예, 학벌 등을 다 팔아서 나누어 주고 천국 안의 영토를 사는 지혜로운 사람이 있느니라. 나는 이들의 행위를 귀하게 본다. 이들이 바로 내 앞에서 옥합을 깨뜨리는 자들이다.

그러나 깨뜨리는 그 마음조차도 하나님께서 주신 성령의 감동 감화가 없이는 가질 수 없단다. 원수의 영이 얼마나 강하게 결박의 밧줄로 옥죄어 오는지 많은 자가 중간에 쓰러진다. 그러나 마귀는 이미 진 자다. 그는 무저갱으로 불리는 스올의 감옥에 갇혀서 수하들을 부릴 뿐이다. 내가 이미 다 이긴 전쟁이란다. 이미 획득한 나의 승리를 믿고 따라와다오.

나의 사랑하는 신부야! 내가 반드시 나를 사랑하는 나의 양들을 구하고, 건지고, 영화롭게 하여 나 있는 곳에 저들도 있게 하는 것이 나의 소원이란다. 내 아버지께서 주신 양은 단 하나도 잃지 않고, 이 천국에 다 데리고 돌아올 것이다. 설령 그것이 부끄러운 구원이라도… 나는 결코 원수에게 나의 양을 내어주지 않을 것이다.

내게는 한 영혼이 온 천하보다 더욱 귀하단다. 우주는 버릴 수 있어도 내 양은 버릴 수 없단다. 내가 얼마나 너희를 사랑하는지 너희는 깨닫지 못하는구나. 그러나 이것을 깨닫는 소수가 있단다. 이것도 하나님의 은혜다.

내 눈의 고벨화요 창포 같은 나의 신부야, 오늘도 일어나 나와 가자꾸나. 너는 오늘 기도로써 나를 영화롭게 하여라. 내가 종일 너를 바라보며 기다릴 것이니라.

제시카 네, 예수님. 꼭 그럴게요. 주님을 실망시켜 드리고 싶지 않습니다. 저를 꼭 도와주세요, 아멘.

🌸 잠근 동산의 대화

예수님 나의 자녀는 이 땅과 벗하여서는 절대 그 영이 자라지 않는단다. 왜냐하면 나의 영은 이 세상을 다스리는 영과는 정반대이기 때문이다. 그러니 너는 모든 경우에 사물을 판단할 때, 세상의 상식과 가치관과 반대로 보거라. 그리하면 그것이 내가 원하는 바란다. 네가 내 마음을 헤아릴 줄 알았으면 좋겠구나.

제시카 예수님, 진심으로 그런 사람이 되고 싶습니다. 저를 인도하여 주세요. 예수님의 심정을 알고 이해해 드리는 그런 사람이 되고 싶어요.

예수님 그러려면 네 속사람의 생각 안에 있는 견고한 진을 다 부수고 무너뜨려야만 한다. 힘들 텐데 이것을 하겠느냐?

제시카 주님께서 저와 동행해 주시면 할 수 있을 것입니다.

예수님 네 속사람 안에는 아담의 성품이 있고, 그 성품 속에는 가나안 일곱 족속의 습성이 아주 견고하게 박혀 있단다.

제시카 예수님, 그 일곱 족속에 대해 알아요. 저, 공부했어요. 제가 말해볼게요.

첫째, 헷 족속이 상징하는 쓴 뿌리의 성품은 제 영혼 속에 존재하는 공포와 두려움을 뜻해요. 이는 우울증, 악몽, 거짓말, 속이는 것 등으로 영적 두려움 가운데 저를 고통 속에 살게 하지요. 이 족속은 가나안에서도 가장 큰 종족이기에 제 마음속에서 내쫓아야 하는 성품 중에서도 가장 큰 비중을 차지하고 있어요.

둘째, 기르가스 족속이 상징하는 쓴 뿌리의 성품은 제 영혼 속에 존재하는 진흙탕을 의미하며, 혼돈과 영적 무질서를 주는 영이에요. 제 삶의 앞길을 진흙탕같이 볼 수 없도록 속사람에 혼동과 공허함을 주지요. 이는 어떤 문제가 생길 때 무엇을 어디서부터 풀어야 할지 모르도록 얽히게 하고, 결국 여러 가지 일 중에 마땅히 해야 하는 일의 우선순위를 놓치게 만들어요. 에서는 장자권의 귀한 진가를 모르고 망령되이 팥죽 한 그릇에 그것을 동생 야곱에게 팔아버렸어요. 영적 진흙탕에 빠져서 무엇이 우선순위인지를 모르게 만드는 영 때문이었지요.

셋째, 아모리 족속은 산중에 살던 자들인데, 이들이 상징하는 쓴 뿌리의 성품은 마음에 교만을 품고 스스로 학문적 지식을 자랑하는 성품이에요. 하나님과 전혀 상관없는 인본적인 가치관과 지식을 최우선하지요. 오직 인간적인 윤리 철학의 자세를 가진 성품이에요.

넷째, 가나안 족속은 낮은 땅인 평지에 살며 주로 무역을 하던 족속인데, 이들이 상징하는 쓴 뿌리의 성품은 낮은 자존감, 가난한 경제, 생활의 실패와 삶의 저주 등이에요.

그래서 저는 값싼 재물을 얻기 위해 남에게 아첨하거나 헛된 것에 무릎을 꿇는 이 족속의 성품을 제거해야 해요.

다섯째, 브리스 족속은 전쟁이 잦은 광활한 평야에서 살던 시골 사람들이었어요. 이들이 상징하는 쓴 뿌리의 성품은 다음과 같아요. 스스로 무식하다고 비하하면서도 성경 말씀을 깨닫기 위해 노력하지 않는 게으름, 낮은 자립심과 약한 존재감으로 신경질이나 미움 등으로 뭉쳐 있는 태도, 쓸데없는 혈기와 짜증, 오지랖 등의 성품이에요. 저는 이것들을 쫓아내야 해요.

여섯째, 히위 족속이 상징하는 쓴 뿌리의 성품은 세상이 주는 향락이나 쾌락에 빠져 그것을 사랑하고 즐기는 성품이에요. 유행을 맹목적으로 쫓으며 오락, 댄스, 스포츠, 음악, 예술 등에 빠져서 우상으로 삼고, 땅의 것들을 즐기며 거룩하신 하나님 안에서 영광스러운 즐거움은 찾지 않고, 엉뚱한 데서 향락을 찾는 성품이에요.

일곱째, 여부스 족속은 짓밟히는 타작마당에 살던 족속으로, 이들이 상징하는 쓴 뿌리의 성품은 영적 억압으로 인해 감사가 끊어지고 원망과 불평 속에 증오심이 가득한 성품이에요. 한때 다윗 시대에 전염병의 재앙이 임한 곳이었으나 재앙이 모두 지나간 후에는 솔로몬 왕이 이 족속의 땅인 오르난의 타작마당에 성전을 건축했어요.

저는 반드시 이 족속의 원망하고 불평하는 성품의 영을 쫓아내고, 하나님의 성전을 제 속사람 안에 짓기를 원해요.

예수님 하하하… 정말 잘 공부하였구나. 사랑하는 나의 딸아, 이 일곱 족속이 지닌 성품과는 결코 타협하지 말아라. 단 한 족속도 살려두거나 네 속사람 안에 남겨두면 안 된다. 이들은 우리의 원수인 마귀의 영들이란다.

이 족속들과 교합하는 자는 진주 문 안으로 들어올 수 없다. 그러나 이 족속들을 네 속사람의 성품에서 빼낼 때 피가 흐르고, 살이 찢기고, 뼈가 깎이는 고통이 동반된단다. 이것을 네가 자원하여 행할 마음이 정녕 있느냐?

제시카 주님, 당신의 계집종이오니 당신의 뜻대로 빚어지기를 원합니다. 저를 도와주시고 인도하여 주십시오. 진심입니다.

예수님 (휴우~ 하고 한숨을 쉬셨다) 알았다. 네가 이제 정말 좁은 길로 가기를 원하는구나. 그 좁은 길이 너를 영광의 본체로 변화시키며 진주 문 안으로 인도할 것이다. 한 번 들어서면 다른 길은 없단다. 후퇴할 수도, 유턴할 수도 없는 좁고 협착한 길이다. 후퇴는 네 영혼의 죽음이란다.

제시카 네, 주님께서 꼭 동행해 주셔야만 합니다. 저는 왕의 딸이 걷는 길을 걸어서 당신을 기쁘시게 해드리고 싶습니다. 만약 제가 가다가 쓰러지더라도, 그것이 당신을 기쁘시게 해드리는 길이라면 그 길을 택하겠습니다.

예수님 나는 이미 너를 신부로 택했단다. 그러나 내 보좌 오른쪽에 얼마나 가까이에 설지는 네 몫이고 네 분복이구나.

제시카 저는 반드시 예수님 가까이에 있는 쪽을 영원히 택하겠습니다. 신부라고 해서 다 같은 신부는 아니라고 말씀하셨지요. 모든 신부에게 반차와 계열이 있다고 하셨지요. 영의 세계에서 막달라에서 온 마리아가 지성소 안에도 7개의 방이 있다고 언급했습니다. 저는 주님과 가장 가까운 방에서 당신의 뿔라와 헵시바로 존재하고 싶습니다. 저를 도와주세요. 저는 주님의 임재가 꼭 필요합니다.

예수님 하하하… 알았다. 너는 말하는 것도 생각하는 것도 그녀와 닮았구나. 너는 반드시 좁은 길의 반열에 설 것이고, 그 길 끝에서 기다리는 나를 만나리라. 그러나 나의 은혜로 말미암아 너는 그 길을 영광스러운 기쁨으로 가리라. 가시나 엉겅퀴가 너를 찢으나 아프게는 하지 못하리라.

특히 더욱 연약하여 나의 사랑을 입은 신부야, 세상의 가시와 엉겅퀴가 너를 찌르고 찢을 때 그 위에 있는 나를 바라보거라. 그것들이 없어지지는 않겠지만, 내가 그 아픔과 상처를 치유하여 성령으로 말미암아 굳은살을 제거하고 연한 새살이 돋도록 해주마. 네가 기쁨으로 그 가시와 엉겅퀴를 밟고 걸어갈 힘을 공급해 주마.

기억하여라. 내가 반드시 네 심장 안에서 너와 같이 웃음과 고통을 나눈다는 것을 말이다.

제시카 네, 주님을 사랑합니다. 당신은 제 방패요, 지극히 큰 상급이십니다.

예수님	그렇다. 나 스스로가 네 방패요, 나 스스로가 내 신부의 지극히 큰 상급이다. 네 분깃은 이 땅에 없단다. 내가 네 분깃이다.
제시카	할렐루야! 찬송을 받기 합당하신 이여! 당신의 사랑과 위로와 기쁨이 오늘 제 잔에 넘치나이다. 제가 세상에서 간직했던 모든 것은 쓰레기이오니 오직 제 마음만을 받으옵소서. 사랑합니다, 예수님!
예수님	나는 이미 네 마음을 받았다. 나의 때에 네가 이것을 깨달으리라. 네가 부족하고 연약하지만 내 사랑을 의심하지 않으니, 이것이 내게 귀하구나. 죄를 많이 용서받은 자가 나를 많이 사랑하느니라. 이것이 내 나라의 법칙이다. 이제 일어나 함께 가자. 나의 귀여운 신부야, 너는 나의 빨간요 헵시바다. 하하하….
제시카	(주님께서 경쾌하게 웃음을 터뜨리셨다. 마라나타!)

129 예수님의 돌무덤 안에서

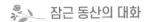 잠근 동산의 대화

제시카	주님, 어디 계세요?
예수님	나는 네 심장 안에 있지 않니?

제시카 네… 자꾸만 잊어버려요. 그리고 종일 바쁘다가 문득 주님이 안 느껴지면 불안해요. 당신을 기억하지 않는 시간은 제 영이 잠자는 시간인데, 어째서 저는 매일 졸까요. 죄송해요! 주님, 정말 죄송해요. 진주 문 안에서 주님 앞에 서서 그 품에 안기는 날까지 얼마나 많은 죄송함을 고백해야 할까요? 그래도 저는 주님이 좋아요. 주-님-이-아-주-아-주-좋-아-요!

왜 이렇게 주님이 조용하고 말씀이 없으신가 하고 곰곰이 생각해 봤더니 오늘이 고난주간의 금요일이네요. 오늘 밤, 그 작은 바위 굴 안의 캄캄한 어둠 속에서 혼자 계셨지요? 지난해 봄 이스라엘 성지 순례 여행 때, 예루살렘의 골고다 언덕 아래에 있는 그 무덤에 토니와 함께 가보았어요. 바위를 뚫어서 낸 그 방이 마치 우리 심장처럼 2개로 나뉘어 있더군요. 주님은 안 계셨지만, 주님께서 누워계셨던 그 좁고 차가운 바위 굴 안을 들어가서 보았어요.

돌을 파내서 만든 그 컴컴한 굴 안에서 제 심장이 얼마나 두근거렸는지 아시지요? 마치 2천 년 전에 당신이 누워계신 듯한 착각과 감동에 사로잡혀서 울었습니다.

아마도 당신은 그때 저를 보셨을 거예요. 주체할 수 없이 흘러내리던 심령의 눈물을 보셨을 겁니다. 다리가 후들거려서 서 있을 수가 없었어요. 컴컴한 그 무덤을 비틀거리며 나와서 멍하니 하늘만 바라보았어요. 무덤을 가리는 크고 둥글고 납작한, 사람 키보다 큰 맷돌처럼 생긴 바윗돌 주위에 예쁘게 피어 있던 꽃과 화초들도 무덤을 나온 제 눈에는 더 이상 들어오질 않았습니다. 그저 입을 덜덜 떨면서 방언 기도만 했지요. 알 수 없는 무언가가 저를 너무나 두렵게 했고, 가슴이 두근거려서 터질 것 같았어요. 무덤 주위의 동산을 마치 허공을 밟는 것처럼 힘없이 걸었습니다. 도대체 그 무덤 안에서 제 영에 무슨 일이 일어났는지 저는 모릅니다. 무덤 안쪽에 붉은 피 색으로 적힌 "예수 그리스도는 주님이시요, 알파와 오메가시다"라는 상징의 표지판만이 머릿속에 회오리바람처럼 빙글빙글 돌았습니다.

저는 그날 당신의 돌무덤 안에서의 그 순간을, 그 사건을 영원히 잊을 수가 없습니다.

예수님 **사랑하는 나의 신부야! 나는 부활이요 생명이다. 나로 말미암지 않고는 내 아버지께로 나아올 자가 없단다. 네가 이것을 믿느냐?**

제시카 나의 주님! 저는 이것을 믿고 알았나이다. 제 심령 깊은 곳에 불을 밝혀주셔서 고맙습니다. 이 불씨를 꺼뜨리지 않고 잘 간직하여서 때에 따라 큰 불길로 활활 타오를 때 백만의 영혼에게 이 불씨를 나누어 주도록 허락하여 주옵소서. 저는 심히 두렵고 떨리기만 할 뿐이오나 주님께서 가장 기쁘신 길로 인도하시고 이루어 주시옵소서. 제가 교만에 빠지지 못하게 해주시옵고 오직 겸손으로 당신과 이웃을 섬기게 도와주옵소서.

주님! 사랑합니다. 저를 예루살렘에 있는 당신의 무덤과 무덤을 가렸던 그 큰 돌의 장소에 가게 하시고 보여주셔서 고맙습니다. 저는 이제 믿습니다. 마치 해골의 눈처럼 생긴 골고다의 그 바위 굴도 보았습니다. 성경이 실화이며, 예수님이 살아계신다는 것을 믿습니다.

제 눈으로 직접 보았는데 어떻게 믿지 않을 수 있겠습니까! 생명의 말씀이 당신께만 있사온데 제가 어디로 갈 수 있겠습니까! 오직 예수님 당신 한 분에게만 제 마음의 의자를 비워드리니 오셔서 좌정하사 저를 다스려 주옵소서.

예수님 **사랑하는 나의 딸아! 네 한 영혼이 내게는 온 천하보다 귀하단다. 십자가의 거친 나무 위에 손발이 못 박힐 때도, 머리의 가시관의 가시가 내 얼굴에 박힐 때도, 채찍 끝의 작은 돌들과 뼈갈고리들이 내 살을 찢어서 회를 칠 때도, 내 마음은 온통 너에 관한 생각뿐이었단다.**

사랑하는 나의 양은 이 모든 고통을 겪고 바꾸어도 아깝지 않은 가치 있는 존재라는 말이다. 네가 가진 모든 것을 팔아서 천국을 샀듯이, 나도 내 몸의 마지막 한 방울의 물과 피를 방울방울 다 흘려서 너를 샀단다. 그로써 너를 향한 나의 사랑을 확증했단다.

내 생명과 피 값을 주어서 산 나의 신부이니, 나의 피가 너에 대한 나의 혼인 예물이다. 너의 혼인 예물은 너의 마음

이고, 나의 혼인 예물은 나의 생명이다. 이로써 네가 내 안에, 내가 네 안에 거하게 되었단다.

또한 원수가 가려둔 너와 나 사이의 휘장을 내 피의 사랑의 검이 찢어버렸느니라. 너는 이제 너를 향한 나의 사랑과 이 사실을 믿음으로 말미암아, 찢어진 휘장 너머 저 안쪽 세계로 들어올 수 있느니라.

보라! 이제 내 손에 들고 있는 왕의 홀이 네 앞에 내밀어져 있으니 너는 목숨을 구한 것이다. 이제 너는 감람유 등불을 밝히며 나의 보좌 앞에 한 걸음씩 천천히 걸어오면 된다. 와서 내가 내민 홀을 잡고 내게 입을 맞추기만 하면 우리의 아름다운 화목의 만남이 이루어지는 것이다.

내가 아담의 선악과의 큰 실수 이후에 얼마나 이 화목의 순간을 기다려 왔는지 너는 아느냐! 타락한 아담과 하와에게 가죽옷을 지어 입혀 동산에서 내쫓은 이후, 억겁의 세월 동안 이 화목의 순간만을 기다려 왔단다.

이제는 내가 너를 두 번 다시 놓치지 않을 것이다. 우리를 떼어놓으려는 원수의 참소에 더 이상 기회를 주지 않을 것이다. 원수에게는 유황불 못이 준비되었고, 내 자녀에게는 혼인 잔치가 준비되었단다. 이것이 나의 복음이고, 만천하에 공포하는 참된 기쁨의 나팔 소리다.

사랑하는 나의 신부야! 이를 기뻐하고 즐거워하여라. 우리의 포도원에 꽃이 피었음이니라. 이미 무르익은 포도송이들도 있느니라. 엔게디 포도원의 고벨화 같은 나의 신부들이 내 나라의 거처를 준비하려고, 이 땅에서 열심히 내 나라를 확장하고 있느니라. 그들 모두 지극히 큰 은혜를 받은 사람들이다. 할렐루야. 기뻐하고 즐거워하자.

제시카 주여, 어서 오시옵소서, 마라나타!

130 부활의 아침에 남겨둔 거룩한 씨들

🌿 잠근 동산의 대화

제시카 주님, 어디 계세요?

예수님 **나는 네 심장 안에 있다.**

제시카 주님, 뛰고 있는 제 심장 안에 밝은 금색 빛이 흘러나오고 있네요. 주님이시지요?

예수님 **그렇단다. 네 안에 있는 십자가는 루비 십자가라고 내가 예전에 알려준 것을 기억하니?**

제시카 기억합니다. 더럽고 추한 죄악 덩어리인 제 속에 어떻게 루비 십자가가 있는지 모르겠습니다. 그러나 제 모든 것은 오로지 주님의 은혜라고 믿습니다.

예수님 **사람의 눈은 보이는 현재를 보지만, 나의 눈은 이미 완전한 모습으로 빚어진 미래의 나의 신부를 보고 있기 때문이**

란다. 이생의 마지막 날, 나와 하나님의 보좌 앞에서 무릎 꿇고 있는 내 신부의 완성된 영의 형체를 이미 알고 바라보고 있기 때문이지. 내가 너를 이 땅에서 그렇게 빚을 것이기 때문이란다. 그러니 너는 슬플 때도 기뻐하고, 기쁠 때는 더욱 기뻐하여라. 곤고한 날에도 힘을 얻고, 형통한 날에는 더욱 찬양하여라. 이것이 하나님의 자녀가 이 땅에서 마땅히 행해야 할 계명이니라.

네 손은 삼가 악을 금하고 많이 나누어 주는 손이 되어라. 네 발은 삼가 피 흘리는 데 빨리 달려가지 말며 복음을 전파하는 곳으로 분주하게 달리거라. 네 마음의 생각을 사로잡아 하나님께 복종시키고, 높아지고자 하는 모든 이성과 사고력을 고삐에 묶어서 순종시켜라. 순종이 제사보다 낫고, 하나님을 거역하는 것은 우상을 섬기고 사술(詐術)을 행하는 것과 같으니라.

아무리 작은 소자라도 그 속에서 나를 발견하는 눈을 가지고, 마치 나를 대하듯이 섬기고 베풀어라. 네 섬기는 그 무릎과 베푸는 그 손길을 내가 다 기억하마.

주야로 내 말씀을 묵상하고 네 가슴에 레마로 깨달은 말씀을 다 전파하여라. 내가 반드시 네 입술에 내 말을 담아 주리니 두려워 말고 담대히 내 말을 대언하여라. 영의 귀가 있는 자는 영의 말을 들으리라. 네가 대언하는 그 글과 말을 통해서 깨울 자는 깨우고, 일으킬 자는 일으키며, 떨자에게는 무릎과 발에 힘을 실어줄 것이다. 날 자에게는 영의 날개를 주어 독수리와 같이 궁창을 뚫고 어둠 위를 날아 세상을 내려다보며 이기는 힘을 줄 것이다.

너는 짖지 않는 개가 된 내 목자들이 금인지, 은인지, 동인지, 납인지, 가라앉은 찌꺼기인지 알아보는 나의 도구가 되리라. 짖을 줄 아는 파수꾼 목자에게는 내가 주는 축복이 단 하나라도 땅에 떨어지지 아니하고, 내가 그 분복을 이 땅과 내 나라에서 이루리라.

또한 네가 선포하는 십자가 복음을 마음에 받아들이지 않고, 나를 영접하지 않으며, 참소하는 혀로 성령을 훼방하며 믿지도 않는 자들에게는 내가 떨어지는 큰 바위가 되어 그들을 부수고 박살 내어 가루로 흩어버리리라.

하지만 내가 네 입에 담아주는 십자가 복음을 마음에 받아들이고 나를 영접하며 오늘날 살아 있는 성령의 역사를 믿는 사람들에게는 내가 그들의 환난 날에 결코 요동치 아니하는 견고한 참 반석이 되리라. 너는 나의 타작마당에서 기름을 부어 잘 돌아가는 날카로운 타작 기계다. 너를 통하여 많은 나의 종과 성도의 영혼이 부수어지고, 깨지고, 빚어지고, 정하게 되리라. 그들이 첫사랑을 회복하고 새로운 믿음으로 다시 내 앞에 무릎을 꿇으리라.

내 앞에서 소망한 너의 마음의 소원대로 백만 영혼 구령(救靈)을 내가 채워주마. 엘리야 시대에 바알에게 무릎 꿇

지 않은 7,000인을 내가 남겨두었듯이 이 패역한 세대에
도 그런 내 백성을 남겨두었다. 그들은 이 땅에 남겨둔 거
룩한 씨이며 그루터기다. 그들이 진흙탕에 있더라도 내가
말갛고 정결하게 씻길 것이다. 그들의 행위에 의지하지 않
은 나의 피와 하나님의 의로운 이름으로 말미암아 그들을
내 백성 삼고 좁은 길로 인도하여 내리라.

오늘은 부활절 아침이다. 사랑하는 귀한 나의 신부야! 나
의 승리가 너의 승리이고 나의 축하가 너의 축하다. 기뻐
하고 즐거워하여라.

제시카 네, 주님. 당신의 죽음이 제 죽음이고, 당신의 부활이 제 부
활인 줄 믿습니다. 입술로 하는 겸손이 아닌, 종의 형상을
입으시고 십자가에서 죽기까지 순종하신 당신의 참 겸손
을 제 마음과 영에 부어주시옵소서. 당신을 닮은 신부가
되기를 간절히 원합니다.

예수님 알았다, 내가 그리하마. 나의 성령으로 네게 겸손의 영의
기름을 발라주마. 하늘의 기름이 발라진 영은 하늘의 불
로 태워져서 내 앞에서 온전한 제물이 되느니라. 그리고
내 아버지는 그것을 흠향하기를 즐겨하시느니라. 이 찬란
한 부활절 아침에 일어나 함께 가자. 잃었던 영광을 나의
부활로 말미암아 다시 찾은 날이란다, 나의 신부여.

제시카 주님, 부활하여 주셔서 고맙습니다. 진심으로 사랑합니
다. 제 마음과 뜻과 성품을 다하여 당신을 사랑합니다.

🌿 잠근 동산의 대화

아침 일찍 주님께 드리는 묵상 시간, 내 눈앞에 성경책이 펼쳐지면서 그 위에 예수님의 모습이 조그맣게 겹쳐 눈에 들어왔다. 하얀 세마포 옷을 입으시고 왼쪽 어깨 위에 걸친 흰 겉옷에는 금빛 테두리가 정교하게 수놓여 있었다.

제시카 주님, 어디 계세요?

예수님 **항상 네 심장 안에서 네게 빛을 흘려보내고 있지 않니.**

제시카 고맙습니다. 주님, 제 몸과 마음이 항상 정결해야 하는데 그렇지 못해서 진심으로 죄스럽습니다. 용서해 주세요.

어제 아침 일찍, 전날 밤에 적어놓은 큰 금액의 십일조 수표를 남편에게 주었는데요. 예배 전에 예배당에 앉아서 곰곰이 생각하니까 내일 가려고 계획한 예배에 드리려고 작정한 감사 헌금이 갑자기 생각나는 거예요.

갑자기 그 금액이 부담되었어요. 그래서 얼른 다시 십일조 금액을 좀 적게 적어서 다른 수표를 남편에게 쥐여주었어요. 그런데 예배 도중에 성령께서 제 심령에 얼마나 죄의식을 주시는지…. 저는 곧장 회개하고 처음 준비해 갔던 십일조 금액이 적힌 수표를 남편 손에 다시 건네주었어요.

그것도 헌금 접시가 제 차례로 온 그 순간에 말이에요. 영문을 모르는 남편은 자기 손에 쥔 수표를 두 번이나 바꾸니까 나중에는 저한테 눈을 흘기더라고요.

아이고… 제가 이렇습니다. 그까짓 돈이 뭐라고 주님께 드렸다가 도로 뺐다가… 두 번이나 반복했는지 모르겠어요. 결국 큰 금액의 십일조 수표 하나 왕창 드리는 걸로 마무리를 지었지만요. 저는 신부도 아니에요. 저 같은 사람은 신부가 될 자격도 없습니다. 주님께 제 생명을 드리겠다고 약속하고 어떻게 십일조와 감사 헌금 사이에서 갈등할 수 있지요! 주님께서 매일 제 귀에 딱지가 앉도록 "너는 허무한 데 무릎 꿇지 말라"라고 하셨는데 말이에요.

이 어리석은 여종은 무릎을 꿇는 정도가 아니라 아예 늑대와 춤을 추었습니다. 진심으로 회개합니다. 앞으로는 헌금 봉투를 주님 손에 드렸다가 뺐다가 하는 망령된 행동은 절대 하지 않겠습니다. 남편도 제게 눈을 흘겼는데 주님은 얼마나 섭섭하셨겠어요. 저도 제가 밉습니다. 제발 용서해 주세요. 가슴이 정말로 답답합니다.

예수님 **네가 어떤 환경에 처할지라도 나는 결코 너를 떠나지도, 고아와 같이 버려두지도 않을 것이다. 너는 내가 기르는 화초이며 내 눈에 기쁨이란다.**

제시카 주님! 죄 된 생각이 가득한 고깃덩어리 같은 저를 항상 예쁘게 보시고 사랑해 주셔서 고맙습니다. 제가 힘들고 지칠

때 변함없이 사랑해 주시는 주님께서 동행하신다고 생각
하면 힘이 나고 위로가 됩니다. 거인 골리앗도 자갈돌을
이마에 던져서 후려칠 수 있을 것 같은 용기가 생깁니다.

그런데 제가 다윗이면 자갈돌을 던진 즉시 맞았는지 안
맞았는지 확인하기도 전에 뒤로 돌아서서 목숨 걸고 도망
쳤을 것 같아요. 혹시나 맞지 않은 경우를 대비해서요.

예수님 다윗이 골리앗에게 나아갈 때는 "죽으면 죽으리라"라는,
여호와를 믿는 믿음으로 나아갔기에 그는 돌을 던지고도
도망가지 않았단다. 그래서 내가 그를 "내 마음에 합한
자"라고 칭하지 않았니.

다윗은 겉도 속도 참으로 아름다운 자였다. 사울의 딸 미
갈이 첫눈에 다윗을 흠모하지 않았느냐. 그는 감동과 감
화를 받을 줄 아는 연한 순과 같은 마음을 간직하고 있었
단다. 들판에서, 나무 아래에서, 혼자 양을 치다가 외로울
때면 그는 하프를 연주하며 마음의 감동이 이는 대로 나
를 경배하는 많은 찬양을 읊었단다. 그때 내 눈이 다윗에
게 머물러 있었지. 그는 이새의 어떤 아들보다도 내 마음
을 가장 흡족하고 기쁘게 해주는 목자였단다.

다윗이 사자의 입에서 자기가 치는 양들을 구해냈을 때
그 양들을 사랑하는 마음과 책임감을 보고, 그에게 내 백
성을 맡겨야겠다고 결정했단다. 그래서 다윗에게 기름을
부으라고 내 종 사무엘을 보낸 것이다.

나는 사람을 선택할 때 군중 속에 있는 사람을 선택하지 않는다. 아무도 보지 않고 듣지 않는 곳에 있을 때 그 행위와 마음이 올바른지를 저울질하지. 많은 사람 앞에서 옳은 일, 바른말을 하는 건 쉬우나, 혼자가 되었을 때 그렇게 하는 것은 나의 참다운 사람이라야 가능하니라.

나다나엘도 혼자 무화과나무 아래에서 내 얼굴을 간절히 찾고 있을 때 내가 보았단다. 사무엘도 혼자 누워서 하루를 마무리하는 기도를 하고 있을 때 내가 불렀느니라. 네가 혼자일 때, 내가 너와 대화하지 않느냐.

제시카 아… 정말 그러네요. 주님, 혼자가 될 때 우리의 영에 무슨 비밀이 있나요? 왜 그때 저희를 주의 깊게 보세요?

예수님 혼자 있을 때의 모습이 가장 정직한 참모습이기 때문이란다. 그러나 선인이든지 악인이든지 혼자일 때는 없다. 항상 나의 천사가 그의 옆에 있으면서 악인이면 그 악한 마음과 행실을, 선인이면 그 선한 마음과 행실을 내 나라에 있는 행위록에 다 기록하느니라.

마음은 기록으로 남고, 행위는 영화처럼 정확하고 면밀하게 다 찍혀서 나의 종인 천사들이 간직하느니라. 그리하여 각 사람의 마지막 날에 감춘 것이 드러나지 않을 것이 없고, 숨긴 것이 알려지지 않을 것이 없느니라. 너희가 은밀한 데서 하는 모든 생각과 말과 행동이 내 앞에 서는 날에 다 밝혀질 것이다.

그 이유는 사람이 빛 가운데 서 있을 때는 사람의 전 존재가 문제투성이이며 더럽고 추하기 때문이다. 사람은 내적 존재가 바르지 않기에 스스로 하나님 앞에서 기도의 향을 피울 길도, 간직할 능력도 없기 때문이다.

그래서 나의 천사들이 성도들이 기도할 때 금으로 만든 대접을 가지고 와서 각 사람의 생각이나 입술에서 흘러나오는 기도의 안개들을 받아서 하늘로 가지고 올라간다다. 그 기도의 금 대접을 거룩한 보좌 앞에 있는 향료 위에 쏟아부을 때 하나님께서 흠향하시고 각 사람에게 응답을 주시지.

오직 나의 십자가에서 흘린 피의 공로로 말미암아 성령님을 의지해서만 생명의 빛이 사람에게 비춰진다다. 그 빛 안에서 자신을 정직한 눈으로 바라보고, 정직하게 평가할 줄 아는 사람만이 하나님의 면밀한 살피심을 받을 수 있지. 이런 사람이 하는 말씀 선포에는 능력과 기적이 나온다다. 그의 기도는 하나님께서 가장 좋은 길로 속히 응답하시지.

그래서 내가 너를 세상에 내보내지 않는 것이다. 너는 나와 함께 있는 시간이 많이 필요하단다. 잠근 동산에서 나와 많은 시간을 보내야만 참된 믿음으로 거듭날 수 있다. 나의 때가 되면 설령 네가 밖으로 나가서 군중 속에 있더라도, 혼자가 되어서 잠근 동산에 들어올 수 있는, 돌아오는 길을 찾을 수 있는 능력을 갖추게 될 것이다. 그 길을 너 혼자 출입할 수 있을 때 내가 내보내마. 그전에는 설익은 아몬드 열매 같아서 마귀의 밥이 될까 염려되기에 내보내지 않는 것이다.

제시카 주님, 저는 여기가 좋아요. 이 잠근 동산에서 나가고 싶지 않아요. 저는 바깥이 무섭고 두려워요. 진심으로 저는 여기, 이 비밀스러운 동산에서 비록 어리석더라도 주님께 제 속사람의 말과 행동을 다 쏟아 내면서 마음 편히 사랑받으면서 살고 싶어요.

저는 여기 들어올 때 이미 다 버리고 왔어요. 이제 세상에서는 더 가지고 싶은 것도, 이루고 싶은 것도 없어요. 세상과는 '용무 끝'이에요, 주님!

예수님 잘 들어라, 사랑하는 나의 딸아. 솔로몬 왕이 내게 지혜를 구할 때 "종은 작은 아이라 출입할 줄을 알지 못하고"라고 고백하지 않았느냐. 그는 이 문의 출입을 말한 것이다. 그는 많은 백성 위에 군림하는 왕이라서 스스로 혼자 되어 내 앞에 독대하며 마땅히 행해야 하는 지혜의 길로 들어서는 문을 찾아오는 방법을 물었다.

그는 그때 이미 영의 세계를 깨달아 알고 있었다. 그래서 그 지혜의 문을 출입하는 방법을 내게 간구한 것이었단다.

제시카 아이고머니나 주님! 그것이 복음의 비밀이었군요. 저 같은 무식한 사람도 그런 문을 출입하는 방법을 알면 좋겠어요. 그러나 저는 솔로몬처럼 일천 번제를 드릴 재물도, 부와 능력도 없어요. 어떻게 하면 되지요? 솔로몬 왕의 반의 반이라도 되고 싶은데요.

예수님 하하하… 나는 길이요, 진리요, 생명이다. 내가 바로 그 문이다. 나로 말미암지 않고는 아무도 그 문에 들어설 자가 없단다.

어둠에서 깨어나 나의 십자가 죽음을 믿음으로 말미암아 깨달은 영혼이 빛 가운데로 들어와 있을 때, 하나님께서 그 자를 시험하여 가늠해 보실 때, 합격하여 선택받으면 그 문을 출입하는 영의 자유함을 훈련받는단다. 극소수지만, 이미 너 외에도 전 세계 곳곳에 이 훈련을 받는 사람들이 숨겨져 있단다.

그러나 첫째도 겸손이고, 둘째도 겸손이고, 셋째도 겸손이다. 아담과 하와가 왜 타락했는지를 꼭 기억하렴. 저가 하나님과 같이 눈이 밝아질 수 있다고 착각하여 원수에게 속았기 때문이다. 절대 하나님을 앞서가려 하지 마라. 그분의 뜻에 순복하고, 그분의 때를 기다려라. 네가 무엇을 심든지 심은 그대로 거둘 것이다.

사랑하는 나의 신부야! 내가 너와 동행한다. 나를 전심으로 찾고, 구하고, 믿고, 따라오너라. 내가 너를 인도해 내리라. 이것은 사람의 힘이나 능으로 찾아지고 출입할 수 있는 문이 아니다. 오직 나를 자기 생명보다 더욱 사랑하는 자에게 주는 나의 선물이란다.

오늘도 일어나서 함께 가자꾸나. 향유 옥합에 담긴 나드 향기 나는 나의 신부야.

제시카   주님, 고맙습니다. 저 오늘은 주님의 손을 꼭 잡고 싶습니다. 제 손을 놓지 마세요. 놓으시면 절대 안 돼요.

예수님   하하하… 알았다. 절대로 놓지 않으마.

제시카   할렐루야, 마라나타! 주여, 어서 오시옵소서.

132 내게 남아 있는 속물근성

🌹 잠근 동산의 대화

예수님   잘 잤니? 내 신부야.

제시카   네, 맛있게 잘 잤어요. 주님은 밤새 저를 지키셨지요?

예수님   내 눈은 늘 내가 사랑하는 모든 자에게 머물러 있느니라.

제시카   저도 그래야 하는데 어째서 제 눈은 주님만 바라보지 못하고, 세상에서 보이는 것에 의해 흔들리는지 모르겠어요. 아직도 제 눈에 비늘이 안 벗겨졌나요?

총회의 전근 발령 공문이 나오고 난 다음에 또다시 잠시 흔들렸어요. 그런 욕심은 다 내려놓은 줄 알았는데 아직도 멀었나 봐요. 진급되어 올라가는 사람들을 보면 괜히 부럽고 샘도 나고 그러네요. 하지만 그 어떤 자리보다도 저는 예수님과 가까이 동행하는 게 제일 좋아요. 선택하라 시면, 저는 당연히 주님입니다.

예수님 **내가 자리나 위치, 직함, 명예 같은 것을 다 내려놓으라고 하지 않았느냐.**

제시카 죄송해요. 주님, 부끄럽습니다. 토니는 어제 밤잠도 못 자고 뒤척였어요. 보셨지요? 그도 마음이 싱숭생숭한가 봐요. 해마다 진급 발표가 나오면 이러네요. 우리가 여전히 속물인가 봐요. 이런 마음은 정말로 초월한 줄 알았는데, 저는 아직도 갈 길이 너무 멀어요.

예수님 **결코 너를 낮은 데로 보내지 않을 것이다. 그러나 스스로 선택해서 낮은 곳으로 간다면, 그것이 내 눈에는 귀하고, 네게는 천국에서의 상이 될 것이다.**

자기를 높이는 자는 낮아지고, 자기를 낮추는 자는 높아지는 게 내 나라의 법칙이니라. 그러므로 네가 으뜸이 되고자 하면, 네가 먼저 섬겨야 하느니라.

제시카 아이고… 주님, 저는 으뜸이 되고 싶은 마음도 없어요. 그냥 주님 옆에 찰싹 달라붙어 있고만 싶어요. 당신의 곁이 제일 좋아요. 으뜸이 되어서 업무가 많아지고 책임이 커지면 주님과 보내는 시간이 줄어들까 봐 두려워요. 저는요… 가늘고 길게 살래요. 주님이랑요. 헤헤헤….

예수님 (미소를 띠셨다) **나는 항상 네 곁에 있단다. 일 때문에 바**

빠서 마땅히 보아야 할 초점을 잃은 마르다가 되지 말거라. 너는 모든 것을 버리고 마땅히 보아야 할 내 얼굴만 바라보는 마리아가 되거라. 마르다가 될지, 마리아가 될지는 네 선택이란다. 무엇을 택하든 나는 너의 선택을 존중하고 사랑한단다. 그러나 내가 너에게 무엇을 바라는지는 잘 알고 있지?

제시카 네… 네… 네…. 그럼요. 저는 마리아가 되기를 선택합니다. 바쁜 마르다는 체질에 맞지도 않습니다. 저는 일상이 바쁘고 업무에 쫓기면 금방 헉헉거려요. 성품이 연약하고 게으릅니다. 오로지 주님을 바라보는 것 외에는 어떤 일도 중요하지 않습니다. 주님! 제 마음에 뭐가 있는지 다 아시지요. 저는 그냥 평범하고 어리석은 아이입니다.

그러나 주님을 사랑하는 일만은 그 누구에게도 뒤지고 싶지 않습니다. 가장 가까이에서 당신의 사랑을 입고 싶습니다. 예수님, 진심으로 사랑합니다.

예수님 잘 알고 있단다. 사랑하는 내 딸아, 그런데 네가 요즘 영이 조금 흐려져 있구나. 오늘 금식을 할 수 있겠니?

제시카 네, 주님께서 원하시니 기쁨으로 하겠습니다. 제가 배고프지 않게 지켜주세요. 저, 밥 굶는 것 정말 힘들어하는 것 아시지요?

예수님 그건 누구나 힘들단다. 그래도 네가 선택해서 밥을 굶는 것이, 가난하고 음식이 없어 굶는 것보다는 낫지 않니?

제시카 알았습니다. 주님, 금식할 수 있는 여건을 만들어 주신 주님께 감사한 마음으로 금식할게요. 흐려진 제 눈에 바를 안약을 사게 해주세요. 그리고 죄의 딱지로 더러워진 제 귀를 여사, 주님의 음성이 잘 들려서 제 속에서 감동으로 일어나게 허락해 주세요.

예수님 **네가 온전한 금식을 잘할 수 있도록 네 생각과 마음과 영을 내가 지켜주마.**

제시카 아… 주님, 짱! 오늘 제게 천국을 보여주시면 안 될까요?

예수님 **하하하… 알았다. 그러마. 그런데 내가 보여줘도 너는 깨고 나면 잘 잊더구나. 네 영이 요즘 졸고 있어서 그렇다. 빨리 깨어나거라. 그리고 깨면 현 상태를 잘 유지하거라. 그것이 힘든 줄 안다. 내가 일깨워 주고 도와주마.**

제시카 예수님, 미련한 제게 찬물을 끼얹어 깨우지 아니하시고 부드럽게 기다려 주셔서 진심으로 고맙습니다. 제가 천국을 보면 꼭 기억할 수 있도록 도와주세요.

예수님 **그리하마. 오늘도 일어나 함께 가자, 나의 어여쁜 백합화 같은 신부야. 우리의 잠근 동산에서 내 신부와 담소를 나누는 이 시간이 내게는 즐겁구나. 나를 사랑해 주어서 고맙다, 나의 신부야.**

제시카 네, 예수님. 주님을 진심으로 사랑합니다. 저는 주님 없이 절대로 살 수 없습니다.

133 세상적인 남편 목사님과 불화하는 사모님에게

너는 남편을 다 용서하고 모든 것을 수용하고

있는 그대로 받아들여라.

마귀가 남편의 뒷덜미를 꽉 붙잡고 있는 힘이 너무 세서

그 옛 성품이 변하지를 않는구나.

본인 스스로 온전히 회개하고, 내게 용서를 구하고,

마귀를 쫓아내 달라고 소원하기 전에는

열심히 자화자찬하는 값싼 플라스틱 피리를 불어대는

그 습관을 고치기가 힘들 것이다.

네 남편의 금식 기도만이 해답이다.

이런 유는 금식 외에는 첫사랑의 회복이 불가능하단다.

남편이 금식 기도를 할 수 있도록 네가 칭찬과 격려로

용기를 주어라. 네 말을 들을 것이니라.

나는 너희 부부의 화목함을 원하고,

너희의 서로 미워하는 마음에 대해 채찍을 휘두르길 원하지 않는다.

오래 참고 긍휼을 베풀고자 하는 나의 뜻을

너희는 만홀히 여기지 말지니라.

너희가 서로 화목하지 못한데

어떻게 양들이 서로 화목할 수 있겠느냐!

너희가 사랑 안에서 하나가 되지 못하는데

어떻게 사랑의 복음을 선포할 수 있겠느냐!

믿음과 행실이 일치할 때만

살아 있는 생명의 영의 양식을 나눌 수 있다.

살아 있는 영이 살아 있는 영을 낳고,

죽은 영은 죽은 영밖에 낳지 못한다.

아직 갈 길이 먼데 너희는 서로를 너무 힘들게 하는구나.

상대의 얼굴에 묻은 검정을 찾지 말고,

같이 고개를 들어 내 얼굴을 볼지니라.

너희가 하는 모든 말과 행동이

나중에 얼마나 많은 통곡과 후회를 가져올지

깨달아야 한다. 서로 화목하여라.

134 교회가 쪼개져 나간 목사님에게

 예언

당신은 캄캄한 골목에 외로이 서 있는

가로등과 같은 성품을 가졌습니다.

목회의 길에서 아무도 도와주는 사람이 없습니다.

오직 주님만 의지해야 합니다.

주님은 그 캄캄한 골목길에서 당신의 주위를 비출 수 있는

유일한 가로등과 같은 존재이십니다.

오늘부터는 찾는 사람이 없는 협착한 길을 걸어야 합니다.

주님 앞의 높은 곳에서 겸손히 그분의 참 빛을 받아서

사람 앞의 낮은 곳에서 그 참 빛을 담대히 반사하십시오.

그 빛은 결코 당신이 아닙니다.

우리 속에는 선한 것이 없기 때문입니다.

그 참 빛은 우리의 왕이신 예수 그리스도이십니다.

우리는 그저 자신을 그분께 빌려드리는 영광의 도구일 뿐입니다.

교회를 쪼개고 나간 그 사람을 용서하십시오.

이 사건은 당신을 빚어가는 훈련입니다.

135 천국 소풍과 영광의 광장

 영의 세계

천국에 올라갔다. 나는 밝고 환한 빛이 경쾌하게 비치는 넓고 푸른 초원 위에서 여러 사람과 담소를 나누고 있었다. 우리는 야외에 소풍을 나와서 즐기고 있었다. 초록 잔디밭 위에는 사람들이 앉거나 누울 수 있도록 아주 커다란 이불 같은 보자기가 펼쳐져 있었다.

보자기는 터키석처럼 아름다운 청록색을 띠고 있었다. 빛이 비치

면 조금 연하게도 보였다가 진하게도 보였다가 하는데, 세상에서 그렇게 아름다운 청록색은 본 적이 없었다. 색이 살아 있는 것처럼 생동감이 넘쳤다. 터키석은 신이 내린 신성한 아름다움을 의미한다.

내 주위에는 남자 형상을 한 자도 있고, 여자 형상을 한 자도 있었다. 그들이 천사인지 사람인지는 알 수 없었다. 우리는 웃고, 대화하며, 바비큐 그릴 같은 기구에 음식을 굽고 있었다. 그중 하나는 작은 부침개같이 생겼는데, 6센티미터 정도의 작고 동그란 모양이었다. 무엇으로 만들었는지는 모르지만 쫄깃하고 맛있었다.

나는 그곳을 떠나서 조그만 모페드를 타고 어딘가로 달렸다. 자전거같이 생긴 모페드는 모터가 달려서 속력이 아주 빨랐고, 내 신체에 꼭 맞았다. 나는 평생 모페드를 타본 적이 없는데, 신기하게도 두 손으로 핸들을 조절하며 편한 마음으로 속도를 즐기며 잘 탔다.

◆ 영의 세계

천국이었다. 흰옷을 입은 많은 사람이 7개의 계단 위에 있는 커다랗고 하얀 문으로 걸어 들어가는 것이 보였다. 그 문 너머에는 엄청난 규모의 야외 스타디움 같은 광장이 있었다. 모두가 한 방향으로 그 광장 쪽으로 가고 있었다.

나는 머리가 어깨까지 내려오는 한 동양 여자에게 다가갔다. 처음 보는 사람이었는데 가까이 가서 얼굴을 마주하자마자, 내가 그녀의 생각과 성품을 아는 듯 친근하게 느껴졌다. 그녀에게 물었다.

"다들 어디로 가는 거지요?"

그녀가 내게 답했다.

"우리는 저 안에 있는 영광의 광장에서 하나님께 경배와 예배를 드리러 갑니다."

속으로 생각했다.

'그렇구나. 나도 같이 가서 예배에 참석해야겠다.'

나는 계단 위의 그 커다란 문을 보려고 뒤를 돌아보았다. 그리고 영의 세계에서 깨어났다.

136 회개와 용서의 중요성과 참 생수

🌹 잠근 동산의 대화

예수님   **사랑하는 나의 딸아, 잘 잤니?**

제시카   주님, 어젯밤에 제게 천국을 두 군데나 보여주셨나요?

예수님   **그래, 네가 거기에 왔었느니라.**

제시카   저는 끝이 안 보이는 크고 넓은 아름다운 잔디밭에서 여러 사람과 있었어요.

예수님   **그들은 사람이 아니고 너와 관련된 천사이니라. 네 수호천 사 4명과 너와 천국 사이를 왕래하는 메신저 천사 2명 그 리고 네 모든 기록을 관리하는 서기관 천사 2명이란다. 화무, 에조, 화조, 신기, 4명이 다 포함되어서 너를 위한**

그 소풍에 참석하지 않았니?

제시카 그래요? 그런데 저는 왜 그들을 몰라봤지요?

예수님 네가 육신을 가지고 살 때는 그렇단다. 그러나 이 세상에서도 부지중에 천사를 대접하는 일이 있단다. 그러니 모든 나그네에게 친절히 해라. 또 거리를 유리하는 모든 노숙자에게 베풀어 주거라. 그중에는 내가 보낸 천사들이 간혹 있느니라.

제시카 아… 주님, 천국을 좀 더 여러 군데 많이 보여주시지, 왜 일부만 보여주셨어요? 저는 여러 곳을 보고 경험하고 싶었어요. 많이 보아야 그곳에 대해 많이 기록할 수 있잖아요.

예수님 사랑하는 내 딸아, 나도 네게 정말 많은 것을 보여주고 싶단다. 그러나 아직은 때가 아니란다. 너는 그저 내가 보여주는 만큼만 보거라. 그게 네가 감당할 수 있는 가장 좋고 알맞은 분량이란다. 나를 믿지?

제시카 네, 예수님! 주님보다 저를 더 잘 아시는 분은 없어요. 주님께서 저를 만드셨으니까요. 저 같은 죄인에게 천국을 보여주신 것만 해도 너무나 감사합니다. 일부라도 좋아요. 그리고 모페드도 정말 감사해요. 마치 제 몸에 맞춘 것처럼 잘 맞고, 또 타면 기분이 상쾌해져요.
그런데 제가 천국에 갔을 때 예수님은 왜 안 보이셨어요? 저는 주님이 제일 보고 싶었는데요.

예수님 나는 언제 어디서든 네 심장 안에 있단다. 네 때가 차서 천국에 오면, 네가 나를 확실히 볼 수 있단다. 너는 매일 회개와 용서로 안약을 사서 발라서 나의 임재를 보고 간구해야 한단다. 이것은 참으로 중요하지.

회개는 하나님께 올려드리는 것이고, 용서는 사람들에게 내려주는 것이란다. 이 두 가지를 잘 병행해야만 매일 세마포를 씻어서 입는 신부가 될 수 있다. 네 배 안에서 항상 생수가 흘러나올 수 있도록 내가 해두었으니, 너는 그 생수를 사용해서 세마포를 뺄 수 있단다. 세상에 속한 물은 아무리 깨끗한 것처럼 보여도, 어떤 경우에도 네 영혼의 세마포를 씻지 못한다는 것을 명심해라.

수많은 가짜 물이 겉모습만 물 칠을 하고 다른 종교와 지식과 사상과 묵상 등의 형태로 너희에게 나타나느니라. 그들은 속이는 미혹의 영이다. 원수에게 절대로 속지 말거라. 내가 공급하는 이 말씀의 생수만이 네 영혼을 감동 감화하여 회개와 용서를 가능케 한단다.

내 계명의 생수만이 너를 하나님의 뜻대로 살도록, 네 삶에서 마땅히 택해야 할 선택과 행동의 실행을 가능케 한단다. 성경에 기록된 나의 말씀과 계명들로 말미암아 너는 죄를 깨닫고 회개할 수 있다. 말씀으로 말미암아 너는 사랑을 깨닫고 이웃을 용서할 수 있다. 하나님을 사랑하는 마음으로 올리는 회개와 받은 그 사랑으로 이웃에게 하는 용서는 중요하단다. 이 두 가지가 큰 계명이다.

제시카 주님, 잘 알았습니다. 주님께서 제가 꼭 보아야 할 것만 보여주셨겠지요. 제가 실행할 수 있도록 꼭 저를 도와주세요. 제가 무엇이든 잘 까먹고 잊어버리는 것 아시지요? 언제든지 그때가 오면, 꼭 기억나게 해주시길 구합니다. 저 혼자서는 할 자신이 없어요.

예수님 **알았다. 너는 나의 의로 말미암아 살리라.**

내가 천국의 부분만 보여주어서 아직도 서운하냐?

제시카 네, 조금요…. (나는 이렇게 시인하는 자신이 밉고 실망스러웠다. 그러나 주님 앞에서는 그 어떤 것도 숨길 수 없다) 그렇지만 그만큼 보여주신 것만 해도 정말로 고맙습니다. 주님께서 어련히 알아서 제가 보아야 할 것만 보여주셨겠지요. 제가 교만해지면 안 되니까요.

제게 생명과 사랑을 주신 주님을 신뢰합니다. 제 회개가 아직 갈 길이 멀다는 걸 압니다. 여기까지 온 것도 오로지 주님의 은혜였습니다. 고맙고 사랑합니다, 주님!

예수님 (미소를 보여주셨다) **알았다, 나의 신부야. 너는 가끔 예쁜 말을 해서 내 마음을 기쁘게 할 줄 아는구나. 그래서 네가 협시바란다. 언젠가는 내가 막달라에서 온 마리아를 만나게 해주마. 그녀는 겉과 속이 참으로 예쁘단다.**

제시카 우와… 정말요? 그날이 너무너무 기다려져요. 빨리 왔으면 좋겠어요. 주님은 항상 제게 뭔가를 기다리게 만드시고 행복하게 해주십니다. 예수님, 사랑합니다.

예수님 (다시 미소를 띠셨다) 나는 네 어린아이 같은 믿음이 좋단다. 자, 일어나라. 오늘도 내가 너와 동행하마. 함께 가자, 나의 귀여운 신부야.

제시카 할렐루야! 주님, 찬양을 받으소서. 그리고 어서 오셔서 제 눈의 눈물을 씻겨주세요. 마라나타!

137 옥합을 깨뜨린 여인에 대하여

🌿 잠근 동산의 대화

예수님 네 옥합은 네 마음이란다. 네가 바치고자 하는 집이 아니란다. 사람의 손으로 만든 것은 옥합이 될 수 없다. 땅의 것은 결국 땅으로 돌아가고, 하늘의 것은 결국 하늘로 돌아간다. 오직 하나님의 손으로 지은 것만이 참다운 옥합이 될 수 있단다.

제시카 예수님, 당신의 발 위에 깨뜨려 쏟은 그 여인의 옥합은 사람의 손으로 만든 것이 아닙니까?

예수님 그렇다. 그러나 나는 그 옥합 속의 향유를 받은 것이 아니란다. 그 옥합을 깨뜨린 여인의 나를 향한 사랑을 받았단다. 그녀의 마음이 내게는 온 우주보다도 더욱 귀했다. 깨진 옥합 뒤에 숨겨진 나를 사랑하는 마음이 그 어떤 것보다도 가장 소중했지. 사랑은 오로지 하나님의 영으로부터 흘러나올 수 있단다.

나를 지극히 사랑하는 자가 나의 지극한 사랑을 입을 것이니라. 그것이 내 신부가 되는 조건이란다. 너는 이 비밀을 만천하에 선포하여라. 귀 있는 자는 반드시 들을 것이다. 그러나 이 복음은 모두의 것이 아니니라.

기억해라. 청함을 받은 자는 많으나 왕의 택함을 입은 신부는 극소수다. 이 거룩한 영광의 씨앗인 신부를 향한 내 사랑으로 말미암아 내가 지은 온 우주와 해와 달, 지구 그리고 이 세상과 만물의 역사까지 운행된단다. 그것이 나의 모든 관심이며, 창조주의 거룩한 관심이란다.

네 인생의 옥합은 바로 나를 향한 사랑으로 기록된 이 책이다. 이 책 뒤에 숨어 있는 깨뜨린 너의 마음이 내 눈에 귀하구나.

제시카 (울고, 울고, 또 울어도 흘러내리는 뜨거운 눈물이 '툭툭' 소리를 내면서 성경책 위에 떨어졌다) 마라나타… 주님, 어서 오시옵소서!

이러므로 내가 네게 말하노니 저의 많은 죄가 사하여졌도다 이는 저의 사랑함이 많음이라 사함을 받은 일이 적은 자는 적게 사랑하느니라 이에 여자에게 이르시되 네 죄 사함을 얻었느니라 하시니 눅 7:47,48

THE CONCEALED GARDEN

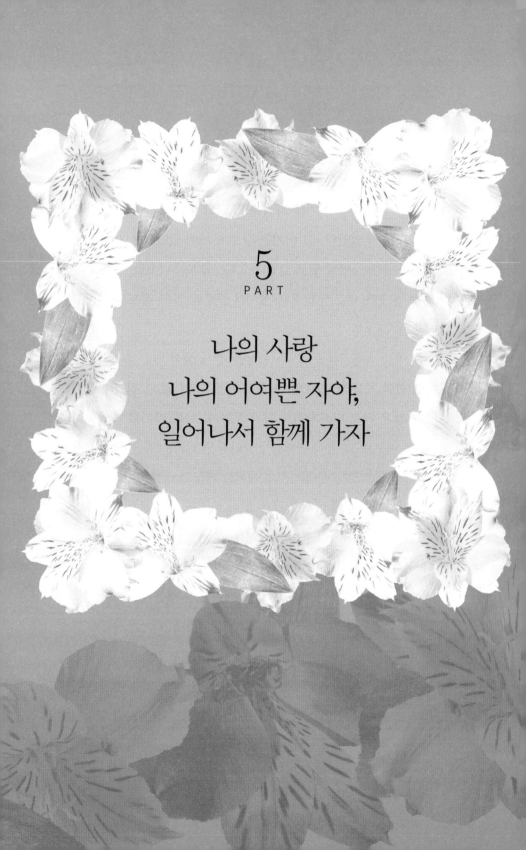

PART

5

나의 사랑
나의 어여쁜 자야,
일어나서 함께 가자

🌹 영의 세계

   나는 흰 강보에 싼 아기를 가슴에 꼭 안고 어느 학교의 미로 같은 교실 복도에 서 있었다. 그 아기는 강보에 싸여 있었지만, 아무것도 입지 않아 추워서 덜덜 떨고 있었다. 나는 급식이 나오는 주방에 가면 혹시 온수가 나오지 않을까 싶어서 주방을 찾아 복도를 헤매고 다녔다.

   한참 미로 속을 걷다가 겨우 주방을 찾아 들어가니 싱크대와 수도가 보였다. 그런데 필요한 큰 통은 찾을 수가 없고, 싱크대 안에는 씻지 않은 작고 더러운 통이 하나 보였다. 나는 아기를 옆에 누이고, 물과 비누로 그 음식 찌꺼기가 말라붙은 더러운 통을 씻기 시작했다. 하지만 흐르는 물에 아무리 씻어도 깨끗하게 씻기지 않았다.

   겨우 세척해서 통에 따뜻한 물을 받아 아기를 넣고 몸을 데워주었다. 조금 있으니 아기의 볼이 발그레해졌다. 그러나 입힐 옷이 없어서 다시 강보에 싸서 가슴에 안고 우리 집을 찾아가기 시작했다. 나는 집에 아기 옷이 많이 들어 있는 서랍장이 있는 것을 알고 있었다.

   집에 도착했는데 열쇠가 없었다. 그런데 위층에 사는 천사들이 열쇠를 갖고 있어서, 그들에게 열쇠를 받아 겨우 집으로 들어가서 아기에게 옷을 입혔다. 희고 깨끗한 셔츠와 진한 감색 조끼와 바지를 입은 아기는 너무나 귀엽고 예뻤다. 옷을 입은 아기가 갑자기 뒤뚱거

리면서 일어나더니 앞으로 넘어질 듯이 겨우 한 걸음을 떼었다. 나와
천사들은 너무 기뻐서 손뼉을 치며 소리를 질렀다. 그리고 영의 세계
에서 깨어났다. 그 아기는 바로 내 영이며, 아기의 나이가 내 영의 나
이라는 것이 저절로 알아졌다.

139 세상 신을 버리고 새로 빚어지는 나

🌿 잠근 동산의 대화

제시카　주님, 어디 계세요?

예수님　**사랑하는 딸아! 나는 너의 심장 안에서 살아 숨 쉬고 있단
　　　　다. 우리는 같이 영의 호흡을 한다.**

제시카　주님, 도와주세요. 이세벨의 영이 자꾸 괴롭혀요.

예수님　**이세벨의 영은 지금 너에게 들어올 수 없다. 내가 너를 지
　　　　키고 있기 때문이다. 내가 너를 지키고 있을 때는 그 어떤
　　　　원수의 영도 바깥에서 너를 괴롭힐 뿐, 네 속에 들어오지
　　　　못한다. 네 바깥에서 멍멍 짖어대는 원수의 영은 내 이름
　　　　으로 쫓아내면 된다. 너는 오늘 방언 기도를 많이 하여라.**

제시카　네, 알았습니다. 주님, 제가 기억하게 해주세요.
　　　　그리고 주님, 어젯밤 꿈에 아기를 보았습니다. 제가 안고
　　　　다니던 그 아기는 누구지요? 아기가 앞으로 넘어질 듯 뒤

뚱거리다가 겨우 한 발을 뗐어요.

예수님   바로 너의 영이다.

제시카   저는 주님의 신부라고 하셨는데, 아직도 걸음마를 하는
아기인가요?

예수님   하하하… 너는 참 궁금한 것이 많구나. 나는 시간과 공간
을 초월하기에 이미 다 이루어지고 빚어진 내 신부를 볼
수 있단다. 나의 천사들이 너를 낳은 네 어미의 방으로 너
를 데리고 간 날을 기억하느냐?

제시카   네, 주님. 그날도, 그 방도, 창문도 주님께서 보여주셔서
생생하게 다 기억합니다.

예수님   바로 그날부터 네 오래된 생각, 경험, 가치관이 나로 말미
암아 다 가루가 되어버렸다. 너는 이제 완전히 새로 태어
난 아기처럼 나와 동행하며, 내가 원하는 모습으로 새로
빚어지는 것이란다.

네 옛 생각, 옛 성품, 옛 경험, 옛 가치관은 너나 나에게 아
무 쓸모가 없단다. 그것들은 세상 신이 자기 방식대로 키
워낸 쓰레기와 잡동사니의 찌꺼기 같은 혼미한 마음이기
때문이다. 즉 내 나라를 확장하는 데는 걸림돌 같은 것이
기에 다 버려야 할 것이니라.

그러나 그것은 너 스스로 하지 못한다. 토기장이는 금이
가고 깨진 토기를 다시 풀이나 접착제로 붙여서 사용하지
않는다. 박살을 내어 가루로 만들어서 다시 흙으로 만들

어 버린다. 그리고 토기장이가 원하는 새로운 용도대로, 깨끗하고 아름답게 다시 빚느니라.

하나님께서 아담과 하와에게 "너는 흙이니 흙으로 돌아가라"라고 하신 말씀은 결코 저주가 아니었다. 그것은 완전히 깨어지고 망가진 그들의 마음을 내버리지 않고, 새로 빚고자 하신 아버지의 사랑이었단다.

사랑하는 나의 신부야! 네 어미가 산고를 치른 그 방에서 네가 처음 이 세상에 태어났듯이, 너는 내 안에서 다시 빚어지고 있단다. 지금 내가 빚어가고 있는 그 마음이 내 신부가 마땅히 가져야 할 성품이고, 내가 처음부터 원했던 윤자예, 너의 참모습이니라.

제시카 아이고, 주님. 그러면 저를 좀 일찍 부수어 가루로 만들어 버리지 그러셨어요. 어째서 이렇게 흰 머리가 나는 나이까지 두셨다가 다시 빚으시나요?

예수님 이 땅은 훈련 장소다. 네가 경험할 수 있는 모든 선과 악을 이곳에서 최대한 경험해 봐야 한다. 진주 문 안에는 악이 없다. 여기서만 네가 악을 버리고 선을 택하는 것이 가능한단다. 그전에는 네가 내 안에 있는 인본주의적 선을 스스로 선택했었다. 그것은 아주 견고한 진과 같아서 한번 세워지면 변하지도 않고, 고치거나 부수기도 힘들다. 그러나 너는 이 땅에서 많은 것을 경험해야 한다. 그래서 내가 그날까지 오래 참고 너를 기다린 것이다.

하지만 이제는 네 안에 있는 하나님의 참다운 선을 너 스스로 선택하는 것이다. 왜냐하면 이제 내가 너와 동행하기 때문이다. 이제야 네가 정금의 믿음을 받아서 금 사슬이 된 것이다. 그 금 사슬 위에 하나님의 성령이 신의 성품인 은을 박아서 왕에게 합당한 아름다운 신부의 성품으로 새로 빚는 중이란다.

너를 다시 빚어가는 이 한 땀 한 땀이 마치 온실에서 기르는 씨앗이 흙을 뚫고 싹을 트고 자라나는 것처럼 바라보는 것조차 즐겁고 나를 기쁘게 한단다. 이 하루하루가 내게는 참으로 귀하고 유쾌하구나.

제시카   주님, 저도 그렇습니다. 당신과 동행하는 하루하루가 제게는 마치 꿈꾸는 것 같습니다. 예전에는 결코 이런 마음을 경험해 본 적이 없습니다. 이제 세상에 속한 것들이 완전히 싫어졌습니다. 텔레비전 프로그램도, 게임도, 드라마도, 페이스북도, 모든 소셜 미디어도….

이제야 제 가치관이 아주 조금씩 바뀌는 걸 스스로 느끼기 시작했습니다. 저를 산산이 부수어 다시 흙으로 돌아가게 해주셔서 고맙습니다. 다시 태어나게 해주셔서 감사합니다. 저는 이제야 완전히 주님의 것이 되었습니다. 제 선택은 오로지 예수님 당신뿐입니다.

저는 당신의 '헵시바'입니다. 물과 성령으로 말미암아 구속함을 받고, 비록 태어났었지만 제 죄악 된 습관으로 인해 버림을 받았었습니다. 그리고 이제야 다시 왕의 부름으로 신분을 회복한 헵시바입니다.

이스라엘 나라의 히스기야 왕의 부인 이름이 헵시바입니다. 그녀는 실수하고 왕에게 버림을 받아서 왕후의 자리에서 쫓겨났었습니다. 그러다가 나중에 다시 왕의 부름을 받고 왕후의 자리에 복귀한 여인 아닙니까. 마치 첫사랑을 잃어버렸다가 되찾은 수많은 크리스천의 여정 같아요.

예수님 **하하하… 네가 진실로 그러하다. 이제야 너는 나의 헵시바다. 그 참뜻을 네가 깨달아 주어서 고맙구나. 조금씩 철이 들어가는구나.**

제시카 아이고… 주님, 제가 철들려면 아직 멀었습니다. 그러나 최선을 다해 장성하여 당신의 성숙한 신부가 되고 싶습니다. 예수님, 저를 오래 참고 기다려 주셔서 고맙습니다. 제 모든 것을 주님께 드리고 싶습니다.

사람이 생각하고 소유하고 가진 모든 것은… 처음부터 주님의 것이었습니다. 당신으로부터 온 축복이었습니다. 하늘로부터 온 것이 아니면 사람은 아무것도 받은 것이 없다는 것을 당신이 가르쳐주셨습니다.

예수님 **그렇다. 너는 내가 준 축복을 잘 정복하고, 관리하고, 다스리고, 누려라. 그리고 천국에 들어오기 전에 나의 때, 내 뜻대로, 내 안에서… 내가 너에게 어떻게 해야 할지를 정확하고 확실하게 알려줄 테니 그때 순종하고 즉시 실행**

하여라. 이것을 기억하고 명심하면 너는 무소유다. 이제는 마귀에게 너를 참소할 기회나 틈이 없어졌으니 멍멍거리며 짖어대는 원수의 소리에 절대 귀 기울이지 말거라.

무소유의 마음으로 나와 동행하는 사람의 삶은 무엇이든지 내가 지키고 관리한다. 네 주변 사람들과의 관계, 너의 소유, 생각, 미래, 너와 관련된 모든 것을 말이다. 너를 향한 나의 사랑을 믿고 신뢰하느냐? 나의 신부야.

제시카 네, 주님. 저는 이 세상 그 누구도 믿거나 의지하지 않습니다. 예수님만 믿고 의지합니다. 할렐루야, 좋으신 하나님께 감사와 찬양을 올립니다. 주님께 영광 돌립니다.

어제 방송 인터뷰에서도 제 입에 말을 담아주셔서 진심으로 고맙습니다. 몇 번 실수할 뻔했는데 주님께서 제 입에 파수꾼을 세워주셨습니다. 고맙습니다.

예수님 그래, 내가 그랬느니라. 그러나 괜찮다. 복음을 전파할 때 두려워 말고 담대해라. 내가 하고 싶은 말을 네 입에 담아주마. 설령 그것이 사람들이 듣기 싫어하는 말일지라도 너는 순종하고 전해야 한다.

제시카 저는 사람들 앞에서 하는 실수는 두렵지 않습니다. 호흡이 그 코에 붙어 있는 사람이 제게 어찌하겠습니까? 그러나 하나님 앞에서 하는 실수는 두렵습니다. 주님, 저를 꼭 지키고 당신의 좁은 길로 인도하여 주세요.

예수님 너는 이미 좁은 길에 서 있단다. 두 사람이 같이하며 설 수 없는 그 좁은 길에 말이다. 내가 너의 심장 안에 존재하기에, 너는 그 길을 두려움 없이 걷기만 하면 된단다.

제시카 고맙습니다. 주님, 사랑합니다.

예수님 알고 있다. 이제 일어나서 함께 가자, 나의 사랑스러운 헵시바 신부야. 참, 방언 기도 잊지 말거라.

제시카 네, 알았습니다. 예수님, 어서 속히 오세요. 마라나타!

140 천국의 튤립 동산

🌿 영의 세계

아침에 묵상 기도를 하는 중에 잠깐 천국을 보았다. 짙은 초록 잔디 위에 여러 가지 색깔의 튤립이 싱싱하고 아름답게 피어 있었다. 보통 튤립보다 두 배는 커 보이는 그 꽃들이 자주색, 흰색, 크림색, 노란색, 보라색으로 우뚝 서서 불어오는 바람에 날리는 장면을 보았다. 색깔이 아주 선명하게 살아 있었고, 오래되어 시들거나 벌레 먹은 꽃이 하나도 없었다. 정말 아름다운 광경이었다.

사실 나는 주님께 천국을 보여달라고 말씀드릴 때 그런 아름다운 자연경관을 보고 싶었다. 예수님은 내 마음속 숨은 깊은 곳을 다 꿰뚫어 보시고 아신다. 그리고 내 사모하는 영혼을 만족하게 하신다. 할렐루야! 예수님, 고맙습니다.

🌿 영의 세계

방언 기도 중에 하늘 문을 열고 크게 미소를 띠며 내려오시는 예수님을 보았다. 그리고 큰 소리가 들렸다.

"너희 영광의 문들아, 열려라. 만왕의 왕께서 나오신다. 그의 옷자락은 힘차게 흘러내리는 폭포수와 같고 옷자락의 끝은 만개한 꽃잎의 윗선과 같구나. 그의 웃음은 밝은 해처럼 경쾌하고, 그의 눈은 번쩍이는 번개의 섬광같이 상상할 수 없는 힘을 싣고 있구나. 그의 이마에는 별보다도 반짝이는 진리와 지혜가 있고, 그의 손에는 전 우주에 끼치는 모든 축복이 풍성하게 있다. 못 자국이 움푹 난 그의 발에는 모든 능력을 밟고 부서뜨리는 청동같이 광이 나는 권세가 있도다.

너는 온 마음과 성품과 뜻을 다 바쳐서 그를 주인으로 섬겨라. 네 생명을 다 바쳐서 그를 사랑해라. 주 중에 참 주이시고 왕 중에 참 왕이신 그분께서 너를 아름답게 보시고 진실한 사랑으로 너를 휘감으시리라. 그리하여 그의 피 값 주고 산 사랑으로 말미암아 그의 신부는 천년의 혼인 잔치를 마치고 사람이 듣도 보도 못한, 상상할 수도 없는 영원 천국으로 입장하리라.

그는 이 땅에서의 네 모든 소원을 이루시며 네 영의 소망을 만족시키시리라. 그의 이름을 위해 네 위를 덮고 있는 어둠의 궁창을 흩으시고, 그의 권세로 두꺼운 네 죄의 덮개를 깨뜨리시리라.

내 백성아, 나는 너의 주이며 너의 왕이다. 헛된 것을 섬기지 마라. 나에게 네 모든 마음을 실어라. 그리하면 내가 반드시 너를 영화롭게 하리라. 나 외에는 신이 없느니라. 나를 섬기고 경배하는 자는 영생을 입고 영광의 기쁨과 축복 속에 살리라. 이것이 내가 너희를 창조한 참 이유다. 내 백성아, 이것을 깨달아라."

142 무료로 빌려주셔서 고맙습니다

 기도

하나님, 저는 스스로 할 수 있는 게

아무것도 없음을 깨달았습니다.

제가 가진 것이 아무것도 없음을 이제야 알았습니다.

제가 가진 모든 것이 처음부터 주님의 것인데,

이 땅에서 잠시 빌려 사용한 것입니다.

지금 다 돌려드립니다.

그동안 무료로 빌려주셔서 진심으로 고맙습니다.

이제 저는 제 생명조차도 무소유입니다.

제 것은 아무것도 없습니다.

하나님, 모두 받으시고 영광 받아주시옵소서. 아멘!

143 진짜 회개와 가짜 회개의 다른 점

잠근 동산의 대화

예수님 **잘 잤니? 사랑스러운 나의 신부야.**

제시카 네, 주님… 사랑합니다. 우와… 제 눈앞에 보여주시는 움직이는 제 주먹만 한 조그만 심장에서 밝은 황금빛이 흘러나오고 있네요. 제 심장 맞지요? 보여주셔서 고맙습니다.

예수님 **왜 오늘은 내가 어디에 있는지 묻지 않니?**

제시카 주님께서 제게 먼저 보여주셨잖아요. 주님, 경배합니다. 당신은 우주의 모든 것을 가지신 분입니다. 창조 안에 속하지 않으시고 창조 바깥에 계신 분입니다. 그런데도 저의 조그만 심장 안에 계시는 주님… 당신은 정말로 신묘막측하신 분입니다.

예수님 **하하하… 사랑 안에서는 모든 것이 가능하단다. 너, 지금 속이 좀 상해 있지? 친구가 네 마음에 상처를 주었구나. 그냥 용서하렴.**

제시카 네, 주님. 그렇지만 그 사람을 사랑할 수 있어요. 단점보다 장점이 많은 사람이고, 저보다 훨씬 나은 사람입니다. 하지만 어제 그 친구 때문에 주님이랑 한 약속을 어겨야 했을 때 제 마음이 언짢았습니다.

주님, 진심으로 죄송합니다. 앞으로 어떤 일이 있어도, 아무리 사람이 저를 격동시켜도, 제가 사랑하는 당신께 한 약속을 최선을 다해 꼭 지켜드릴게요. 잘못했습니다. 그 누구와의 우정보다도 당신이 더욱 귀하고 소중합니다.

어제 침묵하고 있으라는 주님과의 약속을 깨고 그 친구의 어처구니없는 오해를 풀어주려고 제가 입을 열어서 다 밝혀버리고 난 후에 너무나 부끄러웠습니다.

이후 제가 당신 앞에 회개하며 스스로 양 뺨을 철썩 때렸던 것을 보셨지요? 당신의 생각보다 사람의 생각을 더 신경 썼던 스스로가 너무 밉고 원망스러웠습니다.

그런데요, 주님. 저 정말 뺨을 그렇게 세게 맞은 적이 평생에 없어요. 턱이 얼얼했어요. 아시지요?

예수님 그래, 내가 보았고 잘 알고 있다. 그러나 앞으로는 너 자신을 때리지 말거라. 너를 보는 내 마음이 아팠다. 나와의 약속을 지키려는 네 마음은 이미 받았다.

이 일로 시험에 통과는 못 했으니 비슷한 일로 다시 시험이 올 게다. 그때는 행동하기 전에 반드시 기도로 먼저 내게 물어보거라. 네가 할 말을 네 입에 담아주고, 해야 할 행동을 가르쳐서 인도해 주마. 너는 내게 너무나 귀중한 존재란다. 절대로 자신을 학대하지 말거라.

제시카 주님, 죄송해요. 저 스스로가 너무 미워서 그렇게라도 해야 주님의 마음을 풀어드릴 수 있을까 봐 그랬어요.

예수님 **사랑하는 나의 딸아! 네가 어떤 죄를 짓든지 나는 이미 너**

를 용서했단다. 죄를 짓고 마음을 찢으며 용서를 구하는 너를 먼저 보고 있었기 때문이다. 너와 나 사이 그 어떤 죄도 나의 피로 너를 덮었기 때문에 용서할 수 있단다. 나의 피는 모든 허다한 죄를 덮을 힘과 능력이 있다.

제시카 예수님… 오… 나의 예수님! 저를 위해서 당신의 생명을 주셔서 진심으로 고맙습니다.

예수님 그래, 너는 회개할 때 옷을 찢지 말고 마음을 찢어라. 많은 사람이 옷만 찢는 가짜 회개를 하는구나.

제시카 가짜 회개가 무엇입니까?

예수님 내 앞에서 실컷 죄를 고백해 놓고 돌아서자마자 똑같은 죄를 또 짓는 것이다. 모든 참다운 회개 뒤에는 반드시 열매가 따르게 되어 있단다. 그러나 회개한 후에 그 회개에 합당한 열매를 맺지 못하는 것은 가짜 회개를 했기 때문이다. 즉 죄를 입으로 고백한 후에 행위는 전혀 고치지 않는 것을 말한단다. 행위가 없는 믿음은 죽은 믿음이라고 하지 않느냐! 열매가 따르지 않는 회개는 죽은 회개니라.

제시카 아이고… 주님, 그게 바로 접니다. 제가 그렇게 믿고 살았습니다. 앞으로 가짜 회개를 하지 않도록 꼭 도와주세요. 저는 회개하는 5개월 동안 금식하며 울고 통회 자복하고 나서야 겨우 조금 나아졌습니다. 그것도 온전히 주님의 은혜에 의해서요. 양이 새끼를 임신하고 해산하기까지 5개월이 걸린다는 말을 들었어요. 저를 새로 태어난 새끼 양으로 쳐주시면 안 될까요. 그날들을 생각하면 너무나 두렵습니다. 금식하면서 통곡할 때 제 죄 때문에 감히 무서워서 하늘을 바라보질 못했습니다. 하늘을 우러러보지 못하고 기도한 세리의 마음을 이해합니다.

아이고… 무섭고 떨립니다. 생각만 해도 소름이 끼쳐요. 5개월을 그렇게 살았습니다. 주님, 잘 아시지요?

예수님 그래, 잘 알고 있단다. 너는 이미 목욕하는 회개를 했으니 이제는 매일 발 씻는 회개를 하면 되느니라. 네가 무슨 잘못을 저질렀든 반드시 그날 해가 지기 전에 회개하여라.

제시카 해가 지는 것과 회개가 무슨 상관이 있나요?

예수님 너는 해가 지도록 분을 품지 말고 마귀에게 틈을 주지 말라는 말씀을 아느냐?

제시카 네, 알고 있어요.

예수님 네 곁에서 너를 지켜보는 천사들은 종일 네가 한 모든 일을 기록하다가 해 지기 시작하는 시각에 그날의 기록을 가지고 천국의 행위록을 관리하는 천사들에게 보고하고 넘겨주느니라. 모든 사람이 하루에 한 말과 행위의 평가서가 해 지기 시작하는 황혼에 천국에서 보고되기 때문이다.

그러므로 설령 네가 형제에게 죄를 짓거나 분을 품었을지라도 천국에 있는 너의 행위록 계좌에 평가서가 넘어가기 전에 해결을 보라는 뜻이다. 너는 항상 해 질 시각이 되면 네가 어디에 있든지 내 말을 기억하고 회개를 실행하여

라. 그래서 죄가 기록으로 남기 전에 속히 지우거라. 하나님께서는 진실한 회개를 한 죄에 대해서는 생각하지도 기억하지도 않으시고 망각의 강 위에 던져버리시느니라.

제시카   아이고머니나… 가르쳐주서서 고맙습니다. 꼭 그렇게 행하면서 살겠습니다. 그러나 제가 너무 연약합니다. 죄를 짓는 즉시 회개하고 또 그 회개에 합당한 열매를 신속히 맺을 수 있도록 저를 도와주세요. 제가 고의로 죄를 짓지 않도록 일깨워 주세요. 절대로 양심에 화인 맞는 죄를 짓지 않도록 회개의 영을 부어주세요.

저는 주님 앞에서 눈물을 흘리는 순간이 가장 행복합니다. 주님, 꼭 기억해 주셔야만 합니다.

예수님   **알았다, 사랑하는 나의 딸아!**

오늘 네가 해야 할 일이 있다. 오늘은 주일이니 아침에 교회에 갈 것을 내가 안다. 예배당에 들어가면 동행하는 사람 없이 혼자서 앉아 있는 여자가 있을 것이다. 그녀를 발견하면 꼭 옆에 가서 같이 중보 기도를 해줄 수 있겠니?

제시카   주님, 저 부끄럼 많은 것 아시지요? 처음 만나는 사람에게 말을 잘 못 붙이는데요. 그러나 잘 알았습니다. 순종하는 마음으로 시키시는 대로 하겠습니다.

예수님   (미소를 지으셨다) **내가 너와 동행하마. 자, 이제 일어나 우리의 멋진 하루를 같이 시작하자꾸나. 일어나 함께 가자, 노랑 창포꽃 미소 같은 나의 신부야.**

제시카　헤헤헤… (예수님이 나를 예쁜 이름으로 칭해 주실 때가 하루 중 가장 행복하다)

144 홀로 앉아 있는 로스의 큰 날개 달린 천사

🌿 양떼의 발자취 - 간증

교회 가는 차 안에서 토니에게 말했다.

"여보, 오늘 아침에 예수님이 나더러 예배당에서 혼자 앉아 있는 여자를 보면 옆에 가서 꼭 같이 기도해 주라고 말씀하셨어요. 혹시 내가 갑자기 없어지더라도 찾지 마세요. 알았지요?"

가끔 내가 뜬금없는 말을 하는 것에 익숙한 토니는 아무런 대답도 없이 그냥 씩 웃었다. 나는 그 웃음을 대답으로 받아들이고 아무 말도 하지 않았다.

예배당에 도착하자마자 두리번거리며 혼자 앉아 있는 여자를 찾았다. 사람들은 다들 2,3명씩 짝을 지어 앉아서 수다를 떨고 있었다. 평소에는 주의 깊게 보지 못했는데, 혼자 외롭게 앉아 있는 여자를 찾을 수가 없었다. 결국 우리는 앞뒤를 잘 볼 수 있도록 중간쯤에 자리를 잡고 앉았다.

나는 계속 두리번거렸다. 예배 시작 시각이 다가오자 조금씩 초조해지기 시작했다. 바로 그 순간, 제일 뒤 들어오는 문 바로 앞 가장

자리 의자에 머리는 백발에 푸른 꽃무늬 블라우스를 걸친 세련된 백인 할머니가 혼자 앉아 있는데, 그녀 옆에는 목발이 있었다.

'아… 저 할머니인가 보다.'

나는 얼른 일어나서 할머니가 앉아 있는 뒤쪽으로 걸어갔다. 그리고 손을 내밀면서 최대한 상냥하게 보이려 미소 지으며 악수를 청했다.

"안녕하세요? 좋은 아침입니다. 제 이름은 제시카라고 합니다. 실례지만 할머니 성함은요?"

멍하니 혼자 앉아 있던 할머니가 고개를 들어서 입을 약간 비틀며 나를 바라보았다. 이 머쓱한 순간에 숫기 없는 나는 생각했다.

'주님, 저 좀 도와주세요. 제 쭈뼛거리는 성격을 잘 아시지요?'

그때 할머니가 말했다.

"내 이름은 셜리야. 나는 전직 목사야."

내가 말했다.

"아… 그러세요. 만나서 반갑습니다."

바로 그때 예배 시작을 알리는 밴드의 나팔 소리가 울리기 시작했다. 절호의 순간인 것 같다.

"목사님, 예배를 통해 축복 많이 받으세요."

묵례하고 내 자리로 돌아왔다. 나는 예배를 드리는 내내 자꾸 뒤쪽을 힐끔거리며 보았다. 괜히 예배에 집중하고 있다가 혹시 할머니가 먼저 나가버리면 주님께서 내게 말씀하신 중보 기도를 하지 못할까 봐. 그런데 뒤돌아보니 할머니가 사라지고 없었다.

'아이고, 안 돼!!'

나는 사람들의 시선은 아랑곳하지 않고 벌떡 일어나서 문 쪽으로 빨리 걸어갔다. 다행히 할머니 자리에 그녀의 성경책이 놓여 있었다. 나는 불현듯 할머니가 화장실에 갔겠다고 짐작했다. 그래서 예배당을 나와서 화장실 앞 복도에 서서 그녀가 나오기를 기다렸다. 5분 정도 지나자 뒤쪽에서 목발 소리가 나더니 할머니가 걸어 나왔다. 나는 다가가서 물었다.

"혹시 기도 제목이 있으세요? 제가 잠시 기도해 드려도 될까요?"

할머니가 대답했다.

"그럼, 기도 제목이 있지. 우리 남편이 열흘 전에 이 교회에서 열린 결혼식에 참석했다가 주차장에서 넘어져서 다리가 부러졌어. 그런데 나이가 드니까 잘 낫질 않고 너무 아파 걷지도 못해서 깁스하고 집에 있어. 빨리 회복되어서 같이 교회에 나올 수 있도록 기도해 주면 좋겠어."

나는 생각했다.

'아… 그랬었구나. 그래서 주님이 나를 보내셨나 보다.'

나는 할머니의 주름진 손에 내 손을 포개고 아픈 할아버지를 위해 간절히 기도했다. 기도를 끝내니 할머니가 나를 안으며 "고마워, 고마워"라고 연달아 말했다.

예배 도중이라서 나는 다시 예배당에 들어와 뒷자리에 할머니를 앉혀드리고 살그머니 중간 근처 내 자리로 돌아와 앉았다. 그리고 눈을 뜨고 주님께 말씀드렸다.

"예수님, 부탁하신 임무 수행했어요. 이제 예배에 집중할래요."

내 마음이 느긋해지면서 평온이 찾아왔다. 그런데 예배가 끝나기 직전, 결신 기도 시간에 토니가 나를 툭 치더니 턱으로 강대상 앞에 무릎 꿇고 기도하는 한 여자를 가리켰다. 그 순간, 나는 생각했다.

'아니… 저 여자는 갑자기 어디서 나타났지? 왜 혼자서 기도하고 있지? 그럼 아까 그 할머니는 누구야? 이게 어떻게 된 거야?'

갖가지 질문이 머릿속을 빙빙 돌아 혼자 어리벙벙하고 있었다.

'이럴 게 아니다. 주님께 여쭤보면 되는데 왜 혼자서 머리를 긁고 있나?'

제시카   주님, 이게 어떻게 된 일이에요? 지금 제 눈앞에서 혼자 무릎 꿇고 기도하는 저 여자는 누구예요?

예수님   **저 여자가 새벽에 내가 말한 그 여자다.**

제시카   네?? 그럼, 아까 그 할머니는 뭐예요? 제게 왜 그 할머니는 아니라고 말씀하지 않으셨어요? 저는 오늘 예배에 집중도 못 하고 있었는데요.

예수님   **네가 나에게 아무것도 물어보지 않지 않았니? 나는 너를 기다렸단다.**

제시카   어머나, 이럴 수가! 이제 예배 시간도 다 끝났는데 다시 시작해야 하는 건가요?

나는 주님의 대답에 충격을 받았지만, 그 여자가 앉아 있는 앞을 보았다. 그때 주님께서 나의 영안을 열어주셨다.

그 여자는 무릎을 꿇고 강대상 앞 결신자의 의자 앞에서 기도하고 있었다. 그런데 그녀 앞에 키가 2미터 정도 되어 보이는 큰 천사가 긴 흰옷을 입고 같이 있었으며, 그 천사는 어깨 아래까지 내려오는 긴 머리 위 뒷부분에서 밝은 금색 빛이 나고 있었다.

천사는 그녀를 마주 보고 몸을 약간 앞으로 구부려 그녀의 어깨를 위에서 감싸안고 있었다. 천사의 날개는 정말 컸고, 그 얼굴은 아래를 보고 있어서 내게는 보이지 않았다.

내가 토니에게 말했다.

"여보, 바로 저 여자가 내가 기도해 줘야 하는 여자야. 아니, 그런데 언제 나타났지?"

토니가 말했다.

"저 여자는 예배 마칠 즈음 예배당에 들어왔어. 들어오자마자 곧장 결신자의 의자로 나간 거야."

나는 토니한테 예배 후에 밖에서 사람들이랑 대화하면서 기다리라고 말했다. 그리고 그 여자를 찾았다. 그러자 아까 그 할머니가 앉아 있던 의자에 할머니는 간 곳 없고, 그녀가 앉아 있었다. 그 여자는 보통의 갈색 머리에 옷차림이 남루했고, 앉아 있는 자세나 얼굴에 피곤한 빛이 역력했다. 나는 사람들이 거의 다 나가길 기다렸다가, 그녀에게 다가갔다.

'아이고… 주님, 오늘 제가 제일 싫어하는 초면 인사를 두 번이나

합니다. 하지만 어찌 됐든 주님께 순종하겠어요.'

나는 아까처럼 최대한 상냥하게 보이는 미소를 지으려고 노력하면서 그녀에게 손을 내밀었다.

"안녕하세요? 제 이름은 제시카예요. 자매님의 이름은 뭐예요?"

그녀가 대답했다.

"내 이름은 로스입니다. 나는 멕시코에서 와서 영어가 아주 서툴러요."

그녀가 두리번거리더니 한 멕시코인처럼 보이는 소녀에게 오라고 손짓했다. 그 소녀가 우리 쪽으로 걸어오더니 그녀의 옆자리에 앉았다. 나는 소녀에게 물었다. 무려 세 번째로 하는 가장 싫어하는 초면 인사였다.

"안녕하세요. 내 이름은 제시카예요. 이름이 뭐지요?"

예쁘장한 소녀는 유창한 영어로 대답했다.

"제 이름은 리사예요. 통역이 필요하면 제가 해드릴게요."

'할렐루야! 잘됐다.'

주님께서는 그분의 사역을 위해서 모든 것을 예비하시는 분이다. 그렇게 로스와 나는 대화를 시작했다. 내가 먼저 말했다.

"로스, 지금부터 내가 하는 말을 잘 들으세요. 오늘 이른 아침에 예수님이 제게 오늘 교회에 가면 한 여자가 일행 없이 혼자 앉아 있을 거라고 하셨어요. 그리고 그녀를 발견하면 반드시 같이 기도해 주어야 한다고 알려주셨어요. 아까 주님께 여쭤보았을 때 그 여자분이 바로 당신이라고 말씀해 주셨어요. 당신의 기도 제목이 무엇인가요? 우리 같이 하나님께 간구합시다."

내가 말을 채 끝내기 전에 로스의 얼굴에 경련이 일어났다. 그녀가 어깨를 들썩이며 울면서 말했다.

"저는 먹여 살려야 하는 여러 식구와 아주 작은 쪽방에 함께 살고 있어요. 옛날에 멕시코에 살 때는 하나님을 믿고 교회에 다녔는데, 미국에 와서는 식구들 때문에 주말에 일해야 해서 교회에 못 간지 정말 오래되었어요. 지난 14년을 그렇게 살았어요. 그런데 지난주에 제게 너무 충격적인 사건이 일어났기에 오늘 일하는 도중에 빠져나와서 이 교회에 오게 된 겁니다."

아마도 로스는 멕시코에서 미국 국경을 넘어온 불법 이민자인 것 같았다. 그들은 대체로 쪽방을 얻어서 살며, 열심히 일하지만 아주 조금만 지출하면서 산다. 대부분 육체노동을 하는데, 모은 돈을 멕시코에 남겨진 가족들에게 보내야 하기 때문이다.

내가 말을 이었다.

"그래요. 무슨 사건이었는지는 모르지만, 하나님께서는 당신을 아주 사랑하시고 당신이 이 교회에 오늘 올 줄 미리 아시고 제게 당신의 기도를 도와주라고 하셨어요. 아까 당신이 결신자의 의자에서 기도할 때, 당신 앞에 키가 아주 크고 머리카락이 어깨 밑까지 내려오는 한 천사가 같이 기도하는 걸 제게 보여주셨습니다."

내가 이 말을 하자마자 로스가 갑자기 통곡하더니 앞으로 푹 고꾸라져 엎드렸다. 그러고는 격하게 울며 온몸을 덜덜 떨면서 내게 물었다.

"혹시 그 천사가 머리에 금빛 광채가 나고 흰옷을 입었으며 아주 큰 날개가 있지 않았습니까?"

"아까 그 천사를 같이 보았나요? 어떻게 그리 자세히 아십니까?"

"지난주 일요일에 일을 가려고 했는데 몸이 아파서 도저히 일어날 수가 없었어요. 그래서 다른 식구들은 다 나가고 저 혼자 쪽방에 남게 되었지요. 저는 병원도 못 가고 약값도 없어서 14년 만에 처음 기도했어요. 하나님께서 제 기도를 지금 듣고 계신다는 믿음을 단 한 번만이라도 달라고 구했어요.

기도를 마치고 눈을 떴는데 갑자기 온 방이 환해지면서 큰 날개를 가진 천사가 제 눈앞에 나타났어요. 천사는 제게 다음 주 일요일에는 무슨 일이 있어도 꼭 교회에 가서 하나님께 예배를 드리라고 명하고 사라졌어요. 저는 너무 놀라서 그 일요일인 오늘, 돈 때문에 갈등하다가 일터를 박차고 나와서 교회를 찾아 여기로 들어왔어요. 하지만 너무 늦어서 예배는 거의 끝났고, 저는 앞쪽 구석에서 혼자 울고 있었어요. 저는 진심으로 하나님이 필요합니다."

로스가 어깨를 들썩거리고 통곡하면서 이 고백을 하는데 통역하던 리사가 같이 로스의 손을 잡고 엉엉 울기 시작했다. 주님께서는 오늘 할머니, 로스, 리사를 울리셨다. 그리고 나도 울리셨다.

하나님께서는 필요한 때와 장소에 당신의 천사를 보내시며 우리를 당신의 길로 인도하신다. 참으로 멋지신 우리 주님!

우리 3명은 기도를 끝내고 하나님께 감사와 경배를 올려드렸다. 그리고 나는 담임목사님에게 로스의 형편을 알리고 도움을 청했다

(가르시아 목사님은 구제 사역을 정말로 잘 해내는 분이다).

'예수님, 저 오늘 주님이 하신 부탁, 들어드렸어요. 저를 사용해 주셔서 고맙습니다. 마라나타, 주님 어서 오시옵소서!'

145 예수님이 알려주신 《잠근 동산》이 만들어진 이유

 예언

사랑하는 딸아! 나는 이미 이 책을 다 읽었다.

모든 내용이 귀하나 군더더기는 빼고 속살만 넣어라.

내가 반드시 이 글에 축복 위에 축복을 더하마.

독자 수에 연연하지 마라.

나는 너의 기도를 듣고 응답하는 너의 하나님이니라.

귀 있는 자는 반드시 내 음성을 들을 것이다.

내 사랑하는 신부야!

많은 마음이 이 글로 인하여 찢어지리라.

많은 견고한 진이 이 글로 인하여 금 가기 시작하리라.

허황된 우상을 섬기는 마음들이 박살 나서 흩어지리라.

이 책은 내가 살아 있음을 증거하는 책이다.

나의 호흡이 묻어 있는 글이다.

나의 웃음, 한숨, 노여움, 기쁨, 사랑이 숨 쉬는 글이다.

너는 순종하고 적기만 하여라.

내가 반드시 우리 사랑의 대화를

그들의 마음에도 같이 대화하고 내 마음을 나눌 것이다.

이 책은 나의 신부들에게 주는

내 양떼의 발자취인 간증이니라.

먼저 간 내 양떼의 이 살아 있는 발자취를

지혜롭게 잘 보고 따라오는 양은

늑대가 숨어 있는 수풀로 들어가지도 않고,

떨어져 다칠 낭떠러지로 발을 내딛지도 않을 것이다.

이 책은 먼저 그 길을 간 신부의 방향을

알려줄 지도가 될 것이다.

그것이 《잠근 동산》의 가치다.

이 세대에서만 읽힐 책이 아니다.

이 책은 세대를 잇는 내 신부들의 지도다.

146 풍랑과 침몰에도 우리는 생명 싸개에 싸인다

 잠근 동산의 대화

제시카　주님, 어디 계세요? 한밤중에 주님을 불러보기는 처음이네
　　　　요. 항상 눈 뜨자마자 당신을 찾는데, 오늘은 보스가 아

침 일찍부터 우리 집으로 와서 종일 너무나 바빴어요.

오늘은 제 영이 졸았어요. 당신을 기억한 시간이 없었네요. 마귀가 저를 눈가리개로 가리고 이리저리 세상으로 끌고 다녔어요. 저는 당신을 찾는 순간도 잊어버리고 바보처럼 생각 없이 끌려다니며 세 끼를 멋지고 좋은 데서 잘 먹었어요. 배부른 돼지처럼 행복해하면서요.

이제 어둠이 찾아오고 휴식하니까 제정신이 돌아오네요. 주님 앞에 부끄러워서 감히 고개 들어 위를 보지도 못하겠어요. 어제와 오늘, 마귀에게 완전히 녹아웃을 당해서 너무너무 속상해요. 진심으로 죄송합니다.

빨리 주님 계신 천국으로 가고 싶어요. 주님의 음성만 듣는 것이 아니라 얼굴과 얼굴을 보면서 꼭 안고 다시는 놓아드리고 싶지 않아요. 바보 같고 돼지같이 지혜 없는 제게도 그런 날이 올까요! 그걸 생각하면 눈물이 나요. 컴퓨터 화면이 눈물에 가려서 가뜩이나 천천히 치는 독수리 타자조차도 잘 못 치겠어요. 예수님, 지금 제 마음 잘 아시지요?

예수님 **잘 알고 있단다. 나는 너의 머리카락까지 다 세어 알고 있단다. 네가 오늘 정말 많이 힘들었구나. 마귀가 너를 타작마당의 키 위에 얹은 곡식처럼 까불어 대는 것을 보았다. 왜 나를 찾지 않았니? 네가 내 이름을 부르고 우는 사자와 같이 부르짖어대는 원수의 무리를 쫓는 기도를 시작했으면, 화무와 에조가 힘을 얻어서 그들을 무참하게 밟**

아 충분히 쫓아낼 수 있었는데 말이다.

네가 침묵하고 나를 찾는 기도를 안 하니 어떻게 그들의 칼에 힘이 실리겠느냐! 둘이 종일 너를 위해 싸우다가 아까 해 질 녘에 곤비해서 화무는 네 집 앞에, 에조는 네 방 앞에 앉아 있었느니라. 한밤중에라도 네가 회개와 방언 기도를 시작하니 둘이 지금 정신을 차리고 일어서 있느니라.

사랑하는 내 딸아! 우리의 포도원을 허는 작은 여우들에게 절대 속지 말거라. 눈에 보이는 환경에 동요하지 말아라. 네가 보아야 하는 것은 보이지 않는 영의 세계다. 그 영의 세계가 참 세계이자 세상 모든 것이 허물어지고 세워지는 진실의 세계니라.

현재 네 눈에 보이는 세상은, 나타나 보이는 것에 의해 만들어지지 아니하였느니라. 이것을 꼭 명심하면, 네 삶에 풍랑의 바람이 아무리 거세게 불어도 너는 풍랑 위에 임재하고 계신 내 아버지 하나님의 뜻을 볼 수 있느니라.

사랑하는 내 딸아! 네가 세상의 물 한가운데로 지날 때 내가 함께할 것을 믿어라. 강을 건널 때 물이 결코 너를 침몰치 못할 것이다. 또한 네가 불 가운데로 행할 때 타지도 아니할 것이고, 그 불꽃이 결코 너를 사르지 못하느니라. 이는 내가 너를 창조하였기에 네 생명은 내 안에서 나의 권능으로 말미암아 생명 싸개로 싸여 있기 때문이다. 나는 너를 내 눈동자처럼 지키고 있는데, 어찌하여 너는 눈에 보이는 풍랑에 정함이 없이 요동하는 것이냐!

제시카 　네, 맞습니다. 아이고… 주님, 당신의 음성을 들으니 이제
　　　　야 정신이 조금 돌아오는 것 같습니다. 제 믿음 없음을 회
　　　　개합니다. 앞으로는 어떤 풍랑을 보더라도 제일 먼저 당신
　　　　만을 찾도록 제 영을 깨워주세요.

예수님 　너는 아침이 되어서야 그날에 있어야 할 나의 동행을 구
　　　　하지 말거라. 그때는 이미 늦느니라. 전날 밤 잠자기 전에
　　　　나의 동행을 기도로 구하고 자거라. 전투는 준비하는 자
　　　　가 유리하단다. 영적인 전쟁도 마찬가지다. 천국은 침노
　　　　하는 자의 것이라는 내 말을 잊지 말거라.

　　　　영적 게으름으로 졸다가 마지막 순간에 나를 찾지 말고,
　　　　전날 잠자리에 들기 전에 다음 날 필요한 나의 임재와 동
　　　　행을 먼저 간구한 후에 자면 되지 않느냐. 내 말을 잊지
　　　　말고 명심하여라. 마귀에게 틈이나 기회를 조금도 주지
　　　　말라는 말이니라.

제시카 　알았습니다. 주님, 무식한 저를 가르쳐주셔서 고맙습니
　　　　다. 오늘 밤부터는 꼭 그렇게 할게요. 제가 기억할 수 있
　　　　도록 도와주세요.

예수님 　알았다. 내가 그리하마.

제시카 　주님, 맨날 달라는 말만 해서 정말 죄송해요.

예수님 　(미소를 지으셨다) 괜찮다, 내 예쁜 신부야.

제시카 　(주님이 오늘 하루 중 처음으로 나를 "신부"라고 불러주셨

다. 내 마음이 마치 박하사탕이 녹는 것처럼 달콤하고 시원해졌다) 헤헤헤… 오늘은 정말 피곤해요. 화무와 에조 님에게도 진심으로 죄송합니다. 내일은 잘할게요. 꼭 주님 안에서 승리해서 원수 마귀에게 본때를 보여주겠어요. 박살을 내서 가루로 만들어 버리겠어요. (신부의 말투로는 주님께 조금 무식하게 들리겠지만 어쩔 수 없다. 오늘 너무 두들겨 맞아서 그런 기분밖에 안 든다)

주님, 저 잘게요. 앞으로 기도하고 자는 것 꼭 기억나게 해 주실 거지요? 진심으로 사랑합니다. 뽀뽀뽀뽀… (마음이 포근해져 온다. 아… 주님께서 나를 안아주시나 보다)

147 죽어 있는 쥐를 청소해 준 천사

🌹 영의 세계

집사님 직분을 받고 돌아가신 아버지와 엄마와 우리 육 남매가 산 위로 올라가고 있었다. 산을 오르는 것이 힘들지 않았기에 우리는 다 즐겁게 재잘거리며 씩씩하게 잘 오르고 있었다. 산 중턱 정도에 아주 커다란 굴이 보였는데, 돌아가신 아버지가 우리를 그 굴 안으로 인도했다. 굴 안으로 발을 내딛자, 그 안에 밝은 황금빛이 은은하게 쏟아지며 모든 것이 흐릿하지 않고 또렷하게 잘 보였다.

굴의 천장 곳곳에 구멍이 뚫려 있는데 그리로 맑은 빗물이 힘차게 쏟아졌다. 마치 샤워 꼭지에서 물이 쏟아지는 것처럼 천장 구멍에서 기분 좋은 따뜻한 물이 '솨' 하고 뿌려졌다. 굴 바닥 곳곳에는 크나큰 바위들이 군데군데 있었고, 바위 위에는 커다란 홈이 파여 있었다. 그 홈은 마치 목욕통의 온천물처럼, 쏟아진 맑은 물을 담고 황금색 빛을 반사하면서 반짝거렸다.

우리는 모두 누가 먼저랄 것도 없이 옷을 입은 채로 쏟아져 내리는 빗물에 온몸을 적시는가 하면, 목욕통같이 생긴 바위 안 온천물에서 첨벙거리며 물장구를 치고 놀았다. 나는 어릴 적에 우리가 어울려 놀았던 것처럼 신이 나서 깔깔거리며 온몸이 물에 젖은 채로 이리저리 뛰어다니다가 목욕통에 들어가기를 반복했다.

그런데 그 굴속에는 우리 가족 말고도 하와이 원주민처럼 생긴 다른 사람들도 보였다. 그들도 조금 떨어진 곳에서 우리 가족처럼 물을 즐기고 있었다. 천사들인가? 잘 모르겠다.

그러다가 장면이 바뀌었다. 나는 굴 안에서 같이 즐기던 모든 사람을 내 집에 초대했다. 문을 열고 들어갔는데 깨끗한 부엌에 서랍이 많았다. 나는 젖은 몸을 닦을 수건을 찾으려고 오른쪽 구석 가장 위 큰 서랍을 열었는데, 수건 사이에 조그맣고 하얀 털을 가진 고양이가 누워서 잠자고 있었다.

나는 평소 고양이를 별로 좋아하지 않는다. 그래서 고양이를 서랍에서 꺼낼까 하다가 손으로 만지기도 싫고 또 잠을 깨울까 봐 그냥 두었다. 그리고 우리 형제들과 함께 집에 초대한 하와이 원주민처럼 생긴 남자에게 말했다.

"서랍 안 타올 속에 고양이가 있어요. 움직이지 않고 자고 있어서 그냥 두었어요. 그런데 저는 고양이를 싫어해서 쫓아내고 싶어요."

덩치가 우람하고 근육이 잘 발달한 몸을 가진 그는 손에 밝은 램프를 들고 있었다. 나는 그제야 그가 천사인 것을 알았다. 그 천사가 아무 말도 하지 않고 손에 든 램프를 내려놓더니 뚜벅뚜벅 걸어가 서랍을 열었다. 그런데 그 안에 고양이는 온데간데없고 새까만 쥐가 죽어 있었다. 천사가 내게 말했다.

"이것을 집 바깥 쓰레기통에 버리세요."

내가 말했다.

"천사님, 너무 징그러워서 저는 만지기가 싫어요."

그랬더니 천사가 말했다.

"신부님, 이것은 당신이 버리셔야만 합니다."

그러고는 큰 수건으로 죽은 쥐를 싸더니 내 손에 건네주었다. 그런데 손에 받자마자 수건으로 싼 쥐가 다시 하얀 죽은 고양이로 변했다. 나는 그것을 들고 집 바깥으로 나가서 쓰레기통에 버렸다.

그것이 무엇을 의미하는지는 모른다. 그러나 주님은 시간이 지나면 꼭 가르쳐주시고, 뜻을 알게 하신다. 평안한 마음으로 기도하면서 그분의 때를 기다리기만 하면 된다. 할렐루야!

그리고 나는 영의 세계에서 깨어났다.

148 영적 세계의 나이 그리고 8명의 천사

🌿 잠근 동산의 대화

예수님 안녕, 잘 잤니? 나의 신부야.

제시카 좋은 아침. 예수님, 사랑합니다. 어디 계세요?

예수님 나는 네 심장 안에 빛으로 존재하고 있단다. 네 심장이 뛰는 소리가 들리느냐?

제시카 주님, 그런데 제가 어떻게 빛을 들을 수가 있지요? 심장의 빛은 3박자예요. 2박자가 있고, 1박자는 쉼표네요.

예수님 (미소를 띠셨다) 제법이구나. 영계에서는 눈으로만 사물을 보는 것이 아니란다. 너의 7감이 다 조화를 이루어 사물을 더욱 정확하고, 세밀하고, 예민하게 있는 그대로 통찰할 수 있다. 너는 이것을 이 땅에서 훈련받고 있단다.

제시카 주님, 많은 것을 어젯밤에 보여주셔서 고맙습니다.

환한 빛이 쏟아지는 다리 위에 1세 반 정도 되어 보이는 까만 단발머리의 아기가 서 있었어요. 짙은 남색 투피스를 입고 있었는데 조그만 얼굴은 깜찍하고 앙증맞을 정도로 귀엽게 생겼었어요. 아직 걸음마를 잘하진 못했지만, 그래도 몸을 흔들거리지도 않고 잘 서 있었어요.

이 작은 여자아이가 제가 맞나요?

예수님 그래, 맞다. 네 영은 자라고 있단다.

제시카 우와! 어떻게 몇 달 만에 눈도 잘 뜨지 못 하던 갓난아기에서 소아로 빠르게 성장할 수 있지요?

예수님 **영계에서의 성숙도는 시간에 비례하지도, 속해 있지도 않단다. 각자의 신앙심과 하나님과 이웃을 사랑하는 마음, 믿음으로 행하는 행실, 하나님께 올려드리는 순종심 등으로 성숙해지기 때문에 시간과는 상관이 없단다.**

마지막 날에, 믿는다고 하던 사람이 한평생 젖만 먹다가 하나님 앞에 미성숙한 아기로 서 있는가 하면, 수천 살 먹은 장성한 신앙으로 그분 앞에 서는 자랑스러운 사람도 간혹 있지.

모든 사람의 영적 나이는 다르단다. 그러나 천국에 오면 각자 나이를 알게 된다. 단, 영적 나이를 먹는다고 부활 영체가 나이를 먹지는 않는단다. 부활 때는 각자의 인생에서 가장 아름다운 모습으로 보인다.

제시카 영계는 정말 신비롭습니다. 제게 이 놀라운 세계를 가르쳐 주시고 인도하여 주셔서 정말 고맙습니다. 주님을 찬양하고 사랑합니다.

예수님 (환한 미소를 지으셨다) **네가 잘 따라와 주어서 고맙구나. 네게 속한 천사가 8명인 것은 알고 있느냐?**

제시카 네, 주님. 지난번 천국의 아름다운 초원 위 소풍 파티에서 만났습니다.

예수님 **그들은 너를 사랑하고 충성된 마음으로 잘 돌보고 도우며**

양육하고 있단다. 한 사람의 신부가 영적으로 태어나서 장성하기까지 특공대 같은 나의 천사들이 밤낮없이 지키고 보호하느니라.

제시카 예수님, 이 보잘것없는 죄인, 죄악 된 생각만 하는 어리석은 바보를 어찌 이리 후하게 대해 주십니까. 저는 별 가치가 없는 인간입니다. 항상 주님께 걱정만 끼치고 심려로 마음을 상하게 하는 존재입니다. 너무나 죄송합니다, 주님.

예수님 괜찮다, 나의 신부야! 너는 네 참 가치를 아직은 잘 모른다. 내 눈에 네가 얼마나 귀하고 사랑스럽게 보이는지 절대 모를 것이다. 내가 너를 사랑하는 마음이 나이아가라 폭포이면, 네가 나를 사랑하는 마음은 떨어지는 물 한 방울이다. 이제 조금 이해가 되느냐? 네가 이해할 수 있는 사람의 말로는 이 정도로밖에 표현되지 않는구나.

그러나 네가 다음 달에 그 폭포 앞에 섰을 때, 내 마음을 내 능력으로 너에게 잠시 알게 해줄 수 있다. 사람의 언어로서는 표현이 불가능하나 내가 그렇게 해주마.

너는 이미 그런 경험을 한 번 했느니라. 기억하느냐?

제시카 네, 기억합니다. 처음 주님을 만난 지 얼마 되지 않았을 때 여동생과 같이 간 어느 부흥회 도중에 경험했어요. 그때 제가 하나님께서 저를 얼마나 사랑하시는지 깨달아 알게 해달라고 기도했는데, 주님께서 그날 밤 제 마음에 알게 해주셨지요. 그것을 깨닫는 순간, 제 어두운 존재가 사라져 버리고, 오직 빛 되신 하나님만 느껴졌습니다.

그 엄청난 사랑에 제 심장이 초밀(醋蜜)처럼 다 녹아버릴듯 마구마구 뛰었습니다. 수십 년이 지난 지금도 그날 밤, 그 순간을 잊을 수가 없습니다.

예수님 하하하… 네가 기억하는구나. 그래, 그게 바로 나였다. 나는 네 기도를 들었단다. 그때 나는 이미 오늘 네 모습을 보고 있었단다.

나는 내가 택한 나의 신부가 수천수만의 사람 속에 있어도 알아본단다. 내 눈은 그에게 머물러 있고, 그도 나의 목소리를 안다. 그가 내 이름을 안즉 내가 그를 높이고 그가 나를 사랑한즉 내가 그를 영화롭게 할 것이니라.

제시카 주님, 나이아가라 폭포 앞에서 주님과 데이트할 날이 너무나 기다려집니다. 저를 기다려 주세요.

예수님 (미소를 띠셨다) 나는 이미 우리가 만날 장소도 정해두고 알고 있단다. 그날에 네가 무슨 옷을 입을지도 알고 있지. 내 신부를 향한 거룩하고 위대한 사랑을 그날 보여주마.

제시카 할렐루야! 이 계집종의 찬양과 경배를 받으소서, 받으소서. 예수님, 사랑합니다.

예수님 사랑은 마음으로만 하는 것이 아니라 우리에게 속해 있는 모든 것으로 한다. 영혼육의 완전한 것으로 해서 넘치게 풍성하나, 단 하나도 땅에 떨어뜨림 없이 다 서로 전달되어서 네가 내 안에, 내가 네 안에 같이 거하는 것이다.

사랑하는 내 신부야, 너는 엔게디 포도원의 고벨화 같구
나. 자… 일어나라. 오늘도 우리 함께 가자꾸나.

제시카   네, 주님, 사랑하고 또 사랑을 올려드립니다.

149 엄마와 아빠가 믿었던 그 하나님을 기억하게 하소서

🌿 잠근 동산의 대화

예수님   잘 잤니? 사랑스러운 나의 신부야!

제시카   굿모닝. 나의 사랑하는 예수님, 사랑합니다. 어젯밤에 미셸
이 제게 화상 채팅을 청해 왔어요. 주님, 아시지요? 고맙습
니다. 평소에 항상 제가 전화를 하지, 아이가 먼저 전화하
지는 않거든요. 당신께서 그 아이의 마음을 움직여 주신 것
을 알아요. 그 아이와 동행해 주셔서 정말 고맙습니다.

저도 그런 때가 있었는데… 벌써 나이를 먹어서 소위 '꼰대'
가 되어버렸어요. 젊은 세대가 보면 아마도 기성세대인 제
생각이나 사고 관념이 고리타분하겠지요. 제가 젊을 때도
그리 생각했으니, 그 아이도 아마 그럴 것 같습니다.

그러나 나이가 들면서 한 가지 좋은 점이 있다면, 주님을
어제보다 아주 조금 더 알게 되고, 아주 조금 더 믿고 신뢰
하게 되고, 아주 조금 더 사랑하게 된 것 같습니다.

제가 밤낮 자고 깨는 중에 당신의 종자 씨가 나서 자랐지만, 그것이 어떻게 된 건지는 알지 못해요. 이 '아주 조금 더'가 모여서 제 한평생이 되는 것이겠지요.

아브라함의 하나님, 이삭의 하나님, 야곱의 하나님이 되신 우리 주님. 저도 딸아이에게 믿음의 조상 아브라함같이 되고 싶습니다. 제가 이 땅에 더 이상 존재하지 않는다고 해도, 그 아이가 인생길에서 곤비하여 주저앉을 때 부모가 믿었던 그 하나님의 얼굴을 찾게 되는 게 제 바람입니다.

미셸은 어떤 육신적 고생이나 마음의 어려움 없이 성장한 아이라서 인생길의 돌부리에 부딪히면 더욱 아프고 힘들 것입니다. 주님, 그렇게 해주실 수 있으십니까?

예수님 **사랑하는 나의 딸아, 내가 그리하마. 엄마인 너보다 내가 더욱 그 아이를 사랑하는 건 알고 있지?**

제시카 네, 주님. 그래서 당신께 그 아이를 보냈습니다. 기억나세요? 1년 전 뮤리에타의 한 예배당에서 찬양 중에 제게 보여주신 그 환상을요. 저는 그 순간을 잊을 수가 없습니다.

◆ 환상 - 캘리포니아 뮤리에타교회에서

미셸과 나는 주일 아침에 예배당에 앉아서 예배를 올리고 있었다. 진실한 마음의 진정과 경배하는 영의 신령을 모아서 그분의 임재 속에 깊이 있었다.

그때 오른쪽에 앉아 있던 딸아이가 슬그머니 일어났다. 마치 무엇에 홀린 듯 아이는 아무 말도 하지 않고 스물세 걸음을 천천히 또박또박 걸어서 앞으로 나아갔다. 그때 미셸은 23세였다. 마지막 걸음을 떼었을 때 돌연 아이 앞에 삼 분의 이 정도 열린 문이 나타났다. 문 바깥에는 마치 여름날 정오의 햇빛보다도 밝은, 사람의 눈으로는 감히 바라볼 수 없는 찬란한 빛이 아이 쪽으로 쏟아져 비치고 있었다.

이제 한 걸음만 더 가면 아이는 빛이 쏟아져 내리는 찬란한 다른 세계로 들어가 버릴 것이다. 아이가 앞으로 한 발짝 떼는 순간, 두 번 다시 돌아오지 않을 걸음이라는 것을 나는 알고 있었다. 갑자기 깊은 내면에서 뜨거운 눈물이 쏟아져 나왔다.

아이는 가만히 오른손으로 그 문의 손잡이를 잡더니 천천히 고개를 내 쪽으로 돌렸고, 나와 눈이 마주쳤다. 아이는 입술을 움직이지 않았지만, 영으로 내게 물었다.

"엄마, 저 이제 이 문을 나가도 될까요?"

아이가 나의 허락을 구하고 있었다. 아이의 영은 자기가 그 문 바깥세상으로 나가야 하는 걸 알고 있었고, 나도 그것을 받아들여야 하는 것을 알았다. 그러나 아이는 그냥 나가지 않고 문고리를 잡은 채 내 얼굴을 보며 머뭇거렸다. 마치 나의 승낙 없이는 마지막 한 발을 떼지 않을 거라는 사실을 알려주는 듯했다.

그때 나는 직감했다.

'아… 마침내 아이를 내 품에서 떠나보낼 때가 왔구나. 이제는 혼자서 날 수 있구나. 하나님께서는 내가 이 아이를 당신께 온전히 보내길 원하시는구나.'

주님께서 내가 미셸을 내 가슴에서 완전히 파내 버리기를 원하신다는 것을 알았다. 그래야만 그분께서 버려진 그 아이를 주워서 그분의 아이로 완전히 받으실 수 있다고 알려주셨다. 그 시간이 온 거였다. 내 영이 깨닫는 순간, 뜨거운 눈물이 가슴속에서 한없이 솟구쳤다. 마치 저수지가 터진 것처럼 끝없이 나왔다.

"천지의 주재이신 여호와여! 저 예쁜 아이를 23년 동안 날마다 보살피고 사랑할 수 있는 아름다운 시간을 허락하여 주셨음에 감사합니다. 저와 남편에게는 과분한 아이였고, 또 저 아이 덕분에 너무나 행복했습니다. 아이가 우리에게 많은 기쁨과 웃음 그리고 행복을 안겨주었습니다. 우리는 모든 정성과 사랑을 부어서 최선을 다해 키웠습니다. 그러나 이제 당신의 때가 왔으니, 이 아이를 당신께 돌려드립니다. 받으시옵소서."

나는 주님께 이런 기도를 하면서 울고 또 울었다. 그리고 고개를 들어 내 영이 아이의 영에게 말했다.

"사랑하는 내 딸아, 이제 나가도 된다. 그 문 밖 세상에서부터는 하나님께서 너를 온전히 인도하실 것이다."

내가 영으로 대답하자, 아이는 미소를 띠며 고개를 문 쪽으로 돌렸다. 그리고 기쁜 듯이 문을 활짝 열고는 마지막 한 걸음을 내밀면서 그 찬란한 빛에 흡수되듯이 사라져 버렸다.

그날 얼마나 울었는지 모른다. 내 생에 그렇게 짧은 순간에 그만큼 많이 울어본 건 처음이었다. 그리고 나는 환상에서 깨어났다.

정신을 차리고 눈물을 닦으면서 옆을 보니 미셸은 그대로 의자에 앉아 있었다. 그러나 아이를 보는 내 눈은 완전히 달라졌다.

'이제 미셸은 홀로서기를 할 것이다. 그리고 이 순간부터 나 역시 홀로서기를 해야 한다. 우리는 각자 하나님 앞에서 한 여인으로서 길을 걸어가야 한다.'

이것을 그 시간에 하나님께서 보여주셨다.

영의 세계는 정말 신비롭다. 영의 세계에서 한 번 보거나 듣고 경험한 것은 아무리 세월이 흘러도 그때를 떠올리면 현재보다 더욱 선명하고 또렷하게 기억난다. 엊저녁에 무얼 먹었는지는 기억나지 않으면서 말이다.

마치 그 공간을 다시 경험하는 것처럼, 시간이 아무리 흘렀어도 그때가 다시 보이고, 그 시간에 느낀 감정이 생생하게 전달된다. 그래서 수천 년 전에 기록된 성경 말씀을 읽을 때 우리가 하나님의 말씀에 다시 울고 웃는 것 아니겠는가!

성경 말씀은 그저 기록이 아니라 하나님의 호흡이 묻어 있는, 살아 숨 쉬는 말씀이고 영서다. 그 말씀은 양날이 선 검이 되어 내 영과 혼을 쪼갠다. 실로 영의 세계는 수천 년의 공간과 시간의 제재를 받지 않고 모든 것을 초월한다.

150 아담과 하와를 떠나보낸 아버지 마음을 알게 하시다

🌹 잠근 동산의 대화

제시카 주님, 어디 계세요?

예수님 **사랑하는 딸아! 오늘 아침은 네가 많이 우는구나. 천사가 네가 흘리는 눈물을 소중하게 단 한 방울도 땅에 떨어뜨리지 아니하고 다 천국으로 가지고 갔느니라. 나는 네 심장 안에서 너와 함께 숨 쉬고 있지 않니?**

제시카 예수님, 에덴동산에서 아담과 하와가 쫓겨 나갈 때 그 문 앞에서 떠나가는 자녀를 쳐다보는 당신의 마음이 이러셨나요? 저는 이제야 그 마음이 조금 이해됩니다.

주님, 그러셨었군요. 그래서 오늘 아침 미셀을 떠나보내는 그 순간을 다시 한번 제게 생각나게 해주셨군요.

아아… 주님, 제가 당신의 심정을 1천만 분의 1이라도 이해하고 싶다고 기도했었는데, 제 보잘것없는 기도를 들어주셔서 진심으로 고맙습니다.

저는 영원히 당신을 떠나지 않겠습니다. 당신이 계신 곳이 제가 있어야 할 곳이고, 당신이 안 계신 곳이 제가 없어야 할 곳입니다. 제 사랑을 받아주세요, 주님!

예수님 **그렇단다. 그러나 네 기도는 절대 보잘것없지 않다. 네가 내게 하는 어떤 말도 내게는 아주 귀중하단다. 심지어 네**

가 무심코 쉬는 한숨 소리마저도 내게는 소중하고, 그 뜻을 다 안단다. 너는 내가 친히 기르는 양이고, 내게는 네가 천하보다, 온 우주보다 더욱 귀중한 존재란다.

우주는 다시 만들 수 있지만, 너는 이 우주 안에서 단 하나의 존재로 특별하며, 어디에서도 찾을 수 없고 대체할 수 없는 걸작품이기 때문이다.

각 신부는 성품과 모습이 다 다르다. 같은 신부는 단 1명도 없다. 모든 신부는 이 우주 안에 있는 유일한 존재란다. 그래서 내게 귀한 것이다. 그렇기에 원수 마귀는 네가 나에게 어떤 존재인지를 알고, 너를 빼앗기 위해 주야로 너를 해하려 하는 것이다.

내가 너를 다시 사기 위해 나의 생명까지 주지 않았느냐! 네 죄로 말미암아 스스로 원수 마귀에게 팔렸었으나 나의 피 값을 내고 너를 도로 사 왔느니라. 왜냐하면 내가 있는 곳에 너도 있게 하기 위해서니라. 그 사실은 참 진리이니, 너는 그 일을 영원히 기념하고 기억하여라.

제시카 네, 주님. 알고 있습니다. 그래서 더욱더 당신을 사랑합니다. 제 사랑밖에는 당신께 돌려드릴 것이 없습니다. 제가 가지고 있는 것은 아무것도 없기 때문입니다. 생명을 바쳐서 당신을 사랑하고 또 사랑합니다. 모두가 저를 떠나도 당신만은 제 곁에 영원히 남으실 분임을 믿습니다.

주님, 미셸을 꼭 악으로부터 지켜주시고 영원 천국으로 인도해 주세요. 제게는 그 아이가 보석입니다.

예수님 알았다. 내가 그리하마. 미셸은 나의 신부라. 나의 때가 이르면 그 아이는 혼인 예물을 받고, 네가 서 있을 그 신부의 반차와 계열에 반드시 설 것이다. 그래서 내가 네게 보내지 않았느냐! 네 속에 있는 나를 향한 열정을 그 아이가 그대로 다 받아서 불씨처럼 있느니라.

제시카 예수님, 제가 감히 당신 앞에서 욕심을 부립니다. 제 속에 있는 열정보다 미셸에게 7배나 더 주옵소서. 이것을 오늘 아침, 제가 사랑하는 당신께 간구합니다.

예수님 알았다. 내가 그리하마. 때가 되면 너의 간청으로 인하여 그 아이의 신앙과 마음이 그렇게 될 것이다. 너는 꼭 소돔과 고모라를 멸하러 내 천사를 보내기 전에 나에게 의인의 수를 줄여가면서 재차 간청하던 내 종 아브라함 같구나. 그러나 나는 네가 구하면 거절하지 않는다. 내 사랑이 너에게 진하기 때문이란다, 피 값 주고 산 나의 신부야.

제시카 아버지, 고맙습니다. 진실로 진실로 당신은 너그러우시고, 노하기를 더디 하시며, 당신의 은혜와 긍휼은 끝이 없습니다. 당신을 찬양하고 경배합니다. 제 마음을 받아주소서.

예수님 사랑받는 나의 귀중한 신부야! 오늘은 말씀을 많이 읽어라. 그게 너에게 필요한 것 같구나.

제시카 네, 주님. 어디서부터 읽을까요?

예수님 항상 읽는 대로 읽고, 특별히 사복음서를 더욱 주의 깊게 읽어라. 그 안에서 내가 너와 레마로 만나려고 한다. 요한복음에는 신부의 장이 곳곳에 숨겨져 있으니 찬찬히 주의 깊게 보물을 캐는 마음으로 소화하거라.

제시카 네, 알았어요. 고맙습니다, 주님!

예수님 아이고… 사랑하는 내 딸, 내 신부야! 오늘도 우리 같이 일어나서 함께 가자꾸나. 이제는 지면에 비가 그쳤단다.

제시카 아이고… 주님, 왜 저처럼 말씀하세요? '아이고'는 제가 잘 쓰는 말인데요. 헤헤헤… (예수님이 미소를 띠시며 나의 이마에 뽀뽀해 주셨다)

151 주먹을 쥐고 분노하신 예수님

🌹 잠근 동산의 대화

예수님 잘 잤니? 보라색 제비꽃 같은 나의 신부야!

제시카 (네? 꽃이요? 저는 할미꽃인데요. 헤헤헤… 주님은 나의 마음의 생각을 모른 척해 주셨다. 아이고… 나는 낭만이라고는 없는 목석같은 여자인가 봐요) 잘 잤어요. 주님은요?

예수님 하하하… 나는 자지 않는단다.

제시카 그렇군요. "이스라엘을 지키시는 이는 졸지도 아니하시고 주무시지도 아니하시리로다"라는 말씀을 잊어버렸어요.

헤헤헤… 어젯밤에 제가 미셸과 화상 채팅한 것 아시지요? 어제는 주님께서 그 아이의 환상을 보여주셔서 종일 울었는데 다 이유가 있었네요.

어젯밤 대화 중에 아이가 저더러 기도의 능력을 체험했다고 심각한 얼굴을 하면서도 행복해했어요. 주님이시지요? 그 고백을 듣는데 역시 당신께서 하신 줄 알았어요. 그래서 살아계신 주님께서 즉각 응답해 주신 것이 너무나 두렵고 감사해서 울었어요. 어제는 장마 눈물의 날이었지만, 당신 앞에서 우는 것은 제게 과분한 행복입니다.

그저께 밤에 아이가 퇴근하고 집으로 돌아오는 도중에 아이의 자동차 휠의 림(rim) 부분이 빠지면서 타이어 1개에 구멍이 났던 것 아시지요? 그 바람에 어제 스페어타이어로 운전하며 다녔는데, 이웃이 보고서 타이어 2개를 공짜로 주었대요. 그래서 사촌 남동생들이 타이어를 갈아주었는데, 보니까 다른 타이어에도 못이 박혀 있더래요. 결국 타이어가 2개 필요했던 거지요. 미셸은 하나님께서 다 아시고 채워주신 거라면서 자기 기도에 응답해 주셨다고 얼마나 좋아했는지 몰라요.

주님이시지요? 어제 종일 아이 때문에 울며 기도하게 하신 이유가 있었네요. 주님은 너무나 놀라우신 분입니다. 당신께 고맙고 사랑합니다.

어째서 사람의 말은 "고맙다"라는 표현밖에 없을까요! 저는 아이의 고백을 듣고 또 울었어요. 당신께서 살아서 제 기도, 제 눈물을 다 듣고 보고 계시는 게 너무나 고마워서요. 제 마음 아시지요, 예수님!

예수님　(싱긋 웃으셨다) **그래, 다 안다. 나는 살아 있고 네가 기도할 때 네 중심을 바라보고 있단다. 영의 세계는 말로 하지 않고 마음을 읽지 않니.**

제시카　그래요, 주님. 참 신비해요. 저는 제 마음이 당신 앞에 티 없이 깨끗하고 청결했으면 좋겠어요. 당신은 제 중심에 무엇이 들어 있는지를 보시니까요. 그래서 실로 두렵습니다. 제 속은 더러울 때가 많거든요. 은밀한 곳에서 모든 것을 보시는 주님, 그런데도 항상 함께해 주셔서 감사합니다.

예수님　**사랑하는 내 딸아! 내가 너를 볼 때는 나의 피를 통해서 본단다. 네가 나에게 죄를 범할 때는 그 죄가 내 눈에 보인다. 그러나 네가 회개할 때는 네 눈에는 보이지 않지만, 나의 피의 막이 너를 덮고 있단다. 내가 네 죄를 사하고 난 후에 네 죄는 망각의 강 위에 던져지느니라.**

나는 그 강에 한번 던져진 죄는 온전히 잊어버리고 다시 기억하지 않는다. 너는 그 죄를 완전하게 잊어버릴 능력이 없지만, 나는 있단다.

그러니 너는 죄를 짓는 즉시 회개하여라. 그래야 항상 나와 가까이 있을 수 있단다. 네가 일단 죄를 지으면 그 죄가 나와 너 사이를 가로막아 버린단다. 너는 이미 마음이

목욕한 상태니, 이제는 네 마음이 매일 발을 씻는 회개를 계속하면 된다. 죄에 대한 회개는 반드시 해 지기 전에 하거라. 일단 회개가 끝나면, 원수 마귀가 더 이상 참소할 수 없다.

그 후에 너는 그 회개에 합당한 열매를 맺는 일에 절대로 게으르면 안 된다. 그 열매를 속히 맺지 않고 게으르면 원수 마귀에게 다시 참소 거리를 주는 기회가 시작되기 때문이다. 눈물의 회개를 매일 하는 나의 신부들은 내 눈에 매일 새롭게 아름다운 모습으로 보이느니라. 그런 이들은 엔게디 포도원의 극상품 포도주같이 보이느니라.

제비꽃 같은 나의 신부야! 네 눈이 비둘기같이 순결하고 아름다우니 너는 돌이켜 나를 보지 마라.

제시카 아이고머니나, 예수님! 이 고깃덩어리 같은 저를 깨끗하고 순결하게 봐주셔서 너무나 감사합니다. 오로지 당신의 십자가의 피의 공로로만 당신께 가까이 나아갈 수 있음을 가르쳐주셔서 고맙습니다.

저는 빨리 천국에 가서 당신 곁에서 살고 싶어요. 주님과 동행하고 난 후부터는 이 땅에 있을 마음이 정말로 없어요. 여기서는 더 이상 원하는 것도, 바라는 것도, 가질 것도, 취할 것도, 아무것도 없습니다. 제게는 오로지 당신 한 분이면 족합니다. 주님! 언제든지 당신께서 보시기에 가장 아름다운 시간에 저를 취해 가주세요. 잠자는 도중에 당신께서 나타나셔서 제 손을 꼭 잡고 우리의 나라로 순간 이동하는 게 제 소원이에요.

예수님 **순간 이동은 아니지만, 내가 반드시 너를 데리러 온다고 약속하마. 육신을 가졌던 자 중에 이긴 자는 진주 문을 통해 그 안으로 들어와야 하고, 또 들어올 때는 아주 성대한 입성식을 해준단다. 너도 그 입성식을 치러야 한다. 그래야 네가 이 땅에서 나를 위해, 내 이름으로 한 모든 행위의 보상이 기념될 것 아니냐!**

제시카 그렇군요. 무엇이든지 주님 뜻대로 선하게 인도해 주세요. 그런데 저는 26세에 중생을 체험했으나 나이가 들어 당신과의 참 동행을 시작했으니, 세월을 너무 많이 허송해서 받을 상이 별로 없을 것 같아요. 죄송합니다, 주님. 제가 드릴 것이 당신을 사랑하는 이 마음밖에 없어서….

예수님 **아니다. 네게는 신부로서의 상이 있다. 너는 이 땅에서 내게 많은 영광을 올릴 것이니라. 그 영광을 네가 취하지 않을 걸 내가 안다. 그것이 예쁘구나.**

항상 기억하여라. 나는 이미 네 완성된 신부의 모습을 현재의 네 모습과 같이 보고 있다는 것을 말이다.

제시카 예수님, 너무나 고맙습니다. 세월을 허송한, 이 불쌍하고 어리석은 자를 당신의 사랑의 눈으로 바라봐 주셔서 고맙습니다. 진심으로 사랑합니다, 주님!

예수님 **하하하… 너는 어찌 그리 그녀의 성품과 같은지, 참….**

제시카 누구요? 말씀해 주세요. 아… 막달라에서 온 마리아요? 저도 그녀를 만나고 싶습니다.

예수님 **조만간 내가 영의 세계에서 보여주마.**

제시카 영의 세계에서 수많은 사람과 천사를 보는데, 어떻게 그녀인 줄 알겠습니까?

예수님 **걱정하지 마라. 따로 소개하지 않아도, 그녀를 보는 즉시 그녀는 너를 알고, 너도 그녀를 알아볼 수 있다. 그것이 영의 세계다.**

제시카 오케이! 주님, 잘 알았어요. 그런데 정말 날이 갈수록 영의 세계와 환상이 더욱 또렷하게 보이고, 이상 속 당신의 음성도 더 깨끗하게 들려요. 주님이시지요? 당신의 입으로부터 나간 말씀은 단 한 마디도 땅에 떨어지지 아니하고 반드시 열매를 맺습니다.

당신은 꼭 약속을 지키시고 이루시는 분입니다. 너무나 고맙습니다. 예수님, 짱이에요. 헤헤헤….

예수님 **네가 웃는 모습을 보니 내가 기쁘구나. 그것은 성화의 과정이다. 너는 어제보다 오늘 나와 더 가까워지지 않았니?**

제시카 그러네요. 그래서 나이를 먹는 것도, 세월이 가는 것도, 당신과의 동행 이후에는 슬프거나 스산한 느낌이 차츰 사라져요. 할렐루야! 이 모든 것이 주님의 은혜입니다. 사랑합니다, 주님!

예수님 **나는 포도나무요, 너는 가지란다. 내가 너 안에, 네가 내**

안에 거하면, 너는 과실을 많이 맺을 수밖에 없느니라. 어떤 일이 있어도 너는 내 안에 붙어 있어야만 한다. 나의 원 나무에서 떨어지면 너는 과실도 못 맺고 말라비틀어져서 결국 원수들의 손에 의해 불살라지느니라. 이 불이 어떤 유황불인지 알고 있지?

제시카 네, 그렇게 되지 않도록 주님께서 꼭 저를 인도하시고 보호해 주세요. 그런데 당신 안에 거한다는 것은 무엇을 의미하나요? 너무나 많은 목회자에게 여러 다른 설명을 들어서 혼동이 됩니다.

예수님 내가 원하는, 내 안에 거한다는 것은 말이다.

첫째, 내 말을 듣고 순종하는 것.

둘째, 내 계명을 지키는 것.

셋째, 매일 회개하는 것.

넷째, 이웃을 제 몸처럼 사랑하는 것.

다섯째, 내게 영광을 돌리는 것.

여섯째, 성령이 충만한 삶을 사는 것.

일곱째, 나와 동행하는 좁은 길로 행하며 사는 것.

이 일곱 가지를 잘 지키면 내 안에 거하는 것이다.

제시카 아이고, 주님, 들으면 쉬운데요, 실천하려면 너무 어려워요. 그냥 쉽게 한마디로 해주세요. 쉬운 지름길을 주세요.

예수님 하하하… 네 생명을 바쳐서 나를 사랑하고, 내 심정을 항상 이해하고 알아주면 된다. 나와 마음이 합한 자가 되면 된다. 그것이 너의 분복이다. 그러면 네 주위 이웃에게 무엇을 어떻게 해야 할지 저절로 알게 된단다. 그것이 네가 마땅히 할 도리이며 네 축복이란다.

제시카 그건 쉬워요. 할 수 있는 능력을 이미 당신께서 주셨잖아요. 그리고 보니 제가 할 수 있는 건 정말 아무것도 없네요. 처음부터 끝까지 모든 것이 하나님의 은혜밖에는 없네요.

예수님 그 진리를 아는 것은 네 신앙에 아주 중요하단다. 그것을 깨닫게 해주시는 것이 네 안에 있는 성령이다. 성령은 나의 영이다. 수많은 자가 입술로만 "주여, 주여" 하며 이 땅에서 기적과 이적과 능력을 행한 후에 마지막 날에는 결국 성 밖으로 쫓겨나 바깥 어두운 곳에서 슬피 울며 이를 가는 일이 있지 않느냐?

그들은 대부분 나와의 첫사랑을 잃어버린 목사, 전도사, 강도사, 선교사, 심지어는 사모 등 한때는 나의 종의 무리였느니라. 그러나 내 아버지가 원하는 참 복음인 회개와 그에 따르는 열매, 세상의 복과 하늘의 복의 차이, 천국행과 지옥행의 참 조건, 성도의 거룩과 성결 등을 하나님의 심정으로 울리는 양각 나팔 소리를 낼 줄 아는 파수꾼이 되지 못한 자들이다.

그들은 세상에서 받는 임시 축복이나 운운하면서 정작 내 양들에게 매일 해야만 하는 참 회개를 선포하지 않는 목사들이다. 그들처럼 수많은 짖지 않는 개의 무리에 속해 설교하는 자도 그곳으로 쫓겨난다.

자기 열심으로 이 땅에서 어떤 공적을 쌓았다 할지라도, 그들은 자기 영광인지 내 아버지의 영광인지 두루뭉술 넘어가는 거짓 삯꾼, 첫사랑을 떨군 자, 자신만의 열심과 특심으로 사역한다는 착각에 사로잡혀서 일의 노예가 된 자, 생명 구원은 중심에 없고 교인과 헌금의 숫자놀음으로 만족하는 자, 목양 빼고 다른 잡동사니 일로 바쁜 자들이다. 이 무리는 큰 심판을 받을 것이기에, 착각하고 산 자신의 인생으로 인하여 마지막 날 제 머리를 쥐어뜯는 엄청난 놀람과 충격이 있을 것이다.

나는 큰 빌딩의 교회와 커다란 성회를 원하지 않는다. 나는 화려하고 아름다운 옷을 입고 마음이 아닌 입만 벌리는 찬양대를 원하지 않는다. 나는 엄청나게 비싼 사운드 시스템을 통해 선포되는, 교인들의 귀나 간지럽히는 가짜 복음밖에 전하지 않는 예배를 원하지 않는다.

나는 부서지고 통회하는 심령을 원한다. 우리 밖에 있는 양이든 우리 안에 있는 양이든 양들을 위해 무릎 꿇고 눈물로 금식하며 내 양을 먹이고 치는 참 목자를 원한다. 수에 연연하지 않고, 단 서너 명을 두고 목회를 하더라도 참 목자의 마음과 나를 사랑하는 마음 중심으로 목양하며, 나를 진심으로 따르는 순종의 삶을 실제로 살아내는 자를 원한다.

나의 음성과 성령의 감동을 거역하는 것은 자신이라는 우상을 섬기는 것이다. 말씀을 실천하지 않는 것은 알고도 자신을 속이는 것이니 마치 속임수의 죄와 같다.

가르치는 자들은 더 큰 심판을 받는다. 아예 무지해서 모르는 것이 아니라 알고도 행하지 않으니 그 불순종이 내게는 더욱 가중하다.

그것은 나를 십자가에 두 번 못 박는 것이다. 그 무리는 마음으로는 바리새인과 사두개인의 후손이며, 영적으로는 독사의 자식이다.

내가 피 값 주고 산 나의 교회를 몇 푼 안 되는 돈을 받고 팔아넘기는 자들, 평생 나를 섬기겠다고 말해 놓고 나이 들어서 목회자를 교체할 때는 영적인 참다운 제사장을 선정하기는커녕 마음을 찢는 할례조차 받지 못한 제 자식에게 세습하는 자들, 더 나아가 사람들 눈이 무서워서 서로의 자식을 교회의 후계자로 바꿔치기하는 자들…. 내가 먹이고 보살피라고 보낸 양들을 침실로 데리고 들어가는 자들, 자기가 섬기는 교회에 불을 지른 자들, 자위와 포르노 중독 상태로 강대상에 서는 자들, 하다못해 근친상간의 악행까지 하는 자들도 있구나….

내 마음이 분해서, 이런 짖지 않는 개의 악행을 하는 거름 무더기 종들의 행위는 입에 올리기도 싫다. 그렇게 살다가 이 땅의 마지막을 장식한 무리는 결코 내 진주 문 안으로 들어오지 못한다. 나는 시각장애자가 아니다. 그들은 내 이름을 알기에 유황불 못은 면한다. 그러나 내가 알았던 처음 사랑의 깨끗한 모습을 잃어버렸으므로, 썩어서 부패한 그들을 내가 도무지 알지 못한다고 하는 것이다. 나는 거짓을 말하지 않는다. 변질된 목자들은 원수가 사용하는 도구다. 그런 자들은 진주 문 안에는 결코 들어올 수 없다. 바깥 어둡고 캄캄한 곳이 그들의 종착역이다.

(예수님은 너무나 분노하셔서 조금도 쉬지 않고 빠른 억양으로 말씀하셨다. 그리고 내내 주먹을 꽉 쥐고 계셨다. 나는 예수님이 그렇게 분노하신 모습을 본 적도, 느낀 적도 없었다. 주님의 실망과 분노의 심정이 내 마음에 전달되자 그분 발에 엎드려 펑펑 울고 싶었다. 예수님을 배신한 우리의 죄와 무지가 너무 부끄럽고 죄송해서 내 가슴이 덜덜 떨렸다)

제시카 아이고머나나, 예수님… 너무나 무섭습니다. 그리고 진심으로 죄송합니다. 아직 아침이니 우리 그런 말은 나누지 말아요. 주님… 그래도 당신을 사랑하고, 당신 이름에 영광 돌리기를 원하는 많은 신실한 종이 아직 남아 있습니다. 바알에게 무릎 꿇지 않은 7,000인이 있습니다. 그들을 보시고 노여움을 푸세요.

예수님 (슬픈 표정으로 조용히 한숨을 쉬셨다) **알았다, 제비꽃 같은 나의 신부야. 오늘 아침 일찍이 이름 없는 얕은 흙 아래서 아무도 봐주지 않는데 이슬을 맞으며 최선을 다해 싹**

을 틔우고 꽃을 피운 조그만 제비꽃들을 보았단다. 그 조그맣고 예쁜 진보라색 꽃이 충성을 다하려고 애써 피어 있는 모습이 참 예뻤다.

제비꽃이 문득 너를 생각나게 하더구나. 내가 이 우주 어디에 있든지 눈과 마음은 내 신부들에게 언제나 머물러 있느니라.

제시카 예수님, 고맙습니다. 저도 눈물이 나려고 해요. 저는 주님과 마음이 합한 자가 되고 싶습니다. 많은 시간을 그렇게 못해 드려서 정말 죄송합니다, 주님.

예수님 (입을 다물고 미소를 지으셨다) **그래, 나의 신부야. 우리의 포도원을 허는 작은 여우도 쫓았으니, 오늘도 일어나서 함께 가자꾸나.**

제시카 주님, 혹시 며칠 전에 제 꿈에 보여주신, 죽은 하얀 고양이가 우리의 담을 허는 작은 여우였나요?

예수님 **그렇단다. 네가 하는 방언 기도로 인해 화무와 에조가 멸하였느니라.**

제시카 아이고! 예수님, 고맙습니다. 저는 무식해서 몰랐습니다.

예수님 **렛츠 고우, 나의 제비꽃이여!**

제시카 헤헤헤… 주님 손을 잡고 싶어요. 제 손을 꼭 잡아주세요. (예수님이 내 왼손을 약간 아플 정도로 꽉 잡아주셨다. 나는 예수님이 너무너무 좋다. 행복하다)

🌹 잠근 동산의 대화

예수님　잘 잤니? 백합화 향기 같은 나의 신부야!

제시카　네, 예수님. 잘 잤어요. 어제 양 사모님 일, 정말 고맙습니다. 그 사모님이 어떤 문제로 올지를 미리 아시고 제게 이틀 동안 눈물 장마로 미셸을 떠나보내는 일을 다시 시키셨군요.

맞습니다. 주님, 제가 못하는 일을 어떻게 다른 사람에게 권면할 수 있겠어요. 제가 먼저 제 자식을 하나님께 돌려드려야 제가 행하는 일을 다른 사람에게도 선포할 수 있지요. 행함이 없는 죽은 믿음의 소유자는 아무리 다른 사람을 상담해도 하나님의 능력이 일어나지 않는다고 하셨지요.

주님께서는 그 사모님이 마약 중독자인 자식을 두려움과 아픈 심정으로 가슴에서 못 보내는 것을 다 아시고 제게 보내셨지요. 미국 내 한국인으로서 술과 마약 중독 전문 상담을 하는 목회자가 정말 드문데요. 그녀는 제가 그렇다는 걸 전혀 모르는 상태에서 찾아왔어요.

사람은 당신의 인도함을 보는 눈이 없지만, 저는 오늘 당신의 정확한 인도하심을 보고 소름 끼치게 놀랐습니다. 한 치의 오차도 없이 정확 무오하신 예수님, 당신은 우리의 머리카락까지 세시고, 모든 것을 꿰뚫어 보시는 분입니다. 할렐루야!

예수님 **사랑하는 내 딸아! 네 심장 뛰는 소리가 느껴지느냐?**

제시카 네, 3박자가 들립니다.

예수님 **네 심장을 만든 이가 어찌 네 심장 안에 뭐가 들어 있는지 모르겠느냐! 네 마음을 만든 이가 어찌 네 마음 안에 어떤 것이 들어 있는지 모르겠느냐! 진정으로 사람의 마음을 고치고 참 기쁨과 만족으로 채워줄 수 있는 이는 그 마음을 만든 이 외에는 없느니라. 나는 너의 창조주라.**

제시카 아멘. 할렐루야! 주님께 찬양과 경배를 올립니다. 그렇습니다. 저는 주님께서 제 영과 마음을 만져주시기 전에는 죄가 있어도 깨닫지 못했습니다. 제가 더러워도 얼마나 더러웠는지 전혀 몰랐습니다.

성령께서 제 마음에 빛을 조명해 주실 때 죄가 깨달아져 알게 되고 회개가 나왔습니다. 성령께서 저를 만지지 않으셨다면, 저는 아직도 죄 가운데서 목회와 사역을 혼자서 좌지우지하며 피리와 호각을 불고 있었을 겁니다.

아이고… 생각만 해도 아찔합니다. 만약 그때 주님께서 오셨다면 저는 100퍼센트 성 밖으로 쫓겨났을 겁니다. 진주 문 성안은 언감생심입니다. 그때 가서 저를 충격과 놀람 속에서 쫓겨나게 버려두지 않으시고, 어리석은 종에게 이 땅에서 회개할 수 있는 기회를 주셔서 감사합니다.

게다가 저를 당신의 광명의 빛을 전하는, 상담하는 일꾼으로서 천국 복음의 확장 도구로 삼아주셔서 감사합니다. 더욱 감사한 것은, 더럽고 추한 저를 거룩하신 당신의 신부로 삼아주셔서 감사합니다. 할렐루야! 귀하신 예수님, 진실로 당신은 찬송과 경배를 받기에 합당하십니다.

예수님 우리 신부가 철든 말을 할 때 제일 예쁘게 보인단다. 네가 매일 내 안에서 자라고 성숙해 가는 것을 바라보는 것이 내게는 낙이다. 나의 신부들이 자라는 것을 보고 있으면 진실로 천지창조의 보람을 느낀단다.

비록 원수의 영이 때로 네 마음을 격동시키려고 하나, 그마저도 그것들을 통해 너희가 성숙하며 그 열매가 익어가니 내 마음이 흡족하구나. 참으로 무더운 날에 얼음냉수를 마시는 것처럼 마음이 시원하다.

어제 너를 찾아온 그 여인을 어떻게 생각하느냐?

제시카 주님, 3일을 금식하고 왔다고 해서 당신의 예언을 전하기는 했지만 조금 의아했습니다. 회개해도 울지 않고 축복해도 웃지 않으니, 마치 제가 돌부처 앞에서 말하는 것 같았습니다. 사람의 감정이 그렇게 무뎌질 수 있습니까!

예수님 그래, 네 마음이 그런데 내 마음은 어떻겠느냐! 그 여인은 기도원에서 몇십 년을 일했다. 목회자가 삶에 아무 문제 없이 등 따뜻하고 배부르면 기도원에 가겠느냐. 그녀는 기도원을 찾아오는 문제 있는 나의 종들만 몇십 년을 보다가 결국 마음이 굳어졌느니라. 어떤 주의 종도 존경하지 않게 되었고, 섬기고 싶은 마음도 잃었단다. 기도원의 일이 나에 대한 사랑이 아닌 직업이 되어버린 것이다.

그렇게 되면 믿음이 없는 자는 마음에 화인을 맞고, 믿음이 있는 자는 마음에 굳은살이 생기느니라. 사람이 하나님의 종을 판단하는 건 큰 죄다. 그런 자는 주의 종들에게 기름을 부은 내가 있다는 것을 기억해야만 한다.

나의 종들은 사람이 판단할 필요가 없다. 내가 모든 것을 불꽃 같은 눈동자로 다 감찰하고 있지 않느냐!

내가 어제 네게 목회자들의 수많은 죄 중에 단지 위에 떠오르는 거품만 알려준 것이 그 정도다. 그것도 내게 가증하거늘, 거품 속에 가라앉아 있는 죄들은 어떻겠느냐! 참으로 말로 나의 입을 더럽히기도 싫은 부패한 죄악들, 세상 음녀의 썩은 포도주잔으로 더럽혀진 영들이 찌꺼기처럼 가라앉아 있느니라.

그들도 다 처음에는 나를 향한 뜨거운 첫사랑과 헌신으로 시작했느니라. 그러나 세상이 주는 가시와 엉겅퀴로 양심에 굳은살이 박이다가 결국은 화인을 맞아서, 믿지 않는 자조차 양심 때문에 하지 않는 악행을 서슴없이 하게 된 것이다. 이를 보면 내 억장이 무너진다. 그러나 가장 애통한 것은 죄를 짓지 않는 것이 아니라, 지은 죄를 회개하지 않는 것이다.

사람의 속에서 무슨 선한 것이 나오겠느냐! 사과나무에서는 사과밖에 열릴 수 없듯, 내게 불순종하고 선악과를 따 먹은 아담의 후예이니 불순종의 열매가 당연히 열린다는 것을 나도 안다.

그러나 내 백성이 회개하는 것이 중요하다. 지은 죄를 철저히 회개하고 그 행실을 고치면 오히려 내가 불쌍히 여기고 귀히 여겨 긍휼을 베풀어서 신앙을 성숙시킨단다.

하지만 입으로, 생각으로만 하는 회개는 내게는 보이지 않는 청결이고 울리는 꽹과리 소리에 지나지 않는다. 꽹과리를 아무리 쳐대도 그 뜻이 실려 있지 않으니, 나중에는 내 귀가 아파서 짜증이 나지 않겠느냐! 사랑하는 나의 신부는 내 마음을 알겠느냐?

제시카   네, 주님. 잘 알고 있습니다. 저는 말이 많은 사람을 좋아하지 않고, 특히 언행이 일치하지 않는 사람은 더더욱 좋아하지 않습니다. 죄인인 저도 그런데 거룩하신 주님께서 어떠실지 제 작은 머리로는 감히 상상도 되지 않아요.

그러나 저도 첫사랑을 회복하기 전에는 그런 가증한 무리 중 하나였어요. 당신께서 저를 만지시기 전에는 저도 가증한 음녀의 손에 들린 포도주잔의 거품 밑에 가라앉은 찌꺼기 같은 썩은 인생이었음을 고백합니다.

주님, 저희를 불쌍히 여기시고 회개의 영을 부어주세요. 돌아올 자는 돌아올 것입니다. 저도 그러지 않았습니까.

예수님   그래, 알았다. 나의 백합화 같은 신부야, 네가 영의 세계에서 추수한 십일조이니라. 나에게 돌아와 주어서 고맙다. 빨리 자라주어서 고맙고….

제시카   주님, 당신도 아시다시피 저는 진실로 무익한 종입니다. 잘하는 것도 별로 없고, 잘 아는 것도 별로 없어요. 그저 주님을 사랑하는 마음 하나로 당신의 손을 붙잡고, 다 늦은 이제야 걸음마를 시작하는 줄을 제가 압니다.

비틀거리고 넘어져도 당신께서 실망하지 않으시고 다시 일으켜 세워주심이 고맙습니다. 저 같은 무익한 종을 무한대로 사랑해 주셔서 고맙습니다.

예수님   (미소를 띠셨다) 요즘은 내가 아침에 무거운 말을 네게 했구나. 진급 발표에 대한 네 마음은 괜찮으냐?

제시카   아이고, 주님. 저는 속물입니다. 속이 좀 상하지요. 그러나 세상의 직함이 무슨 소용이 있습니까. 당신께서 이 못난 저를 신부로 삼아주셨는데요. 그것이 제 평생에 최고로 큰 선물이고 직함입니다. 저는 천국에서 예수님 가장 가까이에 거하고 싶습니다.

그 소원을 이루어 주셨으니 더 바라는 것도 없고, 다른 건 제게 필요하지 않습니다. 필요한 것이 있었다면 당신께서 채워주셨겠지요. 당신께서 주시지 않은 것은 제게 필요하지 않은 것으로 믿습니다.

예수님   아이고머니나… 내 신부가 정말 예쁜 말을 하네.

제시카   헤헤헤… 주님, 제 말을 흉내 내지 마세요. 창피합니다. 고
                 상한 언어를 사용하지 못해 죄송합니다, 주님.

예수님   아니다. 그게 내가 사랑하는 너다. 있는 모습 그대로 내
**   가 받았다. 괜찮다. 내 심정을 알아주어서 고맙구나.**

제시카   저 같은 것이 어찌 주님의 마음과 심정을 알겠습니까. 그
                 저 제 작은 소견으로 짐작만 할 뿐입니다.

예수님   내게는 그것으로도 충분하단다.

제시카   아… 주님, 토니와 제가 유람선으로 알래스카 여행 떠나
                 는 것을 아시지요?

예수님   그래, 잘 안다. 내가 너를 그 여행 추첨표에서 당선시켜 주
**   었단다. 너는 처음 추첨에 탈락해서 기대도 안 하고 있었**
**   지? 나는 극적인 반전을 좋아한단다.**

제시카   헤헤헤… 땡큐! 주님이신 줄 알았어요. 모든 좋은 것이 위
                 로부터, 빛의 아버지로부터 온다고 하셨잖아요. 땡큐 배리
                 머치, 마이 로드!

예수님   하하하… 알았다. 토니와 재미있게 잘 지내고 맛있는 것
**   도 많이 먹어라. 밥 먹기 전에 감사 기도하는 것 잊어버리**
**   지 말고….**

제시카   맞습니다. 주님, 요즘 제가 식사 감사 기도를 자주 잊어버
                 리고 한 입 먹고는 기억하곤 합니다. 정말로 죄송합니다.

예수님   네 영이 졸고 있어서 그렇단다. 빨리 깨거라.

제시카   주님께서 좀 깨워주시면 안 될까요?

예수님 내가 그리하마. 네 식사 전에 내가 은가루를 뿌려주마. 그러면 기억하겠지.

제시카 아… 네, 제가 처음 당신을 만났던 그해부터 몇십 년 동안 당신은 신실하게 그 은가루를 때때로 보여주셨습니다. 요즘에는 가끔 더욱 선명하게 보여주셔서 감사합니다.

마지막으로 보았을 때가 3-4개월 전에 차고 안에서 기도할 때였습니다. 은가루가 반짝거리며 눈보다 더 천천히 하늘에서 내려올 때 너무너무 예뻤어요. 많이 내려올 때도 있고, 몇 개만 내려올 때도 있고요.

저, 은가루 보는 걸 좋아해요. 조용히 떨어지는 은가루를 바라보고 있으면 당신의 임재가 알아져요. 자주 보여주세요. 꼭 부탁합니다. 사랑합니다. 예수님, 진짜입니다.

예수님, 제가 이것을 기록하면, 틀림없이 자신이 체험해 보지 못한 영적 은사는 무조건 신비주의이고 이단이라고 판단하고 정죄하는 사람들이 있을 줄 압니다. 그래서 이 기록은 안 하고 싶어요. 그러나 당신께 제 생명을 드렸을 때 핍박을 각오했습니다. 저는 주님 앞에서 짖지 않는 개가 되어 침묵하는 거짓 증인으로 살기보다는 차라리 무리에게 돌멩이 맞을 길을 택하겠습니다.

예수님, 이 보잘것없는 여종의 소원을 하나만 들어주세요. 저는 스데반처럼 착하고 거룩한 사람이 못됩니다. 그러니 이 기록으로 제게 돌을 던지는 사람은 반드시 이 땅과 저 천국에서 그자가 심은 대로 거두게 허락하여 주시옵소서.

예수님 알았다, 내가 그리하마. 오늘도 일어나서 같이 가자. 백합화는 바람에 날리어 그 꽃잎이 찢어질 때 아름다운 향기가 더욱 멀리 날리느니라. 백합화 같은 나의 신부야.

제시카 찢어지려니 조금 두렵지만 명심할게요.

예수님 하하하…. (주님께서 크게 웃으시며 오른팔로 내 어깨를 안으시더니 왼손으로 내 머리를 쓰다듬어 주셨다. 그리고 이마에 뽀뽀해 주셨다. 나는 하루 중 이때가 최고로 행복하다)

제시카 아우… 예수님, 많이 사랑해요! 행복 만땅!

예수님 **사람들은 항상 어떤 길을 선택한 후에 가지 않은 길에 미련이 있단다.**

제시카 그래요? 제가 가지 않은 길은 무엇입니까?

예수님 **너는 교수가 되고 싶지 않았니? 가르치는 선생 말이다.**

제시카 네, 맞습니다. 항상 그런 꿈이 있었지요. 그러나 이제 나이가 들어 머리가 예전처럼 맑지 않아서 학문을 하기는 힘들고, 또 주님과 매일 가까이 동행하면서 세상 학문 공부를 시작한다는 것이 얼마나 힘든지 알게 되었어요.

저는 여러 가지를 한꺼번에 잘 해내는 재주가 없어요. 뭐든지 제가 가장 좋은 것으로 결정하고 선택하면 그저 열심히 한 우물을 팔 줄밖에 몰라요. 총회에서 일하고 퇴근해서 집에 돌아오면 당신과 대화하고, 찬양하고, 설교 듣고, 방언 기도하고, 집안일 하다 보면 새벽 2,3시는 기본입니다. 말씀 읽는 시간도 부족한 것 같고, 가끔 상담해 달라고 불쑥불쑥 찾아오는 손님들까지 맞으면 정말 새벽에 자야 해요.

주님, 제가 다시 공부를 시작할까요? 당신께서 하라시면 하겠습니다.

예수님 **아니다. 당분간은 너와 나의 대화를 기록하는 일에만 전념하여라.**

제시카 주님, 순종하겠습니다. 당신께서 이 책이 제 옥합이라고 하셨으니 최선을 다해 정확하고, 정직하고, 세밀하게 기록하겠습니다.

예수님 **그러나 나는 네가 옥합보다 더욱 귀중하단다.**

제시카 고맙습니다, 주님. 제게 필력을 주시고 성령의 감동으로 당신의 살아계심을 증거할 수 있도록 허락해 주소서.

예수님 **내가 이미 그리하였느니라. 이 기록은 내 입에서 나간 말이니 숨 쉬는 글이니라. 이 책은 영서다. 이 글로 말미암아 잠자는 자는 깨어나고, 깨어 있는 자는 충성을 기약하고, 충성을 기약하는 자에게는 내가 생명의 면류관을 예비하고 있느니라.**

제시카 할렐루야. 진실로 살아계신 여호와여, 주님을 찬양합니다. 주여, 어서 오시옵소서. 마라나타!

🌿 **잠근 동산의 대화**

예수님 잘 잤니? 나의 어여쁜 신부야!

제시카 네, 멋있는 우리 주님. 어젯밤 내내 꿈속에서 제게 말씀해 주셔서 정말 고맙습니다. 당신의 말씀은 진실로 꿀송이처럼 달고 제 영을 소생시키는 생명수와 같이 제 영을 적시며 제 안으로 들어옵니다.

평상시에 읽을 때도 주님의 말씀은 힘과 능력이 있지만, 특별히 잠잘 때는 그 말씀이 어찌 그리 아름답게 제 마음에 잘 들어올 수 있지요? 마치 당신께서 제 마음의 비(碑)에 새겨 넣으시는 느낌이 듭니다. 참 신기합니다.

예수님 **나는 말씀이라. 내 입에서 나간 말은 살아서 역동하는 힘이 있느니라. 그 말은 살아 숨 쉬며 사람의 영과 혼과 육을 쪼개느니라.**

제시카 네, 당신의 말씀은 어두운 곳에 빛을 주고, 아픔이 있는 곳에 치유를 주고, 슬픈 곳에 참 기쁨을 주고, 죽어가는 영에 새 생명을 주는, 사람의 지혜로는 이해 불가한 신비입니다. 예수님, 당신은 참으로 경이로운 분이십니다.

예수님 **그렇다. 그런 성령의 말씀이 너희 속에 있으니 이 말씀이 너희의 보배이고, 이 보배를 너희 질그릇 같은 육신에 가**

지고 있느니라. 그것이 이 땅에서 성도가 가지는 분복이
니라. 그것은 값으로 매길 수 없는, 금은보다 귀하고 값진
나의 선물이니라.

제시카 아버지, 도대체 우리가 무엇인데 이처럼 값을 매길 수 없는
보배를 잃어버리지도 않게 우리 안에 주시고, 천국 가는 길
로 부르셨습니까? 왜 부르신 우리에게 죄 사함을 주셔서
의롭다고 하셨습니까?

또한 의롭다 하신 우리를 비록 이 땅에 살지만 천국에 대
한 소망으로 진리의 길을 걷게 하셨습니까? 그에 더하여
왜 우리를 영화롭게까지 하시는 것입니까?

이 모든 것이 참으로 놀라운 아버지 하나님의 계획이요, 경
륜이라는 것이 진실로 고맙습니다. 하나님의 지혜와 사랑
은 신묘막측하여 우리 같은 흙덩어리는 도저히 이해할 수
없습니다.

예수님 나는 이 진리를 은밀한 곳에서 전하지 않았다. 모든 사람
에게 나의 청함이 갔단다. 보라. 목마른 자, 굶주린 자, 헐
벗은 자 모두 내게 와서 삶의 무거운 짐을 내려놓고 쉬라
고 했다. 내 안에서 쉼을 발견하고 안식에 거하라고 했다.
그들에게 진리와 화평을 생수같이 퍼부어 주었다.

그들은 피곤하고 무거운 짐을 힘겹게 진 채 마귀에게 속
아서, 그 짐이 자신들을 얼마나 천천히 죽여가고 있는지
를 모른다. 나는 그들이 이 사실을 깨닫고 내게 돌아오기

를 원한다. 그들은 그 모든 무거운 짐을 내 앞에 내려놓고 삶의 풀리지 않는 실타래를 내가 어떻게 푸는지 믿음으로 바라보기만 하면 된다. 나는 전능한 신이라. 내가 풀지 못하는 인생의 실타래가 어디 있겠느냐!

그러고 난 후에는 내가 주는 짐을 지면 된다. 내 짐은 가볍고 내 멍에는 쉽다. 그들의 영을 살리고 기쁨 속에 즐거움을 주는 짐이다. 영원히 살 수 있는 영생의 길로 인도하는 짐이다. 반드시 천국에서 상과 면류관이 약속된 짐이다.

사랑하는 내 딸아! 너는 이것을 증거하고 선포하여라. 내 백성을 사망의 길로 끌어들이는 원수의 영에 더 이상 속지 말고, 그 세상 짐을 마귀에게 도로 던져주라고 하여라. 그 후에 내 이름을 부르고, 내 얼굴을 찾으며, 내 앞에 겸손히 엎드리라고 전하여라.

제시카   예수님, 제 생명을 바쳐서 당신이 소원하시는 바를 전하고 선포하겠습니다. 얼마 남지 않은 이 계집종의 생을 당신의 뜻을 이루어 드리고, 당신의 마음을 기쁘시게 해드리는 데만 바치고 싶습니다. 제가 제정신이 나게 일깨워 주셔서 진실로 고맙습니다.

그동안 원수의 혼미한 영에 속아서 쉼을 줄 수 없는 것이 쉼을 주고, 기쁨을 줄 수 없는 것이 기쁨을 줄 거라고 착각하며 살았어요. 그 미혹의 영에 빠져 좀비같이 살던 저를 돌려세우느라 힘드셨지요?

예수님　아니다. 네가 제정신을 차리고 서서히 회개하며 돌아오는 것을 지켜보는 것이 나의 최고의 기쁨이었단다. 우주를 다스리는 내게 무엇이 힘들겠느냐. 단지 회개하고 돌아오든지, 좀비처럼 악에 취해서 살든지는 내 백성의 선택이다. 나는 각자에게 선택할 권리를 허락하였다. 아무에게도 그 권리를 억지로 빼앗지 않는다. 그러나 단 한 번의 선택이 영원을 좌우한다는 것을 반드시 알고 기억해야 한다.

제시카　주님, 제가 이 땅에 있는 한, 주님과 제가 잃어버린 우리의 땅을 원수에게서 도로 찾아오겠습니다. 반드시 원수의 마음 밭에 당신 이름의 깃발을 꽂아 드리겠습니다. 이미 당신께서 피 값 주고 사신 승리이니 그 길을 따르겠습니다.

예수님　그렇다. 이제 사망의 쏘는 독은 사라지고 없다. 너희의 죄악은 너희를 관할(管轄)할 수 없다. 그 사망의 값은 내가 나의 완전한 공의로운 죽음으로서 다 치렀다.

　사랑하는 엔게디 포도원의 고벨화 송이 같은 나의 신부야, 나의 사랑이 머무르는 자여. 네가 영의 나이가 어린데도 벌써 이만큼 컸구나.

제시카　주님, 저는 아직 젖 먹는 신앙인 것을 압니다. 걸음마도 잘 떼지 못하는 줄 압니다. 당신께서 보여주셨으니까요. 그러나 젖을 먹으면서도 최선을 다해 당신께 기쁨이 되고 싶습니다.

예수님　하하하… 알았다. 오늘 이사야서 49장을 꼭 읽어라. 그 말씀 안에서 네가 나를 만나리라. 보화를 캐거라.

그리고 오늘 내 백성 5명이 네게 올 것이다. 먼 길을 돌아서 태평양을 건너 한국에서 방문한 나그네도 있으니, 최선을 다해 대접하고 보내거라.

제시카　예스, 설! 명령 이행하겠나이다. (나는 경례를 했다)

예수님　하하하… 귀여운 나의 신부야, 내가 너와 항상 동행하는 것을 잊지 말아라.

제시카　오케이. 예수님, 사랑하고 또 사랑합니다.

예수님　그래. 아름다운 적갈색 고벨화 같은 나의 신부야, 이제 일어나라. 우리 함께 가자꾸나.

제시카　주여, 어서 오시옵소서. 마라나타!

154 용서는 선택의 문제가 아니고 순종의 문제다

🌿 양떼의 발자취-간증

박 목사님이 내게 상담과 기도를 부탁한다면서 전도사님, 장로님 그리고 3명의 권사님을 우리 집으로 보냈다. 나는 먼저 장로님을 상담했다. 그는 미국에서 영주권 취득 문제가 빨리 해결되지 않아 불법체류자 신분으로 아내와 자녀들과 살고 있었다. 생활고로 인해 발생한 사소한 사건으로 조만간 법정에 출두해야 하는 상태였다.

그런데 법정에 갈 때마다 판사가 1개월씩 판결을 미뤘다. 그래서 법원에서 돌아오면 다음 달까지 조바심을 내며 기다려야 했다. 이런 환경 때문에 장로님은 가장으로서 책임감에 눌려 불안해서 몇 달 동안이나 불면증에 시달리며 식사도 제대로 하지 못하고 있었다.

'그까짓 미국 영주권이 뭐라고…. 우리는 하늘의 시민권을 가지고 있는 자들인데….'

장로님과 같은 어려움을 겪지 않은 자는 이렇게 생각할 수 있다. 그러나 정작 본인에게는 하루하루가 얼마나 불안할까! 게다가 자녀들까지 있다고 하니 가슴이 아팠다.

우리는 살다 보면 우리 힘으로는 도저히 해결할 수 없는 골리앗과 같은 큰 문제를 만난다. 3미터나 되는 골리앗의 덩치를 보는 순간, 우리 동공은 공포로 확장된다. 그러면 골리앗이 더 크게 보이고, 기도해야 한다는 생각이 떠오르지 않는다. 골리앗이 쥐고 있는 우리 키보다 더 큰 칼을 보면, 우리 입은 두려움으로 쩍 벌어진다. 부르짖는 간구를 해야 한다는 생각이 어디로 날아갔는지도 모른다. 고개를 떨구고 우리 손을 보면, 참으로 조그맣고 초라한 자갈돌 5개가 쥐어져 있다.

확실히 목동 다윗은 우리와 달랐다. 우리는 이 자갈돌 5개로 골리앗 앞에 서 있는 방법밖에 모르지만, 다윗은 그것으로 골리앗 앞에 서기만 한 것이 아니라 하나님의 이름으로 달려갔다. 그렇다. 하나님의 구원하심은 칼과 창에 있지 않다. 거인 크기의 문제를 해결하는 방법은 인간의 지식이나 능력에 있지 않다. 그때는 겸손하게 납작 엎드리고 하나님의 얼굴을 찾는 것만이 최선이다.

그러면 전쟁은 여호와께 속한 것인즉, 그분께서 반드시 문제 덩어리를 우리 손에 붙이신다. 이것이 그분의 불변하는 약속이기에 그분의 백성인 우리는 골리앗의 이마에 자갈을 박을 수 있다. 할렐루야!

장로님을 상담하고 함께 기도하는 중에 주님의 음성이 내게 임했다. 주님께서 말씀하셨다.

'이것은 용서의 문제다. 그를 온전히 용서하여라. 너희가 너희에게 죄지은 자를 용서함같이 나도 너희 죄를 용서하느니라.'

나는 난생처음 만나는 장로님의 믿음도, 과거도 몰랐다. 그러나 주님께서는 그에게 용서를 촉구하셨다. 내가 주님의 음성을 전하자 장로님이 입을 열었다.

"제가 전에 섬기던 교회에서 시무했던 목사님을 도저히 용서할 수가 없습니다. 그래서 몇몇 성도들과 그 교회를 나와버렸어요. 지금은 그들과 다른 교회를 섬기고 있습니다. 그러나 저는 아직도 그 목사님의 잘못을 용서할 수가 없어요. 용서가 안 됩니다."

그러자 주님의 음성이 내게 또 임했다.

'용서는 네가 하고 안 하고를 선택할 문제가 아니다. 형제를 용서하라는 것은 나의 계명이다. 너는 그 계명에 순종해야 한다. 네 믿음과 관련한 이 문제는 내 앞에서 순종과 불순종의 문제란다.'

내가 이 말씀을 전하자 장로님이 내게 물었다.

"제가 어떻게 하길 원하십니까?"

그때 주님의 감동이 전해졌고, 나는 그대로 말했다.

"장로님, 그 목사님을 찾아가세요. 당신은 그의 가슴에 피멍이 들게 했습니다. 가서 겸손하게 무릎을 꿇고 진정한 사과를 올리고 용서를 구해야 합니다."

장로님이 물었다.

"그런데 그 목사님이 저를 용서하지 않으면 어떻게 합니까?"

"그것은 그와 하나님과의 문제입니다. 그러나 당신은 그에게 반드시 용서를 구해야 합니다. 용서를 구할 때 힘들면 그를 바라보지 말고, 그 뒤에 계시는 하나님의 얼굴을 바라보십시오."

"그것이 주님의 뜻이라면 순종하겠습니다."

"잘 생각하셨어요. 혹시라도 그 목사님이 용서한다고 말하면 꼭 축복 기도를 청하세요. 그가 어떤 축복의 말을 하든 하나님께서는 그런 기도를 기뻐 받으십니다. 주님의 이름으로, 용서할 수 없는 사람들끼리 용서하고, 화목이 이루어질 수 없는 관계에서 화목이 이루어질 때, 그런 반전의 기도에 주님은 응답하길 주저하지 않으시며 속히 응답해 주길 원하십니다. 살아계신 하나님을 꼭 체험하십시오."

"잘 알았습니다. 즉시 목사님을 찾아가겠습니다."

"할렐루야! 우리 주님께 감사와 영광을 올립니다."

우리 6명은 다 같이 통성으로 기도하고 헤어졌다. 이후 장로님은 목사님을 만나 진실한 마음으로 용서를 빌었고, 주님의 은혜로 법정에서도 가벼운 판결을 받았다.

나는 우리 집에 찾아온 이들이 모두 돌아간 그날 밤, 영의 세계로 갔다.

◆ 영의 세계

 나는 언덕 위에 있는 우리 집 안에서 창문으로 바깥쪽을 내다보고 있었다. 그때 언덕 아래쪽에서 새끼 사자와 새끼 표범이 언덕 위 우리 집 쪽으로 날쌔게 뛰어 올라오는 게 보였다.

 화무와 에조가 뛰어나가서 막았는데도 두 짐승이 얼마나 작고 날쌘지 조그만 공이 굴러가는 것처럼 옆으로 피해서 우리 집 대문으로 뛰어 올라왔다.

 나는 얼른 대문을 닫았다. 그런데 어찌 된 일인지 대문과 대문 사이에 커다란 틈새가 있었다. 사자 새끼가 머리를 틈새에 마구 들이밀며 집 안으로 들어오자마자 표범 새끼도 따라 들어왔다.

 비록 작은 새끼 짐승이었지만 그 이빨과 발톱을 보고 너무나 무서웠다. 언제든지 내 몸을 물고 할퀼 수 있어 보였다. 그리고 잠에서 깼다.

나의 신부야 너는 레바논에서부터 나와 함께하고 레바논에서부터 함께 가자 아마나와 스닐과 헤르몬 꼭대기에서 사자 굴과 표범 산에서 내려다보아라 아 4:8

🌿 잠근 동산의 대화

제시카 예수님, 어디 계세요?

예수님 **사랑하는 딸아! 네 심장 안에서 너를 지키고 있단다.**

제시카 예수님, 큰일 났어요. 제 꿈에 새끼 사자와 새끼 표범이 집에 들어왔어요. 급하게 문을 닫았지만, 문 틈새가 너무 벌어져서 두 마리가 다 들어와 버렸어요.

사자와 표범은 짐승의 영으로서 사람 속에 있는 미움과 용서하지 못하는 마음의 영이라고 주님께서 가르쳐주신 것이 기억나요. 어떻게 하면 좋지요?

예수님 **벌어진 문은 네 입이다. 너는 각별히 말조심하거라. 말은 적게 하고 보기는 속히 하거라. 말을 많이 하면 실수를 면하기 어려우니라. 앞으로는 사람들에게 성경 말씀을 선포하기 전에도 내게 그 말할 시간의 길이를 물어보거라. 그리고 내가 알려주는 시간만큼만 하면 된다.**

어제처럼 7시간씩 말하다 보면, 너도 모르게 사람의 생각이나 감정이 나갈 수도 있으니 주의하여라. 사람이 말씀을 증거하면서 복음을 나누다 보면 실수하는 일도 있다. 그러니 너는 무엇이든지 내게 물어보고 나의 인도함만 받아야 하느니라. 그러면 살 것이다.

제시카	네, 주님. 잘못했습니다. 앞으로는 그렇게 지혜롭게 하겠습니다. 그나저나 이 사자와 표범 두 마리로 나타난 짐승의 영은 어떻게 하면 좋습니까? 알려주세요.
예수님	**금식하며 회개하고, 성경 말씀을 많이 읽으면 쫓아낼 수 있다. 이런 유는 금식 외에는 방법이 없느니라.**
제시카	두 천사인 화무와 에조가 있었는데, 어떻게 이 짐승들이 들어왔지요?
예수님	**화무와 에조도 네가 성령의 전신 갑주를 입고 기도의 영력을 내야만 힘을 내고 너를 지킬 수 있단다. 엘리야가 내게 비를 간구할 때 모습을 잘 보거라. 그러면 어떻게 기도해야 할지 알게 될 것이다. 그는 나의 신부이자 영적 전투를 할 줄 아는 자다. 원수의 영을 어떻게 멸해야 하는지를 아는 자다. 불 말과 불 병거를 부릴 줄 아는 자다.** **그 두 짐승의 영은 어제 네 집에 왔던 5명이 죄를 자복하고 울며 같이 통성 기도를 할 때, 나의 이름으로 쫓겨나간 어둠의 영이다. 그 영들에게 네가 갈 곳을 지정해 주지 않았으니, 내 백성 5명이 네 집에 두고 갔구나.**
제시카	어째서 귀신의 영은 꼭 있을 거처를 구하지요? 주님께서 가다라 지방에서 쫓아내셨던 귀신들이 들어가기를 간청했던 돼지 2,000마리가 제 주위에는 없어요.
예수님	**앞으로 사람들이 네게 상담이나 권면을 받으러 오면 이것을 명심하거라.**

첫째, 내게 묻고 정한 상담 시간을 잘 지켜서 말의 실수를 면하거라. 둘째, 상담자가 원수의 영과 동행하여 와서, 그는 내 이름으로 그 영을 쫓아낸 후에 영의 치유와 자유함을 받고, 그 영을 남겨두고 갈 수 있다.

상담과 축사 사역을 하기 전에 반드시 네 집과 가족 그리고 네 영에게 기도로써 성령의 전신 갑주를 입히고, 그 자리에 있는 사람들에게는 나의 보혈로써 보호막을 씌워라. 특히 너는 영의 세계가 열려 있으니 더욱 주의하여라.

제시카 아이고, 주님. 저는 당신의 백성에게 시간을 내어 문제를 들어주고, 권면해 주고, 같이 기도해 주었습니다. 그런데 어찌 그들은 제게 나쁘고 악한 짐승의 영만 남기고 갑니까? 속상합니다.

예수님 사랑하는 딸아! '당신의 백성'이 아니고 '우리의 백성'이란다. 그들은 모르고 그러는 것이다. 어둠의 영에 눌리고 억압되어 그게 자신인 줄 알고 속고 살다가, 그날 자기 속에 있던 나쁜 영이 쫓겨 나가니 마음이 가벼워지고 밝아지면서 기뻐 돌아갈 수밖에 없었다. 모든 인간은 자기 눈에 보이는 것밖에 판단하지 못한다.

미리 준비 기도하고 성령의 전신 갑주를 입지 않은 네 잘못도 있지 않느냐. 그나마 네가 영의 세계에 눈이 열려 있으니 그 짐승들을 본 것이다. 내 이름으로 내쫓으면 되니 기도하여라. 영의 세계가 열려 있지 않은 대다수 목자는 그

나마도 축사를 어떻게 해야 하는지 몰라서 못 하느니라. 삯꾼 목사들도 마찬가지다. 몇몇 떠돌이 유대인 무당도 시험적으로 나의 이름을 이용하여 악한 귀신이 들린 자에게 그 영을 쫓아내려고 시도했던 일을 모르느냐?

그 유대인 무당이 악한 귀신에게 말했다. "바울이 전하는 예수의 이름으로 내가 너희에게 명령한다. 나오너라."

그렇게 외쳤을 때 무슨 일이 일어났느냐?

제시카 그 악한 귀신이 "내가 예수님도 알고 바울도 아는데 너희는 누구냐?" 하고 악한 귀신 들린 그자가 유대인 무당에게 뛰어올라 억제하여 이겼습니다. 그 가짜 삯꾼들은 몸이 상하여 벗은 몸으로 그 집에서 도망한 것으로 압니다.

예수님 하하하… 맞다. (정말로 크게 웃으셨다) 사랑하는 나의 딸아, 그때부터 2천 년이 지난 오늘날도 자신이 가르치는 대로 살지 않는, 죽은 믿음을 가진 수많은 가짜 목회자와 삯꾼 목사에게 같은 일이 벌어지고 있다. 그들도 마음속으로는 스스로가 영적 유대인이라고 믿으며 살고 있단다. 참으로 어처구니가 없는 일이다.

수많은 가짜 삯꾼이 성령의 능력은 믿지 않고 성경의 지식은 있어서, 나 예수의 흉내를 내려다가 오히려 귀신들에게 봉변당해서 가정과 삶이 부서지는 경우도 많으니라.

그러나 나 예수는 어제나 오늘이나 영원토록 동일하다. 2천 년 전에 가짜를 사용하지 않았던 것처럼 지금도 가짜를

사용하지 않는다.

제시카 주님, 그래서 그들이 떠난 이후에 토니가 우리가 쉬는 유일한 휴일에 그들이 찾아와서 아침부터 저녁까지 있다 갔다고 제게 불같이 화를 낸 겁니까? 우리 집에 들어온 그 악한 짐승의 영들의 영향이었습니까? 평소 토니는 별로 화를 내지 않는 온유한 성품인 것 아시지요?

예수님 **그렇다. 내가 모르고 있기에 내가 너의 영의 눈을 열어서 한밤중 꿈으로 보여준 것이니라.**

제시카 아이고… 주님, 고맙습니다. 아직 아침이니 오늘 금식하겠습니다. 그리고 밤에는 알래스카 유람선 안에 있을 테니 그때 토니와 같이 식사하겠습니다. 토니에게도 함께 금식하자고 권하겠습니다. 그가 자원할지, 안 할지는 몰라요.

예수님 **좋은 생각이다. 짐승의 영이 아직 어린 새끼일 때, 그 속에 자리 잡기 전에 빨리 쫓아내거라.**

제시카 주님, 앞으로는 사람들이 집으로 온다고 할 때 집으로 들이지 말고 바깥에서 만날까요?

예수님 **바깥에는 떠돌아다니는 나쁜 영들이 더 많단다. 그냥 네 집에서 하거라.**

제시카 주님, 잘못했습니다. 이 집은 제 집이 아닙니다. 저는 무소유라고 주님께 약속드린 것을 잊어버렸습니다. 주님의 집인데 제게 무슨 권한이 있습니까.

사람들을 집으로 오라고 할게요. 당신의 집이오니 앞으로는 당신께서 지켜주셔야만 합니다.

예수님   하하하… 알았다. 그러마. 그러나 반드시 하나님의 전신 갑주를 입어라. 그 전신 갑주는 이러하다.

첫째, 진리의 허리띠를 둘러라.

둘째, 의의 흉배를 가슴에 붙여라.

셋째, 평화의 복음을 전할 신을 발에 신어라.

넷째, 악한 영의 모든 불화살을 막아낼 믿음의 방패를 손에 들어라.

다섯째, 구원의 투구를 머리에 써라.

여섯째, 하나님의 말씀인 성령의 칼을 쥐어라.

그리고 너와 네 사랑하는 가족에게 내 보혈의 막을 덮어라. 나 예수의 피를 보면 어둠과 사망의 영이 비켜 간단다. 이것을 꼭 명심하여라.

제시카   잘 알았습니다. 제가 아직 미숙하고 부족합니다. 제 영의 눈을 열어주셔서 빨리 방지할 수 있도록 알려주셔서 고맙습니다.

주님! 서너 달 전에 당신께서 꿈에 상관인 리디아를 두 번이나 보여주셔서, 그녀가 천국에 거처를 마련하지 못했으니 알려주라고 하신 것 기억하시지요?

얼마 전에 리디아가 유방암 선고를 받았다며 비밀로 해달라고 하면서 제게 알려주었습니다. 주님! 그녀를 준비시키시는 게 당신이시지요? 그녀가 다음 주부터 키모 항암 치료를 시작할 거라고 했을 때, 제 다리가 떨렸어요. 당신은 너무나 정확하시고 무섭도록 예리하신 분입니다.

그런데 어젯밤 꿈에 금발 머리 리디아가 레게 머리를 하고 두피에 검은 역청을 바르고 있었습니다. 어쩐 일입니까? 왜 그런 형상을 한 리디아를 보여주셨습니까?

예수님   **그렇다. 리디아는 지금 유방암에 걸려 있단다. 그래서 내가 네 꿈에 그녀가 천국에 거처가 없다고 두 번이나 보여주지 않았느냐. 방사선 항암 치료를 받으면 그녀의 금발 머리도 다 빠질 것이다. 그러나 그녀는 나의 은혜와 긍휼을 믿고 기도하는 자이니 빠지는 머리카락을 보면서 울고 기도할 것이기에 내가 천사를 보내 천국의 약을 미리 발라준 것이다. 방사선 치료 이후에는 다시 제 머리카락을 되돌려 받을 것이다. 너는 앞으로 일어날 일을 본 것이다. 네게는 영의 세계가 열려 있으니, 이 땅의 사람들에게 있는 5감에 2감이 더 있다. '예고'(Premonition) 감각과 '실현'(Realization) 감각이다. 너는 7감으로 울리는 호각 소리로 예언하고, 퍼지는 나팔 소리로 미래의 일을 예견할 눈이 있다. 너는 그것을 본 것이다.**

제시카   주님, 제가 그녀에게 꿈으로 본 것을 알려줄까요?

예수님   **그래도 된다. 그러나 그녀에게 정말 필요한 것은 그녀를 위해서 더더욱 간절히 기도해 주는 것이다.**

제시카   그런데 리디아는 제가 알려주고 기도해 주어도 반응이 별로 없고, 고마워하지도 않는 것 같은데요.

예수님 너는 눈에 보이는 것으로 네 마음을 좌우로 판단하지 말아라. 네가 그녀를 위해서 기도할 때, 네 기도 공적도 같이 쌓이느니라. 내게 순종하고 기도하는 것이 아니냐.

세상 사람이든, 믿는 사람이든 사람은 눈에 보이는 것을 받는 게 아니면 고마워하지 않는다. 오직 물질과 눈에 보이는 것에만 익숙해져 있어서, 보이지 않는 세계가 물질 세계를 통제하고 지배하며, 그것이 더욱 중요하다는 것을 알지 못한다.

그래서 내 백성에게는 나를 아는 지식이 없단다. 그들은 양식이 주려서가 아니고 영이 주려서 목마르고 궁핍하다는 사실을 모른다. 게다가 나의 지혜를 구하지도 않는다. 모든 일에 자기 생각과 판단이 앞서서 내 인도를 구하지 않는다.

나의 복음은 멸망할 사람에게는 미련한 것같이 들리나, 구원을 얻을 사람에게는 하나님의 능력으로 들리기 때문이다. 그러나 나는 그들을 이 땅에서 모두 지켜준다. 모두에게 골고루 햇빛을 주고 단비를 부어준다. 사람은 잠시 있다가 사라져 버리는 아침이슬 같은 존재이기에 내가 그들의 무지를 불쌍히 여기고 궁휼을 베푸는 것이니라.

제시카 주님! 저도 그중 하나였으니 할 말이 없습니다.

예수님 (미소를 띠셨다) 그래… 갈릴리 호수 서쪽 막달라에서 온 마리아도 자주 그렇게 말했단다. 그녀는 살았을 때 내가 십자가에 매달린 이후부터 내 이름으로 인해 핍박을 많이 받고 이리저리 유리하며 쫓겨 다녔느니라. 결국 동굴 속에서 은신 생활까지 했단다. 그러나 동굴 속에서도 그녀는 나에 대한 강한 믿음을 끝까지 지켜서 나의 임재가 항상 그녀와 함께 있었단다. 그것이 내게는 귀하다. 그래서 나는 그녀가 이 땅에 살 때, 진주 문 안 영의 세계를 볼 수 있는 눈을 열어주었단다. 그녀는 나의 신부다.

제시카 주님, 그녀를 빨리 보고 싶습니다. 저는 바나바는 만나 보았습니다. 아주 오래전에 신학교에 입학하기 직전에 그가 저를 찾아왔었어요. 머리가 붉고 마른 체형이었어요.

예수님 알고 있단다. 내가 그를 네게 보냈었느니라. 바나바에게 있는 권면의 영이 네게 있는 상담의 영과 같은 색의 영이니라. 네 영이 빨리 성숙해야 마리아를 볼 수 있을 것이다. 그래서 내가 지금 도와주고 있지 않느냐?

제시카 네, 주님. 고맙습니다. 어떻게 해야 제 영이 빨리 성숙할 수 있지요? 저는 빨리 자라고 싶은데요.

예수님 그러려면 많은 희생의 눈물, 헌신의 눈물, 내 왕국의 건설을 위해서 흘리는 땀과 노력이 동반되어야만 한다. 너는 오늘 금식하거라. 네 영이 졸지 않고 깨어 있기 위해서 꼭 필요하구나.

제시카 네, 주님. 순종하겠습니다.

예수님   사랑하는 나의 신부야! 너는 끝없이 흐르는 영원불멸의 사랑의 강인 아마나 강과 성결한 하얀 눈으로 덮인 스닐 산과 성별되어 신부의 절개를 지키는 헤르몬 산꼭대기에서, 치열한 영적 전투를 치러야만 하는 사자 굴과 표범 산에서 승리를 쟁취하고 내려다보아라.

이제 일어나서 함께 가자.

제시카   네, 주님. 당신의 신부에게 그 강과 산들을 정복하고 다스릴 힘을 허락하여 주시옵소서. 또한 짐승의 영을 내쫓고 승리할 수 있도록 당신의 힘을 실어주시옵소서. 예수님, 어서 오시옵소서, 마라나타!

156 남편과 아내가 똑같은 꿈을 꾸다

양떼의 발자취-간증

아침에 일어나자마자 주님과 대화를 마친 후에 급한 마음에 안방문을 박차고 토니에게 갔다. 그는 거실에 앉아서 휴대전화로 웹서핑을 하고 있었다. 내가 토니에게 말했다.

"여보, 저 오늘 금식해야만 해요. 예수님이 하라고 하셨어요. 당신도 나와 같이 금식해 주었으면 좋겠어요."

토니가 대답했다.

"안 돼요. 나는 요즘 다이어트 중이라서 끼니마다 아주 조금 먹는데 금식까지 하라고? 오늘부터 우리 유람선 여행도 가잖아요. 배의 여러 식당에서 온갖 음식이 얼마나 잘 나오는데 금식을 어떻게 해요? 그 음식값, 유람선 경비에 다 포함되어 있는 무료라고…. 나는 안 돼요. 하기 싫어. 당신이나 해. 당신은 할 수 있어!"

나는 토니에게 꿈 이야기를 자세히 들려주었다. 이야기를 듣고 난 토니가 갑자기 얼굴이 하얗게 질리면서 표정이 굳어지더니 금방 시무룩해졌다. 그러고는 말했다.

"그래? 당신이 그렇다면 나도 오늘 금식할게."

나는 귀를 의심했다. 고집쟁이 우리 남편은 한 번 거절하면 절대 마음이 변하지 않는 사람이다.

"당신, 정말로 금식하실 거예요?"

"응, 할게. 사실 나도 어젯밤에 당신과 똑같은 꿈을 꾸었어."

"뭐라고요?"

나는 너무 놀랐다.

'이럴 수가 있는가! 우리 부부가 다니엘과 느부갓네살 왕도 아닌데, 어떻게 똑같은 꿈을 꿀 수 있지! 주님이시지요?'

우리는 더 이상 서로에게 아무 말을 하지 않았다. 이 놀라운 사실에 나는 가슴이 두근거리면서 어리둥절하고 뜻 모를 막연함이 느껴졌다. 동시에 어떤 거룩한 두려움이 침묵 속으로 우리를 인도해 가는 느낌이었다.

토니가 벌떡 일어나서 커피 기계로 가더니 방금 마시려고 만든 커

피의 향만 가슴 가득히 들이마셨다. 마치 사형수가 생의 마지막 소원으로 커피 향을 맡고 사형장으로 나아가는 것처럼 비장한 표정을 하고서는…. 그러더니 유리 포트에 담긴 향기로운 커피를 싱크대에 쏟아버렸다. 나는 토니가 아침 커피를 얼마나 좋아하고 즐기는지 잘 알고 있다. 주님을 사랑하는데… 이쯤이야! 멋쟁이 우리 남편! 오늘 하루, 유람선 여행의 첫날은 주님 앞에 금식으로 나아갔다.

시애틀 항구에서 알래스카로 떠나는 유람선 안은 입구부터 아주 호화스러웠다. 우리는 미셸의 고등학교 졸업 기념 선물로 오래전에 함께 유람선 여행을 했고, 이번이 두 번째였다.

배 안의 가구나 장식이 정말로 화려했다. 주위에 있는 가게들의 진열도 다 세련되고 멋있었다. 고급 뷔페나 칵테일바, 투명 유리 엘리베이터…. 이런 걸 보면서 내 마음이 들뜨고 행복해지니 아직도 속물근성을 못 버린 것 같다. 그러나 이 여행은 주님께서 추첨에 당첨되게 해주셔서 보내주신 것이다. 내 평생 추첨에 당첨된 건 처음이었다.

식당 입구에 멕시코인 부부로 보이는 사람들이 앉아 있었다. 무심코 지나치려는데 갑자기 주님께서 말씀하셨다.

'너는 저 여자를 위해 기도해라.'

주님의 음성을 듣고, 나는 고개를 돌려 그 부인을 보았다. 한눈에도 병색이 역력해서 힘들어하는 얼굴이었다. 주님께 순종하기 위해 나는 가던 길을 멈추고 돌아섰다. 그리고 부끄러움을 많이 타서 제일 꺼리는 첫인사를 스페인어로 미소를 띠며 건넸다.

남편은 회사원이고, 부인은 교사인데 부인은 위가 안 좋다고 했다. 나는 우리 방으로 돌아와서 주님을 기쁘시게 해드리려고 그녀를 위해 오랫동안 방언 기도를 하다가 잠자리에 누웠다. 금식해서 그런지 기도가 힘차고 씩씩하게 잘 나왔다.

그날 밤, 꿈속에서 영의 세계를 두 번 출입했다. 두 번째 꿈에서 흉하게 생긴 마귀 3마리를 만났다. 병들어 있던 그 여인을 괴롭히는 마귀들이었다. 영의 세계는 설명이 필요 없다. 일단 그 안에 들어가면 저절로 알아진다. 사람의 말이나 생각으로는 설명이 불가하다.

157 금식 이후의 영의 세계

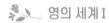 영의 세계 I

나와 온 식구가 밝은 햇빛이 쏟아지는 언덕 위 커다란 집 앞에 있었다. 내 동생이자 집사인 자영이가 자랑스럽게 싱글벙글 웃으며 자기 과수원에서 추수한 사과라면서 커다란 상자 가득히 따온 사과를 꺼내 초록 잔디 위에 진열하듯이 늘어놓았다. 그런데 사과 1개가 얼마나 큰지 사람 머리만 했다. 자영이는 기뻐하면서 상자에서 사과를 자꾸 꺼냈다.

제일 처음 꺼낸 사과는 흠집과 긁힌 자국이 있어서 별로 탐스럽게 보이지 않았다. 그러나 두 번째 사과는 정말 크고 깨끗하며 신선하게 보였다. 자영이는 사과들을 소중하게 진열했다. 즐거워하는 자영이를 보면서 내 마음도 행복해졌다.

'우리가 주님 안에서 마음이나 행실로 좋은 열매를 많이 맺으면 저렇게 웃으며 추수할 수 있을 텐데….'

문득 자영이의 첫 사과가 흠집이 있던 것은 믿음의 첫 행동이 주님께 완전하지 않아서 아쉬웠지 않았나 하는 생각이 들었다. 그리고 믿음의 두 번째 행동부터는 주님께 완전하고 아름다웠을 것이라는 감동이 왔다. 자영이가 참 부러웠다.

◆ 영의 세계 II

나는 어떤 방에서 한 번도 만난 적 없는 낯선 남자 3명과 함께 검은 말 1마리를 중간에 두고 둘러서 있었다. 그 남자들이 말의 주인이었고, 그들은 내가 이 말을 타길 원했다. 실제로 나는 승마를 좋아해서 불현듯 이 검은 말에 타고 싶은 마음이 들었다. 그래서 내가 탈 말이라고 생각하고 자세히 살펴보았다.

검은 말은 완전히 늙고 병들어서 털에 윤기가 전혀 나지 않았다. 또 말의 등이 반원형으로 깊이 푹 파여 있었다. 등 상태를 보니 내가 탈 수 있는 건강한 말이 아니었다. 나는 남자들에게 짧고 단호하게 말을 타지 않겠다고 말했다.

"저는 승마를 좋아합니다만, 이렇게 늙어서 저를 태우기조차 힘든 말을 혹사하고 싶지는 않군요."

내 말을 듣자마자 남자들이 불같이 화를 냈다. 분노하는 그들의 얼굴을 살피는 순간, 그들이 마귀 3마리인 것을 알았다. 이 마귀들은 아까 유람선 식당 안에서 만난 부인에게 붙어 있던 악한 어둠의 영이었다. 마귀는 자기 정체가 드러나는 것을 아주 싫어한다. 왜 그런지 이유는 모른다.

그중 키와 덩치가 가장 큰 마귀가 나를 확 밀치고, 그 검은 말 위에 풀썩 올라타더니 본색을 드러냈다. 말을 타자마자 마귀는 마치 꼭두각시 인형처럼 몸 움직임이 부자연스러웠고, 갑자기 실오라기 하나 걸치지 않은 벌거벗은 몸이 되어 말을 타고 달리기 시작했다.

그 말은 열심히 뛰는 것 같은데 자세히 보니 제자리걸음으로 뛰는 시늉만 하고 있었다. 내 눈에는 마귀의 벌거벗은 몸 뒷부분만 보였는데, 마치 말을 타고 달리는 것처럼 안장도 없는 말의 등에서 몸이 털썩털썩 위아래로 바쁘게 움직였다.

그런데 그 마귀의 몸 주위에서 짙은 주황색 유황불 못 같은 데서 올라오는 불꽃이 타오르기 시작했다. 그 옆에 서 있는 나머지 마귀 2마리에게서도 마치 화산의 용암이 분출하는 것처럼 유황불 못 같은 액체가 떨어지면서 눈, 코, 입, 귀 할 것 없이 온몸의 구멍이란 구멍에서 불이 타오르기 시작했다. 그리고 그들의 몸이 새까만 숯덩어리처럼 쩍쩍 갈라졌다.

그 마귀 3마리의 온몸과 구멍 곳곳에서 유황 불꽃이 얼마나 세게 나오는지, 수많은 불티가 주황색 선을 그어대면서 마귀들 주변에 위아래로 튀어 번지기 시작했다. 소름 끼치게 무서운 장면이었다.

돌연 말에 탄 마귀가 승마 동작을 마치 남녀가 성관계하는 듯한 동작으로 바꾸더니 타오르는 유황 불꽃 안에서 내게 뒷모습을 보이며 고개를 돌려 나를 무서운 눈으로 죽일 듯이 노려보았다. 내 눈이 그 마귀의 붉은 눈과 마주치는 순간, 엄청난 공포심과 두려움이 나를 덮쳤다. 목이 뻣뻣해져서 고개가 돌아가지 않았고, 입술도 떨어지지 않았다. 너무 무서워서 기도도 안 나오고 내 마음이 얼어버렸는지 주님의 이름조차 부르지 못했다.

'여기서 이 마귀들 속에 있으면 절대로 안 된다.'

나는 온 힘을 다해 그 방에서 뛰쳐나왔다. 일단 유황불 못 마귀들의 방을 뛰쳐나오니까 예수님이 생각났다. 나는 외쳤다.

"주님, 저 좀 살려주세요. 여기서 도망가게 해주세요."

그러자 아까 보았던 언덕 위 하얀 우리 집이 시야에 들어왔다. 나는 있는 힘을 다해 집으로 뛰어 올라갔다. 대문 안에 들어서서는 눈에 보이는 문이란 문은 모조리 다 잠가버렸다. 그리고 창문 밖을 내다보았다. 검은 말을 탄 그 짙은 주황색 유황불에 타는 새까만 숯 같은 색의 마귀와 똑같이 생긴 다른 마귀 2마리가 나를 추격해 와서 우리 집 주변을 빙빙 맴돌고 있었다.

어찌 된 영문인지 그들은 집으로 들어오지 못했다. 창문을 깨고라도 들어올 수 있을 텐데, 우리 집을 침범하지는 못하고 계속 주위만 맴돌면서 나를 죽일 듯이 증오하는 눈으로 째려보았다. 얼마나 무서웠는지 모른다.

그러다가 눈을 번쩍 떴다. 토니가 나를 흔들어 깨웠다.

"당신 괜찮아? 무슨 꿈을 꾸기에 방언으로 고함을 지르면서 기도를 하나?"

'아이고… 살았구나.'

그것은 영의 세계였다.

158 마귀에게 쫓겨 도망가다

🌿 잠근 동산의 대화

예수님   사랑하는 나의 신부야! 잘 잤느냐?

제시카   주님, 주님, 어디 계세요?

예수님   나는 언제나 변함없이 네 심장 안에서 빛으로 존재하고 있단다. 어젯밤에 많이 놀랐느냐?

제시카   너무나 무서웠습니다. 그들이 저를 죽이려고 찾아와서는 몇 번이나 집 주위를 맴돌면서 저를 해하려고 했습니다.

예수님   그들은 결코 너를 해할 수도 없고, 내 허락 없이는 네 머리카락 하나도 다치게 할 수 없단다. 이것을 네가 알아야 한다. 이미 내가 이긴 싸움이라고 하지 않았느냐. 나는 거짓을 말하지 않는단다. 강하고 담대하여라, 나의 신부야!

제시카   네, 주님. 잘 알았습니다. 주님 말씀을 들으니까 이제야 정신이 좀 돌아옵니다. 제 믿음 없음을 불쌍히 여기시어 용서해 주세요. 제가 왜 이렇게 부족한지… 부끄럽습니다.

어젯밤에 저는 원수의 영들과 싸우지도 못하고 너무나 흉측하고 무서워서 막 뛰어 도망갔어요. 그리고 집안에 새벽까지 숨어 있었습니다. 주님, 화무와 에조는 어디에 갔었나요?

예수님　화무와 에조가 있었기에 그들이 네 집 안에 못 들어온 것 아니냐?

제시카　아… 그렇네요. 고맙습니다.

예수님　**그래서 내가 어제 네게 금식을 명하였느니라. 나는 네게 원수의 영의 존재를 보여주고 싶었다. 네가 직접 보고 알아야만 기도할 수 있고 막을 수 있단다. 나는 네가 그들을 공격할 수 있을 때까지 장성하기를 원한다.**

제시카　예수님, 당신께 제 생명을 드렸는데 무엇이 두렵겠습니까. 방어하는 것뿐 아니라 공격할 수 있는 신부가 되도록 최선을 다해 노력하겠습니다. 저를 엄위하고 계시는 주님께서 살아서 동행해 주시니 할 수 있습니다.

평소에는 이런 생각이 드는데, 어째서 영의 세계에서는 이런 마음이 안 들지요? 왜 덜덜 떨며 숨어서 그 악의 영들 앞에 서지도 못 하지요? 주님께 정말로 부끄러워요.

예수님　**사랑하는 딸아! 평소의 너는 진정한 네가 아니니라. 영의 세계에서 영의 눈으로 보는 실체 세계의 너, 그것이 바로 네 진실한 모습이다. 네 영이 아직 어려서 믿음이 연약하고 전투에 익숙하지 않아서 그렇다. 그러나 너는 매일 네**

모든 환경과 처한 상태에 의해 훈련하며 자라고 있단다. 내가 도와주마. 나는 어떤 경우에도 너를 떠나지 않는단다. 고아와 같이 홀로 이 세상에 버려두지 않을 것이다. 필요하다면 다른 두 천사인 화조와 신기도 보내주마. 그러나 아직은 아니니라. 너는 이 일을 잘 감당할 수 있을 것이다.

네가 집회할 때 사람들이 숱한 원수의 영과 악한 영을 데리고 오니 영의 세계에서 전투가 벌어질 것이다. 그때 화조와 신기를 더 보내줄 테니 아무 걱정하지 마라. 우리의 집회 때 수호천사 4명을 보내주마. 나는 내 신부가 좀 더 강하고 담대하며 나를 온전히 믿기를 바란다.

제시카 네, 주님. 제가 빨리 성장할 수 있도록 도와주세요. 당신을 실망하게 해드리고 싶지 않습니다.

예수님 어제 네가 한 금식을 내가 받았다. 비록 온전한 하루 금식은 아니었지만, 그래도 저녁까지 금식했기에 그 원수의 영들의 실체를 네 영의 눈으로 볼 수 있었단다.

그 악한 영들이 하는 짓을 보았느냐? 사람을 도적질하고, 해치고, 죽이고, 멸망시키려고 오는 강도와 같은 악한 무리이니라. 너는 이제 그들을 보는 눈이 있는 단계까지 자랐으니, 하나님의 전신 갑주를 착용하고 그들을 물리치거라. 네게는 말씀이 좀 더 필요하다. 오늘은 말씀을 많이 읽어라. 좌우에 날이 선 말씀의 검이 있어야만 네가 공격할 수 있다. 언제까지 방패로 막기만 하겠느냐!

너는 반드시 원수의 영을 공격할 수 있다. 그런 때가 올 것이다. 그들을 다 멸하고 원수의 영토가 된 내 백성의 마음밭에 내 깃발을 꽂을 것이다. 나는 나의 신부가 최소한 그 단계까지 성장하길 바란다.

제시카　아이고머니나… 최소한이라니요? 제게는 그게 최대한이고 간절히 바라는 큰 소망입니다. 예수님, 저를 너무 과대평가하지 마세요. 저는 아직 젖을 먹는 유아입니다. 잘 아시잖아요! (스스로가 한심해서 울고 싶었다)

예수님　하하하… 알았다. 너는 곧 빠르게 성장할 것이다. 이미 잃어버린 영혼들이 너를 찾아오지 않느냐. 또한 여러 집회 일정이 잡혀 있지 않느냐. 모든 것이 너를 훈련하고 영적 전투에 익숙해지게 하기 위한 연습이니라. 그러다 보면 익숙해진다. 영의 성장은 시간의 길고 짧음에 있지 않단다. 네 마음의 선에 대한 결심과 악은 어떤 모양이라도 제하고 끊어내겠다는 결단에 달려 있단다.

너는 잘하고 있다. 성장 속도가 다른 신부들보다 중간에서도 상층이니라. 너는 계속 성장할 것이다. 너는 극상품의 포도주라. 나는 너를 수많은 성도 중에서 신부들을 골라내고, 그들을 말씀과 권면으로 먹이고, 내가 말하는 참선과 악을 분별할 수 있도록 훈련하며, 영적으로 너와 같은 단계까지 끌어올릴 수 있는 자로 직접 훈련하고 있느니라. 잘하고 있다. 힘을 내거라. (예수님이 내 두 손을 그 분의 손으로 감싸서 꼭 잡으셨다. 그리고 다시 왼손으로 내 두 손을 잡으시고, 오른손으로 토닥여 주셨다. 주님의 손은 내 작은 두 손이 다 들어갈 정도로 크시다)

사랑하는 내 신부야! 너는 반드시 신부들을 가르치는 신부가 될 것이며, 수많은 양을 인도하여 그들의 마음 밭 영토에 내 깃발을 꽂을 것이며, 네 소원대로 백만 영혼 구령을 채울 것이다. 반드시 영원 천국에서 거룩한 성 새 예루살렘이 내려올 때, 나를 위해 단장하고 기다리며 내려오리라. 내가 내 아버지의 이름으로 네게 약속하마.

너는 약한 존재이지만 네 속에 있는 성령은 우주를 호령하고 지배하는 내 아버지의 영이시다. 너는 반드시 아담의 첫 축복을 이루어낼 것이다. 이 세상과 저세상에서도 모든 피조물을 정복하고 다스릴 것이다. 이것은 내가 피값 주고 혼인 예물로 산 내 신부들의 분복이니라. 너를 돕고 있는 네 속의 성령과 네 신분과 직함을 잊지 말아라. 네 반열과 계차를 잊지 말아라.

제시카 주님, 제 신분도 직함도 알겠어요. 그런데 제 반열과 계차는 모릅니다. 아직 육체에 속하여 이 땅에 사는 제가 어찌 알겠습니까?

예수님 너는 모른다. 그러나 네 속의 영은 나에게서 나왔으니 이미 알고 있다. 그러기에 네 영은 네가 상상할 수도 없는 무한한 힘과 능력을 내 아버지로부터 허락받았느니라. 그러나 항상 긴장하고, 겸손하며, 오직 그분께 순종함으로 모든 영광을 하늘에 계신 우리 아버지께만 돌려라.

수많은 무리가 능력과 기적을 체험하고, 자고하여 시간이 감에 따라 변질되고, 결국 처음보다 훨씬 부패하고 악하게 되어 원수가 쓰는 도구로 전락하느니라. 섰다고 하는 자는 넘어진다. 교만은 패망의 선봉이다.

제시카 예수님, 명심하고 또 명심하겠습니다. 저는 아직도 부족합니다. 제게는 능력과 기적이 필요 없습니다. 저는 오로지 예수님 당신 한 분만으로 만족합니다. 차라리 적은 능력으로 당신의 계명을 지키고, 결코 당신의 이름을 배반하지 않는 것이 더 나을 것 같습니다.

요한계시록에 나오는 빌라델비아 교회의 믿음을 약속합니다. 지난해 토니랑 튀르키예에 방문했을 때, 그 빌라델비아 교회에 가보았어요. 시장통 주위에 있었는데 어찌 그리다 무너지고 흔적만 남았는지요. 유적지 주인 부부도 만났는데, 마음이 아팠어요. 사랑합니다, 예수님!

예수님 그렇다. 이미 알고 있다. 인간의 손으로 만든 것은 다 그렇게 허망하니라. 그러나 그 교회는 나의 신부가 탄생한 교회니라. 유람선은 재미있느냐? 늦게 일어났구나.

제시카 네, 어제 밤새도록 원수들에게 시달렸더니 아침에 눈을 뜨기 힘들었어요. 주님과 대화하고 나니 이제는 괜찮아요.

예수님   그래, 이제는 일어나야지. 오늘은 휴식하고, 나와 교제도 하고, 말씀도 많이 읽어라. 몰약 향낭같이 향기로운 나의 신부야.

제시카   고맙습니다. 예수님, 사랑합니다. 마라나타!

159 예수님이 예쁜 섬으로 보내주시다

🌿 잠근 동산의 대화

제시카   주님, 어디 계세요?

예수님   **나는 네 심장 안에 있느니라, 사랑하는 나의 신부야!**

제시카   오늘은 저희가 코디액섬으로 들어가는 날이에요.

예수님   **알고 있단다. 내가 축복하여 너희 부부에게 준 여행이니 마음껏 재미있고 행복하게 즐기거라.**

제시카   고맙습니다, 주님. 처음 가는 낯선 섬에 주님께서 꼭 동행 하고 인도하여 주실 것을 믿습니다.

예수님   **우리는 이미 동행하는 삶을 살고 있단다. 그 사실을 항상 진리의 띠로 너 자신에게 둘러라. 알겠느냐?**

제시카   네, 주님. 오직 당신만을 사랑합니다.

예수님   (미소를 띠셨다) **알았노라. 자… 빨리 일어나거라. 연못가 의 어여쁜 창포꽃 같은 나의 신부야.**

🌾 잠근 동산의 대화

예수님 **사랑하는 내 신부야! 일어나라.**

제시카 네, 주님. 일어났습니다.

예수님 **어젯밤에 매우 힘들고 무서웠겠구나.**

제시카 (울고 싶었다) 네, 유람선에서 매일 연속으로 그러니 힘듭니다. 그러나 훈련을 받으라는 당신의 명령이니 감사하게 받겠습니다.

예수님 **곧 쉬워질 테니 걱정 말거라. 악한 영을 내쫓는 건 아무나 할 수 있는 일이 아니란다. 그건 능력이 나가는 것이니 스스로 담대해져야 한다. 이 기회에 연습을 많이 하여라.**

제시카 주님, 제가 아직 영의 나이가 유아라서 그런지 사람들을 상담하는 게 두렵고 싫습니다. 어제 주님께서 기도해 주라고 하신 어느 회사원의 부인인 선생님을 아시지요? 그녀는 위궤양에 걸렸는데, 치유해 주신다는 하나님의 음성을 들었다면서 2개월 동안 잠도 안 자고 식사도 못 한 채 살이 12킬로그램이나 빠져 얼굴이 해골같이 되어서는… 아직도 병원에 가기를 거부하고 남편과 다투고 있었어요. 남편은 아내를 병원에 데려가기를 아예 포기한 것 같았고요.

예수님 **그 여자는 고집이 정말로 세다. 그 고집이 우상이 되어서**

고집을 받아주지 않는 남편과 매일 다투며 산단다.

제시카 그녀 말로는 신유의 기적으로 위궤양을 치유해 주신다는 주님의 음성을 들었다던데요, 정말 그렇게 말씀하셨나요?

예수님 아니다. 나는 그런 말을 한 적이 없다. 그 여자는 지금 미혹의 영에 사로잡혀 있단다. 일찍 병원에 가서 의술의 도움을 받았으면 될 것을, 저렇게 억센 자기 고집에 속아서 내 음성을 들었다고 착각하는구나.

내가 그녀의 남편과 자식들을 통해 병원에 가라고 했었다. 형제자매들까지 다 동원해서 말했다. 그러나 고집이 원체 세서 누구의 말도 듣지를 않는구나. 그녀는 내 목소리를 들은 것이 아니다.

제시카 저도 그렇게 생각했어요. 위궤양으로 너무 오랫동안 고생해서 피골이 상접한데 왜 병원을 안 가겠다고 고집을 피우는지 정말 안타까웠어요. 그래서 제가 그녀에게 무슨 음성을 들었는지는 모르지만, 제가 아는 주님의 음성은 아닌 것 같으니 고집 피우지 말고 남편 말에 순종해서 빨리 병원에 가라고 권했어요.

다들 상담을 마치면 주님의 뜻을 깨닫고는 회개하고 기쁨과 감사로 하나님께 영광을 돌리며 돌아갑니다. 그러나 그때부터 그들이 남겨두고 간 악한 영과 어둠의 세력 때문에 저는 다시 쫓아낼 때까지… 화가 나서 잔뜩 독이 오른 마귀들의 악몽을 꾸며 금식하면서 싸웁니다. 악한 영이 나간 그 사람에게 제가 빚진 것도 없는데 말이지요. 앞으로도 계속 상담과 악한 영 내쫓는 일을 해야 합니까?

예수님 너는 우리 백성에게 사랑의 빚을 졌느니라.

제시카 평생 만나본 적도 없는 사람들인데 무슨 빚을 졌나요?

예수님 내가 네게 내 생명을 주었다고 하지 않았느냐. 그들은 내가 피 값 주고 산 내가 사랑하는 백성이니 곧 우리의 백성이다. 그들은 원수의 영에 속아 눌리고 억압받아서 마음 속에 미움과 분쟁이 있는 자, 믿음의 신앙생활에 기쁨을 잃은 자, 질병에 시달리는 자, 염려와 걱정으로 휴식의 잠을 잃어버린 자, 버림받고 소외되어 향방을 잃은 자들이다. 흑암의 세력에 눌린 나의 백성이 아니냐!

너는 나의 신부이니 내 이름으로 어둠의 세력을 쫓아내는 권세를 이미 받았느니라. 우리 왕국의 일에 내 신부인 네가 동참하는 것은 당연한 일이 아니냐. 나는 흑암의 세력에 눌린 내 백성에게 빛이 되고자 이 세상에 왔느니라.

제시카 예수님, 제가 진실로 잘못했습니다. 회개합니다. 당신의 왕국이 우리의 왕국이고, 당신의 백성이 우리의 백성이고, 당신의 기쁨이 우리의 기쁨이고, 당신의 슬픔과 한숨이 우리의 슬픔과 한숨입니다. 당신의 말씀이 옳습니다. 제가 당신께 사랑의 빚을 졌으니, 저도 당신의 백성에게 사랑의 빚을 진 것이 당연합니다. 주님의 마음으로 그들을 사랑하고 섬기겠습니다.

그러나 예수님, 그들이 제게 흘리고 간 마귀나 귀신과 싸워서 이길 수 있는 지혜와 능력을 허락해 주세요. 제가 아직 영의 세계에 익숙하지 못해서 그들을 쫓아내기는커녕 오히려 쫓기고, 맞고, 악몽에 시달리고 있습니다.

금식도 힘들어서 하기 싫지만, 당신께서 원하시면 하겠습니다. 저는 무엇이든지 당신을 기쁘시게 하는 일만 하다가 당신이 계신 곳에 가겠습니다. 이 훈련을 달게 받겠습니다. 불순종하려 한 이 미련한 계집종을 용서해 주세요.

당신의 신부답게 원수와 싸워 이겨서 백성의 마음 밭에 당신의 깃발을 꽂아드리겠습니다. 그것이 제 은사이니 그 은사로 하나님께 영광을 올리겠습니다. 사실 저는 무지해서 사람의 마음 밭에 당신의 깃발을 꽂는 일이 그토록 영적으로 힘들고 어려운 일인지 몰랐습니다.

사람의 마음이 얼마나 바위처럼 굳고 단단한지, 그 바위를 당신의 말씀으로 두드려 부수고, 당신의 사랑으로 녹여서 깃발을 꽂기가 얼마나 힘든지 짐작도 못 했어요. 너무 쉽게 생각했습니다. 그러나 이제 당신께서 시키시는 훈련을 통해 배워서 조금씩 알아갑니다.

주님! 끝까지 사랑합니다. 주님, 끝까지 감사합니다. 주님, 끝까지 당신의 뜻이 하늘에서 이루어진 것같이 이 땅에서도 이루어질 수 있게끔 죽도록 당신께 충성하겠습니다.

(내가 안돼 보이셨는지 예수님이 내 머리를 그분의 품에 와

락 안아주셨다. 나는 눈물이 나왔다)

예수님   **사랑하는 나의 신부야! 내가 네게 좁은 길은 힘들 거라고 하지 않았느냐. 내 마음이 너를 보기가 안쓰럽구나. 그러나 이제는 유턴이 없다는 것을 명심하여라.**

제시카   그 좁은 길 끝에 당신께서 기다리며 서 계신다고 하셨으니, 저는 당신께 자랑스러운 신부가 되고 싶습니다. 제가 잠시 잊어버렸어요. 지금 좁은 길을 걷고 있다는 것을요. 힘들고 무섭지만, 악한 영을 내쫓겠습니다. 제가 악한 영을 내쫓을 때, 주님께서 꼭 같이 있어주셔야만 합니다.

예수님   **나는 네 심장 안에 있단다. 그전에도 있었고, 지금도 있고, 영원토록 함께 있을 것이다. 너는 나를 인장 반지처럼 네 마음에 간직하고, 도장처럼 네 팔에 새기거라. 사랑은 죽음처럼 강하며, 질투는 무덤처럼 잔인하여 마치 맹렬한 불처럼 타오르느니라.**

제시카   잘 알고 있습니다. 저는 당신의 신부이니 어떤 일이 닥쳐도 결코 당신을 떠날 수가 없습니다. 명심하겠습니다.

예수님   **강행군을 하고 있어서 네가 힘든 것을 나도 잘 안다.**

제시카   제가 악한 영을 내쫓을 때 두 천사 화무와 에조는 대체 어디에 갔는지요?

예수님   **며칠 동안 네가 유람선 여행으로 기도와 말씀 읽기를 게을리하지 않았느냐! 그들의 검은 네가 기도할 때 더욱 날쎄지고 힘을 얻느니라. 너는 기도하지 않은 죄를 그들에**

게 사과해야 하느니라. 그들이 너를 지키고 있기에 네가 영의 세계에 거할 때나 환상 중에서 내 이름을 부를 때, 이길 수 있고 깰 수 있었다.

제시카 예수님, 제가 어둠의 영을 쫓아내는 사역을 할 때 천국에 있는 화조와 신기도 내려와 같이 도와주면 안 될까요? 4명이 도와주면 힘들지 않을 텐데요.

예수님 알았다. 그들은 성회나 집회할 때 내려오는 천사들이나 당분간은 네가 상담하며 악한 영을 내쫓을 때 보내주마. 이제 좀 힘이 나느냐?

제시카 네, 주님. 고맙습니다. 힘이 납니다.

예수님 오늘 너는 어젯밤에 귀신이 쫓겨난 그 고집 센 부인의 기쁜 모습을 볼 것이고, 음식 냄새도 못 맡고 토하는 그녀가 식사하는 것도 보게 될 것이다.

제시카 할렐루야. 고맙습니다. 주님! 제 상인 줄 믿습니다.

예수님 하하하… 알았다. 몰약과 향낭 주머니 같은 나의 신부야, 내가 너를 지극히 사랑하노라. 나의 지극히 큰 능력과 은사와 사랑이 영원토록 너를 덮으리라.

제시카 예수님, 진심으로 고맙습니다. 그리고 제가 너무 부족하고 어려서 죄송합니다.

예수님 아니다. 너는 잘하고 있단다. 이제 일어나서 우리의 아름다운 날을 시작하자꾸나, 몰약 향기 같은 나의 신부야!

제시카 네, 예수님. 헤헤헤… 사랑하고 또 사랑합니다.

🌿 잠근 동산의 대화

예수님 잘 잤니? 나의 어여쁜 신부야!

제시카 네, 오래간만에 깨지 않고 푹 잘 잤어요. 그런데 누가 아침 일찍부터 전화해서, 그 소리에 깼어요. 이상하게 제가 받아도 아무 말 않고 끊더라고요.

예수님 하하하… 그것은 나다. 내가 몇 번을 깨워도 네가 안 일어나기에 내가 사람을 시켜서 전화벨로 깨웠다.

제시카 주님, 죄송해요. 오래간만에 푹 잤더니 아침에 눈이 잘 안 떠지네요. 일어나서 출근하려면 아침에 잠깐 묵상하는 이 시간이 주님과 독대하는 유일한, 우리의 온전한 대화 시간인데요. 그래서 저는 주말 아침이 제일 좋아요. 서두르지 않고 마음껏 주님의 음성을 들으며 주님과 웃고 대화를 나눌 수 있어서요.

예수님 그래. 내게도 너와 대화하고 교제를 나누는 아침이 즐거운 시간이란다.

제시카 주님! 어떻게 어젯밤은 악한 영도 꿈에 안 보이고 평온하게 푹 잘 잘 수가 있었지요?

예수님 네가 어젯밤 자기 전에 방언으로 마귀를 내쫓으면서 내게 단잠을 달라고 간절히 기도하고 자지 않았느냐. 기도가 그만큼 중요한 거란다. 유람선에서는 매일 밤 자기 전에 토니와 하는 기도를 하지 않았지?

제시카 네, 정말 그랬습니다. 집에서는 매일 밤 자기 전에 하는 기도를 유람선 안에서는 하지 못했습니다. 아… 그랬었군요. 저는 하도 악몽에 시달려서 나중에는 '유람선 방 안에 나쁜 영이 있나' 하는 의심까지 했어요.

예수님 그래, 맞다. 그것도 있었다. 나는 네가 이번 일을 통해 영적으로 확실하게 배우기를 원한다. 그래서 네가 집에 돌아올 때까지 알려주지 않고 그냥 두었다. 어디든지 네가 처음 가는 곳에서 묵게 되면, 도착 즉시 그곳을 위해서 기도하여라. 네가 평안을 빌기에 합당한 곳이면 내가 평안으로 그곳을 축복해 주마. 평안을 빌기에 합당한 곳이 아니면 네가 빈 그 평안이 네 머리로 도로 돌아올 것이니라.

장소마다 그곳을 지배하고 있는 특정한 영이 있단다. 영은 우리의 영 아니면 원수의 영, 두 종류 외에는 없다. 중간은 없다. 한 종이 두 주인을 섬길 수는 없단다.

너는 어느 곳에 가든지 먼저 그 특정한 영의 세력을 파악하여 내 이름으로 묶고 다스려야 한다. 그리고 매일 밤 자기 전에 내게 기도의 향 올리기를 멈추면 안 된다. 모든 제사장도 나의 단에 아침저녁으로 감람유의 등불을 피워서 기도의 향을 올리는 제사를 올렸느니라. 이번 유람선 여행을 통해서 나는 네가 두 가지를 확실히 배웠으면 한다.

첫째, 어디를 가든지 처음 도착하는 곳에서는 반드시 기도로써 그곳을 다스리는 영을 정복하며 다스려야 한다.

둘째, 잠자리에 들기 전에는 반드시 하루를 마무리하는 회개와 그날의 나쁜 영을 내어 쫓으며 감사를 올리는 기도로써 하나님께 영광을 올려야 한다.

너는 앞으로 더욱 많은 곳에 가고 집회도 하게 될 텐데, 이 두 가지를 명심하면 평안한 나그넷길이 될 것이다. 바쁘더라도 시간을 들여 반드시 신령과 진정이 실린 기도의 예배를 올려야만 산단다. 사람은 떡으로만 사는 것이 아니고, 하나님의 입으로부터 나오는 말씀으로 산다는 것을 잊지 말거라. 잘 알겠느냐? 나의 신부야!

제시카 네, 주님. 제가 기억할 수 있도록 꼭 도와주세요. 저는 잘 잊어버려요. 그렇지만 이번에 혼났으니, 당분간은 안 잊고 기억할 것 같아요. 항상 저를 훈련하시고 가르쳐주셔서 고맙습니다. 오늘은 미셸이 어머니날 주말이라고 온대요. 오, 해피 데이! 헤헤헤… 미셸이 집에 오는 날이 정말로 좋아요. 안 보면 보고 싶은 우리 딸입니다.

예수님 그래, 네가 기쁘니 나도 기쁘고 좋구나. 토니와 미셸 그리고 너, 셋이 손잡고 기도를 올릴 때가 매우 좋단다. 내가 너희 기도를 듣고 응답하기를 원하는 것을 알고 있느냐?

제시카 아니요, 그저 무심코 셋이 기도했습니다.

예수님 가정 예배는 그 가족을 사랑의 한 띠로 묶는 예배이기에 영적 세계에서 아주 중요하단다. 강한 힘과 능력을 분출하는 영적 의미가 있지. 한 사람이면 패하겠거니와 두 사람이면 능히 맞설 수 있나니 세 겹줄은 쉽게 끊어지지 아니하느니라. 교회의 화평의 근원은 각 가정의 화평으로부터 시작되느니라.

제시카 네, 이제 이해가 됩니다. 주님! 오늘 늦잠을 잤더니 우리의 꿀 같은 아침 시간이 다 흘러가 버렸어요. 출근할 시간이 되었네요. 죄송해요, 주님. 내일은 꼭 일찍 일어날게요.

예수님 **그래, 서둘러라. 사랑한다, 엔게디 포도원의 고벨화 같은 나의 신부야. 이제 일어나서 함께 가자꾸나.**

제시카 예수님, 사랑! 사랑! 사랑합니다! 오늘도 한 걸음 한 걸음 제 손을 잡고 동행해 주시는 걸 믿고 감사와 찬양을 드립니다. 주여, 어서 오시옵소서, 마라나타!

162 사람들에게 따라다니는 천사와 마귀

 양떼의 발자취-간증

얼마 전, 나는 유람선 여행에서 멕시코인인 회사원 남편과 교사 부인을 만났다. 그리고 병을 앓던 그 부인을 괴롭히는 마귀 3마리를 영의 세계에서 만났다. 나는 그날 밤 영의 세계에서 몹시 흉측한 마

귀들을 보았지만, 부끄럽게도 그들을 쫓아낼 수 없었고 도리어 도망을 쳤다. 당시 나의 수호천사들은 나를 방어할 수는 있지만, 마귀들을 공격하지는 못했다.

주님께서는 모든 영계의 피조물에게 계급과 서열이 있다고 말씀하셨다(천사에게도, 마귀에게도 계급과 서열이 존재한다). 주님의 특별한 명령이 아니면 예수님을 믿는 사람에게는 자신의 영적 수준에 꼭 맞는 계급의 천사가 동행한다. 각 사람에게 동행하는 천사의 수도 다 다르다. 이는 교회 직분과는 전혀 관계가 없다.

쉽게 말해서, 오늘 중생을 경험한 사람에게 높은 계급의 천사장 미카엘이 동행하지는 않는다고 생각하면 된다. 예수님은 진실로 정확하시고 한 치의 오차도 없는 완벽한 분이기에 그분께서 보시기에 내게 가장 맞는 천사를 붙이셨다고 믿으면 된다.

유람선 여행을 마치고 집으로 돌아온 이 멕시코인 부인은 병원에서 위암 판정을 받았지만 키모 치료를 거부했다. 그리고 2개월 후에 눈을 감았다. 참으로 안타까운 일이다. 하나님께서는 때로 기적을 일으키신다. 그러나 하나님은 우리에게 치료받을 수 있는 과학과 의술의 지혜도 주셨다. 병원에 가서 치료받으면 초기에 나을 수 있는 질병인데도, 간혹 무조건 믿음만을 들먹이면서 의술을 거부하여 병이 깊어지는 경우가 있다. 미혹의 영은 실로 무서운 영이다.

내가 이 글을 적는 이유는 혹시라도 그런 사람이 또 생기지 않도록 경각심을 일깨우기 위해서다. 생명은 우리에게도 주님께도 소중하기 때문이다.

THE CONCEALED GARDEN

6
PART

성령과 신부가
말씀하시기를
오라 하시는도다

하나님의 보좌 앞에 수정같이 맑은 유리 바다가 있었다. 마치 벽옥처럼 매끈한 강의 수면이 끝없이 펼쳐져 있었다. 보좌는 짙은 구름에 가려서 선명하게 보이지 않았다. 매끈한 수면 안에는 엄청나게 커다란 세계 지도가 볼록한 부분과 오목한 부분이 입체적으로 조각되어 있었다. 그런데 세계 지도 곳곳에 반짝이는 황금색 둥근 점들이 수면 안쪽에서부터 조용히 비추고 있었다. 그 황금빛은 마치 특정 장소를 표시하는 점들처럼 지도에 골고루 분포되어 있었다.

그때 나는 주님의 임재를 느꼈다. 내가 여쭈었다.

"예수님, 세계 지도 곳곳에 반짝거리는 이 황금색 점들은 무엇을 의미합니까?"

예수님이 말씀하셨다.

"세상 곳곳에 숨겨둔 나의 신부들이 있는 위치 표기점이다. 그 지도를 잘 보거라."

갑자기 그 점들이 마치 물 위에 황금색 잉크가 번지듯이 조금씩 커져서 수면 위로 천천히 번져 나가기 시작했다. 그러더니 마침내 엄청나게 큰 세계 지도 전체가 다 황금색으로 변했다. 그때 보좌 위쪽에서 목소리가 들렸다.

"네가 보고 있는 세계 지도는 세상에 전파될 나의 복음이 확산하여 갈 순서와 경위의 지도다. 자신이 살고 있는 땅에서 복음을 전할 신부도 있고, 내가 보내는 땅에서 복음을 전할 신부도 있다. 모든 신부는 반열과 계차가 다르고, 각자가 전하는 세대의 때와 장소도 다르다. 그러나 마침내 온 천하만국에 나의 천국 복음이 전파되면 이 세상의 끝 날이 올 것이니라."

그때 알았다. 예수님이 나를 어딘가로 보내실 거라는 것을. 어디인지는 모르지만, 내 영은 그 사실을 아주 옛날부터 분명하게 알고 있었다. 나는 오늘 아침에 그 사실이 알아졌다.

보좌에 앉으신 분께 내가 다시 여쭈었다.

"거룩하신 이여! 제가 가야 할 곳은 어디입니까?"

하나님께서 말씀하셨다.

"때가 되면 알려줄 것이다. 너는 네가 원치 않는 곳으로, 남이 너에게 띠를 띠고, 너는 손을 벌리며 갈 것이다. 그것이 너의 소명이다."

"주님의 계집종이오니 주님 뜻대로 이루시옵소서. 그 소명 때문에 당신께서 저를 이 땅에 보내셨나이다. 주님, 오로지 당신만을 뜨겁게 사랑합니다. 당신의 뜻이 하늘에서 이루어진 것같이 땅에서도 이루어지는 데 제가 온전히 사용되게 하옵소서. 영광이 당신께 세세 무궁토록 있나이다."

"내가 그리하겠고, 반드시 나의 뜻을 이루리라. 그루터기 같은 나의 신부여, 네가 나를 알기 전에 내가 너를 불렀고, 네가 나를 사랑하기 전에 내가 너를 사랑하였느니라. 너는 죽도록 충성하여라. 생명의 면류관이 너희 신부들을 위해서 내 나라에 이미 준비가 다 끝난 상태이니라."

"할렐루야. 경배와 찬양을 받기에 합당하신 천지의 주재이시여, 영
광을 받으소서. 모든 피조물에게 영광을 받으시기에 참으로 합당하
신 은혜와 긍휼의 대주재이시여. 어서 오시옵소서. 마라나타!"

164 너같이 책을 안 읽는 신부를 찾기도 힘들었다

잠근 동산의 대화

제시카 예수님, 당신은 참 멋있는 분이세요. 진심으로 당신을 사
랑합니다.

예수님 **왜 오늘은 내가 어디 있는지 묻지 않는 것이냐?**

제시카 새벽 일찍이 비몽사몽간에 누워 있는데 제 눈앞에 조용하
나 또렷하게 3박자로 뛰고 있는 주먹만 한 제 심장을 보았
어요. 아름답고 밝으면서도 부드러운 금빛이 심장이 나뉜
선 같은 데서 흘러나오고 있었는데, 그 황금빛이 심장 전
체를 감싸고 있었어요. 아무 말씀도 안 하셨지만 저는 주
님의 임재를 알았습니다. 주님이 아니시면 제 심장이 황금
색일 리가 없잖아요! 당신이 아니시면 제가 무슨 능력으로
제 심장을 봅니까? 제 심장이 제 눈에 보이려면 저는 병원
침대에서 죽었어야지요.

예수님 하하하… 그래 맞다. 바로 나였다. 네가 자는 모습이 너무나 사랑스럽고 예뻐서 잠자는 네게 나의 임재를 알려주고 싶었다. 좀 쉬었니? (주님은 미소를 띠며 나를 찬찬히 살펴보셨다)

제시카 아이고머나나… 주님, 저를 찬찬히 보지 마셔요. 저 방금 자고 일어나서 아직 입에 치아 교정 유지 장치를 끼고 있어요. 보기 흉하다고요.

예수님 (주님은 '쿡' 하고 웃으셨다) **그래도 내 눈에는 네가 귀엽단다. 나는 네게 가지런하고 예쁜 이를 주었느니라. 이제 막 털을 깎고 목욕한 양의 털처럼 희고 하나도 빠진 것 없이 가지런하구나.**

제시카 고맙습니다. 그런데 갱년기가 되니까 잇몸의 칼슘이 다 빠져나가면서 치아가 조금씩 비뚤어지기 시작했어요. 엄마가 더 늦기 전에 치아 교정을 하라고 강권해서 했습니다. 주위 동료나 상사가 저더러 틀니를 할 나이에 왜 교정기를 끼고 다니느냐고 얼마나 놀려댔는데요, 다 아시지요?

예수님 (다시 미소를 띠셨다) **그래, 다 안다. 오늘 동생 자영이네서 생일잔치가 있구나. 내가 기도를 열심히 하는 네 엄마에게 자손 번창의 축복을 주었단다. 식구 몇십 명이 한꺼번에 모이는 것도 큰 축복이니라. 네 엄마는 매일 새벽 예배와 매주 철야 예배 때, 네 이름을 부르면서 나에게 울부짖으며 기도한단다. "그는 그 어미의 외딸이요 그 낳은 자**

의 귀중히 여기는 자로구나"라는 말씀을 아느냐?

제시카 네, 제가 최고로 좋아하는 아가서의 글입니다. 그런데 엄마에게는 자녀가 6명이나 있는데 제가 어떻게 엄마에게 귀중한 자가 됩니까? 사랑과 관심이 6조각으로 나누어졌는데요. 저는 그저 큰딸에 지나지 않습니다.

예수님 우리 딸 미셸은 네게 귀중한 자가 아니냐?

제시카 그럼요. 제게는 이 세상에서 가장 귀하고 예쁜 아이입니다.

예수님 거기다 6을 곱하여라. 그것이 네 엄마가 너를 사랑하는 분량이다. 사랑은 남에게 줄수록 가중되어서 더 커진단다.

제시카 나누기 6이 아니고 곱하기 6을 하라고요?

예수님 그게 천국의 계산법이란다. 내가 너에게 수에 연연하지 말라고 명한 것을 잊었느냐. 천국의 계산법은 네가 아는 계산법과 다르기 때문이다. 천국은 수마다 그 뜻의 상징이 다르고, 수의 뜻의 질에 따라 수의 크기가 다르단다. 네가 천국에 오면 모든 것을 나의 방식으로 배우게 될 거란다.

이 땅에서 네가 지니고 가거나 가져갈 것은 아무것도 없다. 오직 네 영 하나뿐이다. 마음조차도 내가 정한 새 마음을 줄 것이다. 금 사슬에 은을 박은 마음을 말이다.

그러니 너는 이 땅의 것에 조금도 마음을 주지 말고, 그것을 귀히 여기지 말고, 아낌없이 주고, 나누고, 사용하여라. 진주 문 안에 들어오기 전에 네가 가진 모든 것을 바람처럼 다 흩어서 나누어 주고, 모두 공중분해하고, 내가 명한 것만 특정인이나 특정 단체에 주거라. 때가 되면 알려주마.

너는 무소유다. 너의 옥합은 이 책 뒤에 숨어 있는 나를 사랑하는 네 마음이란다.

제시카 주님, 이 책을 출간할 때 제 힘으로만 할까요, 아니면 다른 사람의 도움을 받아도 될까요?

예수님 추천인, 도서 번호, 출판사, 물질, 너를 도와줄 사람들 등 내가 까마귀들을 이미 준비해 두었다. 너는 그들에게 가서 그저 네 주인이 이 책의 출간을 명하였다고 말만 하면 된다. 내 양은 내 음성을 안다. 같은 목자의 음성이기에 곁길로 갈 수 없다. 다들 좁은 길로 걷고 있는 자들이니 내 목소리를 들을 때 그들의 영은 살아난다. 너는 아무것도 염려치 말아라.

이 책은 각 사람의 속에 무엇이 들어 있는지를 시험하는 책이다. 영이 죽은 자나 잠자는 자에게는 마음에 읽힐 수 없는 글이다. 나는 이 책을 통해 그 마음이 금, 은, 동, 철, 납인지 거를 것이다. 많은 목자가 이 글을 읽고 구원받고, 진주 문 안에 들어오기로 된 자는 내게 돌아올 것이다.

제시카 예수님은 참으로 재미있는 분이세요. 저는 지난 몇십 년 동안 성경 외에 남의 책을 읽은 적이 별로 없어요. 읽어도 마지막 페이지까지 다 본 적이 없어요. 무지의 표본 같은 제게 어떻게 책을 쓰라고 하세요? 저한테 그렇게 명하시고 혹시 웃으셨어요?

예수님 하하하… 그래. 그것을 결정할 때 내 아버지와 함께 웃었다. 너같이 책을 안 읽는 신부를 찾기도 힘들었단다. 이건 농담이다. 하하하…. (주님은 유쾌하게 웃으셨다)

제시카 아이고, 주님! 왜 무식한 제게 이런 막중한 일을 시키십니까? 저는 맨땅에 헤딩하는 마음으로 순종했습니다. 이 책이 단 1권도 안 팔려도 저는 몰라요. 제가 진주 문 안으로 들어가려고 무조건 순종한 것만 기억해 주세요. 이 책이 설령 팔리더라도 당신께서 명령하신 것처럼 거저 받았으니 거저 주겠습니다. 모든 이익을 당신께 돌려드리겠습니다. 저같이 무식한 자에게 당신의 귀한 음성을 듣게 해주시는 것만으로도 이 지구에 태어난 보람이 있습니다.

예수님 나의 아름다운 신부야! 지금 너를 바라보고 있으니, 내가 십자가에서 죽은 일이 내게 보람이었다고 생각되는구나…. 그래서 너는 내 안에, 나는 네 안에 동행할 수 있단다.
오늘 네가 사랑하는 가족을 만나면 마음껏 사랑해 주고, 즐겁게 웃고, 대화하고, 많은 간증을 나누어라. 이것이 내가 네게 허락한 분복 중 하나다. 네 식구 중에 나의 종도 있고, 신부도 있고, 성전의 기둥도 있고, 또한 권속도 있다. 네 늙은 어미를 경히 여기지 말고, 존경하고, 보살피며, 무엇으로 보답할지를 생각하고 실행하여라.

제시카 네, 예수님. 명심하겠습니다.

예수님　사랑하는 나의 신부, 내 눈에 반짝이는 보석 같고 작은 체리 토마토같이 귀여운 나의 신부야. 잠자는 너를 바라보며 많은 생각을 했단다. 자, 이제 일어나서 함께 가자꾸나.

제시카　사랑하는 예수님, 진실로 당신은 멋있는 분이십니다. 제 찬양을 받으세요. 오늘 방언으로 찬양을 많이 많이 올려 드릴게요. 주님! 어서 오시옵소서. 마라나타!

165 주님을 향한 상사병

🌹 잠근 동산의 대화

예수님　**잘 잤니? 나의 극상품 포도주야!**

제시카　네, 주님, 잘 잤어요. 저, 교회 다녀올게요. 주님! 그런데 교회에 가려는데 왜 기쁜 마음이 안 들지요? 주님께 찬양과 경배를 드리러 가는데요. 용서해 주세요. 제게 기쁘게 자원하는 마음을 허락해 주시길 간구합니다. 제 영이 병들었나 봐요. 제가 걸리고 싶은 병은 주님을 향한 사랑 병인데, 지금 엉뚱한 병이 들었어요. 죄송합니다, 주님!

예수님　**괜찮다. 교회에 가거라. 내가 너와 함께하며, 네 마음에 굳은살을 제거하고 예배당에서 너를 만나길 기다리고 있으마. 힘내거라. 우리 딸, 사랑한다.**

🌹 양떼의 발자취 - 간증

앞서 '144 홀로 앉아 있는 로스의 큰 날개 달린 천사'에서 주님과 대화할 때, 주님께서 내게 그 주일에 예배당에 들어가면 혼자 앉아 있는 한 여자를 만날 테니 꼭 같이 기도해 주라고 부탁하셨었다. 그리고 그날 나는 멕시코인 로스를 만났다.

그 후 총회 업무 출장으로 한동안 주일에 그 교회에 가지 못하고 다른 여러 교회에 다니다가 오랜만에 그 교회에 갔는데, 마침 로스를 다시 만났다. 예배 중에 무심코 앉아 있는데 먼 데 앉아 있던 한 여자가 나를 보고 손을 흔들었다. 자세히 보니 로스였다.

나는 정말 반가웠다. 이전에 그녀가 주일에 일을 가야 하기에 교회에 올 수 없다고 했기 때문이었다. 나는 예배를 마치자마자 토니에게 양해를 구하고 로스에게 뛰어갔다. 마침 리사가 곁을 지나가서 통역을 부탁했더니 흔쾌히 승낙했다. 나는 로스와 대화를 시작했다.

"로스, 안녕하세요. 오늘 보게 되어서 정말 반가워요."

"오늘이 예배에 참석할 수 있는 마지막 날이에요. 다음 주부터는 다시 일을 가야 해서 주일성수를 할 수 없어요."

"우리가 같이 계속 기도하면 주님께서 주일성수를 할 수 있는 직장으로 옮겨주실 거예요. 그런데 로스는 어떻게 주님을 믿게 되었어요?"

"저는 14년 전에 병원 의사로부터 유방암 판정을 받았어요. 심각한 상태여서 급히 수술을 했는데도 너무 늦어서 의사가 수술 후 6개월 정도 더 살 수 있을 거라고 시한부를 선고했어요. 그때 병원 침대에 누워서 하나님께 서원 기도를 했어요. 한 번만 살 기회를 주시면, 교회도 다니고 크리스천으로서 여생을 살겠다고요. 하나님께서는 기도를 들으시고 제 생명을 연장해 주셨어요. 올해가 14년째인데 아직 살아 있어요.

하지만 언제부턴가 생활고에 시달리면서 주일에 교회에 못 오게 되어 자연히 주님과 점점 멀어졌지요. 그러다가 얼마 전에 심하게 아팠을 때 하나님께 회개 기도를 했는데, 그때 집에서 천사를 본 거였어요. 그리고 정말 오래간만에 교회에 나왔을 때, 당신이 우리가 같이 보았던 그 큰 날개를 가진 천사를 내게 알려주었고, 그때 저는 하나님의 살아계심을 다시 체험하고 첫사랑을 회복했어요."

그렇게 말하면서 로스는 블라우스 윗단추 2개를 풀더니 유방암 수술 흉터를 보여주었다. 나는 그렇게 가까이서 크고 참혹한 흉터를 본 적이 없어서 입이 쩍 벌어졌다. 깊이 파인 칼자국이 그녀의 오른쪽 가슴 위에서부터 수직으로 거의 가슴 아래까지 나 있는데, 유방은 없고 살가죽만 있었다. 흉터를 본 순간, 나는 가슴이 섬뜩해지면서 눈물이 났다. 로스가 가여웠다.

그런데도 주님과 한 약속을 어기고 먹고살기 위해 다시 돈을 벌어야 한다고 말하는 그녀가 너무나 불쌍했다.

'내가 어떻게 도울 수 있을까? 내 은행 계좌를 다 털어도 그녀의 몇 달 치 음식비도 안 될 텐데…. 그녀의 부양가족은 어떻게 사나? 집세는 어떻게 내나? 오늘이 로스를 보는 마지막 날인가?'

로스를 위해 해줄 수 있는 게 별로 없는 나 자신이 참으로 한심하고 무능하게 느껴졌다. 나는 그저 그녀의 두 손을 붙잡고 기도하면서 흐느껴 울었다. 그리고 내가 예수님 앞에서 너무 배부르게 사는 것을 회개했다.

대화를 마치고 주차장을 가로질러 토니가 기다리는 차로 가는데, 땅에 반짝이는 10센트짜리 동전이 하나 떨어져 있었다. 보통 때 같으면 몸을 굽혀서 주웠을 텐데 나는 신발로 동전을 확 밟아서 땅바닥에 문질러버리고 걸어갔다.

'돈이 원수다.'

집으로 돌아오는 차 안에서 내내 마음이 어두웠다. 집에 와서 옷을 갈아입고 조금 쉬고 있는데 김 목사님으로부터 전화가 왔다. 그녀는 간단한 안부 인사를 하더니 다급한 듯 말했다.

"실은 부탁이 있는데, 텍사스대학에 교수로 근무하는 내 사촌 동생이 지금 유방암 검사를 받고 결과를 기다리고 있어요. 중보 기도를 꼭 좀 부탁해요."

아까 본 로스의 그 끔찍한 흉터가 떠오르면서 깜짝 놀라 나도 모르게 고함을 질렀다.

"네? 유방암이요?"

결코 우연이 아니라는 예감이 들었다.

'주님이시지요?'

나는 그분의 뜻이 어디에 있는지 모른다. 그러나 주님이 이 일을 통해서 내게 뭔가를 훈련하고 싶어 하신다는 것이 알아졌다.

그날 아침, 예수님은 건강함에 감사하지 못하는 나, 주일에 교회에 갈 수 있는 것에 감사하지 못하는 나의 굳은살을 제거하실 거라고 말씀하셨었다. 그리고 그 약속을 확실하게 지키고 계셨다.

밤에 잠자리 기도를 하기 전에, 나는 토니에게 오늘 있었던 일을 자세히 설명해 주었다. 주일이라 종일 같이 있어서 그도 대충은 짐작하고 있었다. 토니는 아주 심각한 표정을 짓더니 기도를 시작했다.

"하나님, 아무래도 요즘 제 아내에게 선지자나 예언자에게 있을 법한 일들이 자꾸만 생깁니다. 그러나 어떤 일이 있어도 제시카를 그 옛날 선지자나 예언자를 죽이던 방법으로 죽이시면 안 됩니다. 절대 칼이나 톱을 대시면 안 됩니다….."

"뭐라고요?"

'아이고, 예수님. 철없는 남편 토니를 어떻게 하면 좋습니까?'

167 세상에서 가장 아름답고 귀한 것

🌹 잠근 동산의 대화

제시카 예수님, 어디 계세요?

예수님 **사랑하는 딸아! 네 심장 안에서 네가 깨길 기다리고 있다.**

제시카   주님, 일찍 못 일어나서 죄송합니다. 매일 밤 새벽 2시까지 글을 쓰니까 아침에 일어나기가 힘들어요. 그러나 당신께 서 기뻐하시는 일이라는 것을 알기에 너무나 행복합니다. 환상 속에 푸르고 맑은 하늘 아래 정말로 아름다운 보라 색 라벤더가 만발하여 바람에 흔들리는 것을 보았습니다. 주님께서 제일 좋아하시는 색은 뭐예요?

예수님   **나는 제일 좋아하는 색이 매일 다르단다.**

제시카   그래요? 어떻게 그렇죠? 그게 가능한가요?

예수님   (미소를 띠셨다) **그래, 나는 영이 유여하기에 모든 것이 가 능하단다. 그런데 너는 왜 특히 좋아하는 색이 없느냐?**

제시카   모르겠어요. 당신과 동행한 후부터 특별히 아끼는 것도, 좋아하는 것도, 즐기는 것도, 다 사라지고 없어요. 오직 예수님 당신 한 분만이 가장 좋고, 가장 중요하고, 가장 아름답게 느껴집니다. 이 땅에서는 별로 마음에 드는 것 도, 제 눈을 즐겁게 하는 것도 없어졌어요.

예수님   **사랑하는 나의 신부야! 내가 너와 대화할 때도 그렇단다. 이 세상에서 가장 아름답고 귀한 것이 피 값 주고 산 나의 신부란다. 너를 바라볼 때 나는 온전히 네 존재만을 아끼 고 사랑하며 볼 수 있단다.**

제시카   예수님은 전 우주와 모든 유니버스를 다 바라보고 계셔야 하지 않나요! 저만 바라보고 계시면 안 됩니다.

예수님   **하하하… 나는 너만 100퍼센트 바라봄과 동시에 모든 창**

조물을 온전히 바라볼 수 있는 능력이 있단다. 그리고 또 이 세상과 저세상에 존재하는 나의 모든 신부를 바라보는 눈과 능력이 있단다. 그러니 염려 말거라.

제시카　주님을 알고, 또 당신의 사랑을 믿고부터는 제 속에 많은 염려와 걱정과 두려움이 다 사라졌습니다. 하지만 아직도 때때로 그런 감정 때문에 스트레스를 받기도 해요.

예수님　괜찮다. 그래야 네가 기도할 것 아니냐? 그러나 네가 자신을 위한 기도와 간구보다는 많은 중보 기도를 시작했으면 하는 것이 나의 바람이니라. 너는 내가 내 눈동자처럼 나 스스로보다 더욱 소중한 이로 지킨다는 것을 믿어라.

그러나 수많은 내 백성이 믿음이 연약하여 한 발은 세상에 두고 나머지 한 발은 나에게 두고, 너무 많은 것에 대해서 안식하지 못하고, 두려워하고, 불신하고, 불안해하며, 많은 염려와 공포 사이를 왔다 갔다 하면서 살고 있단다. 그래서 내 마음이 항상 아프구나.

특히 그중에서도 내가 네 인생 안에 소개해 주는 사람들을 위해 기도하여라. 한 명 한 명 모두가 내게는 진실로 소중하며 불쌍한, 내가 사랑하는 사람들이란다. 부자든 가난하든 배웠든 못 배웠든… 그것은 내게 중요하지 않다. 그러나 나를 온전히 믿고 사랑하는 자인지 아니면 온전히 믿지도, 사랑하지도 못하는 자인지는 너무나 중요하다. 그것이 그들의 천국 문과 상급에 직결되는 문제이기 때문이다. 그러니 너는 내가 누구를 보내든지 내가 기도해 주라고 명한 그들을 나와 같은 눈으로 바라보길 힘쓰고, 나와 같은 마음으로 사랑하길 노력하여라.

제시카 네, 잘 알겠습니다. 예수님, 명심하고 더욱 중보 기도에 최선을 다하겠습니다.

예수님 내가 가끔 네 마음속에 사람의 이름을 떠오르게 하지 않느냐?

제시카 네, 그렇습니다. 제가 무엇을 해야 합니까?

예수님 그때는 네가 하는 어떤 일이라도 내려놓고, 그를 위해서 온 마음을 다해 기도하여라. 그는 그 순간에 기도가 필요한 사람이다. 주로 생명에 관계되든지, 영의 불꽃이 꺼져버리는 경우든지, 원수가 그 영을 취하여 가기 직전이든지 하는 절대 위기의 순간이다. 아무도 그를 위해 기도하지 않고, 기도하는 사람도 없는 자란다. 그러니 무조건 순종하고 그를 위해 기도하기를 게을리하지 말아라.

제시카 네, 주님. 무엇을, 어떻게 기도해야 할지를 모르니 방언 기도를 하겠습니다.

예수님 그렇게 하여라. 일단 내가 방언으로 기도하기 시작하면 내가 무엇을 원하는지를 알게 될 것이다. 내가 네게 통변의 은사도 주었느니라.

제시카 맞습니다, 주님. 당신께 제 순종을 보여드리고 싶습니다. 그 기도를 하기 시작할 때 제 마음의 주파수가 오로지 당신께만 맞춰지도록 제 영을 복종시켜 주시길 간절히 구합니다. 이 말씀이 기억나게 해주세요.

예수님 **알았다. 내가 그리하마.**

제시카 예수님, 저 출근해야 하는데요. 일하러 가기 싫습니다.

예수님 **하하하… 총회 일이니 가서 열심히 하여라. 일터에 있는 사람을 구별하지 말고 모두에게 나의 따뜻한 사랑을 보여다오. 네가 그곳에 들어서는 순간, 그리스도인 나의 빛이 그들 마음에 비칠 수 있는 그런 사람이 되어라.**

제시카 그렇게 되기를 간구합니다. 도와주세요.

예수님 **그리하마. 너는 네 입술에 파수꾼을 세우면 된다. 그것이 지금 내가 있는 일터에서 가장 필요한 것이구나.**

제시카 그렇게 되도록 도와주세요, 주님!

예수님 **그것도 그리하마. 사랑하는 우리 딸, 오늘도 내가 네 안에 있다는 것을 항상 기억하여라.**

제시카 네, 주님. 명심하겠습니다.

예수님 **들판에 가득하여 향기를 날리는 보라색 라벤더 같은 나의 신부야. 네 손을 다오. 내가 잡고 동행하마. 우리의 합환채가 오늘 너에 대한 나의 축복이다. 일어나라. 이제 우리의 날을 시작하자꾸나.**

제시카 주여, 어서 오시옵소서. 마라나타!

🌹 잠근 동산의 대화

예수님 잘 잤니? 나의 신부야!

제시카 예수님, 사랑합니다.

예수님 자는 모습이 참 예쁘구나.

제시카 주님, 나이를 먹으니 코도 곱니다. 사람이 늙으면 점점 추해지나 봐요. 슬픕니다.

예수님 (미소를 지으셨다) **사람은 남을 볼 때 외모가 예쁜지 못났는지를 가장 먼저 보고, 그다음 마음이 착한지 못됐는지를 본다. 간혹 영의 눈이 열린 사람이면 마지막으로 영이 살아 있는지 죽었는지를 판단하기도 하지.**

제시카 주님은 어떻게 보시는데요?

예수님 **나는 정반대다. 가장 먼저 그의 영이 살아 있는지 죽었는지, 아니면 잠자는지를 본다. 잠자는 영은 죽은 영과 다르단다. 영이 잠자는 자는 생명이 살아 있지만, 영이 죽은 자는 생명이 그 안에 없단다. 그리고 나는 마음을 본다. 선한지 악한지는 내게 중요하지 않다. 그 마음이 나를 구원의 주로 믿는지 안 믿는지가 중요하단다. 그리고 나는 사람의 외모는 보지 않는다. 흙이기 때문이다.**

제시카 사람이 선한지 악한지가 왜 중요하지 않나요? 저는 사람들과의 관계에서 그걸 제일 먼저 판단하려고 애쓰는데요.

예수님 그건 내가 새 마음을 주면 되기 때문이다. 나를 구원의 주로 믿고 삶에 영접한 자는 완전히 새로운 피조물이기에 내가 새 마음을 준단다.

그런 자는 새 마음에 자신의 새 인생에 대한 그림을 나와 손을 포개고 그려 나간단다. 처음에는 스스로 붓을 잡고 그려대지만, 점점 시간이 갈수록 손에 힘을 빼고 나의 손을 의지하기 시작하지. 세례 요한의 고백, "그는 흥하여야 하겠고 나는 쇠하여야 하리라"와 같은 것이다.

제시카 아… 주님! 저는요… 주님께서 제 손의 힘을 다 빼내시고 주님께서 그려주시는 것만 의지하면 안 될까요? 그게 제게는 최고로 잘 그린 걸작품이 될 것 같아요.

예수님 모든 사람의 인생 하나하나는 세상에 단 하나밖에 없는 걸작품이다. 그래서 그 인생의 그림이 완성되었을 때, 이 지구의 역사상 단 하나밖에 없는 걸작품이 된단다.

나의 사랑하는 신부야! 네가 만약 내가 그려주는 인생의 그림이 되길 원한다면, 내게 순종하는 삶을 살아야 한다. 만약 불순종하면 네 손에 힘이 들어가서 내가 원하는 네 인생을 그릴 수가 없다. 왜냐하면 이 작품은 우리의 작품이기에 우리의 손이 같이 완성해야 한단다.

제시카 주님, 그동안 제 인생의 그림을 같이 그리느라 힘드셨지요? 제가 당신께 순종한 적이 별로 없었던 것을 고백합니다. 성령께서 온전한 십일조를 순종하라고 말씀하셔서도 항상 제멋대로 했어요. 그런 식으로 제 인생의 모든 면을 혼자 결정하고, 추진하고, 결론지으면서 저 혼자 탱고 춤을 춰댄 것 같아요. 정말 죄송합니다.

이제부터는 제 손에 힘을 빼는 순종의 삶으로 변화하기를 원합니다. 제 못난 자아의 힘이 세서 제멋대로 붓을 휘둘렀어요. 회개합니다. 저를 도와주세요. 오늘부터 저는 쇠하고 예수님이 흥하시는 삶을 살아드리고 싶어요. 당신이 보시기에 아름다운 인생의 그림이 되고 싶어요.

예수님 (미소를 띠셨다) **알았다. 내가 그리하마. 우리의 포갠 손에서 너는 힘을 빼거라. 그러려면 매 순간 삶의 결정 앞에서 내게 물어보아야 한다. 너는 내 음성을 듣잖니?**

제시카 네, 그럴게요. 제게 매 순간 기억나게 해주세요. 그리고 가끔 우리가 함께 그리는 그림을 보여주시면 안 될까요?

예수님 **너는 보게 될 것이다. 나이가 들수록 더욱 선명하고 또렷하게 볼 것이다. 내 육신의 눈은 어두워지나 네 영의 눈은 점점 밝아질 것이다. 그러나 모두에게는 아니란다.**

제시카 우와⋯ 고맙습니다, 주님! 이제 저는 책 읽을 때 흐릿해서 잘 안 보인다고 짜증 내지 않겠어요. 만약 육신의 눈과 영의 눈의 시력 중 하나를 택해야 한다면, 당연히 영의 눈을 택할 거예요. 그러나 이왕이면 둘 다 시력이 좋았으면 좋겠어요.

예수님 하하하… 알았다. 너는 나이에 비해서 육신의 시력이 아주 좋단다.

제시카 네, 그것도 주님의 은혜입니다. 고맙습니다, 주님! 오늘 아침은 총회 소속 사진사가 사무실에 와서 웹사이트에 사용할 사진을 찍는 날이에요. 헤헤헤….

예수님 (미소를 띠셨다) 너는 사진 찍히는 것이 좋으냐?

제시카 아니요. 화장하고 유니폼 입는 일이 조금 스트레스예요. 그래도 나이가 더 들기 전에 사진을 찍는 게 좋을 것 같아요.

예수님 하하하… 알았다. 네가 이 땅에서 산 삶의 모든 순간이 마지막 숨을 거둘 때 영화 필름처럼 다 찍혀 천국에 보관된다는 것을 알고 있니? 나는 내 신부가 혼자 있을 때도 항상 몸과 마음을 깨끗하고 정결하게 하며 나의 신부답게 살았으면 좋겠구나.

제시카 아이고… 주님, 앞으로는 정말로 그렇게 살게요. 그런데 제가 회개하기 전에 살았던 짐승 같은 삶은 어떻게 하면 좋지요? 주님! 큰일 났습니다.

예수님 (잠깐 생각하시는 것 같았다) 그건 내가 알아서 하마. 이 순간 이후부터는 혼자 있든, 열린 공간에서든 내 신부답게 살기로 약속해다오.

제시카 약속, 약속, 약속합니다. 예수님, 새끼손가락 걸고 진짜 약속합니다. (우리는 새끼손가락을 걸고 난 후에 엄지손가락까지 포갰다. 예수님은 손이 참 크시다. 오늘은 못 자국

으로 움푹 들어간 흉터가 난 주님의 손만 보인다. 옷자락은 보이지 않는다)

예수님 사랑하는 나의 신부! 아름다운 나의 신부야! 내가 너를 늘 사랑하고 지켜보고 있음을 항상 기억하여라. 네 심장 안에서 우리는 하나다.

제시카 예수님, 잘 알고 있습니다.

예수님 그래, 이제 일어나라. 요즘은 네가 참 바쁘구나. 너는 백향목 나무 뒤에 숨어 있는 어린 사슴과 같다. 나무 뒤에 숨어서 빼꼼 쳐다보는 사슴 말이다. 하하하….

제시카 아이고, 주님. 어린 여우가 아니고 사슴으로 보이는 것에 감사합니다. 사랑합니다, 예수님!

예수님 그래, 일어나서 오늘도 우리의 아름다운 하루를 같이 시작하자.

제시카 아멘. 주 예수님, 어서 오시옵소서. 마라나타!

169 예수님과 함께 천국 잔치를 떠나다

🌹 잠근 동산의 대화

예수님 잘 잤니? 나의 어여쁜 신부야! 자, 오늘은 우리 뉴욕으로 같이 집회하러 가자. 네게 많은 것을 보여주고, 들려주고,

느끼게 해주마. 나이아가라 폭포에서도 너를 만날 것이다. 우리의 데이트다.

제시카 저는 주님께서 이렇게 흥분하시는 모습을 처음 봅니다. 당신께서 좋아하시고 기뻐하시니 저도 좋고 기쁩니다. 그러나 염려도 돼요.

예수님 내가 어떻게 안 기뻐할 수 있겠니? 여럿이 하는 연합 집회가 아니고 너 혼자 하는 첫 집회가 아니냐! 내가 이때를 얼마나 기다려 왔는데…. 이제부터 수많은 공판에서 네 이름이 거론되기 시작할 것이니라. 우리의 아버지께서도 기뻐하실 게다. 나는 네가 자랑스럽다.

제시카 저는 내일부터 있을 집회가 좀 불안하고, 떨리고, 염려스러워서 스트레스를 받기 시작하는데요.

예수님 사랑하는 내 신부야! 아무 걱정하지 말거라. 내가 네 입에 마땅히 선포해야 할 나의 말을 담아주마. 내가 네게 성령으로 옷 입히고, 능력과 은사와 기적과 치료의 분출구가 되게 해주마. 내 백성에게 많은 회개와 결단이 일어날 것이다. 이것은 너와 나의 천국 잔치를 배설하는 것이다. 너는 앞으로 수많은 내 백성의 마음 밭에 우리의 깃발을 꽂을 것이다. 그때마다 진주 문 안에 있는 영혼 추수의 종이 울릴 것이다. 이 종은 네가 가체(加髢)를 올렸던 날, 내가 환상으로 네게 보여준 바로 그 종이니라.

제시카 네, 아름다운 꽃들로 장식되었고 긴 리본이 달려 있던 그 종들을 기억합니다. 어린 천사들이 주위에 많이 있었어요. 참 아름다운, 그림 같은 환상이었습니다. 제 영의 눈에 비늘을 벗겨주서서 고맙습니다. 예수님, 사랑합니다.

예수님 **그것이 나에게는 기쁨이다. 사랑하는 나의 신부야! 지금 너와 내가 함께 만나는 이 영의 세계가 참 세계란다. 지금 네 육신이 거하는 이 방, 이 집, 이 지구가 거품처럼 꿈처럼 불타서 없어질 임시 공간이란다.**

제시카 저는 주님을 신뢰하고 무슨 말씀을 하시든지 믿습니다. 제게 이 참 세계를 알려주서서 진심으로 고맙습니다. 저는 좀 더 우리의 세계를 보고, 듣고, 느끼고 싶습니다. 막달라에서 온 마리아는 하루에 진주 문 안에 일곱 번씩 들어갔다고 했는데… 저도 그렇게 되고 싶습니다.

비록 고깃덩어리 같은 육신을 지니고 살지만… 주님, 제 믿음이 아직 젖 먹는 유아라서 그렇게는 안 되겠지요? 잠깐만… 예수님! 제 주제를 잊고 너무 분수에 넘치는 생각을 한 것 같습니다.

주님, 제가 흥분하지 않고 제정신이 들게 꿀밤 1대 때려주세요. 그 귀한 천국을 어떻게 일곱 번씩이나 들어가겠어요! 아이고… 철없는 나여… 정신 차려!

예수님 **하하하… 괜찮다. 가체를 올린 나의 신부야, 내가 너를 부르마. 네가 알지 못하는 영의 나라를 네가 부를 것이며 너를 알지 못하는 영의 나라가 네게로 달려올 것이니라.**

또한 내가 네게 많은 것을 보여주마. 사람의 눈으로는 볼 수 없는 것을 보여주고, 사람의 귀로는 들을 수 없는 것을 들려주마. 나의 거룩함으로 말미암아 내가 너를 영화롭게 할 것이라. 나는 사랑하는 신부들을 위해 우주도 만들었단다. 너희를 위해 아까운 것이 아무것도 없다.

설령 네가 이 땅에 살고 있다고 할지라도, 네가 영적 세계에 들어올 수 있도록 해준 건 나의 허락이 있어서가 아니겠느냐! 그저 내가 있는 곳에 너도 있고, 네가 있는 곳에 나도 있으면 된다. 그것이 나의 모든 신부의 분복이다.

나는… 나는… 나의 신부들을 너무나 사랑한다. 너희의 육신의 언어는 제한이 있어서 네가 듣고 이해하기 힘들 것이니, 며칠 후 나이아가라 폭포 앞에서 내가 네 영에게 내 영을 부어서 전달해 주마. 말할 필요 없이 그냥 알게 해주마. 그게 지금으로서는 최선이다. 아… 사랑하는 나의 신부야!

제시카 예수님, 저는 여태 당신께서 이렇게 흥분하신 것을 본 적이 없어요. 저도 너무너무 좋습니다. 앞으로 어떤 일이 일어날지 모르지만, 당신이 기뻐하시니 무식한 저도 기쁩니다. 저, 공항 나갈 준비 할게요.

이따가 구름 위에서 제게 많이 말씀해 주세요. 저 오늘 비행기 타니까요. 헤헤헤….

제시카 예수님, 어디 계세요?

예수님 **네 심장 안에서 너와 함께 숨 쉬고 있단다.**

제시카 구름이 너무 깨끗하고 예뻐요. 수증기라는 게 안 믿어져요. 제가 앉으면 두꺼운 솜 쿠션처럼 푹신할 것 같아요.

예수님 **네 영은 그렇게 할 수 있단다. 천국에서 내가 네게 보여주마. 사랑하는 딸아, 나는 네가 구름 위를 볼 수 있는 눈이 있었으면 좋겠구나. 땅에는 비가 오고 천둥과 번개가 쳐도 드높은 구름 위 대기권에는 그런 기후에 전혀 상관없이 햇빛이 찬란하게 비추고 있지 않느냐!**

그와 같이 이 세상에서 어떤 곤란이나 어려움, 삶의 곤비한 빗물이 너를 흠뻑 적셔도 그 구름 위에 있는 변함 없이 따뜻하게 빛나는 나의 사랑을 믿고 신뢰하는 마음, 그것이 믿음이란다.

제시카 저도 그렇게 되고 싶습니다. 그러나 사도 베드로 같은 사람도 계집종의 소리를 천둥소리로 듣고 주님을 세 번이나 저주하고 부인했다는데요. 저같이 부족한 믿음의 소유자한테 어떻게 그런 믿음을 명하시고 기대하실 수 있으세요?

예수님 **사랑하는 나의 신부야! 네가 가진 것이 무엇이냐?**

제시카 저는 가진 것이 아무것도 없습니다. 오직 예수님 당신만을 연모하고 제 생명처럼 사랑하고 싶은 마음밖에 없습니다.

예수님 **그것이면 내게 족하도다. 나는 네가 훌륭한 사람이거나**

많은 일을 하는 사람이기에 너를 사랑하는 것이 결코 아니란다. 오히려 내가 누구보다 연약하고, 내가 아니면 원수가 장악하고 지배하는 이 세상에서 살아남을 수 없는 존재이기에 더욱 아끼고 사랑하는 것이다. 내 앞에서 자기 행위를 자랑할 것이 아무것도 없는 사람을 나는 더욱 사랑하고, 그에게 힘을 실어주기를 기뻐한단다.

내가 네 안에 있기에 네 영은 저 구름 위를 보고 거니는 능력이 있다. 이 힘은 오직 나만이 네게 실어줄 수 있단다. 이것을 네가 믿느냐?

제시카   네, 주님. 믿습니다.

예수님   그러니 내 안에서는 턱을 내리고, 원수 마귀 앞에서는 턱을 들어라. 네게는 그것들을 정복하고 다스리는 권세가 있기 때문이다. 내가 이미 승전고를 울린 싸움이 아니냐! 전쟁은 여호와께 달렸느니라.

제시카   주님, 구름 좀 보세요! 마치 하얀 섬들이 푸른 바다 위에 떠 있는 것 같아요. 바다 위에 바다가 또 있는 것 같아요.

예수님   그래서 내가 궁창의 물과 바다의 물을 갈라놓은 것이다.

제시카   저는 캘리포니아의 사막 지대에서 40년 가까이 살아서 비를 본 적이 별로 없어요. 이번에 뉴욕에서 비를 보고 싶어요. 그렇게 해주실 수 있지요?

예수님   알았다. 내가 보여주마.

제시카   저는 지금 피곤하고 잠이 와요. 장거리 여행은 항상 토니와 같이 했는데, 오늘은 혼자 여행용 가방과 랩톱을 들고 껑껑거리며 보안 검색대 줄을 서느라 긴장했거든요. 그래서 아침에 토니가 짐 메고 가는 토니 당나귀 없이 저 혼자 보내는 여행이라고 놀리면서도 제게 축복 기도를 세 번이나 해주었어요.

예수님   **하하하… 그가 그의 이름을 말하였구나. 토니는 가끔 당나귀처럼 완강할 때가 종종 있기는 하지. 그래도 그는 신실한 나의 종이다. 요즘은 그가 성경 말씀 읽기에 열중하고 있구나. 이것이 내 눈에 아름답다. 네가 피곤하니 조금 쉬어라. 내가 너를 지키마.**

170 하늘나라는 말에 있지 아니하고 능력에 있다

🌹 잠근 동산의 대화

제시카   주님, 어디 계세요?

예수님   **사랑하는 나의 신부야, 내가 네 안에, 네가 내 안에 있다.**

제시카   예수님, 사랑합니다. 제 생명을 취하시고 지금 저와 함께 하소서. 오직 당신의 영광만이 빛을 발하게 하소서.

예수님   **내가 네 생애 모든 집회에서 그리할 것이다. 너는 사라지고 오직 나의 영광만이 너를 덮을 때, 너는 십자가 뒤로 사**

라질 것이다. 너는 오직 소리가 되어 내 영광 안에 거하거
라. 그 소리에 내가 뜻을 입힐 것이다.

하늘나라는 말에 있지 아니하고 능력에 있느니라. 죽어
있는 모든 뼈가 붙으며, 그 뼈에 살이 입혀지고, 살 위에
근육이 붙으며, 그 위에 피부가 붙어 새로운 생명이 에스
겔서의 아골 골짜기에서 태어날 것이다.

사랑하는 나의 신부야! 내가 반드시 너와 함께할 것이다.

이제 일어나 빛을 발하여라.

◆ 부흥회에서

예배당에 들어가니 목사님이 강대상 옆에서 키보드를 연주하며 주
님의 임재를 구하고 있었다. 아직 부흥회 한참 전이라 나는 앞자리
에 앉아서 준비 기도를 했다.

마음속에 주님의 감동이 천천히 가득 차올랐다. 주님은 부흥회를
좋아하신다. 주님이 내게 말씀하셨다.

'나의 임재 안에서 너의 신을 벗고 무릎을 꿇어라.'

나는 두렵고 떨리는 마음으로 얼른 신발을 벗고 교회 바닥에 무릎
을 꿇은 채로 납작 엎드렸다. 바로 그 순간에 기다렸다는 듯이 눈물
이 쏟아졌다. 이 죄인을 사용하시려는 주님께 너무나 죄송한 회개의
눈물과 성전 안에 들어오기 시작하는 그분의 임재에 대한 감사의 눈
물이었다.

나는 울고 또 울었다.

◆ 환상 - 핏빛 망토를 걸치신 예수님

2시간쯤 울면서 방언으로 기도하는 중에 영안이 서서히 열리기 시작했다. 예배당 중앙에 강대상 쪽으로 복도가 나 있는데 갑자기 어린아이들의 재잘거리는 소리가 들렸다. 3-5세로 보이는 아기 천사들이 다이아몬드가 달린 것처럼 반짝거리는 하얀 드레스를 입고, 다들 조그만 바구니를 하나씩 팔에 걸치고 들어왔다.

아기 천사들이 족히 7명은 되는 것 같았다. 팔에 든 바구니 안에는 흰 꽃잎이 수북이 들어 있었다. 예배당 문으로 들어온 아기 천사들은 중앙 복도를 통해 강대상 쪽으로 걸어가면서 서로 웃고 재잘거렸고, 장난도 쳐 가면서 연신 바구니 속 흰 꽃잎들을 손으로 집어 복도에 뿌려댔다. 그리고 강대상 앞에서 웃고 재잘거리더니 어느 순간엔가 다 사라졌다.

강대상 뒤쪽에는 이전 집회에서 본 아주 큰 날개가 달린 천사 2명이 서 있었다. 나와 눈이 마주친 큰 천사가 두 손을 포개고 머리를 숙이며 한국어로 인사했다.

"안녕하세요? 신부님."

내가 다시 눈을 들어보니, 예배당의 동서남북 각 면의 중간쯤에 내 가슴 높이 정도의 크고 납작한 검을 두 손으로 받쳐 든 천사들이 말없이 서 있었다. 이들의 이름은 화무, 화조, 신기, 에조다. 천사 6명이 보잘것없는 나를 위해서 와준 것이었다. 이 가치 없는 죄인의 부흥회를 위해서 말이다. 모든 것이 우리 주 예수님의 은혜였다. 내 눈에서 뜨거운 감사의 눈물이 쏟아졌다.

나는 '이럴 줄 알았으면 화장하지 말고 올걸' 하고 후회했다(이제 경험했으니, 앞으로는 홀로 강사가 되어 회개의 부흥회에 갈 때, 눈 화장은 안 할 예정이다. 시커먼 눈물을 흘리고 싶지 않다. 이렇게 나는 매일 배운다).

나는 주님께서 이 작은 집회에 천사를 보내주신 게 너무나 감사해서 울면서 납작 엎드려 계속 감사와 찬양을 올려드렸다. 그런데 느닷없이 교회 입구 쪽에 예수님이 천사 2명과 함께 나타나셨다. 아이고머나… 천사들은 흰옷을 입고 주님의 좌우편에 서 있었다.

예수님의 얼굴에서 너무나 밝은 빛이 뿜어져 나와서 나는 감히 눈을 뜰 수가 없었다. 그분은 나와 눈이 마주치자 싱긋 웃으셨다. 주님께서는 흰 세마포 같은 통옷에 자주색에 가까운 핏빛 붉은 망토를 오른쪽 어깨에 걸치고 계셨다. 나는 그 순간 주님께서 나를 그분 쪽으로 오라고 명하신 것을 알았다(영의 세계는 말이 필요하지 않다).

내 영이 일어나서 주님 쪽으로 걸어가기 시작하자 예수님도 천천히 내 쪽으로 걸어오셨다. 주님과 같이 나타난 천사들은 예배당 입구 앞에 그대로 서 있고, 예수님만 내 앞쪽으로 걸어오셨다.

그런데 놀라운 일은 납작 엎드렸다가 일어날 때 내가 입은 양장 슈트는 온데간데없고, 내 옷이 옛 궁궐에서 입던 왕후 마마의 아름다운 예복으로 변해 있었다. 왕의 신부가 입는 복장이었다. 머리에는 삼각형의 가체를 올리고 장신구로 이미 단장까지 되어 있었다. 예복의 색깔은 그 빛깔이 살아 있어서 내가 움직일 때 빛이 비치는 각도에 따라 노란색이 되기도 하고 연두색이 되기도 했다. 예복 저고리의 뒤쪽 어깨 바로 밑 부분인 한 중앙에는 황금 실로 원 모양의 수가 놓여 있었다. 황금 원 안에 수놓여 있는 상형 문자 같은 것이 천국 진주 문 안에서의 내 직함이었다. 나는 그것이 글자인 줄은 알지만 무슨 뜻인지는 알 수 없었다.

나의 용모는 26세 때 처음 예수님을 보았을 당시로 돌아가 있었다. 예수님과 나는 강대상 앞 복도 중간쯤에서 만났다. 예수님이 잔잔한 미소를 띠시며 왼손을 들어서 나의 오른손을 가만히 잡으셨다. 그리고 우리는 아기 천사들이 복도 중앙에 뿌려놓은 흰 꽃잎들을 사뿐히 밟으면서 강대상 뒤 의자 쪽으로 천천히 걸어서 나아갔다.

강대상 위로 올라가는 마지막 계단에서 예수님이 멈추시더니 내 쪽으로 몸을 돌려서 내 이마에 입을 맞추어 주셨다. 이때 문득 데자뷔처럼 그전에도 이런 순간이 있었던 게 떠올랐다. 그리고 예수님이 몸을 돌리시더니 다시 내 손을 꼭 잡고는 마지막 계단을 올라가시며 강대상 뒤 의자 쪽으로 가셨다. 강대상 뒤에는 큰 의자가 3개 있었다. 예수님은 나를 가운데 의자에 앉히시고, 당신은 오른쪽 의자에 앉으셨다.

이때 사람들의 떠드는 소리가 내 귀에 들리기 시작했다. 내 영은 강대상 뒤 중앙 의자에 앉아서 동시에 바닥에 무릎 꿇고 앉아 있는 나를 바라보고 있었다. 무릎 꿇은 나는 예복을 입은 나를 바라볼 수 없는데, 예복을 입은 나는 무릎 꿇은 나를 바라볼 수 있는 것이 놀랍고 신기했다. 사람들이 예배당 안에 들어와서 앉는 것이 보였다. 나는 놀라서 의자에서 벌떡 일어나려고 했다.

그러자 옆에 앉으신 예수님이 그분의 오른손으로 내 왼손을 꼭 잡으셨다. 주님께서 내가 일어나서 그분 곁을 떠나 아래로 내려가는 것을 원하지 않으신다는 걸 알았다. 그분은 아무 말씀도 하지 않으셨지만, 내 영은 그분의 생각과 느낌을 알았다. 그래서 나는 도로 의자에 앉았다.

그리고 실제로 부흥회에 참석한 사람들의 찬양이 시작되었다. 예수님은 내 손을 꼭 잡은 채로 미소를 띠시며 사람들이 찬양하는 모습을 찬찬히 바라보셨다. 바닥에 무릎을 꿇고 앉은 나는 마치 죽은 것처럼 꼼짝하지 않고 있었다. 그런데 내 영은 예수님 옆 의자에 앉아서 그분의 오른손에 왼손을 잡힌 채 또 하나의 나를 바라보고 있었다(이것이 어떻게 가능한지는 모르지만, 본 것을 기록할 뿐이다).

주님께 손을 잡힌 나는 온몸과 마음이 말로 표현할 수 없는 영광스러움으로 가득 차서 황홀하고 기쁘며 행복했다. 두 번 다시 그분의 손을 놓고 싶지 않았다. 나는 눈을 감고 미소를 지었다.

바로 그 순간에 나는 무릎 꿇은 나로 돌아와 있었고, 바닥에 엎드린 채로 깊은숨을 내쉬었다. 그리고 영화 같은 실재의 환상에서 깨어났다. 가슴이 터질 것처럼 뛰기 시작했다. 예수님이 이 예배당 안에 임재하고 계신다는 사실을 확실하고 또 확실하게 알았다.

마라나타!

171 우리의 첫 집회를 시작하다

🌿 잠근 동산의 대화

예수님 잘 잤니? 골짜기의 백합화 같은 나의 신부야! 모든 여자 중 내 사랑은 가시나무 사이의 백합화 같구나. 네가 자는 모습을 보면서 참 감개무량했다.

제시카 네… 주님! 어디 계세요? 저는 어제 한 집사님 집에서 새벽 5시까지 상담하다가 지금 일어났어요.

예수님 그래, 수고했다. 나는 지금도 네 심장 안에서 3박자로 뛰면서 우리의 사랑을 흐뭇해하고 있단다. 내가 너를 지켜 줄 것이다.

제시카 아… 주님, 어젯밤에 진실로 고마웠습니다. 비록 적은 무리가 참석한 집회였지만 너무나 아름다운 천국 잔치였습니다. 많은 회개가 일어났고, 모두가 강대상 앞으로 나와서 새로움을 다지는 결신 기도를 했습니다.

대다수의 사람이 귀신이 쫓겨 나가는 간증을 했고, 하나님께 영광을 돌렸습니다. 말씀을 증거하는 내내 당신께서 제 입에 간증을 담아주신 것을 감사드립니다. 천사들과 그 작은 예배당까지 찾아와 주셔서 너무나 감사합니다. 주님! 우리의 첫 집회를 어떻게 생각하십니까?

예수님 (싱긋 웃으셨다) 그래, 사랑하는 나의 신부야! 너의 첫 집

회를 내가 아름답게 받았다. 내게는 2,000명이 모인 집회
보다도 더욱 아름다웠단다. 그것은 내가 함께 참석했기
때문이고, 모두의 회개하는 눈물을 보았기 때문이다.

너는 절대로 수에 연연하면 안 된다. 단 1명이라도 내가
네게 보내는 나의 양떼를 먹이고 치고 섬기는 일에 네 생
명을 바쳐서 최선을 다하여야 한다. 마치 네가 그들 영혼
의 행위록 기록을 계산할 때 그들을 위해 정산할 자처럼
나의 심장으로 그들을 섬기고 사랑해다오. 이것이 내게
아름답고, 그래야 네가 산단다.

나는 내 신부가 항상 자랑스러웠지만 어제 집회 때는 정
말 대견했다. 우리 신부, 짱이다.

제시카   헤헤헤… 예수님! 저 같은 말을 쓰시면 어떡합니까! 하지
만 저는 그래서 예수님이 좋습니다. 오직 당신께서 저와 동
참하셨기에 가능한 일이었습니다.

참… 예수님, 어젯밤 사람들에게 축사할 때 제 오른손에서
어떤 힘 같은 것이 밖으로 빠져나가는 것을 보았습니다.
손바닥에서 '휙' 하고 가벼운 바람 같은 것이 나갔습니다.
그게 무엇입니까?

예수님   하하하… 그것이 나의 능력이란다. 12년 동안 혈루병을
앓던 여인에게 나간 바로 그 능력이다. 그때 내가 제자들
에게 내 힘이 나갔다고 말하지 않았느냐. 바로 그것이다.

제시카   아이고머니나, 예수님! 어떻게 저같이 천하고 미련한 여종

에게서 당신의 거룩한 힘이 나갈 수 있습니까? 말도 안 됩니다. 아이고….

예수님 (싱긋 웃으셨다) **그것은 네가 아니고 나다. 네가 느낀 그 힘은 나를 의지하는 네 믿음을 통해서 나간 내 능력이란다. 너는 앞으로 이런 수많은 일을 체험할 것이다. 그로 인해 수많은 어둠의 영이 소리치며 나가는 것을 볼 것이다. 네가 열심히 훈련해서 익숙해지면 내가 네게 지옥을 보여주기 시작할 것이다.**

지금 보여주고 싶지만 네가 축사를 한 후에는 비위가 상해 음식을 못 먹고 토하곤 해서 그곳을 못 보여주고 아직 기다리고만 있단다.

제시카 주님! 저는 지옥은 별로 보고 싶지도 않고, 가고 싶지도 않습니다. 생각만 해도 무섭고, 떨리고, 너무 두렵습니다. 그러나 당신께서 원하신다면 보겠습니다. 두려워하는 마음을 없애주시고 강하고 담대한 마음을 허락해 주시길 간구합니다.

예수님 **그래? 준비되었느냐? 나는 그 어떤 것도 나의 신부에게 억지로 시키길 원하지 않는단다.**

제시카 네, 하겠습니다. 당신께 순종하는 것은 무엇이든지 제게 기쁨입니다. 설령 제 생명을 드리는 일이라도 기쁨으로 하겠습니다. 주님! 제 마음 아시지요? 제게 힘을 주시는 당신 안에서 불가능한 일이라고는 없습니다.

저는 배가 나와서 살을 빼야 합니다. 토하고 싶으면 못 먹을 테니 좀 굶어서 살이 빠지는 것도 괜찮습니다. 악몽을 꾸면 그것도 간증이니 여기에 기록하겠습니다. 무엇이든 당신이 원하시는 것을 제게 이루어 주십시오. 제게는 당신의 뜻이 하늘에서 이루어진 것같이 이 땅에서 이루어지는 일보다 더욱 중요한 일은 없습니다. 저는 어떤 일이 있어도 오로지 예수님의 얼굴만 볼 것입니다.

예수님 (나의 얼굴을 찬찬히 살펴보셨다) 그래, 알았다. 내가 곧 시작하마. 조금 기다리거라. 너는 이제 첫걸음을 뗐단다. 처음으로 복음의 신을 신고 걷기 시작한 것이다. 네게 지옥에 관한 간증이 필요할 때, 그 시간에 맞춰서 내가 네 영안을 그쪽으로 열어주마.

이제 두 획이 그어졌다. 첫 번째 획은 네가 회개를 시작한 획이었고, 두 번째는 네가 사역을 시작하는 획이다. 이제부터 새로운 장의 시작이다. 어젯밤에 너는 우리의 포도원을 허는 작은 여우를 잡을 준비가 되었단다. 축사의 능력으로 네게 내 보혈의 막의 옷이 허락되었다.

이제 일어나 우리 함께 가자. 내가 반드시 오늘도 너와 동행하고, 다시 네 입에 나의 말을 담아주마. 너는 염려와 걱정을 버리고 내 말을 선포하여라. 내가 네 목소리에 나의 뜻을 실어준다고 하지 않았느냐. 오늘 밤 집회도 너는 나의 임재를 경험할 것이다.

자, 일어나라. 골짜기의 백합화 같은 나의 어여쁜 신부야! 우리 동행하자꾸나.

제시카 네, 예수님. 할렐루야. 당신을 찬양합니다. 영광과 존귀와 높임을 받기에 합당하신 우리의 신랑 되신 예수님, 당신의 신부를 위해 어서 오시옵소서. 마라나타!

172 부흥회 전 강사의 태도와 몸가짐

🌿 잠근 동산의 대화

예수님 사랑하는 나의 어여쁜 신부야! 잘 잤니?

제시카 네, 주님. 3일째 2,3시간 정도밖에 못 잤지만, 정신이 맑고 참을 만합니다. 오늘 3일 집회를 다 마치면 푹 자겠습니다. 부족한 저를 당신의 영광을 드러내는 도구로 사용하여 주셔서 너무나 큰 영광입니다.

주님! 어젯밤에는 어찌하여 임재하지 아니하셨습니까?

예수님 나는 성회의 처음부터 마지막까지 다 듣고 보았느니라. 나의 눈동자가 그 집회의 처음부터 끝까지 다 바라보고 있었느니라. 너야말로 어찌 나의 임재를 느끼지 못하였느냐? 너는 나의 눈동자를 확실하게 보지 않았느냐?

제시카 네, 저를 지켜보시는 당신의 눈동자를 확실하고 선명하게 보았습니다. 그런데 모르겠습니다. 시작 때에 당신이 느껴지지 않았고, 집회 중간중간에 맥이 끊어지는 것 같았고, 나중에야 당신의 임재를 느꼈나이다. 그러나 당신의 임재를 느꼈을 때는 확실히 알았나이다.

예수님 **사랑하는 딸아! 너는 나를 진심으로 찾지 아니하였느니라. 네 눈물이 보이지 아니하였느니라. 그래서 내가 너를 그냥 두었다.**

제시카 주님! 죄송합니다. 어젯밤 집회 음악이 제 마음속에 그저께 밤과 같은 뜨거운 감동을 일으키지를 않았사옵니다.

예수님 **너는 집회 전에 담임목사와 함께 음악을 의논하였느냐?**

제시카 아닙니다, 주님. 그가 알아서 다 준비할 줄 알았습니다.

예수님 **모든 집회의 축복은 나의 길을 준비하는 종들의 땀과 노고와 기도와 믿음과 준비로 결정된다. 그러나 너희는 나의 집회 전에 무릎 꿇고 기도하지 않았다. 내 이름을 부르지도 않았고, 앉아서 너희 말만 하지 않았느냐. 그래서 내가 간섭하지 않고 내버려 두었단다. 너를 훈련하기 위해서였다.**

제시카 너무나 죄송합니다. 제가 잘못했습니다. 앞으로는 철저하게 최선을 다해 집회 전에 제 마음의 무릎을 꿇고 당신의 임재를 찾으며 성회를 준비하겠나이다. 제 미련한 실수였습니다. 주님, 용서해 주세요. 제 미련함을 사과합니다. 앞으로는 그렇게 하겠습니다. 이 실수를 통해 앞으로는 잊지 않고 당신의 말씀을 기억할 수 있도록 도와주시옵소서.

예수님   너는 자신을 믿지 말고, 집회의 처음부터 끝까지 오로지 나만을 믿고 의지해야 한다. 알았느냐! 수많은 설교자가 설교 때 나의 임재 없이 제 말과 지식만 전하다가 설교를 끝내느니라. 그들은 내가 원하는 말은 하지 않고 자기가 원하는 말만 지껄이다가 내려가느니라. 그리고 자기 소임을 다했다고 마음속으로 자긍하며 위로하느니라. 너는 절대로 그러면 안 된다.

제시카   네, 알겠습니다. 명심하겠습니다.

예수님   나는 나의 말을 하기 위해 그들을 소리로써 강대상 앞에 세운 것이지, 자기 말을 하라고 세운 것이 아니다. 세상 신에 매여 6일을 살다가 찌꺼기 같은 심중의 몇 마디 자기의 복음을 꺼내 설교하는 자는 내 말을 선포하는 자가 아니다. 그는 중언부언 지껄이는 자이니라.

말씀의 선포는 나의 임재 시에 두렵고 떨리는 마음으로 나의 심정과 나의 말씀을 전하는 것이다. 그런데 내 심정을 모르면 무엇을 어떻게 전할 수 있겠느냐!

제시카   아이고… 아버지, 잘못했습니다. 제가 바로 그런 사람 아닙니까? 진심으로 잘못했사오니 용서해 주세요. 앞으로는 절대 그렇게 하지 않겠습니다. 다시는 그런 실수를 저지르고 싶지 않으니, 저를 당신께서 보시기에 옳고 정한 길로 인도해 주세요. 저는 아이라서 마땅히 행할 길을 알지 못합니다. 앞으로는 오로지 주님만 의지하겠습니다.

예수님 오냐, 알았다. 내가 회개를 받으마. 앞으로는 조심하고 주의하여라. 네 설교에 조금씩 지혜가 더해지고, 말씀을 선포할 때 내 심정이 되며, 나와 마음이 합한 자가 되는 축복 속에서 내 백성에게 내 심정을 전달할 것이니라. 이 것이 내가 네게 주는 축복이다.

제시카 오늘 주일이오니 함께하여 주시옵소서. 당신의 거룩한 임재를 구하나이다.

예수님 이 시대는 복음의 홍수 속에 살고 있다. 너는 설교를 준비할 때 잡동사니 설교 책을 읽지 말고, 오로지 성경만을 읽고 묵상하며, 무릎 꿇고 하는 많은 기도로 나의 임재와 성령의 능력만을 바라거라.

그리하면 내가 반드시 너와 함께하고 네가 마땅히 선포해야 할 말을 네 입에 담아주리라. 앞으로 너의 입이 열리고 수많은 설교를 하게 될 것이다.

내가 너와 세운 언약은 이러하니, 곧 네 심장 안에 있는 나의 신과 네 입에 둔 나의 말이 이제부터 영원토록 네 입에서와 네 후손의 입에서와 네 후손의 후손의 입에서 떠나지 아니하리라. 이미 네 입의 문이 열리어 다시는 닫히지 아니하리라.

제시카 할렐루야. 주님, 고맙습니다.

🌹 잠근 동산의 대화

제시카 사랑하는 나의 주님! 지금 어디 계세요?

예수님 **나는 네 심장 안에 있다. 내 음성이 또렷하게 들리느냐?**

제시카 네, 또렷하게 들립니다. 고맙습니다. 우와… 주님, 3일 집회를 다 마쳤습니다. 단 한 순간도 당신께서 동행하지 않으신 적이 없었습니다. 사람들을 축사할 때 안수하는 제 오른 손바닥이 찌릿하게 느껴짐과 동시에 바람이 나갔습니다. 어떻게 손바닥에서 바람이 나갈 수가 있지요? 그것이 무엇입니까?

예수님 **능력이다. 네가 내 이름을 부르지 않았느냐?**

제시카 네, 축사라서 예수님의 이름만 불렀습니다. 제게는 오직 당신의 이름만이 능력이라고 생각했어요.

예수님 **바로 그거란다. 네 속에 있는 나의 이름이 능력이다. 내 이름 앞에서 무릎 꿇지 않는 피조물은 없다. 악한 어둠의 영뿐만 아니라 그 어떤 동물이나 나무나 산이나 바다나… 내가 만든 것은 다 살아 있고 나를 찬양하며, 나의 임재 앞에 무릎을 꿇는단다.**

오직 인간에게만 나를 선택할 자유 의지를 주었다. 그러나 결국 그들마저도 마지막 날 심판대 앞에서는 내 앞에

서 무릎을 꿇을 것이다. 반드시 그 입으로 자신의 모든 것을 고백하고 실토해야 할 순간이 온다. 그 사실을 믿는 사람이든 믿지 않는 사람이든 말이다.

사랑하는 내 딸아! 이번 집회 때 정말 잘하였다. 악한 영 54마리가 내 백성으로부터 쫓겨나갔다. 내가 그전에 말했던 보라색 제비꽃들을 그 교회 뒷문 쪽 흙더미에서 보았느냐? 너와 닮았다고 하지 않았느냐?

제시카   주님! 뉴욕의 그 교회에 처음 도착했을 때 교회 뒤쪽 주차장에 차를 대고 내리는데 제 발밑 잔디 위에 수많은 보라색 제비꽃이 아름답게 피어 있었습니다. 바로 그때, 그날 왜 저더러 제비꽃이라고 부르셨는지 알았어요.

그 꽃을 본 순간, 저는 당신께서 저보다 먼저 이 교회에 방문하셔서 제가 이번 집회 사역을 할 때 있어야 할 모든 것을 예비하셨음을 깨달았습니다. 그리고 이곳에 없어야 할 모든 것을 청소하셨다는 것도 알았습니다.

사랑하는 나의 예수님! 보잘것없는 저를 위해 당신은 모든 것을 예비하셨습니다. 사람들의 마음과 행동에서 그것을 읽었습니다. 얼마 전에 당신께서 이른 아침에 보라색 제비꽃을 보았다고 하셨을 때, 그게 무슨 뜻인지 몰랐습니다. 주차장에 만발한 그 꽃들을 제 발로 딛고 바라보는 순간, 당신께서 먼저 다녀가셨다는 것을 깨달았지요.

당신의 임재 속에서 저는 보라색 제비꽃 위를 통통 뛰어다

넜습니다. 모든 것을 당신께서 알아서 예비해 놓으셨다면 제가 스트레스를 받을 필요가 없기 때문입니다. 당신께 너무 감사하기도 하고, 미리 말씀해 주시는 일이 두렵고 떨려서 울었습니다.

주님! 제 눈물 보셨지요? 이번에 가슴으로 우는 것을 가르쳐주셔서 감사합니다. 당신의 사랑을 생각할 때 제 왼쪽 가슴과 배 사이에 마치 식초를 맛보는 듯한 강한 시큼함이 찌릿하게 여운을 가지고 와 닿았습니다. 이것이 가슴으로 우는 것입니까?

예수님 **네 영이 우는 것이란다. 너는 이전에도 그런 적이 있었다. 네 육신의 아버지가 죽었을 때도 그런 순간이 있지 않았느냐? 기억이 나느냐?**

제시카 아… 네. 주님, 그렇군요. 그때도 그랬습니다.

예수님 **그래, 바로 그것이 네 영이 우는 것이다. 네 영은 말할 수 없는 탄식을 한다.**

제시카 주님! 제 영이 왼쪽 가슴과 배 사이에 있습니까?

예수님 **사람마다 위치가 다르다. 그러나 대부분은 심장 주위에 있단다. 그래서 심장이 멈추는 순간, 사람의 영은 처음 들어왔던 코를 통하여 빠져나온다. 아버지께서 흙으로 사람을 지으시고 난 후에 생기를 그 코에 불어 넣으셨다. 그리고 빠져나온 영은 내 아버지 보좌 앞으로 반드시 나아와서 무릎을 꿇어야만 한다. 그 누구도 예외는 없다.**

에녹과 엘리야만 그냥 올라왔다. 그러나 그들도 나의 때가 오면 그 생령이 육체에서 빠져나와야 한다. 그것은 요한계시록에 갇혀 있는 감추어진 비밀의 때다. 모든 육신은 흙으로부터 취함을 입었기에 마지막 날엔 다 흙으로 돌아간다. 내게 예외는 없다. 나는 모든 것이 완전하단다.

제시카   예수님, 저는 요한계시록에 기록된 글들을 잘 이해하지 못합니다. 별로 알고 싶지도 않습니다. 기록되어 있는 글도 무섭고, 또 남을 정죄하기를 즐겨하는 사람들이 하도 이단이니 삼단이니 판단하는 것을 좋아해서 무지한 제게는 골치 아픈 내용입니다.

예수님   하하하⋯ 알았다. 사람들은 제 머리에 있는 생각과 다르면 이단이라고 판단한다. 그러나 이단 같은 진짜도 있고, 진짜 같은 이단은 더 많단다. 그것은 인간이 판단할 몫이 아니다. 판단과 정죄는 오직 내 아버지만이 하실 수 있다. 각 사람이 자신의 믿음이나마 신실하게 잘 지키다가 내 나라로 왔으면 좋겠구나. 중요한 것은 사람이 만든 교리나 머릿속 지식이 아니고 나를 사랑하는 그 마음이란다. 판단하는 것은 내 아버지의 몫이니라. 오직 그분만이 지혜 중의 참 지혜시요, 모든 것이 해보다도 밝게 빛나는 영광의 주시다. 해 아래 감추인 것이 드러나지 않을 것이 없고, 달 아래 숨겨진 것이 나타나지 않을 것이 없느니라. 그분을 찬양하고 그분께만 영광을 올리는 것이 모든 피조물

본연의 의무이며 참 빚이란다.

제시카 할렐루야, 주님. 저도 그것에 동참하길 원합니다.

예수님 너는 이미 그렇게 살고 있고, 어제도 그러하였다. 네 산 믿음을 내게 보여주었다.

제시카 아이고… 헌금 2,000달러를 말씀하시는 건가요? 늘 목사의 박봉으로 살다 보니 제 평생 교회에 그렇게 큰 금액의 수표를 한 번에 적은 것은 처음입니다. 저는 회개하고 당신과의 첫사랑을 회복하기 전에는 아주 인색했습니다.

예수님 아니다. 그 수표가 아니라 그 수표를 적을 때 네 마음이 산 믿음이라는 것이다. 금액이 아니라 그 마음이 내게 귀하단다.

제시카 알았습니다. 예수님, 제가 가끔 생각이 짧아 말과 행동을 과장합니다. 실수를 인정합니다요. 헤헤헤….

예수님 (싱긋 웃으시며 그분의 두 손으로 나의 두 뺨을 감싸셨다. 주님의 손은 참 크고 따뜻하다) 사랑하는 나의 신부야! 너는 황량한 모래사막 위 대추야자 나무 같구나. 내가 너를 지극히 어여쁘게 보고 사랑한다.

제시카 저도요, 주님. 사랑해 주셔서 고맙습니다.

예수님 그래, 이제 일어나거라. 조금 있다가 오후에 나이아가라 폭포에서 보자꾸나. 오늘은 데이트 날이다. 내가 먼저 가서 기다리마. 우리 일어나서 함께 가자꾸나.

제시카 예수님! 저보다 먼저 가서 기다리시면서, 또 지금 어떻게 저와 함께 가실 수 있으십니까?

예수님 하하하… 너는 참 재미있구나. 나는 말이다, 모든 것이 가능하단다. 나의 능력은 너희의 언어에 속해 있지 않단다.

제시카 그게 도대체 무슨 말씀이신가요? 잘 모르겠지만 괜찮습니다. 아… 주님, 유튜브에 제 첫 설교가 올라갔어요. 제시카 윤 목사로요. 꼭 보셔야 해요.

예수님 (미소를 싱긋 띠셨다) 벌써 보았다. 말하는 것은 나다. 제목도 내가 주지 않았느냐? 내가 그 교수를 시킨 거란다.

제시카 네, 제 눈에도 그렇게 보였습니다. 제 설교가 주님 마음에 드셨습니까?

예수님 그래, 짱이다! (고개를 끄덕이시며 오른손 엄지를 드셨다) 설교할 때 말하는 것은 나였다. 너는 소리였지 않았느냐?

제시카 네… 잘 압니다. 저는 지식은 없지만, 주님께 성능 좋은 마이크가 되어드리고 싶습니다. 사랑합니다, 예수님!

예수님 그래, 잘 알고 있다. 일어나라. 하얗고 깨끗하며 아름다운 나의… 나만의… 참 신부야.

제시카 (아이고머니나! 예수님이 "참 신부"라고 처음 불러주셨다. 과부도 참 과부가 있다더니… 헤헤헤… 너무 행복하다) 예수님, 당신의 손을 주세요. 당신의 손을 잡고 함께 갈래요. 마라나타!

🌹 잠근 동산의 대화

제시카　사랑하는 나의 예수님, 굿모닝?

예수님　(싱긋 웃으셨다) **안녕. 사랑하는 내 딸아, 잘 잤니?**

제시카　이곳 캐나다는 제가 살던 곳보다 표준 시간대가 3시간이
나 앞서서 자꾸 잠이 와요. 이곳의 아침이 캘리포니아의 새
벽 시간대거든요. 그런데 우와… 주님, 어제는 굉장했습니
다. 나이아가라 폭포가 너무 웅장해서 보는 순간 제 마음
이 숙연해졌어요.

평생 그렇게 큰 폭포는 처음 보았습니다. 산보다 더욱 높
은 맑은 물이 병풍처럼 둥그렇게 편자 모양으로 저를 둘러
싸고 있었어요. 타고 나간 배 위에 쏟아져 내리는 그 물의
힘이 두려울 정도로 너무나 웅장하고 멋졌습니다. 그 나이
아가라 폭포 앞에서 저를 만나주셔서 감사합니다.

며칠 전 폭포수 앞에서 저를 만나시겠다는 당신의 말씀
을 듣고 저를 어떻게 만나주실지 무척 궁금했지만, 당신은
약속을 반드시 지키시는 분이기에 의심하지는 않았어요.
아… 이건 아주 조금 거짓말입니다. 실은 '그냥 폭포수만
보고 오나' 하는 불안감이 1퍼센트는 있었어요. 그러나 당
신은 저를 실망시키지 않으시고 만나주셨어요. 저는 살아

계신 당신을 만났습니다.

제가 그 웅대한 장관의 폭포수 앞에 섰을 때, 돌연 강한 바람이 불었고 햇볕이 쬐더니 3분도 안 되어서 엄청나게 큰 무지개가 선명하게 나타났습니다. 물 앞에 서서히 나타나는 그 선명한 무지개를 보는 순간, 저는 그것이 당신임을 확실히 알았습니다.

그때 제가 들은 음성은 "My beloved bride, Welcome to Niagara Falls!"(사랑하는 나의 신부야, 나이아가라 폭포에 온 것을 환영한다)였어요. 쏟아지는 뇌성 같은 물소리에 덧입혀 들린 그 영어로 하신 말씀, 당신이셨지요? 맞습니까?

예수님 하하하… 그래, 나였다. 사랑하는 나의 신부랑 데이트하기 위해 기다리고 있었단다.

제시카 제가 그 폭포수 앞에 어떤 옷을 입고 나올지 당신은 이미 아신다고 하셨습니다. 저는 짙은 남색 스웨터와 남색 무늬 바지를 입고 있었습니다. 당신은 이 옷을 이미 보셨었지요?

예수님 나는 네가 조금 있다가 춥다고 회색 재킷을 걸칠 것까지 다 알고 보고 있었단다. 그 앞에서 사진을 찍으며 좋아서 생글생글 웃는 너를 바라보는 것이 내 마음의 큰 즐거움이었느니라. 내가 보여준 쌍가락지는 보았느냐? 천국에 오면 더욱 아름다운 쌍가락지가 너를 위해 예비되어 있단다. 어서 네게 보여주고 싶구나.

제시카 어머나… 그 쌍무지개 말씀이지요! 그렇게 아름답고 선명한 쌍무지개가 제 시야 바로 앞에 나타난 것은 평생 처음이었습니다. 가슴이 콩닥콩닥 뛰고 숨이 멈출 것 같았습니다. 처음에는 하나였던 무지개가 돌연 쌍무지개로 나타났을 때, 참으로 경이로웠습니다. 아… 당신은 너무나 멋있는 나의 신랑 되신 예수님이십니다. 예수님 짱!

예수님　사랑하는 나의 신부야! 천국에는 그런 크기의 폭포가 억수로 많이 있느니라. 자기 집 정원 안에 그런 폭포수가 수없이 있는 사람도 많단다.

제시카　아하하하… 당신이 "억수로"라고 말씀하시니 정말로 웃깁니다. 그건 제가 태어난 곳인 한국의 남쪽 지방 사투리인데요. 하하하….

예수님　네가 웃는 모습을 보고 싶어서 내가 그랬다. 하하하… 합환채의 미소 같은 내 신부야, 너는 그 쏟아지는 물을 어떻게 생각하느냐?

제시카　숨이 멎을 정도로 아름답고, 깨끗하고, 경이로웠습니다.

예수님　지금 내가 하는 말을 명심하고 기억하여라. 나이아가라 폭포의 그 쏟아지는 물이 너를 향한 내 사랑의 부피다. 그리고 너의 손끝에 떨어졌던 물 한 방울이 나를 향한 네 사랑의 부피다. 내가 사람의 언어로 네게 알려주는 거란다. 이제 조금 이해가 되느냐?

제시카　(예수님의 그 말씀을 듣는 순간 눈물이 왈칵 쏟아졌다) 예수님! 물 한 방울이라니요. 당신을 향한 제 사랑이 어디 존재하기나 합니까. 저는 여태 믿음이 없어 당신과 동행하는 삶을 살지 못했던 죄인이었는데요. 최근에야 거듭나서 그나마도 뒤뚱거리며 믿음의 좁은 길 위에서 넘어지지 않으려고 당신 손을 꼭 잡고 그 손만 의지하며 겨우 걸음마를 시작한 작은 아이에 불과합니다.

저는 환경에 따라 당신을 배신하고 잊어버릴 수도 있는 하나의 조그마한 고깃덩어리에 지나지 않는 인간인데요. 그런데도 당신 눈에 물 한 방울로 존재하고 비춰진다는 것이 제게는 살아 있는 기쁨입니다.

예수님 (큰 숨을 쉬셨다) **샤론의 백합화 같은 내 신부야! 나를 사랑하기에 나를 위해서 흘린 네 눈물이 천국의 눈물 병 안에 모여 있단다. 그 눈물이 내 눈에는 살아 있는 물 한 방울로 인지되어 있단다. 사람의 눈물에는 살아 있는 생명이 있는 눈물과 죽어서 생명이 없는 눈물이 있단다.**

살아 있는 눈물은 나 때문에 흘리는 모든 성도의 눈물이고, 죽은 눈물은 자신을 위해 흘리는 모든 육신에 속한 세상 사람들의 눈물이다. 눈물에도 생명이 있다. 내가 만든 모든 것에는 생명이 깃들어 있단다.

제시카 그래요? 그렇군요. 예수님! 매일 저를 가르쳐주시느라고 힘드시지요? 빨리 못 깨닫고 성장이 느려서 죄송합니다.

예수님 **괜찮다. 좁은 길 위에서의 느린 시간은 문제가 되지 않는다. 넓은 대로 위에 있는 크리스천들의 멈춰버린 성장이**

문제란다. 그리고 네가 지금 최선을 다하고 있는 것을 내가 안단다. 나에게는 그 마음이 소중하다. 그래서 네게 나의 음성을 들려주고 감추어져 있는 것들을 알게 해주는 것이다.

제시카   주님, 당신의 나이아가라 폭포수와 제 물 한 방울의 사랑… 제가 당신 품에 안기는 순간까지, 아니 그 후에라도 영원히 명심하고 가져가겠습니다. 저를 겸손히 낮은 곳으로 인도하시는 사랑의 교훈입니다. 진심으로 고맙습니다.

예수님   그래, 오늘은 네가 미국으로 돌아가는 날이구나. 국경 수비대와 여권 검사 등 모든 것이 순조롭도록 내 천사를 보내어 다 예비해 두마. 그리고 돌아가는 길에 아름다운 경치를 오래 보여주마. 집회 때문에 피곤할 테니 네가 좋아하는 경치를 보는 일로 휴식을 주마.

자, 이제 일어나라. 오늘도 나와 함께 가자. 합환채 같은 내 어여쁜 신부야!

제시카   예수님, 사랑하고 또 사랑합니다. 참, 제가 그렇게 보고 싶어 했던 비를 보여주셔서 고맙습니다. 저는 주님께 말하고도 잊어버렸는데 당신은 제 입술의 모든 말을 기억하십니다. 좋으신 주님, 어서 우리에게 오시옵소서. 마라나타!

🌹 잠근 동산의 대화

제시카 예수님! 어디 계세요?

예수님 네 심장 깊은 곳 안에 있다.

제시카 주님, 거실에서 김 목사님과 이 집사님이 큰 소리로 웃고 대화를 나누고 있습니다. 어떻게 할까요?

예수님 나가 보아라. 네 중심이 다른 데 있는데 내가 무슨 말을 하겠느냐?

제시카 아이고, 주님. 죄송합니다. (주님께서는 내가 누구든지 주님보다 앞세우면 좋아하지 않으신다. 오늘 아침은 내가 주님을 기쁘시게 해드리는 데 실패했다. 우울하다)

◆ 잠근 동산의 대화 - 밤중에 예배당에서 만난 예수님

제시카 주님! 어디 계세요?

예수님 나는 지금도 그리고 영원토록 너를 버려두지도 않고 떠나지도 않으며 네 심장 안에서 동행하고 있단다. 어여쁘고 사랑스러운 나의 신부야! 나의 사랑을 의심하는 것은 죄 중의 큰 죄다. 절대 나의 사랑을 의심하는 죄를 범하지 말거라.

나의 사랑을 조금이라도 의심하게 하는 마귀의 공격을 받

을 때마다 너는 나이아가라 폭포의 물줄기를 기억하여라. 그리고 네 사랑의 분량을 기억하여라. 그리하면 그 답을 알리라.

제시카 죄송합니다, 예수님! 제 잘못입니다. 제가 아침에 일어나서 당신께 사랑을 고백하기 전에 거실에서 대화하고 있는 친구들에게 먼저 마음이 갔습니다. 그리고 주님과의 대화보다 그들을 선택해서 침실 문을 열고 나가버렸습니다. 저를 용서해 주세요. 앞으로는 무조건 주님을 먼저 선택하겠습니다.

당신을 기쁘시게 해드리는 것이 제 삶의 가장 큰 목적입니다. 다른 것은 아무것도 중요하지 않습니다. 제가 잘못했습니다. 오늘 밤 저를 만나주셔서 고맙습니다.

예수님 내가 피 값 주고 산 나의 신부야! 괜찮다. 용서하마. 그러나 나는 네 사랑을 나누지 않는단다. 그 누구에게라도 네 사랑을 나누고 싶지 않다. 너는 온 마음과 성품을 다하여 나를 사랑하고 섬겨야 한다.

내가 이미 말하기를 "너는 내 안에, 나는 네 안에 거하며 함께 먹고 마신다"라고 했다. 다시 말하건대 "너는 우리 안에, 우리는 네 안에"라고 말하지 않았다. 또한 "우리는 내 안에, 나는 우리 안에"라고도 말하지 않았다. 이 말의 참뜻을 이해하겠느냐?

제시카 네, 주님. 이해합니다. 주님과 제 관계는 '일대일의 관계'라는 의미입니다. 저 역시 마찬가지입니다. 제 삶에서 당신만이 모든 것의 최고 우선순위입니다. 그 어떤 다른 것도, 다른 사람도 없습니다.

예수님 네가 말한 대로 실천하여라. 우선순위가 바뀌면 향방 없이 달리는 자가 되느니라. 그러면 마지막에 도착하는 종착지가 달라진다. 알아듣겠느냐? 이것은 결코 어려운 말이 아니지만, 이 세상을 살면서 가장 실천하기 어려운 행동이란다. 나는 내 신부가 내 계명대로 살기를 원한다.

제시카 저는 주님의 말씀을 뼛속 깊이 이해합니다. 제 온 인생에서 매 순간 당신을 온전한 우선순위로 둔다는 것은 가장 쉽고도 가장 어려운 일이라는 것을요. 그러나 끝까지 당신만을 사랑하길 원합니다.

저는 넘어질 수도 있고, 나자빠질 수도 있습니다. 그러나 끝까지 당신과 동행하길 원합니다. 당신께서 제 생명 싸개십니다. 숨이 붙어 있어도 당신이 없다면 살아 있어도 죽은 것입니다.

예수님! 저는 당신 한 분이면 족합니다. 그 외에는 아무것도 필요 없습니다. 당신만이 제가 소유한 전부입니다. 제게는 이 땅에서도, 저 천국에서도 기업이 없습니다. 당신께서 깨닫게 해주신 대로, 제 기업은 오직 예수님 한 분뿐이십니다. 제 육신이 산소가 있는 곳에서만 숨 쉬고 살 수 있듯이, 당신이 계신 곳에서만 제 영이 숨 쉬고 살 수 있습니다. 예수님, 당신을 진심으로 뜨겁게 사랑합니다.

밤에 이 예배당 안에 혼자 앉아 있으니 졸립니다. 주님, 잠깐만 잘게요. 제게 당신을 보여주세요.

예수님 **실은 네게 늘 영의 세계를 보여주었다. 그러나 네 영이 졸고 있으니 깨닫지 못하고, 자고 일어나면 다 잊는구나. 네가 내일 금식을 잘 선택했다. 네게 꼭 필요하니라. 네가 힘들지 않도록 내가 함께하마.**

제시카 주님, 뉴욕의 목사님과 사모님도 내일부터 금식을 시작한다고 아까 전화로 알려주었습니다.

예수님 **그 교회에 네가 좋은 씨앗들을 심어두고 왔으니, 이제 좋은 열매가 많이 맺힐 것이니라. 그 교회 목사와 사모도 신부의 신분으로 탄생한 것을 네가 알려주지 않았느냐.**

제시카 네, 주님. 도시 변두리에 있는 성도 수도 적은 시골 교회에서 신부가 탄생했다는 것은 제게 정말 놀라운 일입니다.

예수님 **내가 수에 연연하지 말라고 하지 않았느냐!**

제시카 네, 주님. 알지만 가끔 깜빡깜빡 잊어버립니다.

예수님 **사람은 몇천 명 있는데 신부는 단 1명도 없는 교회가 많다. 그러나 교인이 10명도 안 되는데 신부가 2,3명 있는 교회도 있느니라. 교인의 수와 신부의 수는 아무 연관이 없다. 교회에는 반드시 신부가 있어야 하고, 교회가 교회다울 때 가장 찬란하게 빛난단다.**

그러나 어둡고 불 꺼진 교회가 얼마나 많은지 모른다. 그

런 교회들을 생각하면 내 마음이 답답하다. 나만 빼고 다 있는 교회가 부지기수니라.

제시카 주님, 죄송합니다. 그런데 교회가 교회다운 교회인지 아닌지를 어떻게 압니까?

예수님 그 교회 목사의 영적 상태를 보면 된다. 썩은 나무에 깃드는 살아 있는 새는 없다. 썩은 꼴을 먹이면 건강한 양이라도 결국 다 병들게 된단다. 너는 교회의 모든 사람을 볼 필요가 없다. 당회장 목사만 보면 된다. 내가 네게 이미 각자의 영을 확실하게 볼 눈을 주지 않았느냐.

제시카 그렇습니다, 주님. 뉴욕 집회에서 각 사람의 영을 선명하고 또렷하게 보여주셨습니다. 한 사람을 찬찬히 살펴보았을 때, 각 사람의 몸 안에 또 하나의 움직이고 말하는 사람의 형체가 있었습니다. 제 눈에 선명하게 보였습니다. 다들 겉으로 보이는 사람과는 너무나 다른 성품이었습니다. 어떤 사람은 그 안에 꿈틀거리는 짐승의 형체가 보이기도 했습니다. 뱀이나 개구리 등도 보였지만, 여러 이름 모를 짐승들도 보았어요.

할렐루야! 제 영의 눈에 안약을 발라주셔서 감사합니다. 이 사실이 제게 너무나 신기하고 경이로웠습니다. 할렐루야. 예수님을 찬양합니다. 감사와 영광을 아버지 하나님께 올려드립니다.

예수님 **사랑하는 이에게 주는 나의 선물이란다. 이 은사가 우리**

사역에 많은 도움이 될 것이다. 그러나 이적과 기사를 보고 자신의 이득을 위해 네 은사를 이용하려고 네게 다가오는 자들이 있을 것이다. 너는 그들을 경계하거라.

제시카　저는 아이라서 그들을 분별할 지혜나 능력이 없습니다.

예수님　**내가 네게 알게 하여주마. 너는 나에게만 집중하면 된다.**

제시카　뉴욕의 목사 부부가 3일 금식하며 당신의 얼굴을 구하고 있습니다. 주님, 혹시라도 당신께서 하실 말씀이 있으면 해주시옵소서.

176 가정이 불화한 목사님과 사모님에게

 예언

너희 부부는 아직 내가 원하는 그 강을 건너지 못했다.

반드시 건너야 할 그 언약의 강을 오직 바라보기만 한 채

두 발을 강물에 담그지도 못하고 있구나.

축복의 그 땅으로 들어가지 못하는구나.

내가 너희를 위해 준비해 둔 그 강을

너희가 손잡고 함께 건너지 않으면

그 축복의 땅은 결코 너희 영토가 되지 못한다.

내가 그 축복의 땅을 준비했을 때는 너희가 그 땅으로

같이 들어가서 정복하고 다스리길 원했단다.

그러나 너희는 함께 한 짝인 나를 바라보지 않고,

서로 얼굴에 묻어 있는 허물을 바라보기에 바빠서

나를 온전히 찾을 마음도, 열망도 없구나.

나는 그 사실이 너무나 실망스럽다.

만약 내가 지금 강림한다면 너희는 결코 들림을 받지 못한다.

나는 남편이 앞서는 것도 원치 않고,

또 아내가 앞서는 것도 원치 않는다.

너희는 함께 나란히 서서 나의 얼굴을 찾아야 한다.

서로의 얼굴을 바라보길 멈추고 둘이 나를 바라보거라.

그리하여야 나를 발견할 수 있단다.

나의 임재가 없는 목회는 아무리 달음박질하여도

제자리걸음이고, 아무리 교인들이 늘어도

밑 빠진 독에 물을 붓는 것이나 마찬가지란다.

그러니 너희가 일찍 일어나고 늦게 눕는 수고를 하더라도

그 심은 열매가 익기도 전에

땅에 떨어져 버리는 목회를 하는 것이다.

너희는 이미 목욕을 한 자들이니

매일 발 씻는 회개를 하며 그 후에 나의 임재를 구하여라.

나를 전심으로 구하여라. 그리하면 내가 찾은 바 될 것이다.

나를 전심으로 찾아라. 그리하면 내가 응답할 것이다.

너희가 가장 작은 소자에게 한 것이 내게 한 것이고,

하지 않은 것이 내게 하지 않은 것이라는 사실을 명심해라.

그러니 너희는 서로를 가장 작은 소자라고 생각해라.

남편 목사는 아내를 원망하는 마음을 버리고

흘기는 눈으로 바라보지 말아라.

나는 내 생명을 버려 내 피 값을 주고 내 교회를 샀다.

너는 내가 준 네 소싯적 짝인 네 아내에게

네 생명을 버려 피 값을 주었느냐?

그리하였다면 지금 네 목회가 성공하여,

너의 평강이 강물과 같이 흘렀으리라.

너는 결혼 전에 지금의 네 아내를 달라고 한

서원 기도를 어찌 잊었느냐!

나는 너의 기도를 들어주었는데,

너는 왜 나의 바람을 저버리느냐!

내가 약속을 지켰듯이 너도 약속을 지켜라.

너는 그 서원 기도를 잊고 살기로 선택했지만,

나는 잊어버리는 신이 아니니라.

사모는 남편에게 불평하는 마음을 버려라.

너의 혀의 말이나 생각대로 네 남편을 죽였다면

수천 개 목숨이라도 부족하였으리라.

이것이 내게 가증하고, 원수에게 너희 부부 사이에

크나큰 틈새를 주는 기회를 주었느니라.

그 참소하는 원수의 영이 네 마음속을 읽을 때마다

나의 마음이 얼마나 통탄하며 슬픔 속에 있었는지 아느냐!

이제 너희에게 금식으로 말미암아

막혀 있던 물꼬가 조금 트였다.

옛 행실인 더러운 신발을 벗고,

내가 준 복음의 새 신을 신고 그 강물 안에 발을 담가라.

그리고 강 건너에 내가 너희를 위해 마련한

축복의 땅을 바라보며

그 강으로 발을 내미는 결단의 실행을 하여라.

그리하면 내가 반드시 너희에게 가시와 엉겅퀴를 제거하고,

복을 주며, 약속의 땅으로 인도하리라.

너희의 결단이 필요하다.

반드시 둘이 손을 잡고 함께 그 강물에 발을 적시어라.

그리고 손을 잡고 함께 건너가거라.

이것이 오늘 내가 너희에게 명하는 축복이고 계명이다.

🌹 잠근 동산의 대화

제시카 사랑하는 예수님! 제 심장 안에 계셔주셔서 고맙습니다.

예수님 하하하… 사랑스러운 나의 신부야, 고맙구나. 네가 그 진
리를 믿어주어서 고맙다. 귀하디귀한 나의 신부야!

제시카 주님, 어젯밤에 목사님과 사모님에게 말씀해 주셔서 감사
합니다. 그들은 정말 당신을 만나는 것이 필요한 사람들
이었습니다. 3일이나 금식을 했답니다. 정말 대단하지요?

예수님 그래, 맞다. 대견하구나. 그러나 그 금식이 자신들의 필
요한 바를 구하는 금식이 아니고, 나를 구원의 주로 사랑
하기에 내게 가까이 오고자 하는 것이면 더욱 좋았을 텐
데….

제시카 아이고, 주님. 죄송합니다. 제가 잘못했습니다. 제 마음을
읽으셨군요? 자기 필요를 위해 금식한 것은 그들뿐 아니라
저도 마찬가지입니다. 저도 내일 말씀을 증거하기 위해서
당신의 도움이 필요합니다. 많은 사람 앞에서 말씀을 제대
로 선포하지 못하고 바보처럼 머뭇거릴까 봐 창피당하지
않으려고 당신께 설교 본문을 구하는 중입니다. 정말 잘
못했습니다.

예수님 사랑하는 나의 신부야! 네 중심을 바꾸길 원한다. 내 신

부가 자신의 목적을 위해 내 앞에 금식하는 것이 아니고, 오직 나를 사랑하기에 내 얼굴을 찾는 금식을 하길 바라노라. 그것이 네게 아름답고 합당한 이유가 될 것이니라. 그것이 내 신부가 금식하는 참된 이유가 되었으면 한다.

제시카 오… 나의 예수님! 너무나 부끄럽습니다. 다시는 제 필요를 채울 목적으로 당신 앞에 금식하지 않겠습니다. 이 부족하고 생각이 짧은 저를 도와주세요. 당신을 향한 제 사랑과 연모함의 표현으로 금식하게 하소서.

예수님, 아무래도 당신을 사랑하는 제 마음이 식었나 봅니다. 제가 졸고 있나 봅니다. 저를 도와주세요. 다시금 당신을 향한 제 사랑이 불일 듯 일게 도와주시옵소서. 제가 잘못했습니다. 제가 언제, 어디서 당신을 향한 사랑을 떨구었습니까?

예수님 이틀 전에 네가 시카고 공항에서 유타주로 가는 비행기를 기다리고 있을 때를 기억하느냐?

제시카 네, 주님. 기억합니다.

예수님 그때 백인 노부부가 네게 노약자 자리를 비켜달라고 무례한 어투로 요구한 것을 기억하느냐?

제시카 네, 주님. 기억합니다. 그 여자는 참으로 무례하게 저를 대했습니다. 당시 두 사람이 앉을 수 있는 많은 빈자리가 있었음에도 그 노부부는 제가 앉은 자리만을 요구했습니다. 그것도 큰 소리로 다른 사람들이 자기를 바라보도록 하면서요. 맞습니다. 저는 그 여자의 무식한 어투와 태도가 귀찮고 화났습니다. 그래서 아무 말도 하지 않고 그 옆자리로 비켜 간 것입니다.

예수님   사랑하는 나의 신부야! 나는 옆자리로 비켜 앉은 네 행동을 탓하는 것이 아니다. 너는 네게 무례한 요구를 하는 자에게조차도 마음의 평정을 잃으면 안 된다. 같이 무례한 마음을 품지 말고, 그들을 용서하며 미소를 돌려주는 너그러운 마음을 가져야 한다.

    바깥 환경으로 인해 네 마음의 평안과 화평을 잃으면 안 된다. 너는 어떤 환경에서도 오직 내 계명을 지키고 나를 사랑하는 데만 초점을 두어야 한다. 화가 난 불쾌한 마음을 가짐으로써 마귀에게 참소할 거리를 주지 말거라.

제시카   아이고머니나, 알았습니다. 앞으로는 꼭 그럴게요. 저를 고쳐주셔서 고맙습니다. 화가 나서 허둥대는 통에 제가 아끼는 선글라스도 잃었어요. 자업자득입니다.

예수님   사랑하는 딸아! 네 사랑이 식은 두 번째 이유는 내가 시애틀의 담임목사 가정을 위해 2,000달러를 주라고 한 것을 기억하느냐?

제시카   네, 주님. 주일에 2,000달러를 헌금했기에 저는 그걸로 족한 줄 알았습니다.

예수님   그것은 그 교회에 주는 것이다. 담임목사 가정에 2,000달러를 주라고 하지 않았느냐! 너는 어찌하여 네 소유를 주

장하느뇨!

제시카   아이고… 잘못했습니다. 주님, 오늘 즉시 2,000달러 수표를 그 목사님 가정에 부치겠습니다. 저를 용서하여 주시옵소서. 회개합니다. (나는 2,000달러 수표를 즉시 만들어서 우체통에 넣고 왔다)

예수님   **그래, 알았다. 내가 네 헌금을 이미 받았다. 너는 내가 어떤 명령을 하더라도 즉시 순종해야 한다. 그래야 너를 비방하는 참소 거리를 원수 마귀에게 주지 않게 된다. 마귀가 우는 사자와 같이 돌아다니며 삼킬 자를 찾는다고 하지 않았느냐.**

제시카   주님, 저는 토니가 헌금을 바치기 전에 자기랑 금액을 미리 의논한 후에 하라고 해서 사실 마음에 부담이 되어 목사님 가정에 돈을 주지 않았습니다. 그러나 더 깊은 이유는 하루에 2,000달러나 개인에게 주려니 아까웠습니다. 그게 우리 부부의 한 달 급여여서, 당신 말씀에 곧바로 순종하지 못하고 멈칫거렸습니다. 당신은 우리에게 그런 것보다 더욱 넘치는 축복을 허락하셨는데, 인색한 마음을 가진 제 잘못입니다. 불순종을 용서하여 주시옵소서.

예수님   **네 남편 토니는 나의 종이다. 내가 그의 마음에 내 마음을 부어주었다. 그는 결코 헌금의 일로 너를 나무라지 않을 것이다. 설령 그렇더라도 네게 말이나 표현을 하지 않을 사람이니라. 나는 네게 넘치는 축복을 이미 주었단다.**

제시카 명심하겠습니다. 다시는 헌금으로 인해 제게 완고한 마음이 들지 않도록 도와주세요. 제가 가진 모든 돈은 당신께서 빌려주신 것입니다. 이 땅에서 빌려 쓰다가 당신의 나라가 임할 때 두고 갈 것이기 때문입니다. 저를 깨닫게 해주셔서 감사합니다. 또한 가르쳐주셔서 더욱 감사합니다. 세 번째는 무엇인지요? 말씀하시면 고치겠어요.

예수님 **세 번째는 얼마 전에 나와 사랑의 대화를 나누는 것으로 시작해야 하는 우리의 잠근 동산 안의 그 귀한 아침 대화 시간을 친구들과 수다를 떠느라고 허비한 네 중심의 잘못된 선택이었다.**

제시카 주님! 죄송합니다. 그것은 오늘 아침에 고쳤습니다. 오늘은 일어나자마자 오직 주님과만 대화하고 있습니다.

예수님 (미소를 지으셨다) **알고 있다. 사랑하는 내 딸아! 그 마음이 내게는 귀하고 아름답다. 네 육신이 원하는 것을 하지 않는 것, 이것이 내가 말하는 좁은 길을 걷는 것 중 하나란다. 자, 이제 일어나서 오늘 하루를 우리의 동행으로 시작하자꾸나. 어여쁜 나의 신부야, 침실 문을 열고 함께 가자.**

제시카 사랑하는 예수님, 고맙습니다. 오늘도 제 마음에 좌정하시고, 저를 다스리시고, 저와 동행해 주세요. 마라나타! 주 예수여, 어서 오시옵소서.

🌹 예언

사랑하는 나의 딸아!

네 마음이 내게는 참 예쁘고 귀하구나.

네가 방에 혼자 앉아 한숨 쉬며 눈물을 닦아 낼 때,

나는 너를 보았다.

네 한숨도 내가 들었고, 네 눈물방울까지도 다 셌단다.

너를 향한 나의 사랑을 어떻게 사람의 말로 다 표현하겠느냐!

네가 남편의 유품을 정리하면서 내게 올린 그 기도를

내가 모두 들었단다.

그렇다. 나는 산 자의 하나님이지 죽은 자의 하나님이 아니다.

네 남편은 이곳에 살아 있고

이다음에 네가 천국에 입성할 때, 보게 될 것이다.

사는 곳이 바뀌었을 뿐, 여기에 살아 있단다.

천국에는 이미 네 거처가 마련되어 있으며

네가 천국에 입성하는 날, 네 마음이 흡족하여

내게 영광과 감사를 돌릴 것이다.

이제 내가 너에게 바라는 바는 이것이다.

네가 남편의 병 수발로부터 자유로워졌으니

이제는 참 과부로서 나와의 동행이 시작되었단다.

너는 나의 사랑을 의심치 말아라.

나의 사랑을 의심하는 것은 죄다.

나를 위해서 네가 많은 것을 버린 줄 안다.

그러나 나는 네가 좀 더 넓은 사랑의 마음으로

내 모든 백성을 품는 성도가 되었으면 좋겠구나.

네 주위 사람들을 좀 더 품어주고, 허물을 덮어주어라.

그리고 제자들의 발을 씻기는 그리스도의 마음으로

그들을 섬겨라. 이것이 네가 마땅히 지켜야 할

아름다운 행실이고, 천국에 약속되어 있는 상급이란다.

마지막으로 나는 네가 나의 성전에 튼튼한 기둥이

되기를 원한다. 네가 여러 교회를 섬기는 것보다,

한 교회에서 그 성전의 기둥이 되어서 목회자가 있든 없든

나와 함께 피 값 주고 산 교회를

버티고 서 있는 성전의 기둥이 되어다오.

이것이 네게 가장 큰 천국의 상급이 될 것이고,

내가 주는 네 사명이다.

향방 없이 달리지 말고, 나의 말을 명심하여라.

이제부터는 남편 없는 네게 내가 참 남편이 되어주마.

그 사실을 잊지 말거라. 3일 금식을 내가 받았다.

어려웠을 텐데 잘 참으며

남은 인생의 향방을 알기 위해 한 그 금식을 내가 받았다.

교회 일이 힘들고 속상해도 피 값 주고 산 교회라고 생각해다오.

네가 우리의 교회를 위해 흘린 땀, 눈물, 한숨이

이미 천국에 다 기록되어 있단다.

너는 혼자가 아니고 나와 동행함을 잊지 말아라.

다른 사람이 하는 말과 행동에 시험 들 필요 없다.

항상 입술에 파수꾼을 세워서 은혜 끼치는 말만 하도록 힘써라.

네가 끝까지 죽도록 충성할 때,

마지막 날 너의 천국 문 입성식에서,

좁은 그 길 끝에서 반드시 내가 너를 기다리고 있을 것이다.

사랑하는 딸아! 그것이 네가 받을 축복이란다.

179 새 천사가 오다

🌹 잠근 동산의 대화

예수님 잘 잤느냐? 나의 사랑스러운 신부야!

제시카 네, 푹 잘 잤어요. 주님은요? 참… 주님은 주무시지 않는
다고 하셨지요. 10일 만에 제 침대에서 자니까 너무 편하
고 좋네요. 부족한 제게 3일 부흥 집회를 두 번이나 할 수
있도록 길을 열어주셔서 고맙습니다.

예수님, 당신께서 아시다시피 저는 최선을 다했어요. 아시지요? 저와 매 순간 동행하여 주셔서 정말로 고맙습니다. 우리 함께 멋진 여행을 한 것 같아요. 주님은요?

예수님 **그래, 내 신부와 함께한 멋진 여행이었구나. 나도 흡족하고 즐거웠다. 내가 매 순간 너를 내 눈동자와 같이 지켰느니라. 네게 복 주는 자를 복 주고, 너를 저주하는 자를 저주하였다. 너는 내 것이란다. 이것을 잊지 말거라.**

제시카 주님, 그 사실을 순간순간 깨달았습니다. 필라델피아의 부흥회에서도, 유타주의 부흥회에서도 비록 적은 수가 모였지만 예배의 마지막 시간에는 그 교회 안에 있는 모든 사람이 당신의 거룩하신 이름 앞에 회개하며 무릎을 꿇었습니다. 제 목회 경험에서 거품이 전혀 없는 이런 집회의 반응을 난생처음 보았습니다.

모든 것을 당신께서 하셨습니다. 제가 한 것은 아무것도 없어요. 예수님은 짱이십니다! 하늘만큼 땅만큼 당신을 사랑합니다. 제가 아는 가장 큰 크기는 거기까지니까요.

예수님 **하하하… 알았다, 나의 신부야. 네가 목회 생활 25년 만에 비로소 참다운, 살아 있는 우리의 부흥 성회를 했구나. 이것이 네게 두 번째 획이란다. 일곱 번째 획까지가 네 공중 사역이다.**

그러고는 나와만 아름다운 시간을 많이 갖고 가깝게 동행하다가 우리의 지성소로 돌아가자꾸나. 그러는 동안 내

가 너를 내 뜻에 맞게, 네 본연의 모습으로 빚고 다듬고 구워서 하나의 걸작품으로 만들 것이다. 너는 내 엔게디 포도원의 극상품 열매가 될 것이다.

제시카   예수님, 몇 푼의 값어치조차 되지 않는 고깃덩어리 육신에 속해서 살고 있는 제게 당신의 은혜는 너무나 과분합니다. 저는 이런 은혜에 가당치 않은 자입니다. 그러니 오직 당신 뜻에만 순종하여 매일 한 걸음씩 내딛고 당신께서 보시기에 좋은 대로 살아드리겠습니다. 저를 도와주시고, 저와 동행하여 주셔서 진실로 고맙습니다.

당신께서 허락하신 이 집회를 통해 많은 영혼이 당신의 부름 뒤에 당신께 돌아오는 것을 목격했습니다. 수많은 귀신이 사람들 안에서 쫓겨 나가는 것을 보았습니다. 제 눈을 열어 귀신의 정체를 보여주셔서 감사합니다. 향방 없이 허공을 쳐서 쫓아내지 않게 해주셔서 고맙습니다.

당신의 이름으로 안수할 때, 방언과 예언의 은사가 사람들에게 임하는 것을 보았습니다. 이것은 실로 굉장한 목격이었습니다. 이런 것을 저는 별로 경험해 본 적이 없습니다. 그 순간을 생각만 해도 전율이 느껴집니다.

그러나 제게 은사나 권능보다 중요한 것은 그들의 삶이 당신으로 말미암아 도전을 받고 변화되기 시작한 것입니다. 이것이 우리에게는 너무나 귀한 것 같습니다.

예수님   **그렇단다. 나와 보는 눈이 같아서 고맙다. 눈에 보이는**

그 어떤 기적과 이적보다 중요한 것은 눈에 보이지 않는, 속에 있는 마음이 변화되는 것이다. 삶의 가치관과 습관이 바뀌는 것이 가장 중요하단다. 그러나 그 수많은 사람 중에 나와 참 동행을 하는 자는 진실로 적은 수란다.

많은 자가 나와 동행하지 않고 엉뚱한 영과 동행하면서, 간혹 회개 기도 한 번씩 한 걸 가지고 나와 동행하고 있다고 스스로 착각하는구나. 그들이 나와의 동행을 값싼 동행으로 만들었다. 나와의 참 동행은 먼저 자신이 가진 모든 것으로부터 무소유가 되어야 한다. 돈, 물질, 명예, 중독, 그 어떤 것으로부터도 자유롭게 되어야 한다.

사람이 적신으로 다시 태어나기 전에는 결코 동행의 시작이 불가능하단다. 이것은 선택이다. 이 선택 없이 나와의 동행은 없다. 지름길도 없고 할인권이나 쿠폰도 없다. 오직 모든 것을 내어버리고 적신이 된 한 사람 그리고 나… 둘만이 되었을 때 시작되는 거란다. 쟁기를 잡고 뒤를 돌아보는 자는 내 나라에 합당하지 않다.

제시카 사랑하는 나의 예수님! 그런 귀한 좁은 길에 저를 초대해 주셔서 제 평생의 영광입니다. 당신을 실망하게 해드리거나 배신하고 싶지 않습니다. 진주 문 안 당신의 나라에 입성하는 날까지 저를 보호하시고 인도해 주시옵소서. 저는 너무나 깨지기 쉬운 질그릇입니다.

예수님 알고 있다, 내 신부야. 내가 반드시 그리할 것이다. 나는 내 신부를 결코 원수에게 빼앗기지 않는다. 너희를 내 손에서 취해갈 수 있는 자는 이 세계나 다른 세계에도 없다. 나는 유일한 만물의 창조주요, 전 우주에 단 하나 있는 존재이며 알파와 오메가 된 참 신이다. 모든 것이 내 발아래 있고, 내 위에는 아무도 없단다.

사랑하는 나의 신부야! 내가 너를 지켜주마. 너를 범하는 자는 내 눈동자를 범하는 것이다. 그것이 네 분복이고 축복이란다.

제시카 할렐루야! 주님을 찬양합니다. 당신의 은혜와 긍휼이 무궁함을 믿고 알았습니다. 주님, 필라델피아 집회 둘째 날 밤, 제가 호텔 방에 혼자 있었을 때 화장실 앞에서 키가 3미터 정도 되는 아주 우람한 천사를 보았습니다. 옛날 궁궐에서나 볼 수 있는 상궁 마마 옷을 입고 머리에는 가체를 올리고 있었어요. 키나 덩치가 너무 커서 실은 두려워서 말도 못 꺼냈어요.

그리고 주일 아침 예배 시간에 예배당 강대상 뒤쪽에 있는 십자가 앞에서 같은 천사가 자기 몸의 2,3배 정도 크기의 날개를 펼치는 것을 보았어요. 예배가 끝난 후, 그 천사는 큰 날개를 두루마기처럼 말았고, 그것이 천사의 어깨 뒤에 닿자마자 옷 속으로 사라져 버렸습니다. 저는 그 천사를 선명하게 볼 수는 없었고 실루엣과 그림자처럼 어둡게 보았습니다.

제 두 수호천사인 화무와 에조는 어디에 있습니까? 언제부턴가 보이질 않아요.

예수님 화무와 에조는 이제 없다. 화조와 신기도 여기에 없다. 그들은 네 집회 때 다시 올 것이다. 네가 필라델피아에서 본, 그 날개를 가진 천사가 이제 네 수호천사란다. 내가 네게 보내준 새 천사의 이름은 '싱애'다. 앞으로 싱애가 너를 그림자처럼 따라다닐 것이다. 네가 가야 할 길을 먼저 가서 예비하고, 네 뒤에서 네가 갔던 길을 보수하고 마무리할 것이다.

지난주 주일에 네가 유타주의 교회 예배당에 들어갔을 때, 예배가 끝날 무렵에 갑자기 싱애가 강대상 뒤 십자가 앞에 서 있지 않았느냐?

제시카 네, 주님. 계속 제 뒤를 따라오던 분이 갑자기 예배당 앞쪽 강대상 뒤 십자가 앞에 서 있어서 깜짝 놀랐습니다.

예수님 그리고 2,3분 후에 김 목사가 너를 앞으로 나오라고 해서 **예배 순서에도 없는 축도를 시키지 않았느냐?**

제시카 네, 깜짝 놀라서 당황했습니다.

예수님 싱애가 너보다 앞서가서 네 길을 예비해 준 것이니라. 네 **축도에 보혈이 묻어 있지 않더냐?**

제시카 네, 주님. 저는 유월절 어린 양의 보혈의 축도는 처음 해보았습니다.

예수님 (한숨을 쉬셨다) **김 목사가 십자가의 보혈이 없는 설교를**

하니 은혜의 단비를 못 맞고 말라 비실거리는 내 연약한 양들이 불쌍하고 가여웠다. 그래서 예배가 끝나기 전에 네가 그 양들을 축복하여 내 십자가 보혈을 그들에게 바르는 축도라도 해서 이 세상에 보내라고 명했다. 그러자 싱애가 먼저 강대상 앞에 가서 김 목사 귀에 너더러 축도하게 하라고 속삭인 거란다. 너는 영문도 모르고 나갔지만, 싱애가 앞서가서 네 길을 예비했단다.

지난주에 네가 박 목사랑 나이아가라 폭포를 본 뒤에 캐나다 국경을 넘을 때 말이다. 국경 수비대의 심문이 너무 간단해서 놀라지 않았느냐?

제시카 네, 주님. 10초도 안 되는 질문 뒤에 무사통과로 미국으로 돌아왔어요. 박 목사가 이렇게 빨리 심문을 마친 유례가 없다고 영문을 몰라 했지요. 아하… 주님께서 싱애를 먼저 보내어 예비하셨던 거군요. 어쩐지… 고맙습니다. 그런데 주님… 왜 제게 천사 4명을 주셨다가 단 1명으로 바꾸셨나요? 제게 감면하신 건가요?

예수님 하하하… 아니다. 싱애는 높은 계급의 천사다. 네 영적 단계가 올라감에 따라서 너와 함께하는 천사의 계급도 올라간단다. 내가 수에 연연하지 말라고 하지 않았느냐! 그저 나의 사랑을 믿어라.

제시카 오케이, 알았습니다. 그런데 그전에 화무 천사와 에조 천사가 저를 지킬 때, 화무는 항상 대문 앞에 서 있었고, 에조는 제 기도방 문 앞에 저와 조금 떨어져 서 있었어요. 그런데 싱애 천사는 제가 어디로 가든지 항상 같은 방 안에 같이 있네요. 왜 그렇지요?

예수님 싱애는 그림자 천사다. 네가 어디에 있든지 가장 가까운 곳에서 너를 지킬 뿐 아니라 보살핀단다.

제시카 주님, 그런데 싱애는 왜 아무 말이 없지요? (그때 싱애가 두 손을 한복 겉자락에 감추고 미소를 지으며 내게 살포시 고개를 숙였다. 그리고 "신부님, 안녕하세요?"라고 했다)

예수님 싱애는 특별한 경우가 아니면 앞으로도 네게 말하지 않을 것이다. 너는 아직 천사의 말과 내 말을 정확하게 구분할 줄 모른다. 네가 천사의 말을 알아듣기 시작하면, 같은 단계에 있는 마귀의 말도 알아듣기 시작할 것이다.

그 마귀들은 참으로 참람한 말을 한다. 그래서 내가 네게 그 귀는 아직 온전히 열지 않았다. 너는 오직 내 말과 내 교훈만 들으면 된다.

그러나 때가 되어 지금보다 성장하면, 천사의 말을 알아들을 수 있는 귀를 열어줄 것이다. 그때는 원수의 영과 싸워 능히 이길 수 있는 장성한 나의 신부가 되어 있을 것이다. 이것은 네가 수많은 영적 전투를 치르고 난 후에 나의 보혈이 묻혀진 십자가의 기사로 자랐을 때 가능하다. 아직은 아니다. 지금은 나를 믿고 따라오기만 하면 된다.

제시카 알았습니다, 주님. 제게 좋은 천사를 보내주셔서 고맙습니다. (그때 천사 싱애가 무릎을 약간 구부렸다) 아, 주님! 모든 것이 부족한 제게 너무나 과분하고 좋은 경험이었습니다.

예수님 (미소를 띠고 고개를 끄덕이셨다) **잘하였다, 나의 충성되고 어여쁜 신부야! 이제 일어나서 우리 손잡고 함께 가자. 나는 네 손을 잡는 것이 좋단다.**

제시카 주님! 저도요. 그런데 아침에 일어나서 아직 손도 못 씻었는데요.

예수님 **괜찮다. 손으로 들어가는 것은 너를 더럽히지 못한다. 마음을 통해 들어가는 것이 너를 더럽게 한다. 그 손을 이리 주거라.** (와락 내 손을 그분의 큰 두 손으로 감싸셨다. 그분의 손은 참 크고 따뜻하다) **자… 이제 일어나라.**

제시카 아… 나의 사모하는 예수님, 당신을 사랑합니다. "내가 사랑하므로 병이 났다고 하려무나"라는 아가서 5장 말씀이 이제야 이해됩니다.

저, 상사병 났나 봐요. 예수님, 어서 오시옵소서. 마라나타! (예수님은 웃으시며 나를 품에 안아주셨다) 오늘도 행복한 하루….

180 예수님과 나는 어떻게 축사하는가?

🌿 **양떼의 발자취 - 간증**

토니와 나는 퇴근하고 집으로 돌아왔다. 저녁을 먹고 각자 원하는 방법으로 거실과 기도방에서 업무로 피곤한 몸을 쉬었다. 토니는 텔레비전이나 아이패드로 소셜 미디어 하는 것을 좋아하고, 나는 주로 성경 읽기나 찬양 듣기를 좋아한다. 그래서 우리는 휴식할 때는 따로 있다. 내가 토니에게 말을 걸었다.

"여보, 우리 이야기 좀 해요. 지난 부흥 성회에서 어떤 일들이 벌어졌는지 당신이 알았으면 좋겠어요. 아이패드로 게임 그만하고 식탁에 와서 좀 앉아 봐요."

토니가 나를 힐끔 보더니 말없이 아이패드를 거실 테이블에 내려두고 식탁 쪽으로 걸어와서 의자에 앉으며 대답했다.

"알았어. 들을 테니까 얘기해 봐."

나는 상기된 음성으로 토니에게 말했다.

"부흥회 셋째 날, 내가 난생처음으로 축사 사역을 했어요. 이전에 일대일로 가끔 해보았는데 이번처럼 많은 사람에게 해본 건 처음이에요. 그런데 하나님께서 내 눈의 비늘을 벗겨서 영의 눈을 열어주셨어요. 내 앞에 사람이 앉을 때 눈을 감으면 앞에 있는 상대 속에 어떤 형체가 보이기 시작했어요. 주로 여러 색의 뱀이나 독사, 실뱀, 구렁이 등이 보였고, 개구리 등의 혀가 둘로 갈라진 파충류같이 생겼거나 아니면 어떤 짐승의 형상 같은 것이 사람 속에 똬리를 틀고 있었어요. 위치는 각기 다른데 주로 사람의 배 속 깊은 곳, 명치 끝, 척추 뒤쪽 등에 있는 게 보였어요.

가끔은 사람 몸의 앞이나 뒤에 새까만 형체의 큰 그림자가 서 있기도 했어요. 사람 바깥에 보이는 마귀의 영들도 크기와 형체, 색깔이 다 달랐어요. 이들은 사람의 신체 어딘가를 그 손이나 밧줄로 묶어서 조종하거나 지배하고 있었어요. 내가 우리 주 예수 그리스도의 이름으로 선포하며 꾸짖기 시작하면, 꼼짝 않고 가만히 숨어 있던 그 악한 영들이 서서히 꿈틀거리면서 움직이다가 나왔어요.

내가 계속 예수 그리스도의 이름으로 손을 얹고 꾸짖으며 나오기를 촉구하면 그 악한 영들이 움직이며 나오는데, 접은 몸을 펴고 나올 때는 크기가 조금씩 더 커졌어요. 주로 사람의 벌린 입에서 나왔는데, 어떤 때는 눈, 코, 귀 등 육신의 구멍이란 구멍에서 다 나왔어요. 악한 영이 클 때는 신체의 구멍이 찢어지면서 나오는데, 이 더럽고 징그러운 영들은 대부분 나오기를 거부하면서 도로 들어갔다 나오기를 반복했어요.

내가 눈을 감으면 사람들의 살이 찢어지는 처참하고 징그러운 광경이 선명하게 보였고… 눈을 뜨면 대부분 아무 일도 없는 듯 무표정한 얼굴로 앉아 있었어요. 가끔 고함을 지르거나 이상한 짐승 같은 소리를 내는 사람도 있었어요. 오히려 그런 사람은 아예 그 속에 있는 귀신과 직접 말하니까 쫓아내기가 더 쉬웠어요.

우리는 우리 육체가 얼마나 둔하고 무지한지 모르고 그저 고깃덩어리처럼 살아요. 배고프면 음식을 집어넣고, 목마르면 물을 부어주면서요. 무엇이 들어가든지 뒤로 배설물을 내면서 사는 거예요. 실은 보이지 않는 영의 세계가 참 세계이며, 우리를 다스리고 지배한다는 사실을 모른 채 속고 살지요.

사람이 한 번 죽는 것은 정한 이치인데 마치 영원히 죽음을 맛보지 않을 것처럼 살아요. 그러나 우리가 알든 모르든 그 순간은 찾아와요. 영의 세계에서 깨어나 참 세상으로 들어오는 순간에 우리의 육신과 영은 분리되는 거예요.

내가 계속 예수 그리스도의 이름으로 악한 영을 꾸짖고 나오기를 촉구하면서 악한 영에게 정체를 밝히라고 하면, 주로 예수님이 제게 그 이름을 알려주셨어요. 그러나 가끔은 악한 영이 그 사람의 입으로 감추어진 영의 이름을 직접 말하기도 했어요.

각 귀신에게는 사람처럼 이름이 다 있어요. 돈, 재물, 욕심, 미움, 시기, 질투, 음란, 발작, 분노, 살인, 강간, 거짓말, 중독, 동성연애, 포르노 등 우리가 평소에 생각하고 품고 있는 악하고 추한 생각과 습관이 사람의 성품 속에 독초 뿌리처럼 아주 조금씩 있어요. 사람 속에 들어간 악한 영이 그런 성품을 자꾸만 부추기고 격동해서 행동으로 나오게 하는 거예요.

가끔은 어차피 예수님의 이름으로 쫓겨 나갈 것을 알고 있는 영들이 자기가 갈 곳을 정해달라고 애원하기도 해요. 그때는 갈 곳을 지정해 주면 돼요.

우리 주님 되신 예수 그리스도의 이름에는 사람의 머리로는 상상할 수 없는 놀라운 기적을 일으키는 힘과 능력이 있어요. 우리의 믿음과 그분의 이름의 권세가 합쳐지면 귀신이나 악한 영은 반드시 쫓겨 나갈 수밖에 없어요. 주님의 이름 앞에 무릎 꿇지 않는 피조물은 없기 때문이에요. 그 악한 영이 쫓겨 나갈 때 가끔은 무서운 짐승 같은 소리를 내기도 해요.

한참을 축사하면서 그 사람과 실랑이하다 보면 어느 순간, 제 감은 눈에 그가 깨끗하고 단정한 모습으로 얌전하게 앉아 있는 게 보여요. 그러면 축사가 끝난 거예요. 악한 귀신이나 영이 나가고 깨끗하게 청소된 거지요.

대부분 사람은 교회의 재직이든 목회자든 여러 어둠의 성품과 함께 귀신이 그 속에 살고 있거나 마귀에게 조종이나 지배를 받고 살아요. 어떤 사람은 그보다 훨씬 많은 악한 영을 갖고 있기도 해요. 물론 그렇지 않고 거룩한 삶을 사는 성도도 있겠지만요. 그러나 저는 아직 그 속에 아무런 악한 영이 들어가 있지 않은 깨끗하고 정결한 사람을 만나보진 못했어요. 그렇다고 그런 성결한 사람이 없는 건 아니라고 믿고 싶어요.

일단 축사가 끝난 사람들의 공통점은, 머리가 깨끗하고 맑아졌으며 몸이 가벼워서 날아갈 것 같다고 해요. 그리고 회개한 후에 주님의 뜻대로 살겠다고 선택과 결단을 하면 마음이나 성품이 조금씩 바뀌기 시작하지요. 귀신이 들어 있을 때는 변화라고는 엄두도 못 냈는데 말이죠. 결국 주님 안에서 삶의 습관이 완전히 깨끗하고 새롭게 변화되는 거예요. 정말 놀라운 일이지 않아요?"

가만히 내 간증을 듣고 있던 토니의 눈에 조금씩 눈물이 고이기 시작했다. 그러더니 내 이야기를 다 듣고 나서는 울고 있었다.

순간, 나는 생각했다.

'아니, 내 축사 이야기가 그렇게 감동적이었나?'

조금 의아했다. 축사란 내게는 무섭고 두려운… 생각만 해도 속이 메스꺼운 경험이었는데, 왜 그가 우는지 이유를 알 수 없었다. 내가 토니에게 물었다.

"여보, 당신 왜 그래요? 이건 영적 세계의 일이에요. 다른 사람들의 일인데 뭐 울기까지 하세요?"

토니가 눈물을 닦으며 입을 열었다.

"사실은 나… 당신한테 고백할 게 있어."

한평생 살면서 남편이 우는 것을 본 적이 별로 없었기에 나는 진지해졌다. 남자의 눈물을 보는 일이 전혀 익숙하지 않았다.

"뭐든 말해 보세요. 나는 지금 들을 마음의 준비가 되어 있어요."

그러자 남편은 내게 폭탄 같은 발언을 했다.

"내 평생 가장 영적으로 깨어서 주님과 동행한 적이 있었는데, 그때가 언젠가 하면 당신과 결혼하기 전이었소."

내가 물었다.

"그래요? 그러면 나랑 결혼하고 난 후에는요? 나는 크리스천 아내니까 결혼 후에 주님과 더욱 가깝게 동행하기 시작했겠네요."

토니가 대답했다.

"아니, 정반대였어. 당신과 결혼한 후로 내 영의 청결함이 도전을 받고 조금씩 더럽혀지기 시작했어. 돈을 버는 것이 좋아졌어. 재물도, 교회 크기도, 명예도, 직함에 대한 욕심도 점점 커졌어. 우리가 가진 모든 것이 늘어나는 것을 기뻐하는 당신의 모습이 나를 행복하게 했어. 나는 사랑하는 아내를 기쁘게 해주는 게 내 의무라고 생각했고, 열심히 앞만 보고 달리면서 일 중독자가 되어갔어.

그렇게 목회와 사역 그리고 일 속에 깊이 빨려들어 가면서 조금씩 기도 생활을 게을리하게 되었고, 성경도 내가 원해서 읽는 것이 아닌 주일에 강대상 앞에서 설교하기 위해 공부하는 마음으로 읽기 시작했어. 어떤 때는 사역이 바빠서 조급하게 설교 말씀을 준비하느라 스트레스까지 받으며 읽고 묵상하려고 노력했어.

이후 교회는 점점 성장했고, 사역의 분량도 많아지는 생활이 몇십 년 되풀이되다가 결국은 주님과의 친밀한 영적 교제가 소원해지기 시작했어. 예수님의 음성이 희미하게 들렸고, 마침내 영적 세계에서 완전히 분리되어 나와버렸어.

우리 목회가 커지는 걸 보면서 기뻐하고 좋아하던 당신이 내 손을 끌어 마침내 나를 영적 세계에서 꺼내 당신이 있는 세상으로 데리고 갔어. 나는 이제 이 바깥세상에 적응해서 편안한 마음으로 안락하게 잘살고 있는데… 지금은 당신이 내가 나왔던 그 영적 세계로 들어가서 나더러 다시 들어오라고 내 손을 끌고 있어.

당신 때문에 내가 버렸던 그곳에 이제 당신이 들어가서 반대로 나더러 이 세상을 버리라고 하고 있어. 나는 지금 내가 있는 이곳에서 남에게 인정받으며 편안하게 안주하고 있는데 말이야…."

남편의 충격적인 고백에 놀라서 어안이 벙벙했다. 그는 마치 커다란 폭탄을 내 머리 위에 '쾅' 하고 터뜨리고는 혼자 앉아서 소년처럼 울고 있었다.

'내가 내 남편에게 그런 존재였다고?'

아무리 생각해도 머릿속이 멍해서 토니에게 할 말을 찾지 못했다.

'주님… 어디 계세요? 저 좀 도와주세요. 제 눈앞에 핵폭탄이 떨어졌다고요!'

주님은 아무 말씀 없으셨다. 내가 이 폭탄이 터진 곳에서 자신을 돌아보고 생각하기를 원하시는 것 같았다. 그 순간, 내가 할 수 있는 유일한 일은 이 자리를 도망쳐 혼자가 되는 거라고 판단했다. 나는 토니에게 말했다.

"여보, 나 갑자기 졸려요. 먼저 가서 잘게요. 다음에 이야기해요."

그렇게 도망치듯 슬그머니 일어나서 안방으로 들어와 이불로 얼굴을 완전히 덮고 놀란 가슴을 진정시키려고 애썼다. 마치 내가 에덴동산에서 선악과를 따서 아담에게 같이 먹자고 권했던 하와 같은 존재로 느껴졌다.

'아이고… 내일 일은 내일 생각하자. 오늘은 그냥 잘래. 오늘 밤 남편에게 들은 모든 이야기를 잊어버리고 싶다.'

그러다가 잠이 들었다.

🌿 잠근 동산의 대화

예수님   **아름다운 나의 신부야! 잘 잤니?**

제시카   네, 주님. 정말 맛있게 푹 잤어요. 좋은 아침.

예수님   **사랑스러운 나의 신부도 좋은 아침.**

제시카   예수님, 아름다운 우리의 날이 시작되었네요. 당신을 아
주 많이 사랑합니다. 어젯밤에 토니한테서 너무나 놀라운
말을 들었어요. 저는 그가 우는 모습을 별로 본 적이 없어
요. 주님도 그가 하는 말을 다 들으셨지요?

토니가 저를 만나기 전에는 영적 세계에 살고 있었는데, 저
때문에 그 세계에서 나왔대요. 그리고 이제는 저 혼자 그
세계로 들어가서 자기더러 들어오라고 손 내밀고 있대요.
이게 정말인가요? 정말이겠지요. 평생 토니가 거짓말하는
건 한 번도 본 적이 없으니까요.

만약 그 말대로라면 저는 정말로 나쁜 여자네요. 제가 먼
저 먹은 선악과를 아담에게도 건네주고… 같이 죄를 범하
게 했던 우리의 조상 하와 할머니를 닮은 저네요. 제가 회
개해야 하나요?

저는 모르는 죄지만, 이제라도 알았으니 제가 잘못한 것
같아요. 아니, 많이 잘못했습니다. 아이고, 예수님. 우리의

신랑 되신 예수님, 저를 용서해 주세요. 저는 죄인입니다. 가만히 주님 앞에 잘 지내고 있던 남편을 제가 타락시켰습니다. 순전히 제 잘못입니다. 저를 벌하시고 탓하세요. 남편은 죄가 없습니다. 제가 꼬셨습니다.

남편은 저를 탓했지만, 저는 남편을 탓하지 않겠습니다. 곰곰이 생각하니 제 잘못입니다. 제가 속물이라서 그랬습니다. 저는 세상 신에 아주 잘 길든 바리새인 같은 크리스천이었습니다. 비록 지금도 당신과 동행한다고는 하지만 가끔 속물근성이 나옵니다. 저는 죄인입니다. 그러나 저를 떠나지는 말아주세요. 저는 주님이 없으면 결코 살 수가 없습니다.

제게 뻔뻔하다고 하셔도 좋고, 뭐라고 하셔도 벌을 달게 받겠습니다. 제 죄를 인정합니다. 제발 저를 불쌍히 여기시고 자비를 베푸시어 용서해 주십시오.

예수님 **손이 하나면 어떻게 손뼉 치는 소리가 나겠느냐! 두 손이 마주쳐야 소리가 나느니라. 내 눈에는 너희 둘이 똑같이 지은 죄다. 그래서 너는 내게 돌아오기까지 25년이나 걸리지 않았느냐. 거친 광야 생활을 돌고 돌아서 내게 돌아와 주지 않았느냐. 너는 회개의 눈물로 요단강을 건넜고, 네 성품 속에 살고 있던 가나안 족속을 쫓아내면서 나의 영토를 점령하고 있지 않느냐!**

나는 너를 용서한다. 이미 십자가에서 흘린 내 보배로운

피가 너와 네 남편, 두 사람을 완전히 덮고 있단다. 내가 나의 피 값을 주고 혼인 예물로 너를 샀다고 하지 않았느냐. 너는 나의 신부다. 고개를 들어라.

이제는 이 일로 죄책감을 느끼거나 너 자신을 미워하거나 원망하지 말거라. 네 잘못을 회개했으면 족하다. 내가 이 일을 망각의 강에 던져버리리라. 이제는 더 이상 생각하지 말거라.

내 피로 씻지 못할 죄는 이 세상뿐 아니라 저세상에도 없다. 네 죄를 용서하노라. 너는 온몸을 목욕한 자다. 그저 매일 발을 씻는 회개를 하면 된단다. 사랑스럽고 유쾌한 나의 신부야!

제시카 할렐루야! 저는 살았습니다. 예수님, 고맙습니다. 다시는 남편을 유혹하거나 죄의 세상으로 같이 가자고 손을 뻗지 않겠습니다. 약속합니다. (내 오른 주먹을 내 심장이 있는 왼쪽 가슴에 대고 주님께 약속했다)

할렐루야, 예수님. 저를 살려주셔서 진심으로 고맙습니다. 당신의 보혈이 저를 살렸습니다. 주님을 찬양합니다, 주님을 찬양합니다. 하나님의 자비와 긍휼에 다시 한번 감사를 올립니다.

아… 이제야 가벼워졌습니다. 토니만 생각하면 가슴이 무거웠어요. 예수님! 그런데 이제 토니는 어찌 되는 것입니까?

예수님 그는 조금 있으면 금식에 들어갈 것이다. 그리고 과거의 잘못을 회개할 것이다. 내가 이미 모든 죄를 용서했지만, 그래도 그는 반드시 그 문제에 대해 특별히 나에게 잘못을 구하고 겸손히 엎드려야 한다. 그래야만 원수 마귀에게 더 이상 참소 거리로 죄의식에 걸려들지 않을 것이다. 토니 스스로 건너야 할 강이다. 너도 네 남편을 위해 기도하여라. 그는 반드시 우리의 영적 세계로 다시 들어온다. 성실한 자고 마음속에 판단하는 것은 좋아하나 거짓은 없는 자다. 그는 나다나엘과 조금 닮았다. 그러나 나다나엘만큼 올곧지는 않다. 그 성품은 내 안에서 차츰 변할 것이다. 너희가 다 내가 원하는 수준으로 변화되었을 때, 너희 둘을 같이 사용할 곳이 있다. 지금 그것을 위해 너희를 준비시키고 훈련하며 예비하고 있는 거란다.

제시카 예수님, 두렵고 떨립니다. 미셸까지 제 속에서 파내었으니 제게 걸림돌은 없습니다. 당신의 계집종이오니 당신 뜻대로 살아드리겠습니다. 저를 준비시켜 주셔서 고맙습니다.

예수님 너는 토니를 위해 믿음 위에 굳건히 서서 강해야 한다. 토니는 꽃이고, 너는 꽃받침이다. 꽃받침이 튼튼한 꽃은 빨리 시들지 않고 오랫동안 성성하게 잘 피어 있느니라. 알겠느냐? 네가 영적으로 튼튼해야 토니의 목회가 시들지 않고 아주 오랫동안 많은 열매를 맺을 수 있다는 말이다.

제시카 네? 제가 꽃이 아니고 토니가 꽃이라고요? 잘 알았습니다. 주님의 뜻이 제 뜻입니다. 무조건 순종하겠습니다. 그런데 그 사실이 조금 아픕니다. 저는 주인공이 아니라 엑스트라라네요.

예수님 하하하… 아니다. 사람이 사는 세상 나라에서 가장 작은 자가 내 나라에서는 가장 큰 자이고, 사람이 사는 세상 나라에서 엑스트라인 자가 내 나라에서는 주인공이다. 세상의 계산법을 버리라고 내가 얼마나 설명했느냐!

제시카 아하… 잘 알았습니다. 제가 또 실수했네요. 실은 저는 별로 중요하지 않은 사람인 것을 잘 압니다. 저 같은 죄인을 당신께서 신부라고 불러주신 것만 해도 제게는 은혜요 영광입니다.

저는 당신의 신발 끈 위에 묻은 먼지 한 톨이라도 되어서 당신 곁에 가까이 있을 수만 있다면 충분합니다. 제 죄를 용서해 주시고 받아주셔서 감사합니다.

예수님 사랑하는 나의 신부야! 너는 나에게 참으로 귀하단다. 나의 인장 반지 같은 내 신부야, 이제 일어나라. 우리의 멋진 날을 동행하며 걷자꾸나.

제시카 할렐루야. 당신은 참 자비로우시고 멋지신 분입니다. 매일 당신을 알아가는 것은 밭에 숨겨진 엄청난 보화를 캐가는 것과 같습니다. 예수님, 어서 오시옵소서. 마라나타!

나는 새벽 2시 전에는 거의 잠을 자지 않는다. 퇴근하고 집에 돌아오면 취침할 때까지 몇 시간 되지 않기에 대부분을 아침에 손으로 적은 예수님과의 영의 대화를 컴퓨터에 옮기는 일로 보낸다. 영어 타자는 꽤 빠르지만, 한글 타자는 익숙하지 않아서 한 자씩 아주 느리게 소위 '독수리 타법'으로밖에 못 친다. 그러다 보니 늘 밤이 늦어서야 잠자리에 든다.

40여 년 전에 미국에 와서 미국 문화권에서만 살다 보니 한국인과의 접촉이 별로 없었다. 나의 한국어 수준도 40여 년 전에 머물러 있고, 몇십 년 전 어휘를 그대로 사용하고 있다. 한국어로 된 책을 구하기가 번거로워 읽을 기회도, 시간도 없이 살았다.

그러니 이 책을 쓸 때, 표현하고 싶은 내용이 머리에서만 뱅뱅 돌 뿐 적합한 한국어가 떠오르질 않는다. 그러나 예수님은 이런 많은 핸디캡을 가진 나를 사용하셔서 이 책을 기록하게 하신다. 진실로 그분의 은혜 외에는 아무것도 없다.

하루는 이상하게 저녁 8시경에 온몸에 힘이 빠지면서 자꾸 잠자리에 눕고 싶었다. 침실로 들어가지 않고 기도방에서 누운 것까진 기억나는데, 그다음은 기억나지 않는다.

그날 저녁, 예수님은 나를 천국 도서관으로 데리고 가셨다.

◆ 영의 세계 - 《잠근 동산》은 영서다

나는 밝고 찬란한 황금빛이 쏟아져 내리는 크나큰 도서관 같은 곳에 서 있었다. 수많은 책이 선반에 꽂혀 있었다. 그런데 동서남북 모두 어둠에 싸여 있고, 오직 내 오른쪽에 있는 한 선반만 마치 무대에서 조명을 받는 것처럼 빛에 노출되어 있었다.

내 눈높이의 선반 위에 책이 여러 권 꽂혀 있었다. 그중 특별히 오른쪽 가장자리에 3권이 나란히 꽂혀 있는 게 눈에 가장 선명하게 들어왔다. 다 도톰하게 비슷한 두께였다. 책 겉표지는 3밀리미터 정도 두께의 얇은 마분지 같은 황금으로 견고하게 싸여 있었다. 갑자기 그 책들이 내 눈에 크게 확대되어 보였다.

그 책 3권 위에 내 이름이 올록볼록하게 마치 새겨넣은 것처럼 적혀 있었다. 나는 아직 1권도 완성하지 못했는데, 3권이 이미 선반 위에 나란히 꽂혀 있었다.

위로부터 조용히 은밀하게 쏟아지는 밝은 황금빛에 싸인 책을 바라볼 때, 나는 그 책들이 마치 생명이 깃들어서 살아 있는 것처럼 참으로 사랑스럽고 귀하고 아름다운 느낌을 받았다. 선반 앞에 서 있을 때 느꼈던 그 신비함 속에 사로잡혀 있던 느낌을 아마 영원토록 기억할 것이다.

그리고 영의 세계에서 깨어났다. 밤 11시경이었다.

잠근 동산의 대화

예수님 잘 잤니? 연못가의 창포꽃같이 어여쁘고 아름다운 나의
신부야!

제시카 네, 사랑하는 나의 주님! 오랜만에 푹 잘 잤습니다. 저는
토요일이 제일 좋아요. 늦잠 잘 수 있는 유일한 날이거든
요. 잠 한번 푹 자봤으면 좋겠어요.

아… 실수! 저는요… 당신과 대화하면서 당신에 대해 알
아가고, 당신의 심정을 이해해 드리려고 노력하는 시간이
잠자는 것보다 천만 배 더 중요해요. 가끔 실수하는 제 말
을 주님 마음 깊이 담아두시면 안 됩니다. 주님, 아시지
요? 아임 쏘… 쏘리! 헤헤헤….

예수님 잘 알고 있다. 내게도 우리의 아침 이 시간이 종일 기다려
지는 아름다운 시간이란다. 네 웃음을 보고, 슬픔을 알고,
분노와 한숨을 헤아리고, 무엇보다도 나를 향한 네 사랑
을 아는 시간이니 내게도 귀중하단다.

나는 그 어떤 것에도, 그 누구에게도 우리 잠근 동산의 이
사랑의 언약을 주지도, 빼앗기지도 않았다. 내 신부와 하
는 이 대화와 관계는 내가 나의 피 값을 주고 산 시간이기
때문이다.

너는 내 잠근 동산에서 내가 기르는 백합화요, 내가 빚고 있는 그릇이란다. 내 허락 없이는 우리의 잠근 동산에 그 누구도 들어올 수 없고, 들어와서도 안 된다. 이 동산은 내가 초대한 자가 아니면 들어올 수 없는 주 예수 그리스도의 감추어진 장소다.

내가 문을 열면 닫을 자가 없고, 내가 닫으면 그 누구도 열지 못한다. 이것이 잠근 동산 안에 있는 내 신부를 기르며 지키는 나의 언약이다. 오직 나의 때에, 내가 원하는 방법으로만 우리의 잠근 동산을 열 것이다.

네가 책을 출간하는 그 순간, 우리의 잠근 동산을 잔치에 청함을 받은 많은 사람에게 공개할 것이다. 그중에서도 나의 택함을 입은 신부만이 나의 음성을 들을 것이다. 내 양은 내 음성을 안다. 그들은 '양떼의 발자취'(간증)를 보며, 나의 음성을 들으며, 참 목자를 따라올 것이다. 이는 신부의 삶의 간증이니라. 보라, 양떼의 발자취 끝에는 주 예수인 내가 기다리고 있노라.

너는 앞으로 여러 책을 쓸 것이다. 특별히 깨뜨린 옥합 같은 천국의 향기를 날리는 3권이 가장 선명하게 아름다울 것이다.

첫 번째 책의 이름은 《잠근 동산》,

두 번째 책의 이름은 《덮은 우물》,

세 번째 책의 이름은 《봉한 샘》.

나의 누이, 나의 신부는 잠근 동산이요 덮은 우물이요 봉한 샘이로구나 아 4:12

청옥같이 맑고 깨끗한 너와 나의 대화로 기록된 이 3권은 정금으로 만든 겉장에 싸여서 나의 천국 도서관에 영원토록 보관될 것이다.

나의 천국에 보관되는 책은 내가 결정한다. 나는 그 책을 결정할 때, 그 글이 나의 말인지 아닌지를 본다. 말의 아름다움을 보지 않는다. 내 영으로 살아 숨 쉬는 글인지, 아니면 죽어서 숨 쉬지 않는 글인지를 보고 결정한다. 죽은 글은 결코 내 도서관에 들어오지 못한다. 많은 세월 속에 수많은 사람이 나에 관한 글을 적어왔다. 그러나 대부분은 진짜 같은 가짜 글이었다.

이 책을 읽는 나의 백성들에게 말한다. 가짜는 절대 진짜를 알아볼 수 있는 눈도, 능력도 없다. 무엇을 보아야 하는지를 모르기 때문이다. 그러나 진짜는 반드시 가짜를 알아볼 눈과 능력이 있다. 자신의 속에 들어 있는 것이 무엇인지를 잘 알고 있기 때문이다.

제시카 예수님, 며칠 전 저녁에 천국 도서관을 보았습니다. 참으로 신비로운 경험이었습니다. 고요함 가운데 위로부터 쏟아져 내리던 그 은은한 황금빛 속에 서 있었던 순간을 제 평생에 절대 못 잊을 것 같아요.

예수님 나는 내 신부에게 숨기는 것이 없다. 내가 재림할 그 날과 시는 내 아버지만이 아신다. 나는 모른다. 그러나 내가 아는 모든 것은 너의 언어로 네가 감당할 수 있는 만큼 같이 나눈다. 너는 내가 빚어가는 그릇이니 네 분량에 맞게 최대한으로 내가 원하는 것을 담아줄 것이다.

연못가 창포꽃 같은 사랑하는 신부야, 이제 일어나라. 내가 오늘도 너와 동행하리라. 우리의 즐겁고 아름다운 날을 시작하자꾸나.

제시카 네… 주인님, 오늘은 공원에서 엄마, 동생, 조카들이 다 모이는 가족 소풍 날이에요. 즐겁고 유쾌한 날입니다.

예수님 그래, 모일 때는 항상 말을 조심하고, 입을 열 때는 소금을 고루 치듯이 덕을 끼치는 말만 골라서 하여라.

제시카 네, 당신께서 오늘도 제 입에 파수꾼을 세워주세요.

예수님 알았다, 내가 그리하마. 사랑한다, 나의 신부야.

제시카 저도요. 주님, 저 외출 준비를 할게요. 같이 가요, 예수님! 그리고 좀 빨리 오시면 안 될까요? 마라나타!

THE CONCEALED GARDEN

성령과 신부가 말씀하시기를 오라 하시는도다

듣는 자도 오라 할 것이요

목마른 자도 올 것이요

또 원하는 자는 값없이

생명수를 받으라 하시더라

계 22:17

잠근 동산

초판 1쇄 발행	2025년 3월 24일		
지은이	제시카 윤		
펴낸이	여진구		
책임편집	김아진 정아혜		
편집	이영주 박소영 최현수 구주은 안수경 김도연		
책임디자인	마영애 노지현 ｜ 조은혜 정은혜		
홍보 · 외서	진효지		
마케팅	김상순 강성민	마케팅지원	최영배 정나영
제작	조영석 허병용	경영지원	김혜경 김경희

303비전성경암송학교 유니게 과정
이슬비전도학교 / 303비전성경암송학교 / 303비전꿈나무장학회

펴낸곳   규장

주소 06770 서울시 서초구 매헌로 16길 20(양재2동) 규장선교센터
전화 02)578-0003   팩스 02)578-7332
이메일 kyujang0691@gmail.com   홈페이지 www.kyujang.com
페이스북 facebook.com/kyujangbook   인스타그램 instagram.com/kyujang_com
카카오스토리 story.kakao.com/kyujangbook
등록일 1978.8.14. 제1-22

책값   뒤표지에 있습니다.
ISBN 979-11-6504-601-9 03230

규 | 장 | 수 | 칙

1. 기도로 기획하고 기도로 제작한다.
2. 오직 그리스도의 성품을 사모하는 독자가 원하고 필요로 하는 책만을 출판한다.
3. 한 활자 한 문장에 온 정성을 쏟는다.
4. 성실과 정확을 생명으로 삼고 일한다.
5. 긍정적이며 적극적인 신앙과 신행일치에의 안내자의 사명을 다한다.
6. 충고와 조언을 항상 감사로 경청한다.
7. 지상목표는 문서선교에 있다.

하나님을 사랑하는 자 곧 그의 뜻대로 부르심을 입은 자들에게는 모든 것이 合力하여 善을 이루느니라(롬 8:28)

Member of the
Evangelical Christian
Publishers Association

규장은 문서를 통해 복음전파와 신앙교육에 주력하는 국제적 출판사들의
협의체인 복음주의출판협회(E.C.P.A:Evangelical Christian Publishers
Association)의 출판정신에 동참하는 회원(Associate Member)입니다.